主编 胡绳武
副主编 牛贯杰 戴鞍钢

清末立宪运动史料丛刊

江西谘议局

黄志繁 编

国家清史编纂委员会·文献丛刊

山西人民出版社

本书获中国人民大学『中央高校建设世界一流大学（学科）和特色发展引导专项资金』支持

『十二五』国家重点图书出版规划项目

国家清史编纂委员会出版委员会

《清末立宪运动史料丛刊》出版工作委员会

总序

戴逸

二〇〇二年八月，国家批准建议纂修清史之报告，十一月成立由十四部委组成之领导小组，十二月十二日成立清史编纂委员会，清史编纂工程于焉肇始。清史之编纂酝酿已久，清亡以后，北洋政府曾聘专家编写《清史稿》，历时十四年成书。识者议其评判不公，记载多误，难成信史，久欲重撰新史，以世事多乱不果。中华人民共和国成立后，中央领导亦多次推动修清史之事，皆因故中辍。新世纪之始，国家安定，经济发展，建设成绩辉煌，而清史研究亦有重大进步，学界又倡修史之议，国家采纳众见，决定启动此新世纪标志性文化工程。清代为我国最后之封建王朝，统治中国二百六十八年之久，距今未远。清代众多之历史和社会问题与今日息息相关。欲知今日中国国情，必当追溯清代之历史，故而编纂一部详细、可信、公允之清代历史实属切要之举。编史要务，首在采集史料，广搜确证，以为依据。必藉此史料，乃能窥见历史陈迹。故史料为历史研究之基础，研究者必须积累大量史料，勤于梳理，善于分析，去粗取精，去伪存真，由此及彼，由表及里，进行科学之抽象，上升为理性之认识，才能洞察过去，认识历史规律。史料之于历史研究，犹如水之于鱼，空气之于鸟，水涸则鱼逝，气盈则鸟飞。历史科学之辉煌殿堂必须岿然耸立于丰富、确凿、可靠之史料基础上，不能构建于虚无缥缈之中。吾侪于编史之始，即整理、出版“文献丛刊”、“档案丛刊”，二者广收各种史料，均为清史编纂工程之重要组成部分，一以供修撰清史之用，提高著作质量；二为抢救、保护、开发清代之文化资源，继承和弘扬历史文化遗产。清代之史料，具有自身之特点，可以概括为多、乱、散、新四字。一曰多。我国素称诗书礼义之邦，存世典籍汗牛充栋，尤以清代为盛。盖清代统治较久，文化发达，学士才人，比肩相望，传世之经籍史乘、诸子百家、文字声韵、目录金石、书画艺术、诗文小说，远轶前朝，积贮文献之多，如恒河沙数，不可胜计。昔梁元帝聚书十四万卷于江陵，西魏军攻掠，悉燔于火，人谓丧失天下典籍之半数，是五世纪时中国书籍总数尚不甚多。宋代印刷术推广，载籍日众，至清代而浩如烟海，难窥其涯涘矣！《清史稿·艺文志》著录清代书籍九千六百三十三种，人议其疏漏太多。武作成作《清史稿艺文志补编》，增补书一万零四百三十八种，超过原志著录之数。彭国栋亦有《重修清史艺文志》，著录书一万八千零五十九种。近年王绍曾更求详备，致力十余年，遍览群籍，手抄目验，成《清史稿艺文志拾遗》，增补书至五万四千八百八十种，超过原志五倍半，此尚非清代存留书之全豹。王绍曾先生言：“余等未见书目尚多，即已见之目，因工作粗疏，未尽钩稽而失之眉睫者，所在多有。”清代书籍总数若干，至今尚未能确知。清代不仅书籍浩繁，尚有大量政府档案留存于世。中国历朝历代档案已丧失殆尽（除近代考古发掘所得甲骨、简牍外），而清朝中枢机关（内阁、军机处）档案，秘藏内廷，尚称完整。加上地方存留之档案，多达二千万件。档案为历史事件发生过程中形成之文件，出之于当事人亲身经历和直接记录，具有较高之真实性、可靠性。大量档案之留存极大地改善了研究条件，俾历史学家得以运用第一手资料追踪往事，了解历史真相。二曰乱。清代以前之典籍，经历代学者整理、研究，对其数量、类别、版本、流传、收藏、真伪及价值已有大致了解。清代编纂《四库全书》，大规模清理、甄别存世之古籍。因政治原因，查禁、篡改、销毁所谓“悖逆”、“违碍”书籍，造成文化之浩劫。但此时经师大儒，联袂入馆，勤力校理，尽瘁编务。政府亦投入巨资以修明文治，故所获成果甚丰。对收录之三千多种书籍和未收之六千多种存目书撰写详明精切之提要，撮其内容要旨，述其体例篇章，论其学术是非，叙其版本源流，编成二百卷《四库全书总目》，洵为读书之典要、后学之津梁。乾隆以后，至于清末，文字之狱渐戢，印刷之术益精，故而人竞著述，家娴诗文，各握灵蛇之珠，众怀昆冈之璧，千舸齐发，万木争荣，学风大盛，典籍之积累远迈从前。惟晚清以来，外强侵凌，干戈四起，国家多难，人民离散，未能投入力量对大量新出之典籍再作整理，而政府档案，深藏中秘，更无由一见。故不仅不知存世清代文献档案之总数，即书籍分类如何变通、版本庋藏应否标明，加以部居舛误，界划难清，亥豕鲁鱼，订正未遑。大量稿本、抄本、孤本、珍本，土埋尘封，行将澌灭；殿刻本、局刊本、精校本与坊间劣本混淆杂陈。我国自有典籍以来，其繁杂混乱未有甚于清代典籍者矣！三曰散。清代文献、档案，非常分散，分别庋藏于中央与地方各个图书馆、档案馆、博物馆、教学研究机构与私人手中。即以清代中央一级之档案言，除北京中国第一历史档案馆所藏一千万件以外，尚有一大部分档案在战争时期流离播迁，现存于台北故宫博物院。此外，尚有藏于沈阳辽宁省档案馆之圣训、玉牒、满文老档、黑图档等，藏于大连市档案馆之内务府档案，藏于江苏泰州市博物馆之题本、奏折、录副奏折。至于清代各地方政府之档案文书，损毁极大，但尚有劫后残余，璞玉浑金，含章蕴秀，数量颇丰，价值亦高。如河北获鹿县档案、吉林省边务档案、黑龙江将军衙门档案、河南巡抚藩司衙门档案、湖南安化县永历帝与吴三桂档案、四川巴县与南部县档案、浙江安徽江西等省之鱼鳞册、徽州契约文书、内蒙古各盟旗蒙文档案、广东粤海关档案、云南省彝文傣文档案、西藏噶厦政府藏文档案等等分别藏于全国各省市自治区，甚至清代两广总督衙门档案（亦称《叶名琛档案》），被英法联军抢掠西运，今藏于英国伦敦。清代流传下之稿本、抄本，数量丰富，因其从未刻印，弥足珍贵，如曾国藩、李鸿章、翁同龢、盛宣怀、张謇、赵凤昌之家藏资料。至于清代之诗文集、尺牍、家谱、日记、笔记、方志、碑刻等品类繁多，数量浩瀚，北京、上海、南京、广州、天津、武汉及各大学图书馆中，均有不少贮存。丰城之剑气腾霄，合浦之珠光射日，寻访必有所获。最近，余有江南之行，在苏州、常熟两地图书馆、博物馆中，得见所存稿本、抄本之目录，即有数百种之多。某些书籍，在中国大陆已甚稀少，在海外各国反能见到，如太平天国之文书。当年在太平军区域内，为通行之书籍，太平天国失败后，悉遭清政府查禁焚毁，现在中国，已难见到，而在海外，由于各国外交官、传教士、商人竞相搜求，携赴海外，故今日在外国图书馆中保存之太平天国文书较多。二十世纪内，向达、萧一山、王重民、王庆成诸先生曾在世界各地寻觅太平天国文献，收获甚丰。四曰新。清代为传统社会向近代社会之过渡阶段，处于中西文化冲突与交融之中，产生一大批内容新颖、形式多样之文化典籍。清朝初年，西方耶稣会传教士来华，携来自然科学、艺术和西方宗教知识。乾隆时编《四库全书》，曾收录欧几里得《几何原本》，利玛窦《乾坤体义》，熊三拔《泰西水法》、《简平仪说》等书。迄至晚清，中国力图自强，学习西方，翻译各类西方著作，如上海墨海书馆、江南制造局译书馆所译声光化电之书，后严复所译《天演论》、《原富》、《法意》等名著，林纾所译《茶花女遗事》、《黑奴吁天录》等文艺小说。中学西学，摩荡激励，旧学新学，斗妍争胜，知识剧增，推陈出新，晚清典籍多别开生面、石破天惊之论，数千年来所未见，饱学宿儒所不知。突破中国传统之知识框架，书籍之内容、形式，超经史子集之范围，越子曰诗云之牢笼，发生前所未有之革命性变化，出现众多新类目、新体例、新内容。清朝实现国家之大统一，组成中国之多民族大家庭，出现以满文、蒙古文、藏文、维吾尔文、傣文、彝文书写之文书，构成为清代文献之组成部分，使得清代文献、档案更加丰富，更加充实，更加绚丽多彩。清代之文献、档案为我国珍贵之历史文化遗产，其数量之庞大、品类之多样、涵盖之宽广、内容之丰富在全世界之文献、档案宝库中实属罕见。正因其具有多、乱、散、新之特点，故必须投入巨大之人力、财力进行搜集、整理、出版。吾侪因编纂清史之需，贾其余力，整理出版其中一小部分；且欲安装网络，设数据库，运用现代科技手段，进行贮存、检索，以利研究工作。惟清代典籍浩瀚，吾侪汲深绠短，蚊衔蚊负，力薄难任，望洋兴叹，未能做更大规模之工作。观历代文献档案，频遭浩劫，水火兵虫，纷至沓来，古代典籍，百不存五，可为浩叹！切望后来之政府学人重视保护文献档案之工程，投入力量，持续努力，再接再厉，使卷帙长存，瑰宝永驻，中华民族数千年之文献档案得以流传永远，沾溉将来，是所愿也！

二〇〇四年

序言

胡绳武

清末立宪运动是一场全国性的政治运动。这场运动历时9年（1903—1911），波及除内外蒙古、青海、西藏之外的全国22个行省（内地18个省、东北三省和新疆），对辛亥革命前后的中国政治、经济、社会和思想文化均产生过重要的影响。这场运动的人和事，自宣统年间以来不断地有国内外学者们进行研究和评议。由于研究者的立场与观点不同，对这场运动的人和事的评议自然是见仁见智的。但研究者们一致感到研究立宪运动的困难之一在于史料相对缺乏。中华人民共和国成立后，国家重视对近百年历史的研究，在中国史学会的主持下，曾出版过一套《中国近代史资料丛刊》。这套资料的出版对中国近代史的教学与研究曾产生了很好的推动作用，但这套资料丛刊却没有把立宪运动包括在内。

有关立宪运动的文献资料，除1979年中华书局出版过一部《清末筹备立宪档案史料》外，尚无一套比较完整的立宪运动文献资料丛刊，这给中国近代史的教学与研究带来一定的影响。为此，中华书局编辑部于1986年曾拟定编辑一套《立宪运动》的文献资料，作为《中国近代史资料丛刊》的续编出版，并邀请我作为这套文献资料丛刊的主编。我当时因为正在撰写《辛亥革命史稿》，无力承担此项工作而加以婉拒。当时中华书局近代史编辑室的主任陈铮向我表示这项工作可在《辛亥革命史稿》完成以后再着手进行，并希望我能将此项工作接受下来。当时我的研究生程为坤讲师也希望我将这项工作接受下来，并表示愿意全力帮助我完成文献资料的搜集与整理工作。这样，我就终于将此项工作接受下来，并开始注意有关立宪运动文献资料的搜集工作。1990年以后，《辛亥革命史稿》的撰写工作虽然已经完成，程为坤却已出国留学，我又年近七十，无力单独承担，此项工作遂告中断。其后，我曾争取与中国人民大学图书馆古籍整理研究所合作，希望继续完成这套资料的搜集与整理工作，后因故再次中断。已经搜集却又未经整理的有关立宪运动的文献资料只好堆积存放。

2002年国家清史纂修工程启动后，清史编纂委员会主任戴逸教授动员我组织力量，将《立宪运动》这套文献资料的整理工作作为国家清史纂修工程文献整理项目之一继续下去，争取完成。我考虑到早在1986年即已接受中华书局近代史编辑室委托，承担《立宪运动》的主编工作，中途虽因客观原因中断，但我内心总觉得对学术界和出版社欠了一笔账，不免感到内疚，现在有机会将这套《立宪运动》作为清史文献项目之一列入计划，这是给我完成上世纪中断了的《立宪运动》这套文献资料的一个极好机会，遂于2004年向国家清史编纂委员会正式提出申请，并于2005年获得通过，正式立项。

这套《清末立宪运动史料丛刊》总的要求是，能够较为全面地反映这场运动的发展全貌，对该运动发生的历史背景、酝酿与兴起、发展和声势、它与民主革命运动及清廷预备仿行立宪的关系、立宪团体、立宪派人士的思想与活动，以及该运动对于中国近代社会历史所造成的影响诸方面，均得到合乎实际的说明。

以往《中国近代史资料丛刊》的编辑方法大致有三种：一是按资料的类型进行整理编辑，如《太平天国》；二是按事件发展进行编辑，如《辛亥革命》；三是二者结合，如《第二次鸦片战争》。本套文献资料大体依照第三种形式，从以下八个方面对相关资料进行搜集、整理与编辑：一、立宪运动的酝酿与发动；二、立宪派与革命派的论战；三、清廷的预备仿行立宪；四、立宪团体；五、国会请愿运动；六、资政院；七、各省谘议局；八、有关立宪运动的外文资料。谘议局文献的选编范围涉及12个行省，即顺直谘议局、奉天谘议局、吉林谘议局、山西谘议局、山东谘议局、江苏谘议局、浙江谘议局、福建谘议局、广东谘议局、江西谘议局、湖南谘议局、四川谘议局。参加本项目的成员及分工如下：中国社会科学院近代史研究所李细珠研究员（立宪运动的酝酿与发动、福建谘议局），清华大学马克思主义学院王宪明教授（立宪派与革命派的论战、有关立宪运动的外文资料），首都师范大学历史系迟云飞教授（清廷的预备仿行立宪），北京大学历史系尚小明教授（立宪团体、国会请愿运动、山西谘议局、山东谘议局），中国人民大学历史学院牛贯杰副教授（资政院、湖南谘议局、广东谘议局），北京师范大学历史学院邱涛副教授（顺直谘议局），中国社会科学院法学研究所孙家红副研究员（奉天谘议局、吉林谘议局），上海图书馆上海科学技术情报研究所高洪兴研究员（江苏谘议局），广东警官学院法律系沈晓敏教授（浙江谘议局），中山大学历史系廖伟章教授（广东谘议局），南昌大学历史系黄志繁教授（江西谘议局），四川大学城市研究所何一民教授（四川谘议局）。

值得说明的是，这套文献资料丛刊立项伊始，清史编纂委员会考虑到我年事已高，故建议增加一位项目主持人，我们经过商议，聘请复旦大学历史系戴鞍钢教授为主持人。项目进行期间，他审阅了700余万字的文稿，并提出具体的修改意见，帮助我承担了不少审阅初稿的任务。牛贯杰副教授承担了大量烦琐沉重的学术辅助工作。清史编纂委员会文献组的王汝丰教授、出版组孟超编审对本项目给予了特别的关心与指导。没有他们的帮助，很难相信这套文献资料丛刊能够如期完成，在此表示诚挚的谢意。同时，山西人民出版社的领导也给予了特别的关注，编辑们付出了辛勤的努力，在此一并致谢。

当然，囿于种种因素，我们不可能将22个行省的谘议局文献全部搜求于内，只选择性地摘取了12个行省的相关文献，这些省份涵盖了沿江沿海、中原腹地、京畿重地与清王朝的龙兴之地——吉林与奉天两省。此外，我们对各省谘议局文献的选编原则以谘议局本身文献为主，因此，规模方面无法做到整齐划一，而且数量各有不同。这些不足和局限，衷心期待学术界进行批评和补正。

2014年10月

凡例

一、本文献为类编资料，资料来源均在正文结尾处标明。

二、本文献按照立宪运动发生、发展的脉络分为三十卷，各卷内容为：第一卷，立宪运动的酝酿与发动；第二卷，立宪派与革命派的论战；第三至六卷，清廷的预备仿行立宪；第七至八卷，立宪团体；第九至十卷，国会请愿运动；第十一至十二卷，资政院；第十三卷，顺直谘议局；第十四至十五卷，奉天谘议局；第十六至十七卷，吉林谘议局；第十八卷，山西谘议局；第十九至二十卷，山东谘议局；第二十一至二十二卷，江苏谘议局；第二十三卷，浙江谘议局；第二十四至二十五卷，福建谘议局；第二十六卷，广东谘议局；第二十七卷，江西谘议局；第二十八卷，湖南谘议局；第二十九卷，四川谘议局；第三十卷，有关立宪运动的外文资料。

三、文献史料如有原名，一律沿用；如没有原名，则由整理者自行拟定，文中注明。

四、资料原文所用繁体字，在不会造成歧义的情况下改为通行简化字。某些具体人名、地名不在此限。异体字、通假字尽量保持文献原貌。

五、本书在纂辑过程中，对清末惯用的一些字词，悉仍其旧，如“豫备立宪”、“豫算”、“筹画”、“画一”、“澈底”、“坐次”、“帐目”、“缕晰陈之”、“详晰”、“人材”、“发见”、“札覆”、“叠次”、“身分”、“省分”、“择尤”等。文中还有许多反复出现的字词属于此种情形，不在此一一列举。

六、文献资料均由编者标点、分段与校勘。错别字用（ ）标出，并于〔 〕中标明正确字，脱字以【 】标明，衍字以〈 〉标明，无法辨识文字和原公文中故意省略之字，均以□标示。

七、原稿繁体竖排，今改为简体横排。原稿中“左”、“如左”、“左列”、“右”、“如右”、“右列”等文字均保留原貌，一律不作改动。

八、为便于读者更好地利用资料，整理者对有必要加注的地方一律加注，以脚注标明。

整理说明

一、江西谘议局历史文献的整理工作是清史纂修工程的一个重要组成部分，其目的既是为纂修清史提供相应的文献资料，也是为整理和抢救清代江西历史文献作出应有的贡献。

二、本次整理成果严格遵循《国家清史编纂委员会文献整理工作通则》中规定的有关整理的质量要求和版式要求，力求使整理出来的历史文献符合国家文化工程的学术水平和总体质量。

三、本次点校包括两方面资料：一是现收藏于江西省图书馆的江西谘议局所编关于江西谘议局的各类议案、活动记录、报告等，凡十卷（册），其版本均为宣统二年铅印本；二是从《申报》中辑录出来的关于江西谘议局的资料，其主要集中于1909年、1910年、1911年。

四、所据《申报》均为1984年上海书店出版的影印本。该版本《申报》每两个月装订成一册，在每册所辑录资料前依次注明年份、月份、册数、版本等信息（例如《申报》，1909年3—4月，第99册，上海书店1984年影印本）；在每段所辑录的资料前依次标明《申报》原时间（天干地支纪年）、版面及上海书店影印版《申报》出版页码、事类（己酉正月初六日，第三张第二至三版，第249页，“各省筹办谘议局”），其中“事类”一项原文有时或缺。

五、根据尽量保持原貌的原则，古今字、俗体字、通假字一般均仍按原文而不做改动，而文献中有些当时已经简化且繁简并用的字，也仍按原文。

六、原文残缺或脱落的字，以及由于各种原因模糊不清无法辨认之字，用□标示。

七、正误和改字分别用圆括号和六角括号标示，单字加圆括号表示误字，单字加六角括号表示正字。括号中如不是单字，则此括号为原文即有。

八、为了避免与第七条所述增、改文字所加括号混淆，对原文即已出现的带括号的单字进行了去括号处理。

九、凡文献目录与正文标题不一致的，一般以正文标题为准，如正文标题确实有误，则根据需要做适当校正。

黄志繁

2016年12月

目录

江西谘议局第一次常年会呈报议决案·上卷

呈报议决教育普及议案由…………………………………………………………………… 001
呈报议决发交提倡实业议案由…………………………………………………………… 003
呈报议决调查公产议案由………………………………………………………………… 006
呈报议决规复地利议案由………………………………………………………………… 007
呈报议决烟害议案及辅助禁烟议案由…………………………………………………… 008
呈报议决赌博议案由……………………………………………………………………… 009
呈报〈决〉议【决】械斗议案由（底册附）……………………………………………… 010
呈报〈决〉议【决】胥差议案由（底册附）……………………………………………… 012
呈报议决本省税法议案由………………………………………………………………… 015
呈报议决发交布政司提出印花税则议案由……………………………………………… 018
呈报议决发交巡警道提出乡镇警察议案由……………………………………………… 019
呈报议决发交巡警道提出实行演说议案并本局提出宣讲各议案由………………………………………………………………………………… 020
呈报议决发交巡警道提出实行常年调查户口议案由…………………………………… 023

呈报议决发交巡警道【提】【出】调和民教议案由 …………………………………… 024
呈报议决发交巡警道提出治匪议案由 ……………………………………………… 025
呈报议决发交巡警道提出普劝埋葬议案由 ………………………………………… 026
呈报议决发交巡警道【提】【出】公共卫生清洁之办法议案由 ………………… 027
呈报议决发交巡警道【提】【出】陆路交通议案由 ……………………………… 027
呈报议决发交巡警道提出画一银钱纸币议案由 …………………………………… 028
呈报议决发交巡警道提出推广邮政议案由 ………………………………………… 029
呈报【议】【决】发交巡警道提出普行义图、筹定州县公费、劝化械斗各议案由 ……………………………………………………………… 029
呈报【议】【决】发交巡警道提出筹定地方自治公费议案由 …………………… 030
呈报议决发交巡警道提出疏浚鄱湖议案由 ………………………………………… 032
呈报议决发交江西地方自治筹办处提出厘正筹办城镇乡地方自治期限议案由 ……………………………………………………………… 032
呈请疑问丁漕钱价乞饬司批答由 …………………………………………………… 033
呈请裁并厘卡由(底册附) …………………………………………………………… 034

江西谘议局第一次常年会呈报议决案・下卷

呈请删改税契章程由 ………………………………………………………………… 041
呈请增删膏土牌照捐章程由 ………………………………………………………… 043
呈请修改《船会章程》由 ……………………………………………………………… 046
呈请严禁邪教以维风化由 …………………………………………………………… 048
呈请饬司查明各县仓基地租由 ……………………………………………………… 048
呈请整顿学务议案由 ………………………………………………………………… 051
呈请整顿林业章程由(底册附) ……………………………………………………… 053
呈请维持司法独立由 ………………………………………………………………… 054
呈请设立公估以维银币由 …………………………………………………………… 055
呈请各厅州县学务串票捐由教育分会清查并拨款津贴乡学由 …………………… 056
呈请咨商督部堂于盐斤加价二文内拨一文归销盐省分由 ………………………… 057

呈请通饬各属严禁人命案件借尸劫掠由…………………………………… 058
呈请通饬各统税局所严禁勒索重征并免税租谷由…………………………… 059
呈请禁止售卖彩票由………………………………………………………… 060
呈请限制派销书报由………………………………………………………… 062
呈请续开绅班司法讲习科由………………………………………………… 063
呈请咨商督部堂通饬严禁缉私盐卡员丁通同舞弊由………………………… 064
呈请通饬各府厅州县宣告决算罚款由……………………………………… 065
呈请重申禁令通饬严拿掠卖人口由………………………………………… 066
呈请严禁佐杂官吏收受民词张罗窝赌由…………………………………… 066
呈请饬将捐照发交各厅州县以便领换由…………………………………… 067
呈请通饬严禁各乡村勒粜禁米由…………………………………………… 068
呈请通饬各属限制演戏由…………………………………………………… 069
呈请改良《官纸专卖章程》由 ……………………………………………… 070
呈请酌量变通《铺捐章程》除繁盛市镇概予豁免由 ……………………… 071
呈请通饬严禁待质所积弊由………………………………………………… 072
呈请饬劝业道振兴渔业由…………………………………………………… 073
呈请调取九江近十年米谷出口数目由……………………………………… 073
呈请实行照章核减运商岸价及官贴盐厘拨归地方公用由…………………… 074
呈报议决建昌县议员蔡允升提出该县迭遭水患请饬地方官
查明办理议案由…………………………………………………………… 076
呈报议决教育总会陈请宽筹教育会经费、统一各学堂监督
权限、省视学地方团体选举各议案由 …………………………………… 076
呈请咨外务部照会英使惩办殴毙余发程之英巡捕由………………………… 078
呈(请)〔报〕(据)〔议〕【决】泰和县贡生欧阳辅陈明厘卡
倒填日期舞弊由…………………………………………………………… 079
呈请议决安远县绅唐承任等陈请查办版石司巡检袁锡璋
纳贿违法议案由…………………………………………………………… 080
呈送宣统元年九月起至宣统二年八月止豫算由…………………………… 081

江西谘议局第二次常年会呈报议决案・上卷

呈覆抚部院发交本省税法及公债事件议案由…………084
呈覆抚部院发交本省担任义务之增加事件议案由…………085
呈报申覆抚部院发交提议本省教育经费【议】案由…………087
呈报会议申覆抚部院发交各厅州县设立地方审判厅议案由…………090
呈报议决发交统筹全省巡警经费议案由…………091
呈报议决发交划分巡警区域议案由…………092
呈报议决抚部院发交限制钱店妄出钱钞议案由…………093
呈报议决发交调查地方财政办法议案由…………095
呈报议决发交筑堤开塘以兴水利议案由…………097
呈报申覆抚部院交议凿新河以泄湖水【议】案由…………098
呈报申覆抚部院奉交提议东三省移民殖边【议】案由…………101
呈覆抚部院咨询仿办公债议案由…………103
呈报议决抚部院发交救荒办法议案由…………104
呈覆抚部院议决抄发监生余家义禀开各节交局核议由…………109
呈报覆议请抚部院通饬各厅州县榜示罚款由…………110
呈报覆议再请咨商督部堂于盐斤加价二文内拨一文归销盐省分由…………112
呈报覆议本局上届常年会期内胥差议案仍执前议由…………115
呈报覆议上届常年会呈请改良《官纸专卖章程》议案仍执前议由…………118
呈请批答上届常年会裁并厘卡案内赣州五城门税饬赣关查复情形由…………120
呈报覆议上年常【年】会期内裁并厘卡议案仍执前议请抚部院核准公布施行由…………121
呈覆抚部院饬司清查各县仓基地租议案仍执前议由…………129
呈报抚部院发交覆议印花税则一案请补录办法规则交局议决以重权限由…………131
呈请抚部院通饬实行上届常年会内本局呈请严禁待质所积弊由…………136

呈催抚部院从速批答本局上届呈报议决本省税法一案由…… 137
呈请抚部院批答上届常年会期中疑问乐平、万安两县漕米加收
二百十六文成案由…… 138
呈请抚部院查照上届常年会议决调查公产议案严饬万年县
遵照办理由…… 139
呈请抚部院查办各属对于限制演戏一案延宕不行并申明
前案饬禁以重议案由…… 141
呈请抚部院查办上届公布严禁邪教一案各属延宕不行并请
重申禁令以重议案由…… 144
呈请查照上届议奉批准烟害赌博各案通饬实行不得故意延宕由…… 145
呈请抚部院实行革除烟害限期禁卖由…… 147

江西谘议局第二次常年会呈报议决案・下卷

呈请抚部院实行限制派销书报由…… 150
呈请代奏请【速】开国会由　…… 153
呈请抚部院查照奏案画一征银十一州县丁漕征收银数由…… 156
呈请抚部院查办进贤、临川等四十一厅县征收违法由　…… 159
呈请抚部院通饬裁革丁漕卷尾以祛积弊由…… 162
呈请抚部院通饬各厅州县征收丁漕随串发给收单载明折合
洋圆、铜圆数目以免浮收由　…… 163
呈请抚部院查禁安福、泰和、龙泉三县漕米每石多收三百文
并通饬各属一律禁绝浮收由…… 165
呈请抚部院通饬本省各电报局约束巡丁不准诬索乡民由…… 167
呈请抚部院查禁本省督销总分局暨各缉私卡舞弊扰民由…… 168
呈请解释《自治章程》通饬各属自治会应办禁烟会、拒赌会、平和会
一切事宜由…… 169
呈请抚部院批饬自治筹办处免提各属带收亩捐之一成半
为该处经费由…… 171

呈请抚部院查照定章〈程〉更正答覆办法由 …… 173
呈请抚部院维持本省铁路办法议案由 …… 174
呈请抚部院核准通饬各属地方公益捐款责成自治正绅直接经理由 …… 177
议决《法令公布规则》并《改良官报办法》呈请抚部院核准公布施行由 …… 179
呈请抚部院札饬九江府会同铁路公司踏勘赛湖桥工妥筹善后办法由 …… 181
呈请抚部院札饬九江道宣布船钞税则严禁陋规并改订验照期限由 …… 183
呈请抚部院转饬设立各属农务分会并呈《组织分会、分所办法》请通饬遵办由 …… 184
呈请抚部院振兴工业由 …… 187
呈请拨给高等巡警学堂地址建筑谘议局由 …… 188
呈报议决清理广信合府船埠案请抚部院饬查公断以保公产由 …… 189
呈请抚部院查明萍乡县城议事会议长文治熙被诬剥夺情形援案办理以重选举而保公权由 …… 191
呈请抚部院查办广昌县典史莫令望违法纳贿由 …… 193
呈请抚部院请移会两湖督部堂禁止沔阳、黄梅、广济等县发给灾民就食路票并严饬鄱阳、余干等县一律禁止由 …… 195
呈请抚部院查办上高县蔡令思干违法捎执罚款由 …… 197
呈请抚部院查催司局查复南安府纸捐拨充自治经费一案迅予裁夺照案施行由 …… 198
呈请抚部院札饬兴国县会绅筹办改屯为民拨充自治会经费由 …… 200
呈请抚部院查办龙南县冯令、丰城县涂令违法任用门丁情事并请通饬严禁州县再用各项家丁由 …… 202
呈请抚部院查办瑞州府委员违法纳贿由 …… 204
呈请抚部院查办崇仁县崔令纵书陈传宗巧立发力名目任意浮收等弊并通饬严禁由 …… 205

呈请抚部院饬提前玉山县商务分会总理易兼才全案来省审结
以成信谳由…… 207
呈请抚部院札饬承造混成协营房委员马令速向该匠
周春茂照依包单秉公清理由…… 213

江西谘议局宣统二年答覆文件补刊

抚部院照覆本局呈覆议决本省岁出、入预算事件议案由 …… 215
抚部院第二次照覆本局呈请维持铁路办法由…… 232
抚部院照会本局呈请札饬南浔铁路公司妥议本局发起公债促成
南浔路工议案由…… 233
抚部院照覆本局呈请实行限制派销书报由…… 233
抚部院照覆本局呈请振兴工业由…… 236
抚部院照覆本局呈覆发交劝业道详请覆议裁撤兴国县农工商矿兼
保甲稽查学务局由…… 237
抚部院照覆本局呈请拨给高等巡警学堂地(趾)〔址〕建筑谘议局由 …… 237
抚部院第二次照覆本局呈请札饬九江道宣布船钞税则严禁陋规
并改订验照期限由…… 238
抚部院第二次照覆本局呈请查照奏案画一征银十一州县
丁漕征收银数由…… 241
抚部院照覆本局呈报议决发交东三省移民殖边议案由…… 243

江西谘议局第一次常年会议案目录

江西谘议局会期内已经提议、未经提议、已经议决、议而未决
各议案目录…… 250

江西谘议局宣统二年临时会议事录

江西谘议局第二年度临时会议事录…… 269

江西谘议局各项规则

江西谘议局议事细则目录…… 280
江西谘议局议事细则…… 281
江西谘议局办事细则…… 291
江西谘议局旁听规则…… 295
江西谘议局议员请假规约…… 296
江西谘议局惩罚细则…… 298
江西谘议局支发公费、旅费细则…… 299
江西谘议局守卫简章…… 300
江西谘议局互选资政院议员详细规则…… 302

江西谘议局宣统二年临时会呈报议决案

呈覆议决本省岁出入预算事件议案由…… 306
呈【报】覆【议】本省税法议案仍执前议由…… 318
【呈】【报】【覆】议〈覆〉抚部院删改《税契章程》议案由…… 320
呈报〈议〉覆【议】本年常【年】会期内议覆胥差议案请抚部院公布施行由…… 326
呈请札饬南浔铁路公司妥议本局发起公债促成南浔路工议案由…… 327
呈覆发交劝业道详请覆议裁(撤)〔撤〕兴国县农工商矿兼保甲稽查学务局由…… 332

江西谘议局第二次常年会议事录

江西谘议局第二次常年会议事录…… 334

《申报》有关江西谘议局的报道

《申报》1909 年 1—2 月资料

《谘议局章程笺释》附《议员选举章程笺释》出版 乙 6170 …… 390
专件 江西谘议局筹办处编辑《复选事务所章程》 …… 391
官长设立…… 393
官长设立…… 394
官长设立…… 395
官长设立…… 396
专件 《江西谘议局筹办处司选员规则》 …… 396
专件 江西谘议局筹办处编纂《选举调查员办事细则》 …… 398
江西谘议局筹办处编纂《选举调查员办事细则》(续) …… 400
江西谘议局筹办处编纂《调查注意事项八则》 …… 401
官长设立…… 402

《申报》1909 年 3—4 月资料

赣抚致筹办处选举、文牍、庶务三科长函…… 403
官长设立…… 404
官长设立…… 405
官长设立…… 405
官长设立…… 406
官长设立…… 408
官长设立…… 408
官长设立…… 409
官长设立…… 410

官长设立…………………………………………………………………… 411
官长设立…………………………………………………………………… 411
官长设立…………………………………………………………………… 412
官长设立…………………………………………………………………… 412
专件　江西复选举办理纲要……………………………………………… 413
江西复选举办理纲要(续)　……………………………………………… 414
官长调查…………………………………………………………………… 417
琐　闻……………………………………………………………………… 418
官长调查…………………………………………………………………… 418

《申报》1909 年 5—6 月资料

官长设立…………………………………………………………………… 419
琐　闻……………………………………………………………………… 419
官长设立…………………………………………………………………… 420
官长设立…………………………………………………………………… 421
办理初选举成绩…………………………………………………………… 421
初选举析疑………………………………………………………………… 422
琐　闻……………………………………………………………………… 423
琐　闻……………………………………………………………………… 423
官长设立…………………………………………………………………… 424
官长调查…………………………………………………………………… 424
官长设立…………………………………………………………………… 425
官长调查…………………………………………………………………… 426
官长调查…………………………………………………………………… 427
官长设立…………………………………………………………………… 428
预备初选举投票…………………………………………………………… 429
初选举诉讼………………………………………………………………… 429
官长调查…………………………………………………………………… 430
确定选举人名数…………………………………………………………… 431
确定选举人名数…………………………………………………………… 432

预备举行初选举…… 433
琐　闻…… 434
配定全省议员额数…… 434
分配全省议员额数…… 435
分配选举议员名额…… 436
释解选举章程…… 437
初选举投票…… 437
官长设立…… 438
《申报》1909 年 7—8 月资料
赣抚勒求民隐之一般…… 439
选举问答要电…… 439
初选举开票…… 440
解释《选举章程》…… 441
初选举开票…… 442
初选举开票…… 443
初选举开票…… 443
初选举开票…… 444
预备举行初选举…… 445
初选举诉讼…… 445
初选举开票…… 446
专件　赣省筹办处议设议案预备会及附设公报启…… 447
初选举开票…… 449
琐　闻…… 449
初选举开票…… 450
初选举诉讼…… 450
初选举开票…… 451
初选举开票…… 452
预备举行复选举…… 453
预备举行复选举…… 453

复选举开票……454
复选举开票……454
选举诉讼……455
复选举开票……456
复选举重开票……456
琐　闻……457
复选举重开票……457
复选举开票……458
复选议员开票……458
复选举开票……459
琐　闻……459
复选举开票……460
复选举开票……460
复选当选名单……461
复选举诉讼……461
《申报》 1909 年 9—10 月资料
预备召集议员……462
琐　闻……463
筹备谘议局开办事宜……463
复选举开票……464
召集议员……465
琐　闻……465
议员开预备会……465
派定监视互选职员……466
欢迎议员之大会……467
谘议局行开幕礼之预备……467
赣省谘议局开幕纪详……468
赣省谘议局选举副议长……469
赣省谘议局连日开会情形……469

《申报》1909 年 11—12 月资料

赣省谘议局议定月俸…… 470
江西谘议局腐败之一斑…… 471
赣省谘议局会场纪事…… 471
赣省谘议局议场纪事…… 473
江西谘议局议场纪事…… 473
江西谘议局十二日会场纪事…… 475
赣省谘议局呈请查办税卡积弊…… 475
议决案　江西谘议局呈报议决院司交议丁漕案…… 476
赣省谘议局之忙迫…… 479
赣省谘议局闭会纪事…… 480
赣省选举资政院议员…… 481
江西谘议局闭会后办法…… 481
江西谘议局呈禁赌博议案文…… 482
江西谘议局呈送预算经费文…… 483
赣抚选送资政院议员…… 486
赣省谘议局呈报议决议案…… 486
江西谘议局呈报规复地利议案…… 487
又呈请重申禁令通饬严拿掠卖人口文…… 488
议决案　江西谘议局呈报议决更改《官纸印刷所章程》案…… 489
又呈报议决裁并分卡案…… 489
又呈报议决争还盐斤加价案…… 490
江西议员聂传曾辞退资政院议员…… 491
江西谘议局对于税法丁漕钱价各议案之疑问…… 492

《申报》1910 年 1—2 月资料

议决案　江西谘议局呈报划一纸币制度议案…… 493
又呈报乡镇警察议案…… 494
吉安议员请发盐斤公股票…… 494
吉安议员续请发盐斤公股…… 496

赣抚批复谘议局案二件…………………………………………………… 497
赣抚冯中丞批复谘议局议案文……………………………………………… 498
赣抚冯汝骙奏赣省谘议局依期成立暨开会闭会各情形折………………… 501
《申报》1910 年 3—4 月资料
赣抚照复谘议局文…………………………………………………………… 502
赣省谘议局协议会纪事……………………………………………………… 503
赣省谘议局纪事……………………………………………………………… 504
赣人请裁厘卡议案…………………………………………………………… 504
赣省续举国会请愿代表……………………………………………………… 506
《申报》1910 年 7—8 月资料
赣谘议局开常会之预备……………………………………………………… 506
各省谘议局联合会纪闻……………………………………………………… 507
谘议局联合会第二次开会详纪……………………………………………… 508
赣抚冯中丞发交谘议局提议案……………………………………………… 509
《申报》1910 年 9—10 月资料
赣抚冯中丞发交谘议局提议案(续)……………………………………… 511
赣抚冯中丞发交谘议局提议案(二续)…………………………………… 512
江西各府议员呈谘议局议案………………………………………………… 514
赣谘议局呈催完全预算案…………………………………………………… 517
《申报》1910 年 11—12 月资料
赣谘议局要求预算案之决议………………………………………………… 518
补录江西谘议局呈请冯抚代奏速开国会文………………………………… 518
赣抚筹办公债交谘议局议决文……………………………………………… 520
赣谘议局选举常驻议员……………………………………………………… 521
赣谘议局坚持铁路商办……………………………………………………… 521
各省谘议局大开临时会……………………………………………………… 522
赣路电请提议募债…………………………………………………………… 523
资政院电告统税改征银圆界说……………………………………………… 524
江西谘议局法律审查会审查试办铁路公债案报告书……………………… 524

赣议员呈控议长营私违法…… 526
赣省组织拒债会风潮…… 527
赣议员呈控议长营私违法(续) …… 528
赣谘议局临时会缓期原因…… 529

《申报》1911 年 1—2 月资料

赣谘议局对于国防问题之冷观江西…… 529
赣谘议局召集临时会…… 530

《申报》1911 年 3—4 月资料

赣谘议局进行近状…… 530
赣局两大议案舌战之动机…… 531
赣省行政官又议募集公债…… 532
赣民反对公债之见端…… 533
赣谘议局会议丁漕案之困难…… 534
赣抚对于核定预算之异议…… 534
赣省丁漕议案之无效…… 535
赣局议员恳参违法征收州县…… 536
赣谘议局临时会之成绩…… 536

《申报》1911 年 5—6 月资料

赣谘议局议员亦将辞职…… 537
赣藩规复税捐之动机…… 537
议局质问土药改征之疑窦…… 538

《申报》1911 年 7—8 月资料

赣抚札催赶办谘议局选举…… 539

《申报》1911 年 9—10 月资料

赣议员争选结果…… 539

《申报》1911 年 11—12 月资料

赣垣失守前情状…… 540

江西谘议局第一次常年会呈报议决案·上卷

呈报议决教育普及议案由

为呈报事。九月十四日接奉抚部院照会发交谘议局普及教育议案，并附交提学司筹议逐年应备教育事宜清折一扣，本局当经开会提议。查教育普及办法，自应遵照宪政编查馆表列，以广设简易识字学塾为主，此外如半日学堂、艺徒学堂、夜学校、农隙讲习所，无非为简易识字学校之辅，要在使国民具有普通应用知识。虽殊途而同归，以仰副朝廷预备立宪之程限，惟兹事体大，条理繁密，谨就议案分为五项以次决议，条列于左:

一、经费

查经费一项，宜视地方情形设法筹措。如地方各公项罚款、学田、祠产、庙产、宾兴、采芹以及迎神赛会、朝山闹灯诸会产，均可酌量提拨。若差戏禁绝则戏捐亦自可筹。地方积谷并可拨年息数成，尤为常年有著之款。寺观租产凡归绅耆管业，非僧尼募化私产，均可拨充，再以随时劝捐为辅助，酌给奖励，事自易行。至义务教育，本系通校不收学费，惟虑通筹无力反致兴学有阻，或有父兄愿认帮贴并愿自费，而村长力能使村人皆出赀就学者，自可以有无选民资格及有无子弟入学为区别，使其岁出数元以为教育普及之助。总之，地方情形各别，惟在官、绅取其可以推行无阻者，不妨举办，势难定一单行方法，统数十州县而责之遵守，在国家税与地方税未经分析之前尤多窒碍。此本局对于经费之决议者一。

二、教材

案改良教育必先改良师范，欲谋教育普及，尤须师范多储开练习所，以养教材，诚为当务之急。惟各属师范毕业尚少，旧时士子能胜简易识字之任者，大不乏人，但执章程课本自行研究，尽可不藉入传习所以为重。若地方财力有余，无论在城在乡，能设所养成教材，得完全之师范，自为美事，否则，或由地方官考取；或照私塾改良办法悬格以求；或由提学司将教授法课本印刷多种，饬送各属，以资旧学生童研究；或由劝学所派员下乡传知教授之旨趣，并不限以毕业之时期，亦自不无效力。总之，师范毕业生现筹教育普及，尚难多得此种教材，除完全小学外，凡旧学生童苟能研究章程课本，略明教授之法，自无不可补充。此本局对于教材之决议者二。

三、组织

案组织之法先须预备，凡划定学区、调查学童、派员宣讲皆预备之事。学区之制已规定于学部九年预备事宜清单，将来户籍已成，一区之内视户数多寡，以为学堂分配。巨族可酌设数学，奇零小村或各办一学，或合办一学，均当随时斟酌地方情形以为规画。此本局对于组织之决议者三。

四、简易识字学塾之附设

查抚部院议案内称，简易识字学塾能否附于简易科小学之内，抑附于改良私塾之内等语。窃维简易科小学宜用单级教授，如此则以一教员担任数科，以教授学童之团体。若再以简易识字学塾附属于内，则彼此不能兼顾，不特分教员之精力，并耗学童之光阴，实有两相妨碍之势，自不如专设之，有利无害。至于夜学及农隙讲习所，附设于简易识字学塾，或简易科小学及改良私塾内，均属可行。此本局对于附设之决议者四。

五、简易识字学塾以外诸学校之办法

案本局于议决经费条内，有提拨祠产一议，此即为族学之基础。其半日学堂、夜学校、艺徒学堂、农隙讲习所，俱视族学之财力，为开办之繁简。半日学堂、夜学校，并宜注重书算及粗浅之工业，使人民毕业后易于营生，若艺徒学堂尤应如此。四民之中惟农最多，不识字亦为农最多。应请抚部院饬提学使，派员新编农学课本，演说如何改良则如何倍收之理，以三千余字装入文内，诱之使识。不但农隙讲习所适用，即半日学堂、夜学校亦可仿照办理。此本局对于简易识字以外诸学校之决议者五。

前项之外尚有应行筹议者，国民教育一则定目前之作用，一则启他日之渊源。作用之途，不外奖励与强迫二种。查奖励自有部章未便逾越，惟如徽章、物品、匾额等事，在法律范围以内，原不禁办学者之运用从心，然必定以章程，始足以资鼓励。应请抚部院饬提学司于学部定章所不禁范围内，酌量地方情形，定为奖励之方法，实于劝学有裨。至强迫教育章程，已由学部规定，亦应请抚部院饬提学司，广为印布发交各州县，使人民皆知事有期限，势在必行，则不如自行向学，而办学者得法律为之后盾，尤易为功。他若女子教育，实为家庭教育之渊源，亟宜于省会，官设女子师范一所，以三学期毕业。其名额依各州县支配，毕业后再推行于各府治，办法亦如之，即以省师范毕业者为之教习。各府厅州县就现有教材，能设两等女小学者固佳，否则，十岁以内女子可令附入男校。简易科小学或识字学塾，较愈于费学以待师资。本局亦经一并决议，理合备文呈请抚部院察核施行。须至呈者。

批：来牍阅悉。希候札行提学使按照所议分别筹酌，次第详办。此复。

呈报议决发交提倡实业议案由

为呈报事。九月十四日接奉抚部院照会发交提倡实业议案，本局当经提议。查议案内分六项，谨就原案次第条议如左：

第一项

一、请将省垣高等农业学堂及试验场，将理化储肥、考察土宜诸方法，择新法之便于用者，编成白话，刷印单张若干，通饬分散各地方绅士，随处演说，不必照派，报例勒销。将来各县设立宣讲所，可以此白话附入。

二、查国初原有由各厅州县岁举一二勤朴老农，详请给以八品荣身之例，现已久成缺典。官视农甚贱，农亦自视甚卑，殊失重农之意，应请重申旧例，通饬各厅州县切实举行。

三、各厅州县勤朴农民，应请通饬州县不准书役人等，假辞年、做生日、送限单各名目，到门需索。地方官不得轻易责押，如有诉讼，从速判结，毋延时日以妨农功。

谨案原案内称，改良选种、储肥之法，以期多收；设立农隙讲习所，演讲白话，以期农学之普及，自为切要之举。惟欲求改良，必先试验，是试验仍不可少。至设讲习所，则宣讲之人材，必先练习，演讲之材料必先编辑，庶可实行。组织宣讲所，亦即农隙讲习所之意，似可相辅而行。宜先就省垣现有之高等农业学堂、农事试验场为起点，再推之各乡各镇。设立农隙讲习所，是亦因势利导之一法。

第二项

一、农会最宜注重。现今各厅州县有劝业员，应即责成提倡。

二、农会应照章独立，农隙讲习所应即附入其中，以专责成。

谨案原案为防弊起见，故必须设法以善其后。窃维农会原以联合团体研究学问，而一切提倡、保护、扩充、改良，均为应尽之义务，故农工商部特定章程一体设立，惟事当创始，自不得不以城厢为起点，以期逐件推行。应请通饬各属遵章设立，但须慎选公正绅士，采集各种善法，他处行之有效者逐一仿行。一俟各处地方自治办有成效，自无诸弊。

第三项

谨案原案内称江右古称“豫章”，为造林最良之地。今劝业道拟呈庐山林业章程，将于该处黄龙寺地方，圈地二千亩试造林业，赣、宁、吉安等处能否推广劝行等语。查本局另有整顿林业议案，业已拟定章程呈请在案，自应毋庸另议。

第四项

谨案庐山牯岭，自西人辟为避暑之地，日兴月盛，创开旅馆、建筑公园势在必行。我不自创，他日西人亦必兴办。惟创立公司应请用官倡商办之法，由劝业道订定章程招商承办。近日，安徽建筑皖江公园，亦系招集股分建立公司办理，应调取该公司章程，以资仿办。

第五项

一、多造樟林为他日之预备。现在但就所有之树熬制，不加补种必有穷尽之日，亟须继续栽种，庶可日出不穷。

二、拣选樟种，以期出产之增多。樟树种类不同，有能熬脑、不能熬脑之别。近来日本于此事极力考求，得一种樟树出脑最多。本省试验场曾贩买十万株试种，惟须设法广为传播，获利较多。

三、讲求制炼，以期出口之精美。熬制之法精粗各别，出品之价贵贱攸分，是宜研究学理，考求器具，庶工省物美，可以争胜。

谨案樟脑为用日广，本省近十年来始有此项出产，亟须讲求以期扩充。应请通饬各处农业学堂及试验场力加考求，将考求所得者，编为浅近文理刷印，分散各属。俾知取法，则出产丰富，商民自然添设公司，扩充办理。

第六项

谨案原案为振兴矿利起见，有鉴于赣州铜矿之失败，余干煤矿之攘夺，而主张任令士民用土法开采，不用机器，以期矿产繁兴而兼且有益于苦力小民，法良意美最适施行。至维持保存之法，固当注重于筹款、用人，而原始要终实有两蔽。查本省矿产繁富，调查确实尽人皆知，而开采者百不及十，推原其故，半困于矿章之繁难，半生于堪舆之诬罔。矿章之密，以之防制外人则尚嫌不足，至若阻塞土法，则绰乎有余。堪舆之言，倾心迷信者，固未必尽然，而借词耸惑，借端滋扰，以冀售其阻挠之术，实居多数。职此两端，而开矿之机遂窒，货弃于地，无源可开。为今之计，允宜审酌权宜变通办法，拟凡集股以巨万计而用西法大举者，则令遵照矿章办理。其余醵资或仅达千百之数而在万金以内者，可任令从权开办，不必遽援矿章相绳而加之以束缚。凡有呈请，劝业道得揆度情形而允许之。其有以风水之说阻挠者，谕交地方官详为晓谕，破其迷惑。若有以防害农田水利、庐墓基址为言者，则谕令地方官诣勘明确，如果有显著之害可指、切近之迹可循，自应停止其开采。若但以逆（亿）〔臆〕之谰言砌辞影射，即当发其诡诈，严行斥遏，于是而给以执照实行保护。开矿者将来必多，况物产之发达必有成绩之可期，税厘之增收亦相因而并至，开源兴利，舍此何由？

以上各节业于会期内公同决议，理合备文呈请抚部院察核施行。须至呈者。

批：来牍阅悉。所议各条均属切实可行，除庐山马路现已筹款自筑、樟树现已购种试植外，希候札饬提学司、劝业道查照办理。此复。

呈报议决调查公产议案由

为呈报事。九月十四日接奉抚部院照会发交调查公所议案，本局遵于会期内提议。查议案内分积谷、社会公款、慈善事业、贫民工艺、粥厂共五项，其积谷、社会公款二项为各属同有之公产；慈善事业、贫民工艺、粥厂三项则各属不能尽有，办法当有分别。谨就本局筹议，方法分为旧有公产办法、慈善公产办法二款，条列于左：

旧有公产办法

一、已有之公产，宜俟各属自治会成立后，拨归地方自治会统合筹算，分作教育、实业、公益之用。自治会有议事会以为监察，有董事会以为经理，互相钳制，且二年一任，界限分明，可无侵挪盘踞之弊。

二、未清之公产，以后责令地方自治会编立调查公产册，切实调查。

三、清查积谷，不可假手胥吏，盖查仓委员及门丁科房，徒知需索陋规，不顾承管之人受累。请以后州县官莅任，但责成自治会绅董互相查验，连环具结以省浮费。

四、清出亏短之款有侵蚀中饱情弊，责成经手舞弊之人赔补。其从前公产不肯拨出者，应请抚部院通饬各属，由地方官会同绅董破除情面，实行清理。

慈善公产办法

一、慈善事业其已设立者，应归地方自治会稽查整顿。其未设立者，应归地方自治会设法提倡。

二、育婴一事，应请抚部院通饬各属，照通州新育婴堂章程，由地方官选宣讲员，劝人仿办。至省城育婴、清节二堂，宜合并为一。即以清节堂节妇担任保育孤婴，以省经费。其无力设立育婴堂之处，只筹款津贴贫寒之生母，亦可保全婴儿。

三、南、新粥厂每年縻款万金，实则饥饿之民，有食无衣，寒天奔走，仍多僵毙。拟请自明春为始，将此款改设平民习艺所，其老幼废疾，酌量教以轻便手工，作为工赈。壮丁宜责令力作，或使之垦荒修路。此为贫民谋终身之食，较之施粥之惠为期仅四五十日，所益实多。即凡一切慈善事业，如清节堂、普济院等类，皆宜注重工艺。

以上各节均经本局于会期内公同决议，理合备文呈请抚部院察核施行。须至呈者。

批：来牍阅悉。所议多系自治范围以内之事，希候札饬地方自治筹办处，通行各地方官暨各社会法团查照办理。然其发生效力，当在自治成立后也。此复。

呈报议决规复地利议案由

为呈报事。九月十四日接奉抚部院发交规复地利议案，本局业于会期内提议。查议案内称，广信之铜塘山、义宁之黄冈山、临川之西坑、泰和之马家洲，尚有未经开垦官民荒地，推此四处以例其余，宜垦之地，当必不少，愿切实调查，劝民自垦，以兴实业而厚民生。等语。窃维垦荒之政，不外荒山、荒田、荒地三种，其办法则应以调查为入手。现在各属委派劝业员，又府厅州县每年皆有统计，此项调查自应由劝业道责成劝业员专心办理，严定考成，并饬地方官陆续列入统计表内，然后随时相度地方情形，再筹集赀开垦之策。至封禁诸山，固宜弛禁利民，惟旷废年久，林木多则易藏盗贼，一旦猝图规复，宜先筹集巨赀创设公司，以广开道路为入手，未可遽图近利，故非有雄厚之赀本，不易轻言举办。

至铜塘山等四处，惟义宁之黄冈山，虽由前护抚部院柯奏准弛禁，未久即经前抚部院胡奏明停办。此山石多土少，陡峻多寒，虽产药材，为利甚微，并无森林可采，应仍以停办为便。此外，尚有崇义县之朱广山产蕨甚多，其根有粉，土民常取以作饼，可补田产之不足。惜为禁地，采取者常被营兵驱逐，应请抚部院奏准开禁，招民垦种并定年承课，以符定例。当经本局决议，理合备文呈请抚部院察核施行。须至呈者。

批：来牍阅悉。现在民穷财尽，以垦荒兴利为第一要政。然此事官为提倡，尤赖绅为辅助，仅责成劝业员调查，而毫无实业家起而担任，地方官亦不能执途人而语之也。封禁诸山，为地大需赀多，所称创设公司，自是正办。其余荒山、荒田、荒地，但使各属绅民自量材力，以渐垦辟试种，所费实轻，获利正厚，是在自治成立实行劝导矣。崇义朱广山一并候饬劝业道移饬查明详夺。此复。

呈报议决烟害议案及辅助禁烟议案由

为呈报事。九月十五日接奉抚部院照会发交应革事件烟害议案；十月初二日，复奉照会发交巡警道提出辅助禁烟议案，本局遵照《奏定章程》第二十一条，应办事件在会议时提议，分别禁种、禁吸、禁卖三项，公同讨论。查江省产土之区零星无几，是禁种一项，但当责成地方官切实奉行，以期杜绝根株，如该管官报告不实，应请抚部院分别记过。禁卖一项，现经开办牌照捐，惟江省地方辽阔，能否推行尽利，应请一面试办，一面筹议改良，再四商酌，似当以禁吸为根本救治之法，谨将议定办法列后：

一、各属城镇乡所有烟馆一律封闭，违者罚作苦工。业主将屋宇赁开烟馆者，如查系知情，应将其业充公。其饭店、酒楼、客栈，仍请抚部院转饬巡警道，责成巡警昼夜梭巡，如有带烟自吸之客，一律科以重罚。

二、实行遵照奏定续拟禁烟办法第十条，凡吸烟之人，不准干预地方各项公事。

三、各学堂管理员、教员、学生及服役人等，均由地方官会同教育会、劝学所绅董，遵照定章切实稽查，如有沾染嗜好者，破除情面立予开除。倘稽查官、绅扶同隐庇，一经告发，应分别记过撤差。

四、凡办理学务及地方各项公益之士绅，如有嗜好被人告发者，即应调入禁烟公所，实行查验，不得任其邀同数人，填具保结空文塞责。

五、各衙署幕友、官亲以及丁役、胥差人等，如有吸食鸦片者，分别辞退斥革。本官徇庇，一经告发，应请抚部院照章惩罚。

六、各属教育会、商会、自治会应会同组织戒烟会。所有会内费用，略仿所得税办法，就各地方膏土各店，酌抽若干，以为施给贫民戒烟药丸之用。

七、戒烟查验所章程，入所查验以五日为准，期限太短，应请改为八日。

以上七条均经本局公决通过，至巡警道辅助禁烟议案内，注重官、绅合办禁烟会，与前第六条大致相同，而办法稍密，但现在各属巡警尚未一律办齐，似当先由地方团体发起戒烟会收效较速。所有本局决议烟害议案及辅助禁烟议案各缘由，理合备文呈报抚部院察核施行。须至呈者。

呈报议决赌博议案由

为呈报事。九月十四日接奉抚部院照会发交应革事件赌博议案，本局遵照《奏定谘议局章程》第二十一条，应办事件在会议时提议。窃谓赌博之害不轻于鸦片，江西向有骨牌、纸牌、骰子、宝牌、九字标等类纸牌，又有字牌及赣州麻雀名目。近则宁波麻雀牌风行日盛，上流社会尤多好之，此种恶习亟宜禁绝，至其禁止之手续，谨拟办法条列如左：

一、宜先从禁绝赌具入手。由地方官出示晓谕，并派警察或丁差密查严禁，地方团体亦应自行查禁。但赌具名类不一，有本地制造者，有贩自他处者，除将已造已贩之具尽数销毁外，仍勒令具结，以后不准再造再贩，违者按例治罪。

一、禁窝赌以绝根株。凡城市镇乡，如有以已业或租赁开场摆赌者，照例惩治。其有以船泊等类窝赌者，比照办理。

一、凡开场聚赌者，多贿串衙署丁差营兵包庇，自后应责成地方官切实访查，如有包庇情事者，除斥革严惩外，仍将所得规费悉数追缴。

一、凡各地方自治会、教育会、商会，亟宜会同组织拒赌会一所。请地方官出示严禁，以后凡绅、商、学界如有开场赌博者，一经查获，酌量罚金，以充拒赌会经费。其游民、痞棍成群聚赌者，由该会送官究办，或罚作苦工。

一、花会赌害较牌九字标为尤烈。查此种恶习广、饶最盛，近已蔓延抚、建，其开会之手续最为简单，会场不求大厦，只以草茅架屋于深山郊野之间。会首总其事，另派多人遍走四乡，登门诱赌，名曰“走风”。胜者每掷一钱而得三十六文之偿，于是男女无不受其惑，则争赌者众，甚有因胜负难以预卜，而遂求诸梦。虽男女同宿梦场，亦所不避，伤风败俗，莫此为甚。此关系人心世道之举，应请抚部院通饬地方官查拿会首，照例治罪。如有门丁、差役串同包庇者，罪同科。并一面出示禁绝，复敢犯者从严惩办。

一、禁赌以禁戏场开赌为本。乡间游民每借迎神赛会之名，敛钱演戏，开场聚赌，伤财害农。迎神赛会关于风俗习惯，暂时未能禁绝，惟借戏开赌之风，自应悬为厉禁。

一、严禁花鼓采茶等戏，以清赌源。

一、站赌一日不撤，地方一日不安。应请抚部院通饬各属，设立夫马局，以免有害地方。

所有本局决议赌博议案各缘由，理合备文呈报抚部院察核施行。须至呈者。

呈报〈决〉议【决】械斗议案由（底册附）

为呈报事。九月十四日接奉抚部院照会发交械斗议案，本局业经于会期内提议。查议案内称，惩凶事后不如弥患未萌，而因注重于官、绅之劝导，使民有所苦，达之于官，官有所为，宣之于众，使嫌仇解释，情意孚通，自为根本不易之法。查余干士绅，从前曾设立和平会，行之许久，极为有效。现经本局调取章程，酌加修正，另册钞呈。应请抚部院通饬向有械斗各属，一体举办。至事后补救之方，正凶固宜严惩，其鸣锣聚众督阵之犯，及因斗而行抢劫，二罪俱发，尤为法不容宽，亦应务获严惩。其尸亲借案诈财，多有舍正凶而告衿富，甚至孤丁、独子亦被诬陷，应严申诬告之条，实行反坐之律，庶不至牵连无罪，良民得所保护，亦应请抚部院一并通饬遵行。尚有两县交界之地，一遇此种案出，往往甲县官到而乙县官不至，以致弹压不周酿成重案，移文索凶则又故为袒护，致令凶徒漏网，案悬不结，仇隙日深，乃要人于路而行掳杀，案情叠出无已。亦应请抚部院通饬各属，凡遇此等案件，地方官务宜不分畛域，速往弹压。事后互拿真凶，倘有推诿袒护，分别记过撤参；若规避处分不肯据实禀报，一任私和人命，买凶顶替，尤宜治以应得之罪，并请颁示勒石诸县，以戒将来。本局既经公同决议，理合备文呈请抚部院察核施行。须至呈者。

计呈变通《和平会章程》清册一本。

谨将变通《和平会章程》钞具清册开呈鉴核。

第一条　和平会机关，宜分为总会、分会二部。总会为分会统治机关，由各村投票公举总董任之。分会为总会协助机关，由各村各举分董任之。总会各种名额由各处酌定。

第二条　总董有处理全会事务之责任，遇有要件得召集分董公议，分董有处理一村事务之责任，如有难决之事，必须详具情节送交总董调处。

第三条　总、分各董任期均以一年为限，期满后如再被举，亦得连任。如有不协舆论，于会务有损失者，应开特别会另行公举。

第四条　公订禁约宣布后，须公同遵守。

第五条　同会之人，与本村或别村因事纠葛，务宜告明本村分董投同总董调处，如经调处未了，可再据实控官候讯，亦不得妄控旁人，致滋株累。

第六条　各村如有因事不投公议，妄启衅端及违犯禁约者，无论事之大小，其为首之人，公同禀官惩办。

第七条　总、分各董为人排解，须秉公判断，不得徇私偏袒、纳贿索谢。如遇交涉重件调处未了，应由总董将两造情形呈官，查实速断，免致延误。

第八条　各村分董，平日务须教导族众安分勤业。至半日学堂、夜班学堂、艺徒学堂及私塾改良，尤宜竭力提倡。

第九条　总会、分会均设报告册，所有排解事件，无论已息未息，概行登册，每月底由分会将报告册送交总会，再由总会汇齐呈报地方官，以昭核实。

第十条　总、分各董如能认真办理，二年内不出斗案，由地方择尤禀请督抚酌奖，次由地方官书赠匾额。若有因直言招尤为人诬控者，地方官宜善为保全，免令退避。

批：来牍阅悉。查江西余干、乐平、弋阳等县，以及南、赣一带，民情强悍，械斗频仍，相习成风，补救乏术。前经余干县俞令省三，于瑞洪镇创设和平会，选举绅董，酌定办法，刊碑立石，规约井然。今据调取《和平会章程》修正，请通饬仿办，洵属法良意美，苟能文武官、绅和衷劝导，认真筹办，于地方造福无穷，且即可为自治会之基础。希候即据来呈章程，札饬按察司将原章详加厘订，通饬各属遵照办理。此复。册存。

呈报〈决〉议【决】胥差议案由（底册附）

为呈报事。九月十四日接奉抚部院照会发交胥差议案，本局业于会期内提议。窃维胥差奸蠹，自古已然，今当立宪时代，百度更新，将来裁判警察制度成立完全，自可举千余年之积弊，荡涤无遗，定限有期，自可无庸遽图更改。现在筹画但为防弊之方，更不必别立清源之策。议案内开办法三条：第一条，公给差费。现在各州县新政繁兴，自治需款，万难筹此常年有著之巨费。世界各国无无讼费之公堂，百姓之所以患讼者，正由无法律规定之讼费。若明定章程，亦自有遵从之义务，此公给差费现难通行者一。第二条，尽革胥差，改用民夫。工资亦须由地方筹给，其筹款之困难正与公给差费相同，且谨愿乡民势必各有常业，不得其人则作奸犯科，殆与向来胥差无异，此尽革胥差现难通行者二。第三条，改用警察亲兵。案司法警察设立后，胥差固所必裁。现在警制未甚完备之时，尚难适用。至亲兵积习仍等胥差，名目虽殊，实际则一，此改用警察亲兵现难通行者三。就目前救济方法而论，仍以规定差费，令民间自行出费，尚为可行。前署宜黄县知县张令绳祖曾定章程，业已通禀，经前代理按察使司庆，批准照办在案。本局酌加修正，另册抄呈，应请抚部院通饬各属一体查照办理。其各州县门签稿与胥差，舞弊相为表里，久经奉文裁撤。近来变立名目，每遇词讼，需索仍如前辙。或人证到齐，胥差、门役以索钱未足，压不报到，一案拖延动需时日。应请抚部院重申旧章，通饬严行禁止，并责成地方官随时查究严办。又各县里胥，往往将粮户花名任意诬架，移甲于乙，竟有多至十余户者，诬为欠户。地方官不辨虚实，传拘管押，被累无穷，亦请通饬地方官不许偏听，如察出诬架实情，必将该胥严办，以儆刁风。至相验夫马费章程，已于本年核定通行，此项费用不甚多有，尚属易筹，仍请抚部院通饬各属遵照定章，就地筹定的款交地方绅士经管。附入各项，公局已办夫马局者仍旧。每遇命案发生，由局绅照章给发，并派人随往。如有章外苛索，准本人控告严行究办。本局既经公同议决，理合呈请抚部院察核施行。须至呈者。

附呈《词讼胥差费用章程》清册壹本。

谨将《词讼胥差费用章程》开具清册抄呈鉴核。

第一条　查《大清律例》内载，内外问刑衙门，务择里民中之诚实识字者，考取代书。凡有呈状，皆令照本人情词，据实誊写，呈后登记代书姓名。或本人自作自写，或亲族代作代写，亦令将自作缘由及代作之亲族姓名、籍贯、住址详开呈尾。衙门收呈时，先向具呈人将呈内情节逐一盘问，如情节支离，即严究代作之人，一并传案详讯。除审明实有冤抑准予昭雪外，一经审实虚诬，具呈人照例反坐，代作者与犯人同罪，其主唆之人、起意者，以为首论。如审出另有唆讼别案，即照积惯讼棍例办理。倘原呈内不将作呈人姓名、籍贯、住址并自作各缘由详细开载，诡言系倩过路不识姓名人书写，问刑衙门不准收理。集讯时作呈之人传捉未到，而所控又别无证佐，即照原告不到案之例，立案不行。又载，凡有控告事，能自作者，其呈词均责令自作；不能自作者，准其口诉，令书吏及官代书，据其口诉之词从实书写，如有增减情节，将代书之人照例治罪。其唆讼棍徒，该管地方官实力查拿，从重究办。各等语。凡地方官应一律实行，遵照定例办理。

第二条　传案拘讯，宜限定差役名数，不准滥派亲兵。案情重大者，拟派差四名；小者二名。其特别案件需差多名者，不在此限。

第三条　差役承票拘传人证，最利拖延。往往有案未集讯，而原、被已受累不堪者。兹拟按原、被住址距城远近，酌定限期。如原、被及证人在十里以内者，限即日传到。十里以外至五十里者，限三日传到。五十里以外至百里者，限四日传到。百里以外，限五日传到。如两造有因事故不能依限投讯者，准其各自呈请展限，惟词讼案件例有定限，不得逾二十日之期，以示限制。

第四条　书吏、差役，断难使其枵腹从公，与其若辈暗肆需索，不若明定办法。兹拟参照前奉颁发刑事、民事诉讼法内所附讼费表，及直隶现在办法，酌收差费、讼费，俾资办公。

第五条　刑事、民事案件一经准理，即行出票拘传。其原、被住址在五十里以内者，准给差役饭食、川赀钱五百文。五十里以外至一百里者，准给钱壹千文。百里以外者，准给钱壹千五百文。均于票内注明，由原、被告各认半数分派，此外不准需索分文。

第六条　命盗、抢窃、奸拐等案，毋容交纳讼费外，其余因户、婚、田、土等事，规定讼费钱四千文。结案之日，无论原、被，责令理曲者当堂交纳。如两造无甚曲直，则由两造各半分认。此项钱文立簿当堂登记，按月总算，以五成匀给书吏，五成匀给差役。惟以上酌收讼费，系指案已断结及经处息者而言，其案未断结，虽提审数十堂，并无分文。

第七条　控追钱债之案，拟按追出之数酌提百分之二，不另收讼费。此项钱文立簿当堂登记，按月总算，以五成匀给该书吏，五成匀给各差役。如追出之数逾一千以上者，以一半提归地方公益之用，以一半分给书吏、差役。

第八条　和息之案，拟照讼费由原、被减半平交。此项钱文立簿登记，按月总算，以六成匀给各书吏，四成匀给各差役。

第九条　原、被告抄阅案卷、堂判，拟令每次给钱四百文，此项钱文概给承值书吏。

第十条　差役服制及坐轿、乘马之类，定章取缔甚严。近因日久玩生，多有乘坐笋舆，名为兜子，动辄十数，僭越逾分，骚扰滋甚。今欲实力奉行定章，应除通饬本管官严行稽查外，仍准绅民举发。

批：来牍阅悉。杜绝胥差积弊，本尠良法，所议各条均属洞中窾要。惟目下审判开办在即，法律来岁亦可颁布，讼费、差费究应如何规定，应俟部中法律颁布到江，再行参酌地方情形妥筹定议，俾资办公而清积弊。除行司外。此复。册存。

呈报议决本省税法议案由

为呈报事。九月十四日接奉抚部院照会发交丁漕税法议案；十月初五日复奉照会发交布政司提出丁漕钱价议案，本局遵照《奏定章程》第二十一条，应办事件在会议时提议。兹将其议决，次第分别开列如左：

计开：

抚部院发交丁漕税法议案变通方法三条：

子、说征银解银。

丑、说按现在市价，每银壹两易钱贰千文，折合丁漕正耗各项。

寅、说折收银圆。

合以上三说互相讨论，本局意见分为三类：

一、主变通说。

一、主俟清查陋规后，稍为变通酌补公费说。

一、主不能变通说。

本局复就以上三说，在会场提议公同表决，主不能变通者占多数，其理由分为五项：

甲、官并不困之理由

一、州县进款不仅在丁漕之盈余，除廉俸不计外，兵粮、杂税、驿马费、税契费与暗收之各种陋规，名目繁多，进款不少。又如衙署用度，十足进而九几出，则有底钱坐支银两。官价收入，而折扣支出，则有余利。纳粮裁票则有串票钱；逾限未完按时加价，则有涨价钱。集腋成裘，亦不为少。

二、前抚宪刘奏定征收价目，系查照当时银价，每两易足钱壹千捌百文。因地丁壹两肆钱玖分，折合钱贰千陆百捌拾贰文，皆系十足，故知是足钱。今每银壹两，易九五钱贰千文，实仅壹千玖百文，相差并不甚远，报解之外尽有赢余，不过不及曩日之丰耳。值此财政困难、百度待举之时，正宜制节谨度，力效清廉，未便远慕丰盈，迹邻加赋。

三、州县戚友、幕丁，多至百余人，耗官剥民率由于此，而平日学非所用，事事需人，刑钱、书记、账房，不得不重加薪修。今日官习法政诸事，可以自理，果能俭以养廉，自无入不敷出之患。

乙、民困宜恤之理由

一、近数年水旱频遭，百物腾贵，籴谷所增之价，不足抵他物所涨之价，以致农民日少，田土荒芜，有愿将田转赠于人而不肯受者。故乡有多田多累之谚。若再加以丁漕涨价，民困将愈不堪言。

二、乡民售物于市所得铜元，皆作十足银元，皆照时价。今日纳粮于官，折收银元任意抑价，如交铜元必须补水，此诚情理之不可通者，哀哀小民无所控诉矣。今不责抑价者之非，而转责乡民以筹补，此诚来自田间者所不敢置喙矣。

三、赣省人民生计日形困难，若必一律征银征洋，银洋之价必愈涨，铜元之价必愈跌，百物必因而昂贵，民不聊生。

四、今日圜法未定，欲变通税法。小民以谷易钱，以钱扣银元换纹银，辗转之间，商垄断而官抑勒，其何以堪？总之，官难自存，民亦大非昔比。官尚可减幕僚、省驺从、节筵宴、少馈遗，民则殚其地之出，终岁勤动，难得一饱。

丙、谘议局不能专就官困提议之理由

一、谘议局代表舆论，宜为百姓计较。民为邦本，百姓足，君孰与不足？故利官不如利民，妨民即所以妨官。若不便于民而独便于官，虽便犹不便。

二、今舆论所在，立望议员之代表者，惟丁漕一事为最亟。征收丁漕情形虽各不同，而其抑勒折收，则几如一（邱）〔丘〕之貉。此次欣逢旷典，万民庆祝，其所希望于谘议局之拯救者，实有拭目以俟、侧耳以听之势。若不议民困而先恤官困，议员所万不敢与闻者也。

三、赣省丁漕折钱，乃奏明现行之定章。官铸铜元奏定通行市面，可以完纳钱粮，此又官府之大信。今谘议局开会伊始，遽使津贴官困，而改易旧章，抑或改征银洋，以失民信，此又议员之所不敢出此也。

四、现在国家新政，地方自治需款甚殷。若陋规未革，中饱未提，遽为州县筹补津贴，必至元气尽剥，民不堪命。

丁、恤官困宜恩施自上之理由

一、处此经济困难之时，皇室经费尚议节省，何论其他。拟除练兵、学堂经费外，可援同治十二年删除藩司公费例，将知府公费及提补捐款一切耗羡，酌量核减，匀作州县办公之用。

二、委员因公四出，名曰“例差”，本从前调济贫员之意。即收发委员亦甚清闲，现在无余润可分，自应裁革，以示体恤。

三、各州县对于上级官长，凡从前所有一切供给、办差之费，如三节、两寿有馈遗，幕友、家丁有馈遗，俱宜一律裁去，则州县自可裕如。

四、若谓州县宜亟筹费以资办公，亦应遵照部章，将丁漕内所收民间一丝一粟，和盘托出，列表详说，由抚部院咨部核定，统筹出入，酌盈剂虚，不患无款匀派，此正本清源之法也。

戊、丁漕善后之理由

一、兴办义图。高安素有义图，官民两便。近年，庐陵经江观察订定规则，只比照近三年旺收之数以为衡，暂不规复原额，而年来收数益旺。拟请通饬各州县责成地方自治团体，一律仿照庐陵成规，推广义图，将来各属解款，必能有盈无绌，公家享增课之利，小民免追呼之累，法莫善于此者。

二、清查中饱。丁漕亩捐及三十文串捐，照章征钱解钱，而各属率多征银解钱，盈余不少。又漕米折价，照章三千四百贰拾文，而龙泉天字号、安福、泰和各属，历来收叁千七百二十文，亩捐在外，此浮收之叁百文，明系中饱。其余似此类浮收者，各属皆有，俱宜逐一清厘，拨归地方公用。

本局对于以上理由，则征收丁漕，自宜率由旧章未便变通，现值开征之期，仍应呈请抚部院立发通电，严饬各州县征收丁漕概用官票、铜元，不得抑勒银元以恤民困。如州县实有困难之处，或由提补捐款，及一切公费之中酌量匀摊。并通饬民间举办地方自治会，准其援照近三年完粮最旺之数，设立义图，则国课永无亏欠之患，民间永免追呼之苦，利国利民，裨益良多。所有本局议决，抚部院发交丁漕税法议案变通办法三条，暨布政司提出丁漕钱价议案，理合备文呈报抚部院鉴核施行。须至呈者。

批：来牍阅悉。所议各节关系本省丁漕征解要政，是否可行，希候札行布政司会同学、臬两司，克日逐条议复，以凭裁夺施行。此缴。摘由批发。

呈报议决发交布政司提出印花税则议案由

为呈报事。十月初五日接奉抚部院照会发交布政司提出印花税则议案，本局业于会期内提议。查议案内称，大部原奏本借以抵补烟税之失，全国一体，事在必行。前次奉到部章，业已详定办法规则，撰就白话告示，分布各属晓谕，期以奉到印花三个月后举办。细绎部定章程，甚为宽简，凡属商民当共体念时艰，一律遵用。惟事属创始，偏僻州县乡愚之人，或未周知，万一有漏贴按罚等事，能否不虞纷扰。即如前次调查户口，竟有一二州县百姓因谣词为疑，致与查绅为难，岂非出诸意外。此次江省通行印花税法，如部定簿，据条款省拟规则，及所定银洋折价等项，有无碍于推行，不便闾阎之处，应请详察章则，公同议决。等语。具见体恤民情，无微不至。窃维江西僻居腹地，惟九江城外为中外交通之区，见闻所及，一切新政较易推行。此外各属，大都由于交通不便，乡民习惯难与图新，推原其故，皆由风气未开，不免少见多怪。前次调查户口，乡民以利民之政，疑为厉民，佥谓户口造册，后必将有抽人口税、抽房铺捐、勒民为兵、行印花税等事，一倡百和，连合把持，僻陋之区，野蛮尤甚。今以无智识之民，猝令行印花税，势必举国若狂，大生慌恐。且查印花税应贴各类皆民间日用所需，名目繁琐，非个人自为札记，不能尽识，易于漏贴。人民程度太低，有等游惰之民，平日结党成群，专以遇事生风，索诈良民为事。凡农、工、商界但能自赡身家，无不受若辈之鱼肉。今既著为禁令，遇有乡民漏贴，授之以柄，因而告讦，地方官以其关系新政，签拘重罚，民情汹汹，难保不生意外之虞。丁兹国帑空虚，何敢要求缓办？然国计民生，事宜并重，江省民智闭塞，加以连年水旱偏灾，收成歉薄，民生艰困已极。若操之过蹙，诚恐激成事端。本省民智虽不开通，而民心甚为固结，似宜维系人心，以安大局。应请抚部院饬司暂从缓办，俟各属自治会成立后，绅董随时开导，俾乡民洞悉原因，庶可消其疑惧，届时举办，方利推行。本局业经公同决议，理合备文呈请抚部院察核施行。须至呈者。

批：来牍阅悉。印花税原以筹补洋土药税，攸关军饷洋款，为国家行政经费，异于地方经费，本在可不交议之列。惟藩司规定办法，系本省单行章程，应否增删修改，自应取决众论，以期尽善。现在印花税票，已早奉部颁到，照章应即施行。查部章止有应贴印花之件，并不照章贴用，遇有讼案牵涉，官不为理，并无准人告讦之文。疏节阔目，力杜纷扰，用意至深。民间习惯无不由渐而成，始疏继密，乃是办事次序。城镇乡地方自治一律成立，照章尚有四年，奏奉谕旨开办之案，声请展缓多年，定干严诘。希候咨询苏、浙、皖、鄂何时开办，得复另宣。此复。

为照复事。宣统二年正月初八日，准护理江苏抚部院陆咨开，宣统元年十一月二十七日，准贵部院咨，谘议局会议印花税暂从缓办，俟各属自治会成立后，绅董随时开导，届时举办方利推行。等情。查印花税原以筹补洋土药税，事关军饷洋款，展缓定干严诘。咨询各省何时开办，抑尚暂从缓行，有无奏咨得复之案，饬抄见复。等因到本护抚。准此，查印花税一项，前经前瑞升院编入议案交议，经谘议局议复，并请从宽简入手。业由本护院札司饬属会同商会、自治会，妥为筹备，以期逐渐普及。此外并无奏咨得复之案。兹奉来咨，除再行司筹议外，相应抄粘瑞升院交议议案，及谘议局议决案，先行咨复。为此，咨呈贵部院，谨请查照施行。计抄粘。等因到本部院。准此，查江苏谘议局议案，可与本省谘议局议案互相发明，与度支部疏节阔目宗旨，亦属不触不背。除札行布政司务从宽简入手，妥筹办理外，相应照复，为此照会贵局，请烦查照，移行地方自治筹办处备案。须至照会者。

呈报议决发交巡警道提出乡镇警察议案由

为呈报事。十月初二日接奉抚部院照会发交巡警道提出乡镇警察议案，本局当经提议。据议案内称，拟自宣统二年起，大县须办有巡警三百人，中县二百人，小县一百人。兹值预筹推广之际，当先醵集经费。等语，并列举筹款方法八条。本局谨案《宪政编查馆逐年筹备清单》内开，宣统三年始行筹办乡镇巡警，宣统四年推广乡镇巡警，宣统五年乡镇巡警限年内粗具规模，至宣统七年始一律完备。现在提前办理，固以筹集款项为要端，惟筹办之先，尤必划定区域，将划区域必调查该区户口。且必调查道里远近、田土面积、物产食用、出入支配以及能协助办事之人若干，而后术有所施。如此进行，则与他项要政，连鸡双飞之理甚多，似仍宜以遵照定限为是。本局既经于会期内公同决议，理合备文呈报抚部院察核施行。须至呈者。

批：来牍阅悉。所议甚为简当，希候札饬巡警道查照办理。此复。

呈报议决发交巡警道提出实行演说议案并本局提出宣讲各议案由

为呈请事。十月初二日接奉抚部院照会发交巡警道提出实行演说议案，本局遵照《奏定谘议局章程》第二十五条内开，除第二十一条第二、三款外，谘议局亦得自行草具议案。等语。本局亦经自行提出劝学宣讲、政治宣讲、练习宣讲员各议案，均于会期内一并提议案。巡警道原案内称，今拟将每年筹备立宪应办之事，先后派员宣讲。一乡有一乡宣讲员，一村有一村宣讲员，各县正宜实行，应如何选派讲员，摘标事目，以定从违。等语。系专指政治宣讲而言。查《劝学所章程》，有宣讲员惟不得涉及政治偏激之谈。窃维《劝学所章程》颁行在前，《自治会章程》颁行在后，谨案《自治会章程》第三章自治范围节，城镇乡之学务条内，宣讲所与劝学所平列。宣讲既在自治范围内，自治即系行政之事。又查学部采用之宣讲书，若文明书局出版之《世界读本》、商务印书馆之《克莱武传》，均颇涉及政治，其余类此者尚多，是宣讲政治本与劝学章程不相违背。各县劝学所之已设宣讲所者，即可令其兼讲政治；其未设立劝学所之处，亦可令其从速先设宣讲所。其宣讲员之宣讲政治，实足以包括劝学，盖教育行政，特行政之一部分。谨拟宣讲所办法，条列于左：

一、宣讲所之组织

甲、宣统二年五月前，各县一律设立宣讲所。公举该县曾学法政之毕业生兼具普通学识者，或师范生及与师范同等学力之学生，暨公正明达之绅衿，实有法政知识者为宣讲员，在城乡各处，实行宣讲。再由各乡公举品行端正、文理明通、口齿清利之士绅，为本所练习宣讲员，即由前项宣讲员宣讲之方法。

乙、听讲员入所练习两月，即派至城内外宣讲，其得力者即分派各区开设宣讲所，仍令区内绅董公举听讲员，入该区宣讲所练习两月，派赴各村宣讲，以期递推递广。

丙、各县暂定之选举区，即为练习宣讲之所，其能多设者，可就地方情形酌定。

二、宣讲所之经费

甲、由地方官筹拨公款，其劝学所内已设宣讲所者，即由该所员绅呈请拨款补助。

乙、公款支绌之处，裁提书差陋规，或地方不急之费，以资挹注。

丙、俟各地方自治公所成立，及地方税划定后，此款即由各区担认。

三、宣讲员之委任

甲、宣讲员一面与听讲员讲演宣讲之方法，一面在城内区内宣讲，俟听讲员两月期满，即无庸讲演但充宣讲员。

乙、听讲员一面练习宣讲，一面实行宣讲，两月期满，即令充当宣讲员，无庸听讲。

丙、宣讲员名数及薪水由地方官体察地方情形酌定。惟练习时不给薪水，不收膳费，兼充讲演员者，薪水视寻常宣讲员，酌加若干。

四、宣讲之材料

甲、自治筹办处员绅，将豫备立宪期内每年应行筹备之事标立名目，编成简明易晓之白话演说稿，并说明其理由。

乙、文明书局出版之《世界读本》、《普通新智识读本》、《改良风俗教科书》，商务印书馆出版之《公民必读》、《地方自治宣讲书》，及学部采用之宣讲各书，暨宗旨纯正之白话报，均可为宣讲之用。

丙、两江督部堂通饬之缠足章程，暨戒烟、拒赌、天足、禁溺女、私塾改良各会之章程，或劝戒文，均宜宣讲，并得随时发起以上各会。

五、宣讲时期

甲、城镇每日午前午后各宣讲二小时，风雨则停讲。

乙、各区择市集日宣讲，如一、四、七在甲墟宣讲，二、五、八赴乙墟，三、六、九又赴丙墟，由区内宣讲员轮流担认，以均劳逸。

六、宣讲之方法

甲、宣讲员宜将宣讲之件用白布写成简括之提要，以为宣讲时指点之用。

乙、宣讲宜在通衢或宽敞庙宇戏台上，设置讲坛、讲席，并钉挂白地黑字宣讲处之横牌。

丙、本年应行筹备之事，尤宜加意宣讲。如春季宣讲，即应注重夏秋之事，余可类推。

丁、宣讲时，人民如有怀疑、质问者，宣讲员应详为开导，使之怡然涣然，不可加以声色。

戊、宣讲时如听者寥寥，可张挂教育图画或博物图画及本省舆图、全国舆图，以引起人民之兴趣。

己、宣讲员赴城镇乡宣讲时，由官派明白事理之巡警或该区内素有名望之士绅及都图长为旁听员，并得停止其不正当之言论，亦借以弹压滋事之愚民。

庚、宣讲员不得干涉词讼、地方讼事，亦不准援宣讲员作证。

以上各节，均经公同决议，理合备文呈请抚部院察核施行。须至呈者。

批：来牍阅悉。所议宣讲办法，均平近切实，开通风气，以宣讲为要点。希候分饬提学司、巡警道、自治筹办处照议施行。此复。

呈报议决发交巡警道提出实行常年调查户口议案由

为呈报事。十月初二日接奉抚部院照会发交巡警道提出实行常年调查户口议案，本局当经提议。谨案《宪政编查馆逐年筹备事宜清单》，以颁布调查户口章程列于第一年内，而以编定户籍法列于第三年。其先后次序，由浅入深，具有条理，自应切实遵行，以符定章。以后选举议员，划分自治区域，普及教育，凡关于豫备立宪应行筹及之事，皆可循序渐进，克期成功，诚执简驭繁之道。今日最宜注重议案，以实行调查，其难有三：一曰经济困难，二曰民智不开，三曰难得确数，实属江省实在情形。然户籍之法关系匪轻，若非实行常年调查，无以为宪政之根本。查现在江西全省地方自治筹办处，厘定各州县筹办城镇乡地方自治期限清单，限定宣统二年将城镇乡户口一律调查总数，编成户口册，自可归并调查，无容另筹经费。并令自治事务所所派之宣讲员于宣讲自治章程时，切实演说，俾人民知调查户口之事，实为地方谋公益起见，庶不为谣言所惑而生种种之障碍。总之，户籍一端，应与地方自治相辅而行，地方自治未成立以前，固宜以调查户口为入手。若既经成立之后，又可责成常年调查，以期得其确数。近日东西各国，莫不以户口为内务行政之大端，有户籍公所以为处理之地，有户籍吏以当执行之任，有身分簿以详一人之履历，有户籍簿以详家族之关系。观其所行户籍法，详细精密，我国所宜仿行，而事体重大，又非绝无经验者所能胜任。现在省城自治研究所特设户籍一科，研究调查登记各法，应俟此项学员毕业后办理。各州县地方自治，即责成该自治区照依部定章程实行常年调查。凡出生、死亡、迁移之户数、口数，均须一一详载，按季填报，务在能得确数，以植将来实行户籍法、选举议员之始基，而后九年立宪之期不至违误。本局既于会期内公同议决，理合备文呈请抚部院察核施行。须至呈者。

批：来牍阅悉。所议办法均关紧要，可以次第施行。希候札饬巡警道会同自治筹办处查照办理。此复。

呈报议决发交巡警道【提】【出】调和民教议案由

为呈报事。十月初二日接奉抚部院照会发交巡警道提出调和民教议案，业经本局于会议时提议。查议案内称，民之习释回两教者，相安无事。独于基督一教，则深恶而痛绝之，丑诋为异类，废斥为邪说，一倡百和，相视成仇。等语。而欲筹化导平民并训迪教民之法，原为保全善良起见。本局窃维民教不和，固由愚民仇视外人，罔识大体，无赖教民又复借外人为庇护，欺侮乡闾。究厥原因，大半由于诉讼不平，遂激而成民教相仇之结果。然则调和民教，仍应责成地方官，执法持平，方有完全之效力。当经公同决议，理合备文呈请抚部院察核施行。须至呈者。

批：来牍阅悉。西人来华传教，其宗旨则爱人如己，劝人为善。旧教早来即天主教也，宗派亦颇有别。新教后入，即耶稣教也，教会尤各不同。海通以来，宗教界来者尤众，此环球大势所趋，无可阻止者也。至民教之不和，固由地方官办理不善，抑亦士大夫不考古而蔽于近，有以致之。我朝兼容并包于西儒西学，久资采取。如历象、考成、律吕、正义、授时、通考诸书，多用西洋学说，此见于四库著录可考而知，固不特南怀仁供职宪书，蒋友仁制成水法而已。自西教传入内地，主教牧师初至者，固不知人民情形，久驻者亦罕与士夫交接，因疏生疑，因疑致激，此教民平民不和之所由起，殆非西人传道之本旨。顷岁以来，风气开通，教案自然歇绝，即如上海与宁波等处，讲学、营业与宗教界通力合作，欢然无间；通州新育婴堂，效法徐家汇天主堂；上海邮传部高等实业学堂，延天主教士教德、法文；浙江铁路劝股，请长老会牧师演说，何等文明，何等见解，此皆近事之可证者。往读《彭躬庵先生集》书新建欧阳宪万十交替后，谓其尝师事西洋士学铳及测量诸法，并随村人后瞻礼诵经，欧阳先生明季遗老，学问博通，为史阁部所敬事，所谓闳中肆外之君子，此又遗闻之可证者。本部院莅节以来，摩挲卷牍，深慨南昌、南康近案之惨剧，其始率由小故而起，为之凄然不乐。故每于各属平民、教民词讼案件无不一律办理，罔有歧视，详晰批示，不惮笔墨之烦。凡不法者，无论民、教，不稍宽假；其守正者，亦颇褒奖，各国主教牧师皆能约束教民，力顾名誉。总之，持以大公至平，人民自然折服。且词讼关系内政，条约教规本无干涉之文，特牧令狃于积习，士绅囿于故见，则往往反以生事，此非宗教界之过。来牍谓责成地方官执法持平，方有完全之效力，窃以为都人士，亦与有责也。今各属均有议员，正宜劝导乡人，对于宗教界弗存疑忌、弗分畛域。传教列于条约，奉教本准自由，期以免激烈而入和平，方不愧为立宪国民之一分子。议员皆由公举而来，当为人民表率，一言一动利害关焉。因批答来牍，推论及之，希即用真笔板写，印多分寄交议员在籍传观，并遍发公众各团体，使知此意可也。此复。

呈报议决发交巡警道提出治匪议案由

为呈报事。十月初二日接奉抚部院照会发交巡警道提出治匪议案，本局当经提议。查议案内称，匪徒散卖票布，长江上下到处皆是。江西虽居腹地，近年以来，受人愚惑购买票布之案，亦不一而足。考查历年获讯各犯供词，其甘心为匪者固居多数，但其中有为势所迫，或为贫所致者，亦复不少。若使一律绳之以法，不特捕不胜捕，亦且诛不胜诛。今欲穷绝根株，绝其蔓延，应如何筹一简便易行之法等语。谨案《大清律例》内载，闽、粤等省不法匪徒，潜谋纠结复兴天地会名目，抢劫拒捕者，首犯与曾经纠人及情愿入伙希图抢劫之犯，俱拟斩立决。其并未转纠党羽，或听诱被胁素非良善者，俱拟绞立决。如平日并无为匪情事，仅止一时随同入匪者，俱发遣新疆，酌拨种地当差，俟数年后此风渐息，仍照旧例办理。是会匪一案，原当分别首从及其素行良否，以定罪名。推之白莲教、哥老会等匪，皆以此法办理。厥后富有票匪蔓延尤多，始于各直省府州县城内外，设匭听其自行投缴票布，并不拘传讯问，消弭无形，其法最善。现在大庾一带，常有湘、粤匪类窜入，即可实行此法，并由公正绅士酌选居民、壮丁，兴办团练，以资防御。本局既于会期内公同决议，理合呈报抚部院察核施行。须至呈者。

批：来牍阅悉。昔曾文正公办理会匪，“不问其会不会，但问其匪不匪”，真大臣忧国爱民之言。本部院前访闻匪徒散放票布，愚民受惑购买，有因自护其营生，或因误信其诳说而身入其中者，情实可悯。故于办理此等案件，颇略师曾公之法，所谓如得其情，哀矜勿喜，诚慎之也。来呈决议可以公布施行，希候札饬按察司，移行巡警道赣南道，查明通饬办理。此复。

呈报议决发交巡警道提出普劝埋葬议案由

为呈报事。十月初二日接奉抚部院照会发交巡警道提出普劝埋葬议案，本局业于会期内提议。查议案内称，今就省垣而论，庵堂、寺观寄厝棺柩者不止一处，淹积岁月者不止数百具。其有家属者，固当饬令从速掩埋；其无家属者，应如何筹款择地埋葬？等语。大致注重无家属者，而为筹款代埋之计。本局窃维就中国习惯应归慈善事业办理，照外国法律应属卫生行政责成警察办理。查久停棺柩抚州多有，不独省城为然。尝有停柩数年无人过问，若妄为埋葬，乃其子孙忽至，事甚困难。本局公同议决，其无主者，随时由警察调查，设法就官山暂为掩埋。至普劝埋葬办法，应俟地方自治成立后方能办到。理合备文呈报抚部院察核施行。须至呈者。

批：来牍阅悉。希候札饬巡警道酌办。然非地方慈善团体相助，为理亦难收效果也。此复。

呈报议决发交巡警道【提】【出】公共卫生清洁之办法议案由

为呈报事。十月初二日接奉抚部院照会发交巡警道提出公共卫生清洁之办法议案，本局业于会期内提议。查议案内称，拟仿日本污秽堆积场之办法，先由公家提倡在各城外勘定空基，设粪溺窖，雇贫民长年三人，每午前来城运输堆积窖中。等语。办理最为良善。本局于会期内公同决议，地方自治未经成立之前，自应由巡警道担任提倡，自治成立以后，自应归自治会办理，庶权限不至抵牾，于卫生亦无妨碍。理合备文呈报抚部院察核施行。须至呈者。

呈报议决发交巡警道【提】【出】陆路交通议案由

为呈报事。十月初二日接奉抚部院照会发交巡警道提出陆路交通议案，本局业于会期内提议。查议案内称，上下游各郡拟由各乡村董事发起提议，查明境内道里若干，按段按里公同建筑，并规定官道宽度若干，庶几全省一致，交通无阻。又称宜以省垣先作模范，拟仿天津、上海及日本市区改良会办法，提议先将最有碍交通处房屋移造，或遇有火警，令各业主让出地基若干，则街道日见宽阔，而一切设备亦易于筹办。各等语。窃维江西各郡，地方自治尚未成立，既无董事会，即无专责成之人。乡间道路须俟议事会、董事会成立后研究开导，使多数人知有碍交通之不便，然后可议迁移、可兴建筑，即遇火警空出余地，亦须给价乃可用为官道。省垣街道亦应归地方自治经画，惟未经成立之前，除保存古迹未便拆毁外，究竟何处房屋有碍警察行政，应如何区画方于交通便利，所有城乡改筑道路，迁拆屋宇，拟请巡警道定一章程。省城内外，拟请巡警道绘图贴说，统交本局公同研究，方有办法。本局业经决议，理合备文呈报抚部院察核施行。须至呈者。

批：来牍阅悉。所称，乡间道路须俟议事会、乡董成立后研究开导，然后可议迁移、可兴建筑。等语。自系实情。当此镇乡巡警尚未完备，自治机关方始组织，应行酌量缓议。至火警后令各业主让出地基若干，系指街道两傍而言，并非索及业主屋基余地。天津、上海等处，从未给价，闻京师亦复如此，盖为官道公益计，巡警得而干涉之。若改筑迁拆，则另一问题与让出街道不涉。现在省城内外偶有火警，由巡警道委员商同业主、店主，于街道仄狭之处，让出若干，原为保安民屋、利便行人起见，商民无不服从。近月遇有此项事件，未便因省城自治尚未成立，稍阻进行。且行政警察本与地方自治有相辅，无相触也。应请查照《谘议局章程》第六章第二十二条覆议，除行巡警道酌拟章程图说外。此复。

呈报议决发交巡警道提出画一银钱纸币议案由

为呈报事。十月初二日接奉抚部院发交巡警道提出画一银钱纸币制度议案，本局当经提议。据议案内称，立宪国金银纸币使用制度，由中央行政官厅定订，画一价格，便商利民，其法良善。赣省向以九五制钱，源流街市，买卖通行。后因奸商巧计营利，欺骗客人，谎言货售十足，遂成惯例，必须通筹画一使用制度。等语。本局查商用制钱，不但有九五、十足之别，盖有九六者，有九七者，有九八者。纹银则有平色之殊，银圆则有龙洋、英洋、光洋之别。订定价格，实非易事。正本清源，似宜从中央政府划一币制入手。查光绪三十一年十月二十三日奉上谕，明定国币铸造重库平壹两银币，定为本位。是时，户部酌拟章程第三条，铜币与银币兑换，及限制行用数目，应俟各省查明铜元现在行用情形，报部核定。等因。光绪三十四年九月十一日复奉上谕，定大银币一枚，计重库平壹两，则将来新币铸成，法价既定，不但奸商无所售欺，即一切税法亦不至上下其手，官困民困实可交苏。惟此系国家行政，非本局所得议决。既承咨询，应请抚部院奏请速行划一币制，并查明江西铜元现在行用情形，请部核定法偿价格，早见施行，以期商民两便。本局既于会期内公同议决，理合备文呈请抚部院察核施行。须至呈者。

批：来牍阅悉。划一币制，核定罚偿价格，大部正在详晰筹议，将来必当宣布也。此复。

呈报议决发交巡警道提出推广邮政议案由

为呈报事。十月初二日接奉抚部院照会发交巡警道提出推广邮政议案，本局业于会期内提议。查议案内称，拟暂由地方官设立专差局，遇有邮便不通之处，交该局转递代办。等语。本局公同决议，设专差局原为交通邮便起见，惟此项章程办法，应请巡警道编订，发交本局研究，以便推行。理合备文呈报抚部院察核施行。须至呈者。

批：来牍阅悉。希候札饬巡警道知照核办。此复。

呈报【议】【决】发交巡警道提出普行义图、筹定州县公费、劝化械斗各议案由

为呈报事。十月初二日接奉抚部院照会发交巡警道提出普行义图、筹定州县公费、劝化械斗各议案。查普行义图、筹定州县公费各节，已于抚部院发交丁漕税法议案内决议；劝化械斗亦于抚部院发交械斗议案内决议，俱经呈报在案，理合备文声明，呈请抚部院察核施行。须至呈者。

批：来牍阅悉。已于专案分别批答矣。此复。

呈报【议】【决】发交巡警道提出筹定地方自治公费议案由

为呈报事。十月初二日接奉抚部院照会发交巡警道提出筹定地方自治公费议案；初五日复奉抚部院照会发交地方自治筹办处提出筹定地方自治经费议案，本局当经并案提议。查巡警道议案内称，自治名类繁多，各有办法，权限经费。赣省财政现在次第清理，但于地方一部分者，往往移东补西，漫无稽考，以致举行新政，动辄阻力横生，应如何议一统筹全局之法。等语。又查地方自治筹办处议案内分五项：一、现在事务所应需之款，是否即照宪政编查馆章程，由地方公款、公产、公益捐内筹拨。二、公款、公产所隶区域界限不明，竞争即起，应否将来由各议事会查明办理，抑或于现在筹办时期，一面饬各属设立清查公款事务所，公举正绅呈请地方官照会充任。三、各属公款或有而不敷，或竟无可提，势不得不筹公益捐。附捐、特捐二项，何项较无流弊。四、附捐，如武宁带收串捐，永新抽收土捐；特捐，如省城自治研究会抽收屠捐公款，如万载提拨。各会能否订定划一办法，抑各按地方情形。五、公益捐规定后，现在宜由自治事务所经理，将来即由董事会等分别经理，报归地方官考核。此外，尚有民间已出之款，向为吏胥图保等所得者，可以移拨归用。等语。本局谨就办事次第，分别详议如左：

一、筹办伊始，宜饬各厅州县设立自治事务所，由地方公举正绅，呈请地方官照会充任。其职务在派员宣讲、调查户口及选民为入手办法。先办城自治会，次及镇，次及乡，盖就本地情形，酌量兼办。清查公产、公款，不必别设清查事务所，以节糜费。

二、开办经费，诚为要务，惟筹款之法，有此县可行，而他县不可行者。即以一县而言，有宜于城镇而不宜于者。是在地方官、绅，体察民情，酌量办理，总以民情乐从，不生阻力为第一要义。即如城镇乡，亦宜划清区界，以该地之款为该地之用，似较平情而免府怨。

三、地方公款，其已提归学堂指定作用者，自宜遵馆章第九十五条，不得移作他用。惟城镇乡区域繁多，虽不能规定应筹何款，似宜示以统一财政之法。凡自治会成立之后，所有该区学务、卫生、实业、善举诸公共事业，其收支款项应统归董事会经理，归议事会稽查，听其酌盈剂虚，统筹全局。非经议事会公决，不得多立局所，别设董事，以杜纷歧之弊。

四、自治事务所统筹合邑事务，城镇乡会分筹各区事务，畛域既分，所有经费似不得蝉联经理。应俟厅州县地方自治章程通行之后，所有事务所经费即归厅州县自治会经理。惟所收支数目俱宜切实开报，归地方官考核以昭实在，而杜弊混，并宜逐月榜示通衢，以征信用。

五、吏胥图保所得费用，已于呈报抚部院发交胥差议案内详拟整顿章程。此项本无彰明的款，无从移拨，如各属能查差吏受赃的款者，自以移拨地方自治公用，最为公允。

以上各节，本局业于会期内公同议决，理合呈报抚部院察核施行。须至呈者。

批：来牍阅悉。议决五条甚为详晰，经本部院裁夺可以公布施行。所议第二条经费不能划一，亦属实在情形。现在期限紧迫，各属事务所必须一律开办，而州县困难，筹款维艰，未尝不会商绅士要，未必民所乐从。即如近日弋阳孙令增禀，据地方绅士之请，筹自治经费在漕米项下每升抽钱二文，不先禀准，擅自办定，虽云附捐，无异加赋，已行藩司严饬停办。则来牍所谓官绅体察民情，恐绅士一部分意见，容有未尽允当之处，事前手续不可不慎。希即移行自治筹办处妥筹善策，呈候核夺施行，总期不扰民而事举。惟有分别州县大、中、小三等，先行酌定事务所用款，似亦一法，愿一并筹及之。此复。

呈报议决发交巡警道提出疏浚鄱湖议案由

为呈报事。十月初二日接奉抚部院照会发交巡警道提出疏浚鄱阳湖议案，本局当经提议。据议案内称，赣省湖水之淤积莫如鄱阳一湖，议者谓沙地淤积，非购办轮机刷分两岸，不能兴修；或谓由湖口放沙入江，用轮舟拖运出口。二说皆是，然未见诸实行。等语。查疏浚之策，昔年曾于内河施工，率以经费无措，未及永远推行。鄱湖水面宽泛，尤非筹集巨款万难集事。现在地方公益百端待举，凡有可筹之款，皆应留备他种公益事项。所有疏浚鄱湖一节，似应缓行。本局业于会期内公同决议，理合备文呈请抚部院察核。须至呈者。

批：来牍阅悉。准从缓行可也。此复。

呈报议决发交江西地方自治筹办处提出厘正筹办城镇乡地方自治期限议案由

为呈报事。十月初五日接奉抚部院照会发交江西地方自治筹办处提出厘正筹办城镇乡地方自治期限议案并清单，本局业于会期内提议。查清单内开，筹办南、新两县城镇乡地方自治事宜，自本年十月起至宣统二年十二月止。筹办各厅州县城镇乡地方自治事宜，自本年十月起至宣统三年十二月止。此二项所订日期，系指全省普通办法而言，如各地方办事奋勇，或先期办竣，或城镇乡同时并举，各从其便。等语。原案以南、新两首邑提前举办，借资各属模范，办法允称妥善。其各厅州县之乡镇议事会及董事会，较南、新两邑成立之期约迟一年，自表面观之，似嫌太缓。然各属风气未开，实在筹办一切手续繁难，不得不宽展期限。至若城厢区域较狭，风气较开，调查易于集事，亦应先行提办，以树各镇乡之先声，庶使人人知自治之利益，编查户口阻力不生，尤为至当办法。本局既经公同决议，理合备文呈请抚部院察核施行。须至呈者。

批：来牍阅悉。决议厘正事件，正与该处现拟各厅州县筹办城镇乡自治期限互相发明，该处定各属举行城议事、董事会选举及成立，在明年六七月，务须依限办竣，不得延误。其镇乡自治事宜，亦应预备。且附说，本有奋勇争先，各从其便。等语。总之，各属以省城自治为模范，各镇乡以城自治为模范，则省城筹办尤应猛进。除行筹办处作为决议通过催趱办理外。此复。

呈请疑问丁漕钱价乞饬司批答由

为呈请事。查《奏定谘议局章程》第六章第二十六条内载，谘议局于本省行政事件及会议厅议决事件如有疑问，得呈请督抚批答。等语。本局对于前奉照会发交税法议案并布政司提出丁漕钱价各议案，不无疑义，理合遵章将疑问各条黏单备文，呈请抚部院分别饬司查明，逐条批答施行。须至呈者。

计黏疑问六条清单一纸：

一、地丁一两提补捐款银壹钱，漕米一石提补捐款银二钱，自同治元年至今已四十八年之久，此项捐款近归何项开支，是否逐年报部？

一、漕米折价，定章每石折钱叁千肆百贰拾文；安福、泰和、龙泉三县每石折钱叁千柒百贰拾文，亩捐在外，此项多收之叁百文，有无申解在案？

一、乐平、万安二县完纳漕米一石，较各属多征钱贰百拾陆文，向称此系兵米费，其加增之原因，应乞批答。

一、漕米每石折钱叁千肆百贰拾文，赣县完漕米一石折钱叁千玖百肆拾贰文，较定章多收伍百贰拾贰文，其收之故，应乞批答。

一、落地税独吉安行之，苛及微细，每年实在申解税银若干，有无比较其申解数目，应请批答。

一、临川县漕米每石收钱叁千捌百捌拾贰文，照奏案叁千肆百贰拾文之数，即除亩捐叁百文不计外，仍多收钱壹百伍拾捌文，是否有案可稽，应请批答。

批：来牍阅悉。业已饬司查明答复。清单存。此致。

呈请裁并厘卡由（底册附）

为呈请事。谨案《奏定谘议局章程》第二十五条内开，除第二十一条第二、三款外，谘议局亦得自行草具议案。等语。窃维关卡之税，以利国而不病民为宗旨，故各国但设关于边境，重税入口而轻税出口，以保护民业。中国内地设卡抽厘，本为接济军需起见，自裁撤厘卡，创行统税，已变旧时权宜之政而为保护商业之图，欲使名实相（孚）〔符〕，则不宜稍涉烦苛以困行旅。伏读光绪二十八年七月二十六日上谕，抽厘助饷，本军兴时不得已之政，近年以来，收数虽多，而委员、司事、巡丁办理未能尽善，或至留难商贾，弊端百出。朝廷轸念民艰，久拟一概廓清，革除弊政。现与各国新订商约，加收洋货进口、土货出口等税，著即将各省局卡一律裁撤，不得抽收厘金。等因。钦此。钦遵。仰见先朝体恤商民之至意。乃近来统税分口之多甲于各省，而出产则比较畴昔日就衰微。推原其故，大半因局口讹索留难，不免亏折，而沿途停搁，尤不足以赴市情之变幻，辄相戒以不前，坐是销路日疲，产物因而更少。当此国库空虚，本局何敢以经常之岁入，轻议更张。惟再四筹思，局口之多，相离太近，实系上无裨于国课，下有损于民生。譬如甲、乙两局，中间不过百里，乃更设丙局于其中，丙局所征之税，不过出产销于此百里以内之物，僻在腹地，此种货物能有几何？而一局之设，委员、司事、巡丁、工役，用人以数十计，房屋、座船、薪水、杂费糜款以数千计，该局所入势必不能即敷局用，必借他局正款以为补助。原设局之初意，本求税款之增加，而结果乃与之相反，则裁并局所之无损于国课，理势实属较然。本局业于会期内公同决议，除将本省应行裁并各统税局口另具清册抄呈外，理合备文呈请抚部院察核施行。须至呈者。

谨将本省各属应行裁并各税局子口开具清册抄呈鉴核。

南昌府属

一、楼前子口　此处与滁槎分口相距五里，无庸另设。

一、王家渡　此处与樵舍分口相距不过二十里，无庸另设。

一、泸洲子口　此处与樵舍分口相距四里，无庸另设。

一、幽兰塘子口　此处不通大河，舟楫往来甚少，无庸另设。

一、茬港子口　此处不通大河，舟楫往来甚少，无庸另设。

一、义宁州城门旱局四处　查四局岁收约二千余，除开用外，每年解款不过数百千，若全行裁撤，所有货物仍在义宁桥头纳税，桥头之税，每年可加一千余金，于税收实有裨益。

一、老鹳嘴子口　上有涂家埠卡，下有樵舍卡，此处应可裁撤。

一、市汊后河子口及将军渡子口　查此二处专为丰城、南昌而设，两县并无大宗货物由该卡经过，春水通舟时不过三四个月，过此则河水枯涸，无河可通，且东有谢埠，西有市汊，南有李渡，北有省城，此二卡均可裁撤。

一、瑞河口子口　查此卡系市汊对河，上有高邮市卡，中无分河及大商埠，亦可裁撤。

一、省城各门查验所　各门查验所本为稽查商货偷漏而设，民间日用买卖细微之物，原所弗计，乃近来各门巡丁、杂役，虽肩挑背负零星小物，亦必讹索以充私囊，流弊太甚，应请裁撤。

一、石灰窑旱道分口　章外、安济渡头旱道分口并无委员驻局，全系幕丁盘踞渡头，任意讹索，零星小件、斗粟尺布无不留难需索，饱其私囊，应请裁撤。

抚州府属

一、文家港子口　此口距李家渡仅十五里，无大宗货物出口，徒病行旅，可以裁撤。

建昌府属

一、南丰分口　距广昌罗家堡分口仅八十里，上游之进口税及广昌之出口税，罗家堡分口拦截，下游距建昌府统税分局一百二十里。万年桥卡距府城五里，下游进口税，南丰出口税，万年桥卡拦截。水道一线，上至广昌，下至抚州，别无汊港支河，无可飞越，似可裁并万年桥卡。

一、南丰太平嵊子口　该子口不通水道，淮北盐引未规复以前，间有肩挑粉皮、豆豉赴离丰邑一百二十里闽属之建宁县易盐回卖者，自本年规复淮盐，前项肩挑往闽者寥寥，近来司巡借抽岸税，零星小货例不纳税者，私收红钱。

一、河东查验所　相距四里实只一岸之隔即南门，对岸肩挑车运赴广昌、宁都及本县各乡，零星小货例不入税，绝无大宗货经过，无须设司巡。

一、西门查验所　相距五里即在西门城口，情形与河东同。又查南丰虽号称闽、粤通衢，究竟粤货由宁都入口者，均不再完税。闽之建宁县毗连，究竟无大宗货入口、出口，岸局公家所得无几，徒饱司巡私囊，小民零星货物需索难堪，如能裁撤，是亦弊去太甚，庶民困可以稍苏。

一、南城硝石子口　上游有新城局拦截，下游有万年桥局拦截，硝石可裁。

瑞州府属

一、上高虎槛铺之岸局　查此处除新昌之花尖纸、上高之夏布以外，并无出产，上有万邑兼办之上高局，下有南昌兼办之高邮市局，已扼上下之吭，花尖、夏布俱属笨重之物，舍舟登陆谁肯出？此形同赘疣，宜行裁撤。

袁州府属

一、万载珠树潭分口旱局　此处设局之初系因夏布印花起见，继而兼抽百货，乡民滋闹，绅士隐忧。近年以来，屡生事端，地方受害不少。拟仿照宜春之金瑞办法，由各布行分领印花，按数缴税，无庸设局，以节糜费。

一、昌山巡丁　昌山地方素不通商之处，上接袁郡之秀江卡六十里，下达新喻卡九十里，相距皆不甚远，所以早年已经裁撤，至今尚留巡丁数人，为地方害，每年所需一二千金，无益于国，徒耗民财，应请撤销。

一、萍乡城分局　此局以稽查进出口货凡未在湘东局完厘者为词，遂由小西门索及四门，无论自乡入城之纸张、夏布、麻、漆、茶、油等类，稍有价值者，必按数而征，即零星小货如茶叶、火腿、桃李各水果、鸡鸭蛋之属，亦必需索，不抽不止。今铁路既达县境，请将城卡移至湘东附近之峡山口车站，或移至大西门外之萍乡车站，方为扼要。且既专为稽查陆运大宗进出口货物而设，可与湘东水局相辅而行，不得征及土产、土销、肩车负载入城零星小货，以免影射而杜烦苛。

广信府属

一、东津桥查验所　光绪三十三年黄仁济《图（记）〔说〕》已注明裁撤，此处距玉山分局七里，可并玉山分局。

一、乌鹰同　此处距玉山分局十五里，可并玉山分局。

一、杉溪子口　此处距洋口分局三十里，可并于洋口。

一、广丰西门外旱道查验所　查光绪三十三年黄仁济《图说》原不载，及因该处距洋口二十里，并非紧要之地，且并小宗货物而无之，似宜裁撤。

一、洋林港子口　距河口七里，可并于河口。

一、东旱子口　距河口二里，可并于河口。

一、范罗墩子口　距河口五里，可并于河口。

一、石塘分口　该处只有纸为大宗，往浙路必由河口达上饶、玉山，往浔路必由河口之大航渡分口达弋阳、贵溪，是河口及大航二处已可以扼石塘之水道，至旱道则有车盘等处，虽零星货物无能飞渡，故留此口徒滋縻费，不如裁撤。

一、黄沙港子口　上距河口三十里，下距弋阳四十里，可归并于弋阳。

饶州府属

一、王龙庙分口　即鄱阳分口，南距角山正卡三里、乐安分卡五里，西距高门七里。光绪三十年将高门正卡并入此处，然不过统于一委员，分做报销，宜将此处裁撤，归并高门，以为鄱阳分口。盖乐平、余干各船经过府治，不能飞越角山、浮祁，从饶州出口之船，上有景德镇，中有古县渡，西下有高门，南绕有角山，是裁去此卡，并不至短收税项。

一、小路口查验所。

一、北门子口。

以上二卡，俱系旱局，皆山僻小路，并无大宗货物，均可裁撤。

一、荞麦湾查验所　此处上距石梓埠三十五里，中间并无支河，下距洛安十三里、角山十五里，纵遇大水，而大船亦难绕荞麦湾之后以达府治，与虚设无异，可并入石梓埠、洛安、角山等处。

一、寡妇桥子口　上距乐平分口四十里，下距石镇街子口十五里，又下至石梓埠子口十五里，自寡妇桥以上至乐平分口，中间并无二十里之支河，下有石镇街、石梓埠可以查验，宜行裁撤。

一、石镇街子口　此处上距乐平分口五十余里，中间亦无三十里之支河，下至石梓埠仅十余里，故可并入石梓埠。

一、景字口　即观音阁，以下有德字口，而上游又无大宗货物，不如归并德字口为善。

一、黄希村查验所　即黄泥洲，此处分入安仁、余干两境，然船货于下流出入，东有石梓埠，北有角山，南有洛安，更南有瑞洪，更西有康山，而上流水小，无货完税，不必设局。

一、梅溪　距瑞洪十余里，可并入瑞洪分局。

南康府属

一、山下渡子口　近来茶税归义宁州，木税归吴城，仅纸、米二大宗出口，上游进口货由宁、武、奉、靖下驶吴城、省城，必由前河经过，不能飞越，既有前河卡征收查验，似不必再设山下渡，以省开支。

一、后河子口　离前河不过半里，兼之正局在本街，相去数十步，易于稽查，似后河子口可裁。

一、小河子口　该子口无大宗货经过，仅本地北乡及邻县星、德二县毗连县界，零星货物例不入税者，可裁撤。

吉安府属

一、沿溪渡分局　距神冈山六十里，其上游自良口以下之货，苟不销售于此六十里中，一至神冈山万难飞越，是沿溪渡之分局可裁，亦可节省委员、司巡之局用数千金，于国税仍无损失。

一、三曲滩分局　上距神冈山六十里，吉安以下之货至三湖完税，无可偷漏，吉安以下、三湖以上中间无大市镇，可以裁撤。

一、横江渡子口　距神冈山四十里，光绪二十九年已经裁撤，现在又分派幕丁常驻抽税，需索留难，无所不至，仍请裁撤归并神冈山。

南安府属

一、三江口分局　查三江口原属南康所兼塘江子口，上至南康五十里，下至赣州四十里，上下均有分卡，南安江所出之货既无遗漏，且该处并无商埠，惟塘江之糖、崇义之竹木，总由赣州出口，亦无偷漏，可以裁撤归并南康。

赣州府属

一、兴国江口分口　江口下流至茅店三十里，兴国之货至赣州者必经茅店，有茅店一局，兴国之货无能偷漏，是江口分口适成赘疣，应宜裁撤归并茅店。

一、峡山子口　上有白口塘，下有茅店局，峡山不过中间一小区，其出产惟纸为多，至茅店局只二十里，尽可收税，应行裁撤。

一、赣州五城门税　自咸丰年间发匪之乱，兵饷无措，权将进城货物抽收，以济一时之急。原议承平后即行停止，乃相沿日久，变本加厉，任意苛征。查此税既无执照裁给，又为各府州县所罕闻，应请裁撤，以苏民困。

批：来牍清册阅悉。江西厘金自柯前院改办统税，原为体恤商民起见，现在商约大臣筹议税厘并征，久而未定。本省统税系国家税性质，应如何裕课恤商，自当随时通变，酌量办理。来牍所请裁并各税局子口至四五十处之多，似难办到。惟商货照章完税，亦商民应尽之义务，至肩挑背负零星小货，如系不应纳税者，竟敢违章讹索，必应严办。本部院仰体朝廷抽税助饷不得已之苦衷，时时以勤恤民隐为念，议员代表人民意见，亦自持之有故。希候札行税务局会同布政司统筹办法，再行答复。此致。册存。

为照会事。案据布政使司、税务总局会文详称，本年十一月二十日奉抚部院札，据谘议局呈称，江西省近来统税分口之多甲于各省，而出产则比较畴昔日就衰微。推原其故，大半因局口讹索留难，不免亏折，而沿途停搁，尤不足以赴市情之变幻，辄相戒以不前，坐是销路日疲，产物因而更少。当此国库空虚，本局何敢以经常之岁入轻议更张！惟再四筹思，局口之多相离太近，实系上无裨于国课，下有损于民生。譬如甲、乙两局，中间不过百里，乃更设丙局于其中，丙局所征之税，不过出产销售于此百里以内之物，僻在腹地，此种货物能有几何？而一局之设，委员、司事、巡丁、工役，用人以数十计，房屋、座船、薪水、杂费，糜款以数千计，该局所入势必不能即敷局用，必借他局正款以为补助。原设局之初意，本求税款之增加，而结果乃与之相反，则裁并局所之无损于国课，理势实属较然。本局业于会期内公同决议，除将本省应行裁并各统税局口另具清册抄呈外，理合呈请察核施行。等情到本部院。据此，除批：来牍清册阅悉。江西厘金自柯前院改办统税，原为体恤商民起见，现在商约大臣筹议税厘并征，久而未定。本省统税系国家税性质，应如何裕课恤商，自当随时变通，酌量办理。来牍所请裁并各税局子口至四五十处之多，似难办到。惟商货照章完税，亦商民应尽之义务，至肩挑背负零星小货，如系不应纳税者，竟敢违章讹索，必应严办。本部院仰体朝廷抽税助饷不得已之苦衷，时时以勤恤民隐为念，议员代表人民意见，亦自持之有故。希候札行税务局会同布政司统筹办法，再行答复。此致。册存。印发外，合就行局立即会同藩司查照册开各处子口，能否裁并，悉心酌议，妥筹办法，详复核夺，毋稍徇隐。闻省城各门查验所，确有讹索乡民小物情事，一并严查，免滋流弊。切切。计抄发原呈裁并各税局子口清册一本。等因。奉此，查册开请裁税口，惟子口为最多，子口之设固以严杜绕越，亦以取便商情。大河各局口货物无可绕越，子口绝少，即该局所称甲、乙两局中间不必再设丙局之意。至汊港纷歧，边界错杂，仅过一二卡之货，如无子口则五分、三分之税全失，但令巡丁梭巡，见有货船挽令至正口完税，虽相距仅三四里，商情必不顺从，此不得不设子口开票征税者也。至陆路添设子口稽查所，有为办落地税而设者，有为预备改设常关销场税而设者，于光绪二十七年、二十九年均经详请奏咨有案。兹该局以局口太多呈请裁撤，原为恤商起见。惟江西统税局口及子口，自经柯升护宪大加裁并，改办统税，原以恤商方能裕饷，几经审察，其酌留者皆关扼要。且国家经常岁入之款，各局口皆有额征，遽为裁撤，将来所失税款取偿何处？本司职道悉心酌议，窃维商约大臣筹议税厘并征，将来各局口必有更变，此时尚未定议，似各子口未便遽议裁撤，拟请暂行照旧办理。至司巡等留难需索，久经本总局严行查禁，奚啻三令五申，乃怙恶不悛，言谆听藐，殊堪痛恨。拟请由局重申前令，饬各局口随时约束，遇有舞弊，司巡从严禀办。省城各门查验所，有讹索乡民小物情事，已移现办城外分局朱道严查整顿。萍乡小西门子口，已奉批饬不能遽议裁撤，由局札饬萍乡分口，出示严禁司巡需索在案。赣州五门税应否裁撤，亦已札饬代征赣关张守福厚查办，尚未查复。其余各子口，应由局随时查察，如有可以裁撤之处，酌量详办，仰副裕饷恤商随时变通之至意。等因到本部院。据此，除批示外，相（因）〔应〕照复。为此，照会贵局，请烦查照。须至照会者。

江西谘议局第一次常年会呈报议决案·下卷

呈请删改税契章程由

为呈请事。谨案《奏定谘议局章程》第二十一条第六款内开，议决本省单行章程规则之增删修改事件。等语。查税契一项，迭经更定章程，本年五月奉部章后清理田赋税契，总局复定简章八条，其第八条内称，所有本省先后详定各项章程，凡为部章所无者，仍应一律遵照施行，是迭次所订省章仍有法律之效力。窃维税契自上年酌定通省契价六百万，试办一年，已于今年九月期满。新定章程谓自本年十月初一日起，照部章收买税九分、典税六分，是六百万之定额，现已不用。前因整顿税务，自光绪三十二年九月刊发官契纸以后加严比较功过章程，以收数极旺之年为标准，今办理数年，民间旧契隐匿未报者为数当不甚多，每年收税惟恃现在买卖典押之新契为大宗，决难照前此极旺之年相比较，若仍著为令，则州县官惟有听从胥差骚扰民间，多方抑勒，买卖产业人将视为畏途，不特税数因而更微，且于经济上蒙非常之恶果。此比较功过章程亟宜删改者一。本年五月清理田赋税契，总局加拟整顿税契办法八条内称，凡民间隐匿未税白契或新近典卖田房逾限不税者，无论何人能赴地方官衙门首告，查讯属实，立予罚办，将罚缴充公之款照原章提给六成充赏；倘敢挟私诬讦，应予反坐，分别罚锾苦工，从严惩办。立法本极周详，惟查原章六成赏格专系指派查之人而言，新章规定无论何人不免漫无限制，流弊滋多。近来各县告讦纷然，反坐一条并未实行，被诬之家甚至因此破产。奸民嗜利性成，微罪固所不畏，而地方官既利用告讦，则决不肯实行反坐以阻将来。应请仍用原章由派查之人举发，既为公吏乃其应尽之职务，但定功过章程已足以资奖劝，其六成之赏给仍请删除，以防射利扰民之渐。此首告一条亟宜删改者二。又查原章内称，应由印委遵照前通饬各就地方情形，查明属境何乡何都田肥、何图保甲土瘠，分上、中、下三则，时价若干，如系上改填中，中改填下，则将原契扣留，照价换契；倘仍不换，应加填短价若干补收税银。其房屋间架多寡亦即查明所填价值是否与该处时值不致悬殊，核实办理。窃谓田土价值虽同在图甲，而以土质之肥硗、水源之有无、粮税过割之多寡，因而大异者，况买卖之原理应视供给需要之如何，使卖者急欲出售而买者非所必需，则百金之物或且值不及半，既为正式之交易，自非减填价值希图轻税，若以一定之价格相绳揆，诸物理人情俱嫌未合。况官吏不悉地方情形，但知拘执条文，听从奸胥架户之捏饰，流弊所至，必致无契不云减价，无契不勒加增，比原价加至数倍、十倍亦事所常有者。其房屋时价之更无标准，又无论矣。此短价补收一条亟宜删改者三。以上三条，本局迭据各州县绅民指陈弊害，痛楚已深，实有不能不事更张之势。既于会期内公同决议，理合备文呈请抚部院察核施行。须至呈者。

批：来牍阅悉。税契为国家维正之供，律载不税契者治罪之外，并以原价之半入官。赣省积习不税者多，是以近年节次整顿、首告给赏、短价饬补，皆为力挽积弊起见，设立经征功过意实主于课吏，应视税收旺衰再行斟酌改定。典买田宅价值各处情形不同，时价长落无常，殊难核定规则，垂为通章。惟责派查之人举发，以杜挟嫌攻讦，与删除六成给赏，不准任意苛加契价，希候札行司局会同核议详复，再行宣布。地方自治成立之后，助官监察有人，匿契短价之风渐戢，自可毋庸多设防闲。合达理由，以备覆议。此复。

呈请增删膏土牌照捐章程由

为呈请事。谨案《奏定谘议局章程》第二十一条第六项内开，议决本省单行章程规则之增删修改事件；又第二十五条内开，除第二十一条第二、三款外，谘议局亦得自行草具议案。各等语。窃维戒烟期限十年为度，若限满未能禁绝，不特授外人以口实，且贻国家之隐忧，关系至为重大。查现行《膏土牌照捐章程》以印官为专办，委员为坐办，事情琐屑，委员人地生疏，必不若本地绅董之熟悉情形办理较为顺手。且章程各种办法偏注于筹款之意重，而著意于禁烟之旨稍轻，虽寓禁于征，其结果恐名不副实。谨就本局计虑所及，酌定四条，分列于左：

一、土膏捐及戒烟事宜当责地方官督同绅董办理也。查我省加收土膏牌照捐系奉部核准，仿照苏、鄂等省办法，以弥补统税总局短拨额数。惟此项捐款取之吃户按年递减、禁绝，则无近于外国地方之特别税，当由各处地方官先于本城内设一戒烟事务所，附设公膏局，选任地方公正绅商为之总董主持其事，责尽义务，不支薪水，而以地方官监督之。各乡应设戒烟局，董以正绅，辅以里牌长，而仍受总董之监查，县城公膏局分销乡村者即由各乡戒烟局承办，县城之土膏捐归公膏局经收，乡村之土膏捐归戒烟局代收，限半月一缴，以便汇解省所。至办理细则各地情形不同，地方官应会商总董，妥订专章实力奉行，通禀查核存案。似此，以本地人除本地害，自肯认真。吃户之多少、土膏之销受数目，亦较易于稽核。即有私贩私卖，耳目既广，查禁不难。若照现行章程，委员坐办，设公栈，任司事，广派巡丁，稽核出入，是以地方捐等于国税，办法因沿旧习，虚糜薪工，串结奸商，徒滋虚伪，于禁烟前途必无效果。此应更正者一也。

一、吃户牌照及营业牌照宜慎重其事，分别发给，以杜影射而免欺饰也。本省处东南腹地，卖烟之地多系小经纪，与苏、鄂等省绝不相同，则禁烟办法自不必以鄂、苏为张本。上策以不发营业牌照为第一要义，如为小土商计，只应发予售土牌照，不得售膏，至售膏处，县城除公膏局、乡村除戒烟局，此外均不得售膏。若照现行章程，乡村店户不论何人，照下则输捐即可领照售膏，将见地方已禁之烟馆，只须缴照费二元复可开设。绅禁之，官准之，徒使志士灰心，前功尽弃，而一二游痞转得执牌照以相抵抗，是今日营业之名称即前日烟馆之变相也。窃谓此项营业牌照，万不可发给乡村店户及曾经开设烟馆之人。至吃烟牌照，无论膏土，应由地方绅董查明，果系有瘾，责令领照，不得漫无别择，致滋冒领转售之弊。此应更正者二也。

一、土膏捐款请提留五成，广施丸药，并津贴禁烟办公经费，以成慈善美举也。查现行章程，委员坐办开支公费谅亦不赀，然同一用也，用之于公栈司巡与地方利害毫无关系之人而流弊滋多，何若用之于实行戒烟与地方利害最有关系之人而奉行较力？况此项捐款取之吃户，施之戒烟，于情理极为持平。我省八十厅州县吃烟户口不得其详，姑假定每县吃烟者万人，平均牵算每人每日食烟一钱五分，照吃量按月递减表计算，三十个月内每人统计食烟六十九两七钱，应出膏捐钱四千二百文，应出换领牌照钱一百零五文，以八十万人计算，此三十个月内可收捐三百三十余万，吃户牌照钱八十四千串（内除三分之一施丸药，余归公），营业牌照捐尚不在内。照现行章程分配此款，耗于委员司巡用费者百分中之三十分缴；解省所者百分中之七十分；买丸药施于吃户者不及百分中之一分。窃谓此项捐款当提留五成，以二成津贴戒烟事务所、公膏局及乡村戒烟局，经费不足则由地方另筹慈善捐以补之。盖办理地方禁烟绅士可尽义务，而会计、司事及杂役人等不能无工食，即不能不稍筹津贴。其余三成概买戒烟丸药施济吃烟贫户。此应更正者三也。

一、吃户牌照既限三十个月减尽，即不应参以活动之语也。现发吃户牌照第二款所载，自领照之日至三十个月减尽，末尾复云如因病或体弱，准其展期。夫吃烟者无不弱，瘾未断者无不病，有此活动之语，是教吃户缓戒，本欲缩短期限，而又为之引长也。此三十个月内吃烟者固未必悉能断瘾，然有姑息办法，戒者终必不力，更何日可收廓清荡涤之功？此应更正者四也。

以上四条，大旨仍在寓禁于征，而于逐年递减方法似有把握，较之徒恃戒烟会劝导员奔走口舌之劳，功效当为速捷，应请抚部院饬令，此次派赴各县委员一律撤回，并饬禁烟公所司道将现行江西膏土牌照捐章程按照更正，以期烟害根株早日断绝，实于宪政有裨。再，此项征收不嫌加重，买价愈贵斯戒者愈多，现在地方自治巡警等事，莫不亟须一项开办经费以为基础，应再请抚部院饬于前款更正之外附增一条，每土一两加捐十文，每膏一两加捐十五文，每牌照一张加捐五文，划归地方公用，仍由公膏局、戒烟局代收，其加抽所得实数，每半月由地方官按照官捐数目稽查一次，汇交本邑办公绅士承领，视何项要公紧急分别拨用。本局皆于会期内公同决议。闭会后，复据抚州商务分会总理郑权等来局请议，据称，颜委员邦政借 捐勒诈，扰害商民，不一而足。其最甚者，十月十九日颜委员黑夜带同巡丁多人，在离城二十里之流坊墟，三更时敲开徐福大土铺门，蜂拥而入，翻箱倒箧，四处兜搜，毫无所获，呼哨而出，以致徐福大全家惊窜，一市不宁。又流坊墟怡顺昌到土二十件，起存城外益美祥铺内，因解土铺伙在后，运单迟到半日送所，即指为私卖，尽情勒索，诈去钱二百五十串。又粤昌卖余洋药八九两，印花不全，亦被勒罚。他如同福成、永昌盛均受扰累。各等情前来。本局伏查既系合郡商团之请，议其事未必无因。试办之初，已有种种窒碍，抚郡如此，他郡恐亦不免，是专委官办不如官督绅办之较为妥善也。至颜委员应否查办之处，抚部院量有权衡。本局既经常驻议员协议议决，理合并案备文，呈请抚部院察核施行。须至呈者。

批：来牍阅悉。所议自有所见，惟谓各种办法偏注于筹款之意重，而著意于禁烟之旨稍轻，则未然也。本部院于禁烟一事三令五申，风行雷厉。此次照捐责成巡警道会同禁烟公所办理，原期实事求是，递减递除，以消灭烟毒为止。每于批札再三声明，意在于禁，非在于征，于吃户牌照、营业凭照尤严为限制，不得贪图缴费，以致土店林立，烟民私吸，管秃唇焦。严明禁约，来呈增删诸议，如第二条营业凭照，本部院早经虑及通饬慎重施行；第三、第四两条戒烟办法已具于戒烟会、劝导会章程；吸户牌照因病或体弱云云，系为贫病烟民稍参活动一语，章程惩罚綦严，届时甘自沉溺黑籍之人究居少数，可以实行注入烟籍不齿齐民之罚；第一条所称，查章程总则第四、第五两条，已经声明印官专办，委员坐办，并未编派。即如九江地方洋药、土药各业尚多，该商究系营业性质，则禁烟分所接洽，一切自于商务总会为近。若如来呈，地方官督同绅董办理，如戒烟事务所、公膏局等名目反虑隔膜牵掣。至戒烟会章程，本有督饬原派各绅认真经理，未尝不用绅董。除行巡警道会同禁烟公所逐条覆议外，兹先约略批答。末称抚州商会郑权控颜委员一节，已据该员绅等来禀，另案饬查矣。此复。

呈请修改《船会章程》由

为呈请事。谨案《奏定谘议局章程》第二十一条，谘议局应办事件第六项，议决本省单行章程规则之增删修改事件。等语。查江西商船总会于光绪三十四年由部奏设，嗣经设立分会八处，本年由劝业道新订章程十二条，本局业于会期内调取章程提议议决，兹将修正条项详列于左：

原文第一条　各属商船分会只设总理，原无协理，拟将分会总理改为协理，而以地方官为总理，照各县两等小学堂监督之例，以地方官永远兼衔，不用加札。协理则由地方商会及船户投票公举，报由劝业道加札委用，照商务分会办法，均以一年为期，期满再行公举。该分会协理既由劝业道札委，嗣后凡新立之分会，应用图记拟即由劝业道刊发，以归一律。

修正第一条　商船总会公举总理一人、协理一人，由商会及商船公举禀请邮传部加札委用。各属设商船分会，公举总理一人，由总会呈报劝业道加札委用，均以一年为期，期满再行公举。

案《奏定章程》，分会设总理一员，是分会不能设协理，早经奏明在案，未便轻议变通。况州县为行政之官，总理为营业之商，性质绝不相侔。定章总会之总协理、分会之总理均由航业商人公举，其任期及续举等项悉照商会章程办理。夫既由航商公举，则不由上级官厅径以命令委任可知，既有任期，则非永远继续者可知。且总理不过航商之代表，并非实官，亦非职衔，地方官果以总理为兼衔，则协理亦将自侪于官府，是一商船分会以多数之航商为会员，以一地方官为总理以临之，又有一似官非官、似商非商之协理错杂其间，殊觉不伦不类。况航商对于总理但有公共遵守之章程，对于地方官则有应受之命令，船商遇有争执，总理为之排解，部章既有照商会办理明文自系坐谈。新律尚未实行，人民诉讼公庭则仍系跪对，今以地方官为分会总理，遇有航商与航商争执之事，地方官将为之排解，而令其坐谈乎？抑将为之判断，而令其跪对乎？令其跪对则与奏定章程悉照商会办理之说不符；令其坐谈则与现行之公堂体制不合。总之，人民皆受治于地方官行政权之下，不必因其为商船分会而虑其妨害治安，必以地方官兼总理始能为之监督；地方官对于一切人民皆负保护之责任，亦不必疑其于航业商人而故为歧视，必令其兼总理始足以达下情，故仍以遵照部章为是。

原文第二条　分会图记由协理经管，凡一切公事文件必须总、协理会衔，倘差役有讹索等事，协理查察是实，当告知总理惩办，如总理庇纵不办，准该协理单衔径禀劝业道衙门，以便派员澈查提究，如协理有越章病商及假公济私情事，亦准总理单衔禀究至总协理，扶同隐秘，一经船户告发当即分别照章惩办。

修正第二条　分会图记应由劝业道刊发，以归一律。如有代航商申理事件，俱恪照部章办理。

案如原文，将来必致官商互讦轇轕难清，修正与第一条同一理由。

原文第三条　地方公用船只分大、中、小三等，按照载货担数计里定价，以昭一律。如百担以内之船每里作价二十文，百担至二百担每里加给钱十文，二百担至四百担又加十文，四百担至六百担又加十文，自六百担以上，均照此例递加。如遇船关，例应纳税，归雇者认缴，价值既定，嗣后均不得加减，以免争论，而便通行。除因公雇用外，所有雇船听客自议。

修正第三条　地方公用船只分大、中、小三等，按照载货担数计里定价，应由商船总会协同分会每年正月审度情形，议明定价，分禀列宪存案，以免争论，而便通行。除因公雇用外，所有雇船听由该客自议。

案原文附加注语云：事关永久，定章应俟试行一年后，如果毫无窒碍，再行奏咨立案。等语。是原章亦尚无把握，不如每年议价为便。

原文第十一条　总会总协理及各分会总理向来官绅并用，且不论何省人员、何项官职，现既改派地方官兼充分会总理，另由各该处商会及船户公举一人添派协理，嗣后总、分会来往公牍应饬一律皆用照会，以免窒碍。其余仍遵照定章办理。

案分会既应遵照部章公举总理，不用地方官兼衔，亦不另设协理，则此条语皆无著，应请取销。

以上修正删改条项既经本局公同决议，理合备文呈请抚部院察核施行。须至呈者。

批：来牍阅悉。所陈理由极为正当，业经本部院裁夺可见施行。希候札饬劝业道遵照部章修正公布，以便商民。此复。

呈请严禁邪教以维风化由

为呈请事。谨案《奏定谘议局章程》第六章第二十五条内开，除第二十一条第二、三款外，谘议局亦得自行草具议案。等语。查抚州、建昌各属近有一种邪术名为“大伯教”，倡自福建，逐渐蔓延，谓能消灾却病、益寿延年。蚩蚩者氓群趋附之，日则男女团聚一堂跪拜念经，夜则同宿户外吸受甘露。现已到处设坛，肆行无忌，男女混杂，贻害无穷，风化所关，岂容坐视？应请抚部院通饬各府州县一律严拿禁绝，以杜后患而保治安。本局业于会期内公同决议，认为应革事件，理合备文呈请抚部院察核施行。须至呈者。

批：来牍阅悉。邪教惑民，律有明条。希候札饬按察司会同巡警道即饬各属严行拿办，抚、建两府尤应查禁。此复。

呈请饬司查明各县仓基地租由

为呈请事。谨案《奏定谘议局章程》第二十五条内开，除第二十一条第二、三款外，谘议局亦得自行草具议案。等语。查兑漕省仓载在省志确有地址者四十二县，自漕米改折，复经兵燹，各县渐失故业，所余故址俱盖民房，所有租息除南昌、武宁仍由本县收取外，如安义仓基租息则由道库厅收取，不知始自何年？其余各县均久未过问，未审业落谁手。仓基系各县各产，自未便放弃权利，谨将调查地址开具清册抄呈外，应请抚部院饬布政司转饬道库厅查明各县仓基地租数目及租户花名，抄交本局，自宣统二年为始，一律归还各县收取租金，以充各府驻省教育分会事务处经费。本局业于会期内公同决议，理合备文呈请抚部院察核施行。须至呈者。

计呈各府漕仓地址清册一本。

南昌府属

南昌县　进贤门外河街。

新建县　上仓在礼贤坊大街，下仓在兴隆观塘。

进贤县　进贤门外河街。

武宁县　惠民门外。

义宁州　章江门外。

奉新县　德胜门外。

靖安县　德胜门外茅外架下。

抚州府属

临（州）〔川〕县　进贤门外。

金溪县　惠民门外蓼州上。

崇仁县　惠民门外。

东乡县　进贤门外。

建昌府属

南城县　惠民门外蓼州。

南丰县　进贤门外。

新城县　进贤门外。

泸溪县　进贤门外。

吉安府属

庐陵县　广润门濠上。

吉水县　广润门外。

永新县　章江门外阮家洼。

泰和县　塘子里。

安福县　章江门外。

永丰县　惠民门外。

龙泉县　德胜门外。

万安县　章江门外。

莲花厅　章江门外。

瑞州府属

高安县　德胜门塘子里。

上高县　章江门外。

新昌县　进贤门外。

临江府属

清江县　塘子里。

新喻县　广润门外。

新淦县　塘子里。

峡江县　章江门外。

广信府属

上饶县　塘子里。

玉山县　塘子里。

广丰县　塘子里。

铅山县　章江门外阮家洼。

弋阳县　塘子里。

兴安县　塘子里。

贵溪县　阮家洼。

饶州府属

余干县　章江门外茅竹架下。

安仁县　进贤门外。

德兴县　惠民门外蓼州头。

南康府属

建昌县　章江门。

安义县　章江门外。

批：来牍阅悉。希候札饬布政司转饬查明具覆。此致。册存。

呈请整顿学务议案由

为呈请事。谨案《奏定谘议局章程》第六章第二十五条内开，除第二十一条第二、三款外，谘议局亦得自行草具议案。等语。查本省学务亟应整顿，本局业于会期内提议整顿办法条列如左：

甲、关于学务机关事件

案教育行政机关全在学务公所，从此改良实为根本上之解决，惟改良方法应援据部章所规定及他省已通行之办法方能见诸实行，谨就学务公所决议办法五条：

一、委派科长、副科长、科员及省视学应请照学部原奏规定之资格。学部原奏规定科长以下之资格，以中学毕业、曾习师范、出洋游学、曾充学堂管理员教员积有劳绩四项充任为限。光绪三十二年改学务处为学务公所，创办之初本省难得合格人才，故变通委派，大半以候补人员委充。近来四项合格之本省人尽足敷用，应请抚部院转饬提学司，遵照学部原奏规定之四项资格，择其程度较优者派充科长、副科长、科员及省视学，庶于部章无背。

二、科长、副科长、省视学勤慎无误者，应满三年方行迁调，以资熟手。部定办事权限第四条，科长、副科长、省视学照章给与五品、六品职衔，区拟分省视学巡视区域列左：

南安府四属、赣州府十属为一区。

吉安府十属、临江府四属为一区。

瑞州府三属、袁州府四属及丰城县、武宁县、义宁州为一区。

南昌府南昌、新建、奉新、进贤、靖安五属，南康府四属，九江府五属为一区。

广信府七属、饶州府七属为一区。

宁都州三属、建昌府五属、抚州府六属为一区。

三、酌定议长、议绅会议学务之时期。

查部章各省议长、议绅均有赞画学务之责，应于每星期内就学务公所会议二次，临时会不在此例。

乙、关于师范事件

一、附设师范简易科分科专修储为教材。

省城优级师范学堂暨两江师范学堂逐年有毕业生，中学堂及中学同等各学堂之教材自不乏人，惟高等小学初等实业学堂各教员需材甚多，应就各属初级师范学堂内附设简易科分科专修，俾年长生员可以就学储为各小学教材，一举而数善备。

二、任用师范毕业生。

本省师范缺乏，而已毕业之师范生又或急于就事，激成奔竞，足以销灭廉耻。应请抚部院转饬提学司，将各学堂毕业生榜其名于学务公所之门，并载明何项毕业生适用何项职务，已派者注明，现今未及派委而向时任事无误者，准一体轮派。遇有可派之处，于议长、议绅会议之期，由公所开具名单，请提学使派委，借以杜奔竞之渐。

丙、关于学科事件

一、中小学堂宜遵用部定教科书。

查各中小学堂一切课程各教员均自编讲义以为门面，剿袭成文，不问门生能受与否，应请抚部院转饬提学司通饬各属中小学堂概行遵用部定教科书，不准另编讲义，以节糜费。

二、师范学堂宜注重文义。

各师范学堂应就国文一科注重形声训诂，加意研究，庶可通晓字义，即以保存国粹。

三、一年毕业或三月毕业之学堂应请禁止。

省垣间有私立各校，以一年毕业或三月毕业，希图速化，外府州县中小学堂之学生羡慕毕业，被其扰乱不少，应请抚部院转饬提学司严行禁止。

以上各条业经本局公同决议，理合备文呈请抚部院察核施行。须至呈者。

批：来牍阅悉。整顿学务万不容缓，希候札饬提学司查照办理。此复。

呈请整顿林业章程由（底册附）

为呈请事。谨案《奏定谘议局章程》第二十五条内开，除第二十一条第二、三款外，谘议局亦得自行草具议案。等语。窃维江西地势当南岭山脉之阴，四面环山，气候温润，自昔富有森林，而川流交错，运输亦便，是以杉松樟楠楮竹等类之饶，为薄海所公认。近年以来，林政失修，乡约弛废，斫伐不时，林业以荒山童岭濯退复数千年前空旷形象，若不急筹善后方法，长此摧败，将无底止。查山林守禁，周官太宰重虞衡之掌；材木盗窃，外国警章详科罚之条。为今之计似应仿中外良法，详定专章，编为实务，期在举私有之林变为公有。划分区域，令民得就近占植，则乐于遵从；申明权限，俾民可操券获偿，则免于争竞；盗窃堪虞，则公设游徼以伺之，犯者有惩，薪蒸无制，则公定期限以采之。违者有罚，地方尽其务，官长司其成，十年以后，庶几可期成效，于公私均不无裨益。本局业于会期内公同决议，除将《整顿林业章程》抄具清册开呈鉴核外，理合备文呈请抚部院察核施行。须至呈者。

计呈《整顿林业章程》清册一本。

谨将《整顿林业章程》抄具清册开呈鉴核。

第一条　豫备造林机关应请抚部院札劝业道督饬各州县厅选公正绅董筹设林业公所，限明年春内成立，以便规画一切，并颁给图记以资信守。如各州县董事会、自治会业已成立，即归并办理，毋庸另设。

第二条　造林区域应就各地方情形划分，凡各区域内业主责令同时举办。

第三条　林业义务权利尽业主自任自享，公私两便，无逾于此，理合踊跃从事。倘一年之期已逾，林尚未造及情不愿造者，准由该区域内土著报告公所，某处荒山名称若何、袤广若何，填就愿书，缴请代造，惟须由公所勘实无误，方许给以证书照立标识，以免纠葛。若无人报告，得由公所调查代造，惟代造须与业主立约规定一切，业主事前不得任意阻止，事后不得违约夺回，致碍林业。且代造林内所有祖墓寿茔应归原主掌管，修造代造林人不得占骗及毁坏。

第四条　设逻丁若干名，由绅董择贫民朴实耐劳者充之，使早夜守望保护林业。倘守望不勤，有误职事，绅董得随时更换。惟均须报告公所，以便稽查。俟警察设立完备即行裁撤。

第五条　森林内有毁损、盗窃、焚烧及牲畜践踏，应由公所分别严定罚金数目及惩罚规约，有抗不遵罚者再请地方官切实惩办。

第六条　各区域科有罚金，除作为该区域造林公用外，或酌提若干，奖赏得力之逻丁，以示鼓励。

第七条　就固有土宜，如袁、瑞、浔、饶、义宁、南康之宜茶，赣、南、宁、抚、建、吉、临江之宜于樟，及梓、桐、松、竹、乌柏之类遍地皆宜者，只须照章加意垦植，并因坟衍附设园圃，斥其赢余，以充每年添种树株之资，荏苒经稔，获利自厚。整顿之始，不必远觅新秧，多糜经费。

第八条　采伐年限。十年树木不过大概言之，其实材木长成有须经十年、二十年、三十年不等，采取若未适时，获利必薄。应由各林业公所查察实在情形，妥商规定，后无论何人不得非时擅取。

第九条　森林一学外国列入专门，虽卑之毋高，亦需识其大凡，造林乃较有把握。应令地方官责成所内绅董组织森林学会，购置有关林业浅显书报，细心研究，定期开会讲演或刊布说略，总以输入新知改良林业为要。

批：来牍章程阅悉。所议造林机关区域各条均属切实可行。希候札饬劝业道查照办理。此复。章程存候抄发。

呈请维持司法独立由

为呈请事。谨案《奏定谘议局章程》第六章第二十五条内开，除第二十一条第二、三款外，谘议局亦得自行草具议案。等语。查本年夏间抚部院奏办江西审判厅情形折，以首县兼充初级审判厅推事，俟试办一二年后，民智大开，各级规模渐备，然后专设审判官员缺离州县而独立，以清权限。立法原属从权。惟首县为行政官，推事为司法官，以行政官而兼司法权，则三权分立之界不明，宪法之精神不固。原筹办之初意，本为图司法之独立，乃既筹办而独立仍不能期，恐未能满足人民之希望。况首县行政之繁为州县最，向来民间诉讼尚须委员相助为理，今既正以推事之名，必当实行其审判之职，欲求其于事实上之研求、法律上之适用，而无谬误之点，似非精力所能及。应请抚部院设法更正首县兼充初级审判厅推事之条，以实行司法独立之旨。本局业于会期内公同决议，理合备文呈请抚部院察核施行。须至呈者。

批：来牍阅悉。设立审判厅，因推事之选刻下尚未养成，开办期迫，首县为亲民之官，是以暂拟兼充推事，以便早日开办。此一时权宜办法，将来自必照章选充。目下案已具奏，应俟奉旨后再议。此复。

呈请设立公估以维银币由

为呈请事。谨案《奏定谘议局章程》第六章第二十五条内开，除【第】二十一条第二、三款外，谘议局亦得自行草具议案。等语。查本省宝银成色高低无定，以致官商两界受亏甚大。应即设立公估，将宝银划定成色，无得参差，不独市面往来诸多便利，即州县解款亦不致受亏。苏、沪各省早已开办，本省商界亦欲仿行，曾由商务总会柬请官银号、藩库厅、淮盐总局等处理事公同会议，市银宝色通用弍四至弍五、弍六、弍七、弍八递加一钱，上库宝色则用弍九，不过另加一钱，盐银则用弍七，如此规则，洵属妥善，划一不二，永远遵行，均已认可。乃淮盐总局首先翻异，推原其故，盐封银每百两短秤二钱，低色二钱，若将原封买盐自无异说，如或误破包皮，即原银仍须补平补色，每百两共需五钱，每年该局办事人员得此项银两为数最巨。今因商界共议，公估盐银则用弍七宝纹，均归一律，毋得抑勒增加，其弊自可永绝。窃维设立公估，原为维持银币起见，势难中止。现既奉示饬办，尚虑别生沮挠，应请抚部院饬速会同商务总会妥为筹办，一则可轻解款之亏累，一则可持钱业之公平。本局业于会期内公同决议，理合备文呈请抚部院察核施行。须至呈者。

批：来牍阅悉。设立公估，原为维持市面，淮盐局何致独生异议？鄂亦淮盐口岸，汉口亦设有公估局，不难仿照办理。惟盐局如何持议，希候札行藩司，会同官银钱总号、商务总会查明禀复核夺。此复。

呈请各厅州县学务串票捐由教育分会清查并拨款津贴乡学由

为呈请事。谨案《奏定谘议局章程》第六章第二十五条内开，除第二十一条第二、三款外，谘议局亦得自行草具议案。等语。查学务串票捐每张抽收三十文，向章以二十文解省，以十文留归府厅州县办理学堂之用。有以三文解府七文留县，亦有府县平分各得五文之处。其拨归各厅州县之五文或七文，惟宜春、东乡等县归绅收管，向未短少，此外各厅州县及解府之款能如数拨解者尤属寥寥。本局照章调取布政司经收学堂经费簿，逐县调查，计自光绪三十二年至本年九月止，串捐一项丝毫未解者，有长宁、石城二县。自光绪三十四年起至本年九月止，丝毫未解者有丰城、进贤、靖安、贵溪、德安、湖口、瑞昌、彭泽、新城、泸溪、崇仁、新喻、新淦、分宜、萍乡、安福、兴国、虔南十八厅县，其解数短少者不可胜数。窃思串捐大半出自穷苦农民，锱铢积累以有此数，乃经收者任意中饱，殊非所以重学务而免虚糜，且各属乡村贫窘，今欲兴办蒙学，无米之炊何从着手？向来解省之款名为二十文，所解实不及半，今若切实清理，收数必增，拟就串捐每张三十文内，变通旧章以十五文解省，以三文解府，以七文留县，以五文津贴乡村蒙小学堂。其归各厅州县及津贴乡学之款，由地方官拨交绅士经理。解省及解府之款，应逐年由各教育分会查明数目，报由教育总会察核。解省之款，应每年由布政司将各属解到实数移知教育总会，其解款交藩库，其数目应一面详报提学司，以杜州县官交库时挪移以杂作正之弊。在学务公所既可收齐各属向来未解之捐，即足以抵津贴乡学五文之数，移各属之中饱作普及教育之用，于解省之款既无所损而于乡学则所裨实多。本局业于会期内公同决议，理合备文呈请抚部院通饬各属一体照办，仰候施行。须至呈者。

批：来牍阅悉。查串捐钱文本为兴学专款，据称由局调查各属，或丝毫未解，或短少甚多，难保无任意亏挪情弊，亟应设法整顿。至省城学务经费收不敷支，历由司库挪款垫用，为数甚巨，今串捐再拨去五文，势必更形支绌。总之，学务虽隐分省、府、县三级，同为地方经费，将来办理预算自可提出，由局通盘筹议。其由教育总、分会稽查一节，是否足以杜绝弊端，除行布政、提学两司查照所议酌核详覆通饬遵办外，希即查照。此复。

呈请咨商督部堂于盐斤加价二文内拨一文归销盐省分由

为呈请事。谨案《奏定谘议局章程》第六章第二十一条第七款内开，议决本省之存废事件；第二十五条内开，除第二十一条第二、三款外，谘议局亦得自行草具议案。各等语。查本省为淮盐引地，每岁额销十余万引，向时引价库平十九两有奇，辗转叠加达至二十五两有奇。去年度支部又奏准加价四文，以二文归院抵补土药税，以一文归产省，一文归销省。嗣复经前两江督部堂奏准加价二文，借补江南财政困难，而本省销盐省分不获与产盐省分平分此价，揆诸情理似有未安。凡物之原价核于成本，不敷则售价迭增，皆是供其产处之用。若盐斤加价则不是为产处抵成本，而是为财务行政起口捐，捐自何处、用归何处，必所加之价全归销省乃情理之至公。惟江西同是南洋所帡幪，即湘、鄂两岸亦盐政大臣所统辖，督部堂对于所属省分在盐政项下通筹财政，酌剂盈虚，半归于产省，半归于销省。除光绪三十三年奏加二文概归江西外，历稽成案，皆是如此办法，今奏加二文全归产省，谓补江南财政困难，窃以本省困难不亚于江南，而各属办公之困难又更有甚于省会，盐销于各属，自应以本项利益还而普及于各属。应请抚部院咨商两江督部堂，照度支部奏加四文之二文例，拨还一文归江西销省，并准食淮盐各州县按照实销引额分配领取，以为各属自治、巡警等项经费。本局业于会期内公同议决，理合备文呈请抚部院察核施行。须至呈者。

批：来牍阅悉。希候据情咨商督部堂，复到饬遵。此复。

呈请通饬各属严禁人命案件借尸劫掠由

为呈请事。谨案《奏定谘议局章程》第二十五条内开，除第二十一条第二、三款外，谘议局亦得自行草具议案。等语。查人命案件各属多有捏情妄报、借端索诈，牵引无辜，地方官每不严行究办，以致此风日长。至大族村庄，更有借尸抢劫，无论曲直，动辄纠集多人到场劫掠，虽附近邻居亦不得免，往往有无辜之家被逼丧生，中证不能禁止，官府不及弹压，因而再酿命案，事尤可惨。至于轻生命案，地方官一经准理下乡往验，供应夫马等费动需百数，案内嫌疑之人恐久拖累，则浼中贿和殡葬追荐赡恤，名目繁多，倾家不足。既经和解，尸亲则自递悔呈，而门签监狱值日经承值日皂隶开销又不可以数计，案情未经澈究，两家俱败，此种恶习几于无县无之。应请抚部院通饬各属，嗣后人命案件如有捏情妄报以及牵涉无辜等情，地方官务须从严究办。如有借尸劫掠，必须将抢劫与命案按律分别办理。轻生案件应先行禀官，如果系情节可疑，方予准理，且必令原告出具切结，虚者反坐。若借端滋扰，宜治以应得之罪，庶良善得以保全，嚣风可期渐息。本局业于会期内公同决议，理合备文呈请抚部院察核施行。须至呈者。

批：来牍阅悉。查人命案件，尸亲多有听信讼棍播弄，捏情妄告，择肥而噬，以致株累无辜，情甚可恶。屡经通饬严禁，并随时遇案批饬惩办，乃有司往往念系苦主，从宽结案。所请通饬各属究取原告，如虚反坐，切结审虚，照例坐诬，洵属治本之言，希候札司通饬各属遵办。本部院莅此以来，深慨各属命案几于无地无月不有，抚牍摩挲辄为凄然泪下，推原其故，总由风气野蛮，好斗轻生，相沿成习。欲化乖戾而召祥和，要在自治成立，教育普及，故近于地方自治简易小学尤所注意。愿贵绅传告同乡，随时劝导消弭，较官治尤得力也。此复。

呈请通饬各统税局所严禁勒索重征并免税租谷由

为呈请事。查《奏定谘议局章程》第二十一条内开，收受本省自治会或人民陈请建议事件；又第二十五条内开，除第二十一条第二、三款外，谘议局亦得自行草具议案。各等语。兹据瑞昌县绅商学界朱冕南等十人陈请案称，瑞邑运货水道，县城距龙开河卡七十里，北乡马头镇距二套口卡七十五里，距官牌夹六十五里，无论水势涨落，均不能绕越。光绪二十九年创办统捐，于县城外及马头镇添设局所，三十二年因委员收捐苛细酿成巨案，自后进口之货尚未重征，而出口之苎麻、皮、油、烟叶等项统捐认足，乃经过龙开河、二套口、官牌夹仍照旧章抽厘。在该局卡原各为比较起见，而不知七十里内外一货两征，商民大受其困，应请饬总税局确查出口已认统捐之货，龙开河等卡只当查验，毋得重复抽收。等情前来。本局查统税完足十分后，则经过各口自无再加之理，应请抚部院通饬统税局所，遵照定章，毋得肆行勒索。再，租谷一项，本已完纳钱粮，往往经过各卡，强勒完税，不免重征之苦，亦应请抚部院通饬各统税局所，嗣后凡有租谷经过税局，如有租簿折据，呈明核验，确系收租之户，一律免税，假冒者一经查出，加倍重罚。以上二端，本局均于会期内公同议决，理合备文呈请抚部院察核施行。须至呈者。

批：完纳十分统税之货，下卡查验无讹，何致重复征收？佃户赴田主缴租，如在税口左近，自可无须过卡；倘大宗运销他处，无论田主非田主，均有贸易性质，自应一体纳税。希候札行税务总局查明详复察核。此复。

呈请禁止售卖彩票由

为呈请事。前奉抚部院照会发交禁赌议案，业经本局决议于本月十四日，呈报在案。查《奏定谘议局章程》第二十一条第一项内开，议决本省应兴应革事件；又第二十五条内开，除第二十一条第二、三款外，谘议局亦得自行草具议案。各等语。窃以为各省兴办彩票及私办之副票销售本省，每岁输出赀本金以数十万计，若禁赌而不及此，是大弊未除，终乏完全之效果。况他项赌博之为害，其废时失业，倾家荡产，犹显而易见，人尽能知；彩票之为害则浸渍无形，既不至有废时失业之虞，复不见有倾家荡产之祸，且出赀无多而获利綦厚，启人民万一侥幸之想，坏地方俭啬勤苦之风，其有伤于财产，有害于人心，实较他项赌博为尤甚。广东之赌最繁，即如闱姓等类，相沿既久，捐款甚巨，关系饷源，近且议禁，何况其他？江西既非开售彩票省分，他省彩票虽系奏办之事，江西非有必应行销售之义务，本省民力困穷，已臻极度，何能堪此漏卮？本局是以自行提出此案公同决议，认为应革事件，应请抚部院咨明各开售彩票省分，并严饬各属一律查禁，以清赌害而定民志。理合备文呈请抚部院察核施行。须至呈者。

批：来牍阅悉。以禁止售卖彩票认为应革事件，洵属探本之论。查阅报登江苏谘议局议案，亦提出请禁彩票公司，陈论最为痛切。今江南公司方拟重招商包，而湖北公司尤为风行，此事惟开售彩票省分先行停办，方为根本至计，否则自行饬禁销售，未始非塞流之一法。再，查前呈送草案，议员黄绅兰芳有小彩票宜一律禁绝之语，而言之不详。本部院风闻有奸商私设公司，名为江南、湖北附彩票，有一角、二角价目，中彩有一千角之数，其流毒尤在于下等社会，此事巡警、劝业两道有直接禁止之权。所有禁止大彩票办法，希候分行布政司、巡警、劝业两道会议详夺。此致。

为照复事。宣统元年十二月十二日，据布政使刘春霖、劝业道傅春官、巡警道张检会议详称，案奉札开，据谘议局呈报，各省兴办彩票及私办之副票销售本省，每岁输出资本金以数十万计，若禁赌而不及此，是大弊未除，终乏完全之效果。况他项赌博之为害，其废时失业，倾家荡产，犹显而易见，人尽能知；彩票之为害则浸渍无形，既不至有废时失业之虞，复不见有倾家荡产之祸，且出资无多而获利綦厚，启人民万一侥幸之想，坏地方俭啬勤苦之风，其有伤于财产，有害于人心，实较他项赌博为尤甚。广东之赌最繁，即如闱姓等类相沿既久捐款甚巨，关系饷源，近且议禁，何况其他？江西既非开售彩票省分，他省彩票虽系奏办之事，江西非有必应行销售之义务，本省民力困穷，已臻极度，何能堪此漏卮？本局是以自行提出此案公同决议，认为应革事件，应请抚部院咨明各开售彩票省分，并严饬各属一律查禁，以清赌害而定民志。理合呈请察核施行。等情到本部院。据此，除批：来牍阅悉，以禁止售卖彩票认为应革事件，洵属探本之论。查阅报登江苏谘议局议案，亦提出请禁彩票公司，陈论最为痛切。今江南公司方拟重招商包，而湖北公司尤为风行，此事惟开售彩票省分先行停办，方为根本至计，否则自行饬禁销售，未始非塞流之一法。再，查前呈送草案，议员黄绅兰芳有小彩票宜一律禁绝之语，而言之不详。本部院风闻有奸商私设公司，名为江南、湖北附彩票，有一角、二角价目，中彩有一千角之数，其流毒尤在于下等社会，此事巡警、劝业两道有直接禁止之权。所有禁止大彩票办法，希候分行布政司、巡警、劝业两道会议详夺。印发并分行外，合就札饬该道，即便会同布政司、劝业道查照，悉心核议详夺，一面查明省城及九江等处有无小彩票出现，先行严禁，毋延。等因。奉此，查私设彩票本干例禁，前据职员唐瑞同禀请开办警学彩票，援照安化彩票之例认捐等情，当由职道检严词批驳，并札饬南、新两县暨各区查明，如有未奉奏准有案暨私设彩票一体出示严禁在案。兹奉前因，本司职道等伏查各省销售各种彩票，虽奉奏准开办，实则形同赌博。况奸商影射牟利，往往私设副票、小票，随同大票开彩，价值既廉，以致穷苦小民亦妄生希冀，销路最畅，受害最深。诚如抚批，流毒尤在于下等社会。现在私设小票均已禁绝，查市间销售尚有湖北签捐大副票，江南筹捐大小票，安徽铁路小票，又新开博山小票、汉口三怡公益小票等项，名目均系官设，如须禁止销售，自应无论大小，正副各票一律，如禁小而不禁大，仍不足以塞漏卮。本司职道等公同酌拟，请将大小各票全行禁止销售，并请转咨开办彩票各省停止批发，以除隐害。除行九江府德化县及警务分所一体查禁外，合将会议缘由详请察核批示祇遵。等情到本部院。据此，除批示并分咨外，相应照会贵局，烦为查照施行。须至照会者。

呈请限制派销书报由

为呈请事。查《奏定谘议局章程》第六章第二十五条内开，除二十一条第二、三款外，谘议局亦得自行草具议案。等语。窃维开通民智无过报纸与各科学书，是以立一学堂必派书报数份，原立法之初意，固求文化之灌输，无如积久弊生，遂为学堂之累。盖书报虽觉世牖民之物，然揆诸劳心劳力分功食报之例，亦含有营业性质，是以必平均为竞，极深研几，而后真理渐出。迨作者之程度日高，斯阅者之聪明自启，惟如此之书报乃有价值之可言。今既官为派销，无须优劣之战胜则膺斯任者，薪金坐领，必且毁瓦而画墁。而承其流者，规费上供，长此，还珠而买椟，徒使有用之金钱、难得之时光暗掷于陈陈故纸之中。丙午年催办蒙学堂，清江县有一部分设立三区，每区每年由地方官津贴馆谷二十石，禀官立案后，书报叠来，应接不暇，冬季竟压销暗射地图一具，需银五六两，夫蒙学中何能用暗射地图？乃不容置辨，竟耗去一年津贴之半，明年遂不克成立，徒使发起者灰心，反对者借口，即具热心之人亦不敢极力提倡。且既派销，胥役因而勒索规费、茶礼，巧立名目，流弊尤多，地方官不能尽察。本局于会期内公同决议，酌拟限制办法，嗣后无论何种书报，除府厅州县中学堂及劝学所派销一二分外，凡公立、私立各小学堂财力有限，规模尤小，一概免其派销，以维学务。理合备文呈请抚部院察核施行。须至呈者。

批：来牍阅悉。所陈派销书报之弊，洵属深切著明。查近来派发各报，由京师各署咨送者有《政治官报》、《学部官报》、《商务官报》；由两江饬派者有《南洋官报》、《泰晤士报》；本省派发者有《学务官报》、《蒙学报》、《农报》、《日日官报》。除《政治官报》为考求时政必阅之书，应俟本部院酌定办法另饬遵照，《商务官报》原发无多均毋庸议外，《学部官报》向系径发提学司，计若干分，无从查悉，及其余各报应如何酌量减发，暨嗣后有请派销书籍如何酌定限制之处，希候札行各该衙门按照所议，分别核定详复通饬遵办，并详报两江督部堂查核。至决议照办事件，照章应登报公布，应否即以《日日官报》为宣告机关，并由藩、学、臬三司妥议章程另案详夺。此复。

呈请续开绅班司法讲习科由

为呈请事。查《奏定谘议局章程》第二十五条内开，除【第】二十一条第二、三款外，谘议局亦得自行草具议案。等语。窃维诉讼之法，各国通例，无不认辩护士为司法补助之机关，而辩护人材先宜养之于平日。今当筹办司法独立之时，尤宜急为预备将来刑事诉讼。若以检察官为原告，则皆于法律智识富有经验，而被告多数之人大抵乡曲细民，毫无学问与之对待，决难得公平之结果，故各国定制为保护被告者之利益，特许聘请有法律学识之人，代其剖白真情，防御不法及不当之攻击，此本原、被两造对等之主义规定，于诉讼法典即中国前订之诉讼法草案，亦有此项制度。今本省法政学堂原设司法讲习一科，专取本省候补州县佐杂人员肄业，并无本省绅士，拟请抚部院饬提学司于法政学堂内或另筹地址，再行设法续开司法讲习科一二班，由各州县绅士中公举品学端正者一二人送入肄业，将来审判成立时，此科亦已毕业，陪审有人，辩护有人，可达完全文明裁判之域。且绅士既略通法令，可以归导乡间人民，知所适从，法律尤易于见效，犯罪者可期日减，渐收刑期无刑之功，所益实非浅鲜。本局于会期内公同议决，理合备文呈请抚部院饬司施行。须至呈者。

批：来牍阅悉。查养成律师人材，洵为民、刑诉讼法实行以后最要之事，惟现设之司法讲习所系附于法政学堂，不备膳宿，而法政学堂别科讲习科绅班虽各尽六十名额，其别科应每年添招一班，核计第三年时即常有一百八十人在堂，合之讲习科共二百四十人，将来毕业是否亦可准充律师？如再另开司法讲习科一二班，讲堂能否敷用？现在财政困难，倘须另设一堂，除仍不备膳宿外，似应并令呈缴学费，以免另筹经费。至此项律师并非官职，议定开办时，凡身家清白良民，但系文理通顺、品行端正者，应准一体招收保送，俾昭公溥。除行学、臬两司核议详夺外，希即知照。此复。

呈请咨商督部堂通饬严禁缉私盐卡员丁通同舞弊由

为呈请事。谨案《奏定谘议局章程》第六章第二十五条内开，除第二十一条第二、三款外，谘议局亦得自行草具议案。等语。查本省缉私各卡向有栽赃陷害、捏报放逃等弊，卡员但知信任巡丁，不论有无实据，即移勒县署逮捕，乡民每有因此破家者。甚至员丁通同舞弊，私造包票，发给邻县售私铺户，月得陋规若干，反使私盐日盛，官引滞销，如本年六月间，万安盐卡已经发觉此种案件。种种积弊，溯厥原因，实由于缉私比较而来，向来以缉获私盐之多寡为委员之功过，果使巡缉认真，必将愈缉愈少，以致于无斯为功效，乃反因而受过，实与理论不符。且强令报解列为比较，该员丁既无所得，自非讹索乡民势难塞责。现在所解私盐，名为局私，仍在省城销售，亦有碍官盐销路。应请抚部院转咨两江督部堂，将盐卡考察旧章改正，专就所驻县分计该县近三年销售官盐多少，折合中数定为比较，溢则记功，短则记过。凡有缉获私盐随即就地毁镕，不令由局出售，亦不必解省。再行通饬严禁缉私各弊，准地方绅民据实告发，庶于国课民生两有裨益。本局业于会期内公同决议，理合备文呈请抚部院察核施行。须至呈者。

批：来牍阅悉。盐卡如有违法情事，应指明确据，呈候查办。至获私不得出售与改易比较章程，攸关盐政通章，希候咨请督部堂核覆饬遵。万安县盐卡案并候札催淮盐总局遵照前批查明复到核办。此复。

呈请通饬各府厅州县宣告决算罚款由

为呈请事。查《奏定谘议局章程》第六章第二十五条内开，除第二十一条第二、三款外，谘议局亦得自行草具议案。等语。窃维民间诉讼每有罚款，此项名目实与法律规定之罚锾不同，地方官随意处罚，多寡不常，乡里小康之民常有因一案受罚而至倾家破产者。朝廷固无此法令，小民何能任此诛求？既不详报长官，并不列入案卷，但借修理城池庙宇、添置公件略一掩饰，尽入私囊，地方绅民何敢过问？虚糜公款，鱼肉乡民，莫此为甚。应请抚部院转饬按察司，就违法之重轻为罚款之多寡，定为格式，颁发各府厅州县，使民周知，不得意为高下。嗣后凡有罚款，须即时将受罚之人及所罚之款随案详报出示宣布，年终或交卸时决算一次，统计受罚若干人，罚款若干数，逐一榜示。其款概归地方公用，暂由地方官绅切实管理，俟将来自治成立后，须由地方官会同自治会稽查核算，以免虚糜，而除扰累。当经本局于会期内公同决议，理合备文呈请抚部院察核施行。须至呈者。

批：来牍阅悉。法律规定之罚锾原为情罪较轻之犯赎罪而设，无罪之人岂容地方官吏随意处罚？况借案苛罚久已禁止，尤应遵守。至赎罪银两，早已奉部提解曾经通饬各厅州县榜示解部，近时州县有将罚款提充地方公用者，本非划一办法，所请概归地方公用之处，应俟各属自治成立之后，遵照《奏定地方自治章程》第五章第九十条第三项，按照自治规则所科之罚金以充经费之法办理，不能一概论也。除行按察司、巡警道外。此复。

呈请重申禁令通饬严拿掠卖人口由

为呈请事。谨案《奏定谘议局章程》第六章第二十五条内开，除第二十一条第二、三款外，谘议局亦得自行草具议案。等语。查南、赣与广东接壤，往往有刁徒掠卖童男童女，甚至泥工木匠、贫困士子，正值年力强富，亦被其诱以甘言，饵以厚利，渐引渐远，勾结船户星夜载至沿海一带，售出外洋，实属罪大恶极。窃维掠卖人口，例有明文，若竟任其所为，法纪何在？应请抚部院重申禁令，严饬各府厅州县官严拿惩办，并由地方官会同各城镇乡绅董于渡头饭铺、酒肆、茶摊密为侦探，随时查察，务使此项弊端剪除净尽，以全民命而绝刁风。业经本局于会期内公同决议，理合备文呈请抚部院察核施行。须至呈者。

呈请严禁佐杂官吏收受民词张罗窝赌由

为呈请事。谨案《奏定谘议局章程》第六章第二十五条内开，除第二十一条第二、三款外，谘议局亦得自行草具议案。等语。窃维州县官以下有粮捕厅巡检、警察、城守汛官，自应各有职守，以辅州县官之不足。乃遇堂委下乡，索取夫马等费，骚扰已不堪言。尤可异者，每年九、十月之交，借做寿为名，凡绅商士农各界遍送请帖，名为张罗，计较送钱之多寡，未送者派差催礼，轻者却之弗受，书差尤而效之，更有甚焉。民间屈于压力，勉强应酬，而受者犹嫌其少。百姓之所以隐忍受此鱼肉者，由于擅受民词，因而畏之也。更有邀集商民公然窝赌，尤属不成事体。应请抚部院通饬申明定例，凡文武佐贰等官，不得擅受民词，并严禁做寿张罗及窝赌情弊。此外，如胥差张罗，亦请一律严行禁绝。本局于会期内公同决议，理合备文呈请抚部院察核施行。须至呈者。

批：来牍阅悉。佐杂擅受民词、（节）〔借〕【做】寿收受礼物、下乡需索夫马费均属有干例禁，希候札司通饬严行禁止，以肃官方。此复。

呈请饬将捐照发交各厅州县以便领换由

为呈请事。谨案《奏定谘议局章程》第六章第二十五条内开，除第二十一条第二、三款外，谘议局亦得自行草具议案。等语。查历次开办虚衔封职翎枝贡监等捐，光绪二十七年以后曾将简章及实收发交各厅州县，每厅州县派捐若干。初次开办颇形踊跃，嗣因部照到省压搁需索，仅一减成监生或从九职衔，有费洋三四元始能换照者，乡曲捐生跋涉来省，所费不赀，况又有县报之需索、塘务之需索，种种扰累，其何以堪？所以近来各属劝捐，虽舌敝唇焦，而人多不应。应请抚部院饬司将历次认捐业经颁到之部照，其未领者发交各该厅州县，饬各捐生就近领换，并严禁书差需索，庶足以昭信用，即以后劝捐亦易为力。本局业于会期内公同决议，理合呈请抚部院察核施行。须至呈者。

批：来牍阅悉。调查捐局详准档案，换照费定有章程，减成监生每名六百文，从九职衔每名四百文，并无三四元之多。其余照费亦尚核实，现在存照积而未发，正望捐生承领以清尘牍，惟换照须缴实收发交各属，有无窒碍，希候札饬捐局核议详夺。一面将换照费数目章程重行颁发各属晓示，并张贴局门，严禁需索扰累，使众周知。此复。

为照会事。据江西筹赈捐输总局司道详称，案于宣统元年十二月十八日奉抚院札开，宣统元年十一月初四日据江西谘议局呈称，查历次开办虚衔封职翎枝贡监等捐，光绪二十七年以后曾将简章及实收发交各厅州县，每厅州县派捐若干，初次开办颇形踊跃，嗣因部照到省压搁需索，仅一减成监生或从九职衔，有费洋三四元始能换照者，乡曲捐生跋涉来省，所费不赀，况又有县报之需索、塘务之需索，种种扰累，其何以堪？所以近来各属劝捐，虽舌敝唇焦，而人多不应。应请饬司将历次认捐业经颁到之部照，其未领者发交各该厅州县，饬各捐生就近领换，并严禁书差需索，庶足以昭信用，即以后劝捐亦易为力。本局业于会期内公同决议，理合呈请察核。等情到本部院。据此，除批印发外，合亟札饬札局立即查明积存捐照，发交各属领换，有无窒碍，迅速核议详夺。余照批答办理。仍移谘议局知照。等因。奉此，本局伏查江西赈捐历次奉颁部监各照，计自光绪三十二年八月定章收取照费钱文起，截至宣统元年十二月底止，除外省委员经劝各捐生执照随时札发，各原劝捐之员领换不收照费外，所有由局经劝及本省印委经劝各捐生执照共据换去七百七十一名，收照费九五钱四百七十七串二百文，均遵章分成，拨给施药及员书津贴犒赏之用，既不留存，丝毫亦未于定章之外浮收分文。今奉札饬前因，亟应遵照办理。惟查光绪二十九年将颁到第一、二、三、四等次部照二百六十七张，由局札发南昌等三十一县晓谕捐生换领，迄今并无一县缴回换领部照之正实收。况州县任卸无时，捐生行踪靡定，有籍隶甲县而在乙县上捐者，亦有先居本籍后复经商外出者，此项奉颁捐照若概发交各该原籍地方官就近换领，不惟州县交代案内多一纠葛，且恐捐生莫知底蕴，转至换照无从。本司职道等悉心核议，所有此项积存未换各照，拟请仍旧由各该捐生执持原领实收，随时赴局领换，仍遵前定章程收取换照费钱文以资办公。一面由局将换照费数目章程再行通颁各属，晓示并张贴局门，俾众周知，而杜需索浮收之弊。是否有当，理合详覆察核批示祗遵。等情到本部院。据此，除批据详已悉，所议甚是，仰即将换照费数目章程通颁各属。一面由地方官晓示，一面移知就地商会、教育会、自治事务所，俾众周知，务使各捐生乐于换照。省局尤应明白张贴，严饬员司遇有捐生来局即为检换，毋得推宕需索，以慰众心。仍候照复谘议局查照印发外，相应照会贵局，烦为查照施行。须至照会者。

呈请通饬严禁各乡村勒粜禁米由

为呈请事。谨案《奏定谘议局章程》第六章第二十五条内开，除第二十一条第二、三款外，谘议局亦得自行草具议案。等语。查本省各属人民大半以农为业，即大半以谷易钱，攸关生计。谷之贵贱视时价之涨落为转移，乃有无业游民每于春季谷价稍涨之时，借济荒为名，聚众立禁，号曰禁村闭粜，谷石不准出售，并勒令不准照值时价。譬如米一升时价四五十文，仅以十余文酬偿农民，余谷急待出售，必私贿为首棍徒，方得苟免。否则祸不旋踵，率众至余谷之家，坐食数日或十余日，是其惯技，甚或借端凶抢，有谷之家几难自保，即沿途贩米商民亦遭此害。如万年县西乡方姓因粜滋事酿成巨案，直至上年署万年县知县许令禀准监禁要犯一名，方得了案，是其明证。应请抚部院通饬各府厅州县出示晓谕，如遇荒年，村内有谷之户，准其照时价每石酌减百余文售与本族，如敢私自纠众勒粜禁米，应由地方官严行禁止，以免勒索而警刁风。本局业于会期内公同决议，理合备文呈请抚部院察核施行。须至呈者。

批：来牍阅悉。谷贵流通以裕民食，岂容无业游民任意禁阻把持抑勒，甚至无理滋扰，均属有干法纪。希候札行藩司通饬严禁，出示晓谕周知。至遇荒年同村同族周急，情愿减价固属甚善，似不宜限定减售之数，万一横使强迫，转恐激生事端。俟自治成立以后，睦姻任恤之风蒸蒸日上，则不必为之规定，当亦不至遇荒闭籴抬价居奇矣。此复。

呈请通饬各属限制演戏由

为呈请事。谨案《奏定谘议局章程》第六章第二十五条内开，除【第】二十一条第二、三款外，谘议局亦得自行草具议案。等语。查本省各属乡镇赛会莫不演戏，每在早稻登场之后，农工因而废业，盗贼以是繁兴。其著名大会宰耕牛以数十计，设赌案以数百计，烟厂林立，不可胜数。甲村会期甫毕，乙村会期又起，甚或甲乙同期赛会，争雇戏班，持械抢箱，酿成巨案。即就抚州一府而论，每岁自七月起至十一月止，糜费约十余万金。又如安义县，每于农忙时演戏至四五十日之久。当此兴办族学、兴办自治之际，在在需款，罗掘几穷。乡愚无知，徒以风俗习惯不惜浪费。即有明达绅耆出而劝阻，赌徒土棍辄借奉神之说以惑众听。更有委员城守胥差等人，冀得规费，从而包庇，以致莠徒更明目张胆，毫无顾忌。前本局于呈报抚部院发交赌博议案内，有禁赌以禁戏场开赌为本一条，业经声明迎神赛会关于风俗习惯暂时未能禁绝等情，惟取缔之法不能不详为规定。应请抚部院通饬各厅州县协同绅董调查各乡赛会之期，除城镇客商公宇及列在祀典庙宇，准其于农事修获后仍旧演戏酬神外，所有一切无名淫祀，无论有无赌博、是否农隙，均不准借迎神赛会公然演戏，此项会产概归各该地方兴办族学及一切公益事件之用。本局业于会期内公同决议，理合备文呈请抚部院察核施行。须至呈者。

批：来牍阅悉。演戏聚赌大为风俗人心之害，所议规定取缔方法，于去泰去甚之中，寓从俗从宜之意，允宜公布施行。所称员弁胥差得规包庇，尤应查明惩办。至以会产兴办族学公益事件，亦须官为劝导，绅为辅助，方有效力。希候札饬布政司通饬示禁，并行抚州府、安义县从严禁绝，据实详报。此复。

呈请改良《官纸专卖章程》由

为呈请事。谨案《奏定谘议局章程》第六章第二十五条内开，除第二十一条第二、三款外，谘议局亦得自行草具议案；又第二十一条谘议局应办事件第六项，议决本省单行章程规则之增删修改事件。各等语。窃维江西自官纸规定专卖以来，州县办公书吏邀求加费，而地方官受其病，公所之文牍、个人之文件非用官纸不可，则凡公私亦交受其困。商人受垄断之累，盖不待言，要之官商公所之累皆集于人民，所受利者官纸刷印所而已。实则事归官办，耗费必倍于商办，官纸刷印所所得之利一，而人民所受之累乃二三倍。即如僻远州县有为产纸之区，必勒令辗转赴省垣领买官纸，尤形不便。应请抚部院更定官纸刷印章程，除诉讼状纸仍照部章每纸定价当十铜圆十枚出售外，其各种文件用纸均照商店价值出售，并请明定格式，通饬各州县遵照刊板，以收划一整齐之效，不必令赴省领买，以恤州县之困难。裁节官纸刷印所委员，以免糜费，则官民实交受其利。本局于会期内公同决议，理合备文呈请抚部院察核施行。须至呈者。

批：来牍阅悉。国家向无规定官业、民业界限，瑞前部院官纸刷印所之设主于增益公需，皆属官用之纸。原章虽有民用呈词、状式、分书等类，而除状式外，余未实行，尚无妨于商业。状纸加价拨充改良监狱，就讼事而筹狱费，洗旧习以恤罪囚，亦尚取不为苛。度支部久议建设造纸厂、刷印局，整齐官用之纸，尤为将来官纸必隶于官之明证。各级审判厅成立民事、刑事等类诉讼状纸，自有一律新章。赣省官纸开办至今，渐次就绪，正宜力求发达，惟系营业性质应如何仿照商业经营，力除浮糜之费而收改良之效。希候札行藩司会同官纸刷印所悉心妥议办理。他省正多仿行，赣省未便遽止，致成本付诸虚掷。用布理由，尚冀复议。此复。

呈请酌量变通《铺捐章程》除繁盛市镇概予豁免由

为呈请事。谨案《奏定谘议局章程》第六章第二十一条第六款，议决本省单行章程规则之增删修改事件；又【第】二十五条【内】开，除第二十一条第二、三款外，谘议局亦得自行草具议案。各等语。查本省工巡总局近奉抚部院札办铺捐，先就省城办起，以次行于省外繁盛地方，再推及于各厅州县。窃维铺捐一项行之于通都巨邑，及委系繁盛市镇尚属可行，若例推于偏隅小县乡市村墟不无窒碍。前此各厅州县兴办学堂、警察、慈善公益款无可筹，大半取给铺捐，业经一再抽收，而瘠土穷乡亦须稍留余地，以便异时自治之进行。且偏僻小县乡市村墟或一铺仅值数金以至二三十金，至多不过百余金，若至二百金以上则为最大之铺户，必由借贷或集股而后成，纵不抽捐款已觉终岁盈余不足为身家之赡，倘饬令照捐，则业主以抽捐而加租金，房客亦必以抽捐而抬货价，势必商民交困，后患滋多。且此项铺捐其性质应归入地方税之类，若一概提省，将来各地方集款更用何法？应请抚部院饬将铺捐章程酌量变通，凡各厅州县并非繁盛市镇地方，一概准予豁免，实于人民营业有裨。本局业于会期内公同决议，理合备文呈请抚部院察核施行。须至呈者。

批：来牍阅悉。近年新增捐项，借供新政要需，原属不得已之举。所请将《铺捐章程》酌量变通，系为稍留民力，为将来自治进行起见，所议极是。希候札饬布政司移行工巡总局查明议案，酌拟办法具报，再行答复，公布施行。此复。

呈请通饬严禁待质所积弊由

为呈请事。谨案《奏定谘议局章程》第二十五条内开，除第二十一条第二、三款外，谘议局亦得自行草具议案。等语。查各厅州县羁留罪人之所，向有班房名目，自奉文严禁改设待质所后，此种旧习多有仍旧相沿者，即或变换名目，其中黑暗污秽，几非人类所居，加以私刑酷虐，以致被押之人瘐毙残废，冤屈莫伸。现在改良监狱，即判决有罪，尚应以人类相待。各国监狱制度待遇罪人，但有筋力之苦，决无惨酷之施。况待质人民犯罪之有无，尚在判决未定之顷，尤宜尊重人格，勿辱其身。从前班房积弊虽深，绅富士子尚不至同羁于此。自改名后则无论何人遇案，皆应待质，范围愈大，流弊更多。应请抚部院通饬各属，待质所严禁污秽私刑等弊，凡案件例应随到随讯，如因人证未齐，或审讯后不肯遵结完案，如无确实铺保，可令酌交保证金若干，判决后即行交还，否则始行羁押，若绅富士子其取确实铺保尤易，更不宜滥行羁押。本局既于会期内公同决议，理合备文呈请抚部院察核施行。须至呈者。

批：来牍阅悉。清理词讼定有严章，地方官遇有案件随到随审随结，何至有羁押酷虐之事？来呈所称各属待质所污秽私刑等弊，历经严禁有案。兹又札饬臬司严饬各属，申明禁令，查照议案切实施行。此复。

呈请饬劝业道振兴渔业由

为呈请事。谨案《奏定谘议局章程》第六章第二十五条内开，除第二十一条第二、三款外，谘议局亦得自行草具议案。等语。窃维本省沿河、沿湖各属，民人以渔为业不下数十万户，间有塘水养鱼亦能获利，惟皆恃天生之品素无请求。查日本自创立水产讲习所后，全国渔利十倍于前。本省赣河千余里及各府支河汇于彭蠡，又如九江沿江一带水产之富，实为出产之大宗，自应由地方官设法提倡一切有关振兴渔业之要政。应请抚部院转饬劝业道实力提倡，俾民人生计扩张，抑亦文明进化之一端。本局于会期内公同决议，理合备文呈请抚部院察核施行。须至呈者。

批：来牍阅悉。振兴渔利为王道之始，希候札饬劝业道赶紧办理，以惠我江湖之民。九江等处春间鱼苗贩运苏、浙等省，尤为出口大宗。惟苗细于针，养以活水，生机甚微，万难躭搁。风闻关卡营汛，往往于此项鱼苗船只有需索留难情事，并由劝业道会同九江道于明春先期通饬出示，遇有贩运鱼苗经过船只，立刻放行，不得片刻停候，以补议案所未及。此复。

呈请调取九江近十年米谷出口数目由

为呈请事。查《奏定谘议局章程》第二十五条内开，除第二十一条第二、三款外，谘议局亦得自行草具议案。等语。查本省号称产米之区，每岁贩售出口为数甚巨。比年因上下游叠遭荒歉，贩运出口舻舳相望，几至一泄无余，米价因而骤涨。本年新稻登场之际，旬日之内每米一石，反陡增价至五六百文不等，是其明证。若不稍示限制，殆非苦力穷民所能堪。且本省从来米谷一项只有出口，不闻有进口之时，设一旦收成竟不可恃，或遇奇荒，笔廪早虚，乞邻无所，又将何以盾其后？现经本局筹议，以为遏粜固不可行，而弛禁亦宜有制，应请抚部院饬湖口税局及浔关，调查近十年间每岁米、谷出口之确数，发交本局公同会议，酌量定一适中之数，歉岁则随为缩减，甚或禁止概不出口若干时期。凡夫官办平粜商贾贩运胥不得越于所定之额，亦不得有违所悬之禁，如此则于农利、民食、税项邻省各不相妨，即铁路米捐亦不至截然无收。用地之利、平物之情，固元气于目前，备凶荒于异日，似于江西前途不无裨益。惟九江属之湖口、德化等县仰给本省之米谷者，应俟议定额数后，另立专条规定。本局业于会期内公同决议，理合备文呈请抚部院察核施行。须至呈者。

批：来牍阅悉。所称遏粜固不可行，弛禁亦宜有制，诚至当不易之论。此次弛禁运米出口，系恭奉谕旨湖北水荒含有救灾恤邻之意。所请调查近十年间米谷出口之数，希候札行布政司会同税务局移行湖口税局、浔关，列册具报，现行答复。此致。

呈请实行照章核减运商岸价及官贴盐厘拨归地方公用由

为呈请事。查《奏定谘议局章程》第二十二条内开，谘议局议定可行事件，呈候督抚公布施行；第二十五条内开，除第二十一条第二、三款外，谘议局亦得自行草具议案。各等语。窃以为江西食用出款以盐为大宗，现今银贵钱贱，场商及官民罔不受困，而独运商享其利。查同治七年前阁督部堂曾札饬各岸督销局以初定章时每银一两约兑钱一千五百文内外，今可兑钱一千六百数十文及七百文不等。运商在局售盐系收银两，在栈买盐系用钱文，一出一入，便宜不少。应减各局售价，酌定鄂、湘西岸每百斤减价三钱，皖局每百斤减价二钱，在运商本利内扣去一半，将来银价如跌至一千五百文以内，仍当随时酌复，示谕遵办在案。是盐价增减当以银一两兑钱一千五百文为标准，为不可移易之案。据嗣以钱价稍贵，运商一再禀请津贴钱价，始则争回原减之岸价，继则受贴公家之盐厘，但叠次禀准官商均声明一俟银价至一千五百文以外，即应遵章核减，不谓至光绪三十一年银价更贵，运商不但于加复原减一半之价，未为遵案请减，即盐厘二成应请提归公家者亦隐以为利。今自三十四年以来，如每银一两递增至兑钱一千九百数十文，以此核算，凡运商售盐百斤，除复价一半盐厘二成不计外，又除厘金报效公费一切加价外，运商净得本利银二两零，准之前阁督部堂曾定案一千五百文是每百斤增钱九百数十文，每大票约计钱价可增银一千五百余两。复按之银贵钱贱，运商自称每须加成本千金，非特不须加本而已，更增羡余一千五百余金。在运商不过谓甲午以还共捐巨款五六百万金，不知每捐百万准奖实官以七八折售票请奖，核其实数，每百万所捐仅银二三十万。又谓偿款新加厘课，不知每票共银五百五十两，银贵钱贱之时，钱价所赢每票约增银一千五百余两，除完新加厘课尚可余及千金。或谓前督部堂端曾著令补缴票价，已共缴银一百八十万两，不知以银贵钱贱三四年之久，照前阁督部堂曾定案，应追缴复回原减岸价一半，盐厘津贴二成，总共计之抵偿一百八十万金，亦属有盈无绌，此均为运商所不能借口自释者，故厘剔之策，洵不可缓。本局业经公同决议，理合备文呈请抚部院察核转咨督部堂札饬西岸督销局，饬令运商将前复原减一半之价，盐厘津贴二成之款，遵章如数核减。并通饬四岸督销局将此项提款随时划扣，按月汇解销盐处所，为筹备宪政及地方公益之用。望切施行。须至呈者。

批：来呈已悉。事关盐政，希候据情咨商两江督盐部堂查照核覆，一俟覆到，再行知会可也。此复。

为照会事。宣统元年十二月初七日，准两江督部堂兼管两淮盐政张咨开，宣统元年十月二十八日，准贵部院咨，江西谘议局议定饬令运商将前复原减一半之价，盐厘津贴二成，如数核减划扣汇解，咨请酌核复江，以便咨会遵照。等因到本部堂。准此，查收回四岸二成盐厘，甫据吴前署司详定立案，抵作开办海军及常年经费。其商本内原减一半之价，该运商等因捐款重迭，情形竭蹶，请予免提，亦据淮运司具详固属实情。本部堂复加察核，自来盐务，即乾嘉极盛时亦不能持久，前曾爵阁部堂定章时，煞费经营，为藏富于商之计，故历今已四十余年尚能保守。况凡百贸易，公家只征税厘，独有盐务除厘课外，其另行报效，先后已不下数千万余两，无非休养生息，始能缓急相资，若务事取盈，商情涣散，大局堪虞，此本部堂尤不能不加意维持者也。准咨前因，相应抄录，详批咨复，查照施行。计抄两详并批。等因到本部院。准此，合就照会贵局，烦为查照施行。须至照会者。

呈报议决建昌县议员蔡允升提出该县迭遭水患请饬地方官查明办理议案由

为呈请事。谨案《奏定谘议局章程》第六章第二十五条内开，除第二十一条第二、三款外，谘议局亦得自行草具议案。等语。兹据建昌县议员蔡允升提议，该县东南一带地势低洼，正当鄱湖汊流，今年迭遭水患，四月间水势更甚，早稻无存，虽圩堤未经冲决，亦皆渍水灌浸，十淹八九，补种无由。间有高田退出水外改种晚稻，复于八九月间始被风灾，旋遭水患。灾状迭见，若不准予缓征，租税从何而出？地方官以近年比较太重，恐碍考成，不愿呈报。窃以各邻县之同受影响者尚蒙减成征收，该县事同一律，应请抚部院饬下地方官查明禀报，(惩)〔征〕熟剔荒，酌量灾区轻重，缓征几成，以苏民困。本局于会期内公同决议，理合备文呈请抚部院察核施行。须至呈者。

呈报议决教育总会陈请宽筹教育会经费、统一各学堂监督权限、省视学地方团体选举各议案由

为呈请事。谨案《奏定谘议局章程》第二十一条谘议局职任权限第十二项，

收受本省自治会或人民陈请建议事件。等语。兹据江西教育总会会长喻兆蕃、副会长欧阳述陈请案称，该会应举事务甚繁，如教育研究会、师范传习所、图书馆、教育品陈列馆、教育品制造所及调查境内学务、搜集教育标本、刊刻有关教育之书报等，皆应逐一举办。虽铁路局每月有津贴百金，万寿宫租款项下每年有指拨六百串，铁路局、教育会性质各殊，安能受其津贴？况今路款支绌，岂能长恃？万寿宫拨款为数无多，若不设法筹款，不惟不能补行政之机关，恐行政机关反因之而停滞。云云。本局查教育会经费，部章本有会员岁出六元之规定，此外别筹的款固属可行，惟地方团体甚多，若经费皆由本局代筹，实难担任，应仍由该会自行设法。原案又称，官立学堂皆士绅充当监督，自监督以下则多任官界中人，绅居官上既与体制不符，且官为学堂职员，即不实心任事，监督亦无如何监督，无用人之权必致遇事掣肘。以后各学堂职员宜仿江苏办法，应由地方团体举定后再请提学司委派，若管理员溺职，由团体函告监督立时辞退。云云。本局查监督有管理全堂之权，若学堂毕业程度低劣，则监督应负责任，故用人不可无统一之权。惟该会谓由地方团体举定，是用人之权仍非操于监督，未见即能收统一之效。官立学堂各项职员照章由提学司聘用委派，嗣后延访之权应专责之该校监督，其不称职者亦由监督呈请提学司辞退，以一事权。凡省城官立各学堂俱可照此办法，应请抚部院饬提学司查照办理。原案又称视学员现为提学司派定者多系候补人员，每多隔膜，应仿江苏办法，概由地方团体选举，以便收人地相宜之效。奏定章程省视学本有发起教育总会之责，则其为本地人无疑。云云。本局查此条理由甚当，应请抚部院饬提学司以后视学员均由地方团体选举，庶于地方情形熟悉，可期渐收教育之进步。以上各节业经本局于会期内公同议决，理合备文呈请抚部院察核施行。须至呈者。

批：来牍阅悉。决议允当，可以公布施行。希候札饬提学司查照办理，仍由局照录批答移知教育总会可也。此复。

呈请咨外务部照会英使惩办殴毙余发程之英巡捕由

为呈请事。谨案《奏定谘议局章程》第六章第二十一条第十二款内开，收受本省自治会或人民陈请建议事件。等语。兹据九江府各属教育分会各属会员蔡公时等十人陈请案称，九江英国巡捕吗（士）〔仕〕于本年三月初七日无辜击毙湖口民人余发程一案，经德化县邱令验明伤证确凿，禀经浔道照会英领事，将行凶之吗仕先行收禁，一面订期知会德化县令，以便传集人证，会同讯明究办。旋由驻浔英领事覆称，经西医验视余发程并无伤痕。等语。复经抚部院派候补知府徐士谷往浔，会同府县及美医士里德并尸亲等，齐到南门外尸场，经美医士将余发程脏部剖视，确系因伤殒命，当由医士谒见浔道签明验单存案，由九江公举代表周濂琨等延请美国律师礼明承办起诉事件。不料英领事不惟不秉公讯断，且始终袒护行凶之吗仕，置华人性命于不顾。本省绅民见此案关系国权民命，务欲达到惩凶目的，且地方官自抚部院以下，对于此案亦极郑重。当经抚部院电致外务部，旋由外务部覆电称，已据电照商英使，电饬英领事照约按律惩犯，与文道秉公商结，得覆即达。等语。乃延宕至今，外【务】部办理此案究结与否，尚未可知。夫杀人者死载在中律，即西律亦有故杀、误杀、纵杀、愤杀之罪，若不治吗仕以应得之罪，则不独后之巡捕更肆其凶恶，无所忌惮，且恐将来华人遭其荼毒者不知凡几。且合省人民对于此案均极注意，案久不结，必生疑虑，因疑生忌，因忌生愤，诚恐公愤一动，交涉横生，不可收拾。查宪政编查馆《奏定谘议局章程》第二十一条【第】十二项，有收受本省自治会或人民陈请建议事件。细绎此条文义，凡关于本省人命财产，谘议局均有保护之义务，为此陈请谘议局列入议案，并乞始终主持。等情前来。本局查余发程一案，事经久悬，现在英领事已经撤换，彼国自非始终坚执，案内正凶吗（士）〔仕〕一名，万无逍遥法外之理。应请抚部院再请外务部照会英使，按律惩凶，以保国权而重民命。本局既于会期内公同议决，理合备文呈请抚部院察核施行。须至呈者。

批：来牍阅悉。查九江英捕吗仕殴伤人民余发程身死一案，迭经本部院电商外务部、督部堂严饬九江文道再四争持，不稍松动，并派员带同尸亲见证，赴沪延聘律师出诉。复承外务部与驻京英使交涉，派委专员来浔调查。兹英领事倭纳已于十月初三日离任回国，近据接任经领事两次函告九江文道，声称吗仕于十二月初一日停歇，初四日离浔。当电外务部得复就此结案。业经电饬文道酌量结束并抚恤尸亲矣。此系人民陈请事件，现已结案。摘要批答。此复。

呈（请）〔报〕（据）〔议〕【决】泰和县贡生欧阳辅陈明厘卡倒填日期舞弊由

为呈请查办事。查《奏定谘议局章程》第二十一条谘议局责任权限，得收受本省自治会或人民陈请建议事件；又【第】二十八条内开，本省官绅如有纳贿及违法等事，谘议局得指明确据，呈候督抚查办。各等语。兹据泰和县贡生欧阳辅陈请案称，该贡生于本年十月初三日自泰和县运谷三百四十石来省，过沿溪渡卡，遵章完纳统税十分外，并溢完四十石之税。初四日过神岗山局时，又勒补税扣票留难一日，始得还票放行。初五日过三曲滩，又留难至四句钟之久，卒补税五石始得放行。因取执照细看，沿溪渡执照姓名系填写张记，日期为十月十四，三曲滩姓名又填写客记，日期反填十月初十，始知沿途各卡皆系暗串消息，倒填日期，以为巧辩地步。而又无局不索，补水自樟树以下不便再补，则每船硬索钱数百文。等情。黏连执照四纸陈请到局。经本局议决，该贡生所称溢完补水等项事无实据，应毋容议。惟执照倒填日期既有确据，与章程相符，自应据情呈请查办。窃维统税之设，原为改革厘卡积弊，所以便利商民，而上不损于国库，既完足十分，即应验票放行。乃据该贡生所称，各卡暗串消息，倒填执照未来日期等情，关系该贡生一人之事虽小，而全省商民受害实大，为此呈请抚部院察核查办施行。须至呈者。

计黏统税执照四纸。

批：来牍阅悉。业将执照四纸札行布政司、税务总局查明核办。此复。

呈请议决安远县绅唐承任等陈请查办版石司巡检袁锡璋纳贿违法议案由

为呈请事。查《奏定谘议局章程》第二十八条内开，本省官绅如有纳贿及违法等事，谘议局得指明确据呈候督抚查办。等语。兹据安远县绅唐承任等十二人陈请案称，该县版石司巡检袁锡璋，初次到任，即擅受民词，纵恶害良，虐民之声闻于四境。凡遇偷窃案件，即教贼诬攀良民，带兵多人，鸣锣喝道，亲往拿人，一被拿获，多方勒索，逼立票据。至期无措，将票折收谷豆牛猪，令仁寿堂药店之熊清德代为发卖。又前分巡吉南赣宁兵备道江巡边时，到处禁赌，该分司独敢收受规礼，任各处赌棍在地方包赌，均有案件可查，是为纳贿之确据。又该分司到任后，三年中致毙二命。光绪三十一年八月间，该分司因案拿人，喊令民人周大毛走避，后竟用脚踢毙，串同县署门丁威压了结。光绪三十四年七月间，因案将民人谢招才押在司署，二十余日并不解县，加刑至十余次，勒贿不遂，至八月初七日致毙。当夜潜行移尸衙后墙背，不喊地保看明，不令尸亲具结领还，尸亲控县，经前安远县知县胡令验后，勒具空白摹结，改易尸格，力为袒庇，乃转而控府控道，均在去年十一月以前，有案可查，是为违法之确据。该分司因案情重大，告假规避，现又禀请回任，事关地方弊害，陈请谘议局提议。等情前来。本局查该绅等所列版石司巡检袁锡璋纳贿违法确据，既皆有案可查，虽尚未经判决，自与章程相符，应请抚部院查办以肃官方。本局业于会期内公同决议，理合备文呈请抚部院察核施行。须至呈者。

批：来牍阅悉。版石司巡检袁锡璋如果有违例纳贿及致毙民人情事，自应澈查参办。除札司委员查明办理外，仍希将死者姓名及因何起衅如何致毙详细呈复，以昭核实。此复。

呈送宣统元年九月起至宣统二年八月止豫算由

为呈请事。查《奏定谘议局章程》第十章第五十四条内开，前条公费及薪金数目由督抚定之，其旅费、杂费及豫备费由谘议局会议豫算数目，呈请督抚核定。等语。本局遵将本年九月初一日起至宣统二年八月底止，除议长、副议长、常驻议员公费、书记长以下薪金业由抚部院核定外，所有议员旅费、杂费、守卫费及豫备费经本局于会期内公同豫算，理合开具清册，备文呈请抚部院核定施行。须至呈者。

计呈豫算清册壹本。

宣统元年九月起至宣统二年八月止江西谘议局豫算。

一、经常费

甲、议员旅费

约一万八千两。

乙、议长、副议长及常驻议员公费

议长月支一百五十两。

副议长月支一百二十两。

常驻议员月支五十两。

共壹万七千贰百捌拾两。

丙、书记长以下薪金

子、书记长一人月五十两，书记四人，每人月二十两，共一千五百六十两。

丑、课员四人，每人八两，共三百八十四两。

寅、速记生四人，每人月十二两，共五百七十六两。

卯、会期内添写生八人，每会期十二两，共九十六两。

丁、杂费

子、刷印纸张工赀

天、议事录（每分以八百页计，每分一元，印千分）　七百两。

地、议案（每分以三百页计，每分四角，印千分）　二百八十两。

人、分给议员各印刷品（会期内计百两，会期外计百两）二百两。

物、章程细则等　一百两。

丑、办事处用纸张　一百二十两。

寅、房租　五百七十六两。

卯、膳费（议长、副议长、常驻议员、书记长等）三十九人，每人日□□□百八十两。

辰、工役及火食

天、传事三名（正号房月伍千文，火食月二千四百文；帮号房月三千文火食月二千四百文）　一百五十三千文。

地、茶房五名（月三千文，火食二千四百文）　三百二十四千文。

人、厨房三名（共每月五千文，火食各二千四百文）　共一百四十六千四百文。

物、杂役八名（月二千文，火食二千四百文）共四百二十七千二百文。

另开会时加杂役七名（同上二个月），共六十一千六百文，以上每年一千一百四十二千二百文，合银五百七十二两。

巳、邮电费　四百两。

午、书籍报章　一百二十两。

未、灯烛（煤油壹百捌拾两，油烛五拾两）二百三十两。

申、添置器具　二百两。

酉、碎修　二百四十两。

戌、一切零用　五百两。

亥、开会时茶点（每日一百二十分，每分六分）二百八十八两。

戊、守卫

子、守卫长一人（月十五两）一百八十两。

丑、守卫四人（每人月四两）一百九十二两。

寅、守卫长、守卫火食（每人日七分）一百二十六两。

二、豫备费

三千两。

三、建筑费

俟估工后再定。

大共肆万陆千八百九十两正。

批：来牍阅悉。册开预算各费均尚核实，准由藩司在于厘税项下陆续动放移领，以济要需。希候分别奏咨，并另抄片照会查照。缴清册存。

江西谘议局第二次常年会呈报议决案·上卷

呈覆抚部院发交本省税法及公债事件议案由

为呈覆事。本年七月十一日奉抚部院照会发交财政门内乙项提议本省税法及公债事件。案开，国家守重农主义，九等定赋，三代相沿，有赋无税。自周官开征榷之利，取于地者，山泽有征，取于人者，关市有征，而税法权舆于此，后世赋税遂分为二。即以本省而论，大宗入款丁漕而外首推统税，其他正税杂税名目虽繁，收数有限。改良税法诚为亟图，然国家税、地方税尚未划分。按宪政筹备清单，本年应厘定地方税章程，于地方税之增加为必然之理，则地方之对于此事亦应有所筹备。考各国地方税法不一，英行独立税之制，法行附加税之制，德则参用之，其中有直接有间接，几于无地无税、无人无税。我国虽政尚宽大，不事苛敛，然举行地方新政各就地方筹款，自属正当办法。所有现在税法之利弊及将来税法之扩张，尚赖先事预筹妥议办法。至公债所以助国家经费之不足，日本维新全赖公债票之力。前者直督首先倡办，近闻安徽亦经奏办。本省推行新政需款甚巨，能否募集公债以资补助，幸并议及之。等因。奉此，本局遵即预行刷印通知各议员于常年会期内提议。查租税制度，财政学家本有单税、复税两主义之不同，而单税主义无论以何者为标准皆有种种窒碍难行之处，故现今各国无不承用复税。考其税目虽甚繁多，然其中有一定通行限制之原则，反乎此原则者即属于不良之租税。盖国家课税必使全国共其负担，其多少则当应各个人之财力而取之，有确定不易之期与确定不易之额，本乎法律所规定，官吏不得违法而行，且不宜以课税之故而长人民射倖欺诈之风，是谓公正之原则。凡课一种之税必须培养其税源，然后可以持久，以故税率程度万不能侵及于其原有之财产或妨害其产业之发达，是谓经济上之原则。国家既因行政需费而课税，则收入必求其多而后有裨于财政，然小民生计发达则税不苦其多，若所征之税毫无伸缩之力，将昔以生计发达而不苦其多者，今则以生计凋残而永被其累，故必又以有屈伸力为要件，至于征收之法则宜务求手续之迅速简易、机关行事之正确、征收费用之低廉，是为财政上之原则。凡此数端，不第国税所当率由，即地方税亦应以是为轨范，将来扩张税法虽不外取各国已往之成规斟酌损益，尤宜以此三原则者预为权衡，先事预筹，莫要于此。至现在税法之利弊，本局已于叠次议案内详细妥议，呈请在案，公债一项亦于十月初十日抚部院发交公债议案内并议呈覆。所有本局议决税法及公债事件议案缘由，除呈报资政院外，理合备文呈覆抚部院察核施行。须至呈者。

呈覆抚部院发交本省担任义务之增加事件议案由

为呈覆事。本年七月十一日奉抚部院照会发交财政门内丙项提议本省担任义务之增加事件。案开，各国人人有自治能力，人人有国家思想，故国民应负之教育义务、当兵义务、纳税义务已为法制国所公认，而纳税义务尤视为应尽之天职。日俄之战日饷已匮，一经召募，妇孺争输，卒以制胜，其明征也。查宪政筹备期内应行筹办事宜，其大端如军政、民政、司法独立、地方自治以及教育、实业诸要务，未办者须亟谋建设，已办者须逐渐扩充，非款不行亦即非人不举。国家之求治愈殷，人民之担负愈重，增加事件甚多，要以筹款为先务，何源可开，何利可兴，幸集众思以资采择。等因。奉此，本局遵即预行刷印通知各议员于常年会期内提议。窃维税源之说乃指租税所出之途而言，而租税所出之途又恒与课税之标准不必同为一事，例如所得税以所得为税源，同时即以所得为课税之标准，若地租则以生产物为税源而以土地之面积与地价为课税之标准。其间错杂纠纷，欲使公平明信，应于人民之能力大小而使之负担时，必由国家制定税目，以期悉合于通行原则，然后若纲在纲，同条而共贯。在欧洲古世已有重农、重商学派之不同，是财政上之经营必须预有方针统筹全局方为尽善之法，若枝枝节节而为之，未有能贯澈者。是必国税已定之后，然后地方税乃得而附加，人民担任义务之增加亦因之而确定。所有本局议决本省担任义务之增加事件议案缘由，除呈报资政院外，理合备文呈覆抚部院察核施行。须至呈者。

为照会事。案准贵局呈覆发交本省担任义务之增加事件一案，当经发交审查科公同审查。兹据该科员呈称，窃各国人人有自治能力、国家思想，故于担任义务增加大都视为应尽之天职，前经以筹备要政议及人民担负增加事件，并询何源可开，何利可兴。等因在案。兹据谘议局呈覆，于开源兴利未一议及，而于税源言之尚详，谓人民负担必俟国家制定税目合于通行原则，地方税之附加亦必国税定后方可定担负之方针，持之原属有故。处此国会缩期，各项要政提前赶办之时，自非统筹全局，赶速厘订国家税、地方税通章，先行颁布为增加担负之手续，无以促进行之效力而臻完备之机关。应请照该局所拟俟税项划分后再交筹议。等语。经本部院于本月初一日在会议厅公同议决，照办。除行藩司查照外，相应照复贵局，烦为查照。须至照会者。

呈报申覆抚部院发交提议本省教育经费【议】案由

为呈报事。本年七月十一日接奉抚部院照会发交议案学务一门内甲项提议本省教育经费。案开，前准内阁咨称，遵旨通行御史赵炳麟奏请饬议确定行政经费一折，所有本省自宣统二年豫备立宪第三年至宣统八年预备立宪第九年，省内省外教育事项应需经费，前经约略算计，省内应行筹备事宜连同原办各学堂应需经费约共银二百四十七万八千余两，省外各属应行筹备事宜连同原办各学堂应需经费约共银一千万两之谱，当经由司分别列表送核在案。原奏有某年、某事、需款若干、从何筹定，分年列表，俟今年资政院开会即将此表交该院议员核议，视民力能否担任。等语。所有本省教育项下需用之款照原表所列不敷甚巨，应如何筹定的款，以便进行，幸先时规画，以为资政院核议之预备。表附后。等因。奉此，本局当即照章刷印预行通知各议员，并准提学司移送学务经费表计三纸到局，业于常年会期内公同提议，佥以本案于教育项下逐年筹备不敷之款，未奉筹定办法，自应认为抚部院咨询事件。本局以为教育经费既有逐渐增加之势，则对于经费之用途似不能不力求樽节及核实之方法，谨以所见申覆如左：

一、现在各处办学因教材缺少及其他习惯上之关系，需费不免过巨，拟请明定奖励之法，以学生人数与学堂经费之比例定其办学成绩之优劣，分别奖撤，以昭核实。

二、改良私塾，以期教育普及。京师督学局定私塾奖励金，能以少数经费造就多数之学生，已通饬各省照办，且奏定高、初两等小学俱可在私塾毕业矣。盖私塾为中国习惯且与家庭教育实相联络，一经改良，最易普及，此节省经费之良法也。

三、省外各小学应听城镇乡各自治会筹款兴办也。城镇筹费于市，乡村筹费于田，听其因地制宜逐渐设立，责成劝学所实力劝导、地方官实力提倡，自能渐推渐广，每年所需之款，似亦不难由各地方自备也。

四、省内学费宜清查各属串捐，责令全解。

五、省外学费宜劝兴族学，并责成自治会以学童就学之比例，为乡董之成绩，定为奖励，以资鼓舞。

以上各条，本节省经费之宗旨，为推广教育之方法，渐次进行，似亦不无裨益。当此国家税、地方税未分以前，城镇乡自治尚未一律成立，本省公款公产亦未调查清理，自未能筹一确定通行之款，责令省内外按年照办。本局业经会议时一再讨论，意见相同。所有申覆奉交提议本省教育经费一案缘由，除呈报资政院外，理合备文呈请抚部院察核施行。须至呈者。

为照会事。案准贵局呈覆奉交提议本省教育经费一案，当经发交审查科公同审查。兹据呈称，查本案交议意在照表筹定的款，以便学务进行。今谘议局以未奉筹定办法认为咨询事件专就（樽）〔撙〕节核实方法拟覆五条。其第二条请改良私塾；第三条请将省外各小学听城镇乡各自治会筹款兴办；第四条请清查各属串捐，责令全解；第五条请责成自治会劝兴族学并定奖励，均尚合法。惟查第二条改良私塾、第五条劝兴族学，本省早经通行饬办，应请札行提学司连同第三条兴办小学办法分饬各属，查照原行章程，督率城镇乡自治会劝学所一体董劝筹办，并即以学堂成立及学童就学之多寡定乡董成绩之高下，以昭激劝。其第四条请清查各属串捐，责令全解，查此项串捐系本省学务经费筹定的款，岁约收钱十余万串。查元年司库收入之数仅钱六万二千余串，积欠过多，难保各州县无腾挪移用情弊。应请札行藩司勒限严饬各属一律清解并嗣后务当年清年款，不准再行延欠，以济公需。惟第一条所称现在各处办学因教材缺乏及其他习惯上之关系，需费不免过巨，拟请明定奖励之法，以昭核实。等情。应按原文分别审定。查近年北京暨两江师范及本省各师范学堂毕业生人数颇众，除由提学司分派各属担任义务外，其未经遣派以致不获及时自效者尚不乏人，则所称因缺少教材致需巨费，自非确论。惟所称因习惯上之关系致需巨费一层极为有见，盖现当朝野财匮之时，原表筹备经费合省内外分年摊算，岁约百数十万金，既暂无开源之方，自不得不急谋节流之道，第原呈意未毕伸，于节费之道亦未深及，当为详审以竟厥义而便施行。盖中国学制多沿旧习，师生皆萃处一堂传餐止宿，因而管理动需多员，设备益滋耗费，且往往因饮食起居细故致管理上滋生荆棘，教务上亦兼蒙影响。应请无论官立、公立学堂各照学部颁布《收取学费章程》第十一节，均无庸令学生在堂食宿。其各学堂之向备有宿舍者，现时已入堂学生姑仍其旧，仍照章征收膳宿费，此后续招新班即照此办理。则堂内之斋务、杂务各员，以至斋夫、杂役人等并可酌省，准是行之，则原议所称因习惯上关系需费过巨之弊除其一矣。外国各学堂教授皆用指定课本，不复另给讲义。其高等专门以上之学堂或因学理时新难拘定本，或因大师硕学独创名言，亦皆由学生即席手抄，独私立各学堂多有讲义录之刊，专以便校外之有志。即吾国汉代传经，本先生之口说，宋儒语录，出门下之私编。乃近年本省各学堂均习惯发给讲义，所需刷印工料岁费不资，中外古今胥无此制。查本省高等学堂每年支销讲义印刷费约近四千串，即此以例其余，若移之以别谋扩充，当可更收实效。拟请嗣后省内外官、公立各学堂悉令学生购用指定课本，勿给讲义。其中学堂以上应行编订呈部及送提学司，讲义即每日于授课时将所授课程由教员于黑板演毕后另录底稿分别缮送，则原议所称因习惯上之关系需费过巨之弊除其二矣。再，除师范及初等小学为国家义务教育外，他种学堂均应令学生缴纳学费。省城官立高等小学以上各学堂向只收取膳费，应各遵照学部颁发《收取学费章程》一律征收。省外各学堂征取数目即查照原奏第十三节，由各属酌量情形办理，报明提学司转报查考。省城高等、专门各堂拟暂定每月收学费洋二元，中学堂收洋一元，高等小学堂收洋五角，自宣统三年上学期起即为实行之期。此外，操衣等项以及各生人应自备之彝器亦照章概令各学生自置。即省内各堂而论，岁入及岁省之数两相凑合当不下二万余元，此项为数颇巨，于教育经费之盈绌大有关系，应令省内外各学堂一体遵办，则原议所称因习惯上之关系需费过巨之弊除其三矣。以上三事皆外国通行之成法，并有为京师及他省已经实行，舍此而图节费恐流于消极主义，殊非正当之策。用是特就原议详加审定，分条具说，拟请札行提学司查照定章，并参酌本省情形妥为办理，俾资撙节而便推行。等语。经本部院于本月十五日会议厅议决，应将该科所议办法照复贵局，请烦查照议复，以凭施行。须至照会者。

呈报会议申覆抚部院发交各厅州县设立地方审判厅议案由

为呈报事。本年七月十一日奉抚部院照会发交议案司法门内甲项提议各厅州县设立地方审判厅。案开，查《法院编制法》、《司法区域分划暂行章程》第三条内开，地方审判厅，京师及直省府、直隶州各设一所，但府、直隶州词讼简少者不设地方审判厅于该府直辖地面或首县及该州初级审判厅内，由邻近府、直隶州地方审判厅分设地方审判分厅。等因。嗣经鲁抚、川督先后以款项支绌，各厅州县必设地方审判厅一所，官多费巨，奏请将地方审判厅管辖区域变通并酌增推事员额。由宪政编查馆会同法部奏定，省城暨各府、直隶州之有同城州县者应照章共设一地方审判厅；其各厅州县之词讼较少者，得合邻近州县共设一分厅，不必各厅州县定设审判厅一所，自系为节省经费起见。查江省各属命案层见迭出，虽词讼简少之厅州县岁亦不下七八起，向章由各厅州县相验，往返不过数十里。今各厅州县止设初级审判厅，不设地方审判厅，则相验动逾一二百里外，转折需时，势将尸身腐烂无凭相验。即此一端，已极窒碍，即传讯原、被、中证亦虞呼应不灵，人民越境对簿亦滋拖累，似应于厅州县各设地方审判厅一所，民、刑诉讼较为便利。惟际此财政困难，应如何先期筹画以免窒碍之处，当征佥议以俟折衷。等因。奉此，本局遵即刷印预行通知各议员于会期内公同提议，佥以事关司法上之组织，属于国家行政范围，非本局所得议决，其施行细则亦未奉规定交议，自应照章认为咨询事件以便申覆。查江西各厅州县之距离，远者百数十里，近者八九十里，将来地方审判自应照章每县设一分厅以期便利。惟法官俸给尚未规定，本省一切办法亦尚无筹订明文，对于经费殊难预揣，应请届时斟酌本省各地方财力筹画办理。本局业经会议，意见相同。除呈报资政院外，理合备文呈请抚部院察核施行。须至呈者。

为照会事。案准贵局呈复发交各厅州县设立地方审判厅一案。兹据审查科呈称，查《法院编制法》、《司法区域分划暂行章程》，原订每府设一地方审判厅，厅、州、县只设一初级审判厅，按之全国情形实多未便，应于厅、州、县各设地方审判厅一所，以便民、刑诉讼。局呈称照章每县设一分厅亦殊不合，惟司法上之组织诚属国家行政范围。局呈既称非所得议决，足见不侵权限，界域昭然。法官俸给自应待本年《官吏俸给章程》颁发后再行遵照。等语。经本部院于本月初一日在会议厅公同议决，即照该科所议办理。相应照会贵局，烦为查照施行。须至照会者。

呈报议决发交统筹全省巡警经费议案由

为呈报事。本年七月十一日接奉抚部院照会发交议案民政一门内甲项提议统筹全省巡警经费。案开，宣统三年即预备立宪之第四年，查照清单应筹办乡镇巡警。惟现在经费支绌，文告督催，终恐无济，第就各属城厢巡警而言，年内尚难一律完备，更何能推及乡镇？然部限綦严，不容延缓。惟是筹备各事，无不以经费为根本，如经费不能筹定，纵使暂时楮拄必难持久，自不能不筹永远之策。今若仍照奉、直等省办法，按五十户出一巡警经费，试以巡警每名月需饷银四两，按户分摊，每户仅月出银八分，贫户免缴，由富户共同担任，其议是否可行？抑或按照地丁一两带收串捐八十文、粮米一石带收串捐钱一百二十文以充各厅州县巡警岁入经常的款，虽办法与前稍异，实则按粮带收与按户认捐亦无二致，以视前说孰为简易？又查各县有户甲长、册书、里书，各费亦出于各粮户捐助，近于陋规，该户甲长所办者乃推收过户兼及飞洒之事，各属虽不尽同，然能以此化为巡警经费，似可不劳而集，且巡警本有调查户口、产业之责，以此易彼，化私为公，兼可除弊。以上三策何去何从，惟诸君决之。等因。奉此，本局遵即刷印预行通知各议员于会期内提议。窃惟本省各属地方情形不同，财力之充绌各别，按五十户出一巡警经费，在城市尚有勉强可行之处，施之镇乡必多窒碍。丁漕、串捐在法律上为附加税之性质，自治章程内既有附捐一项作为自治经费之用，若专以属之巡警，恐有举一废百之虞。且附加太多，人民亦难于担负，故按粮带收一节，事亦未为可行。至于户甲长、册书、里书所得陋规，既为陋规，即在应革之列，且各县亦有并无此项陋规之处，似不能定为通行之法一体仿行。当此筹备立宪时代，方谋统一财政机关，凡地方筹备财政，自宜集其权于各自治议会，即如巡警一项，费多者不妨多设，费少者仅可酌定，以自治议会任其筹措，监察之责必能实力推行，有利无弊。兹谨就推广巡警要政酌拟办法两条如左：

一、各属城镇之原有巡警者其经费宜年立预算表交自治会稽查，如有浮冒等弊，准自治议会纠正之以图扩充，或有不敷之处，亦由自治议会设法筹款以资接济。（理由）巡警自治皆属民政部，事本一贯，故以巡警保地方之治安，即以自治会筹巡警之经费，实为相得益彰。

二、各属镇乡之尚无巡警者宜由警局交预算巡警经费议案，令其按《自治经费章程》会议筹备。

以上两条本局认为事属可行，于会议时意见相同，应请抚部院核准公布施行。所有议决发交统筹全省巡警经费议案缘由，除呈报资政院外，理合备文呈请抚部院察核施行。须至呈者。

为照会事。案准贵局呈报议决发交统筹全省巡警经费一案。兹据审查科呈称，查乡镇巡警所以保卫地方，此项经费，自应由各该地方相宜筹给，以资推行。而地方筹备财政法，当集其权于各该自治会。本科于审查谘议局呈报议决划分巡警区域一案内亦已呈请核定，通饬各地方官会同自治绅董酌量照办。此次谘议局拟呈由地方筹措巡警经费概则两条，用意相同，办法一贯，应请照准通行以重警政。等语。经本部院于本月初一日在会议厅公同议决，即照该科所议办理。除行巡警道通饬各属遵照办理外，相应照复贵局，烦为查照施行。须至照会者。

呈报议决发交划分巡警区域议案由

为呈报事。本年七月十一日接奉抚部院照会发交议案民政一门内一项提议画分巡警区域。案开，巡警为内政要端，自应画分区域，庶几若纲在纲有条不紊。现拟遵照部章每县应设警务公所一处，置警务长一员，大县画分八区，中县六区，小县四区，各置区官一员，属于警务长及本管之厅州县，统辖于巡警道以期画一。第东西各国巡警区域系按户口为标准，现在户口尚未调查确实，应否仍照习惯以地方村落大小画分，抑别有支配之法，幸筹议及之。等因。奉此，本局遵即刷印预行通知各议员于会期内提议。窃维各国巡警区域系按照户口为标准，本省巡警区域似应按照自治区域画分。盖城镇乡自治区域亦依人口之数而定，或一自治区域设一巡警区，或合数自治区域设一巡警区，均由各地方审度情形办理较为妥便。应请抚部院通饬各地方官会同自治绅董酌量照办。本局业经会议，意见相同。所有议决发交画分巡警区域议案缘由，除呈报资政院外，理合备文呈请抚部院察核施行。须至呈者。

为照会事。案准贵局呈报议决发交画分巡警区域一案。兹据审查科呈称，巡警之设所以保地方之治安，分区之法，自以仿照东西各国，以户口为标准方为完善。查本省城乡自治会以宣统三年为成立之期，而自治区域之画分亦依人口之数而定。今谘议局议请按照自治区域画分，或一自治区设一巡警区，或合数自治区设一巡警区，由各地方官审度情形办理，自属于变通支配之中，仍本以户口多寡为标准之意，应请核定通饬各地方官会同自治绅董酌量照办。其如何办理情形应由各地方官随时报明巡警道核明转报查考。等语。经本部院于本月初一日在会议厅公议，即照该科所议办理。除行巡警道通饬各属遵照办理外，相应照会贵局，烦为查照施行。须至照会者。

呈报议决抚部院发交限制钱店妄出钱钞议案由

为呈报事。本年七月十一日接奉抚部院照会发交议案民政一门内丙项提议限制钱店妄出钱钞。案开，江西钱店发行钱钞漫无限制，如资本仅及千金而出票竟逾万数，散用市上，一遇倒闭，商民无不受累，甚至有居心险诈以倒骗获厚利者，既妨营业，复害地方，亟宜妥筹限制之法。如开钱店者除先将抵当金呈验外，再由商会按其资本之数目以定出票之多寡，所用钱票或由商会盖章以杜冒滥，倘有架空倒闭，商会亦须同负责任。似此严加限制，则奸商不得肆其诪张，商界不至受其影响，应征佥议以待施行。等因。奉此，本局当即刷印预行通知各议员于会期内公同提议。谨查上年六月度支部颁行《通用银钱票暂行章程》，凡有向来发行纸票之钱铺必须有殷实商号五家保结担任，呈由地方官报部注册，只能照现在数目发行，不得逾额增发。自宣统二年起，每年须收回票数二成，五年全数收尽，凡新设之官商银钱行号不准发行此项纸票。等语。限制本极严密，惟当此币制未实行以前，金融机关本不完备，全国财政向无统一之法律，而官商银钱行号及他项商店皆得发行纸票，就地通用，几成习惯。若对于已发行者使商会调查其数目，使之一一收回而履行盖章之义务，按之事实确有难行。且部章已有五家保结及不得逾额增发，又按年收回二成，五年收尽之规定，但使照章办理，官商一致即可得限制之效力。若对于新开者而为此限制，则部章对于新设之银钱行号无论官商均有不准发行此项纸票之限制，本省似亦无庸另立章程转滋淆异。且商会之设原为保商振商起见，各属商会多在萌芽幼稚时代，欲使之连带负倒闭之责任，亦恐于商会进行或多疑阻。本局业于会期内决议，认为不可行事件，应请照章更正施行。所有议决发交限制钱店妄出钱钞议案缘由，除呈报资政院外，理合备文呈请抚部院察核施行。须至呈者。

为照会事。案准贵局呈报议决发交限制钱店妄出钱钞一案，当经发交审查科公同审查。兹据该科呈称，窃发行纸币为国立银行专有之权，各国殆无二致。我度支部颁行《通用银钱【票】暂行章程》，一面次第收回商店钱钞，一面预备将来发行国立银行纸币，用意至为周密，局报请照部章自收回江西钱店纸币与发交原案严加限制之意亦属相符。惟部章自宣统二年起，每年须收回票数二成，五年全数收尽一节，查江西历来倒闭流弊在无现银，全凭汇划，及其事败而小民出入多是钱币，因之同受影响，自应早定限制。但出票过多非先查明数目、造册存底俾众周知，恐部章徒成画饼。缘一面缴销，一面补发，外人安知内容？拟请移会大清江西分银行总理会同商会总理，查明某号现已出票若干，按照定章，将各号每年应行涂销二成之废票实行呈验。其新设之官商银号及他项商店，更应遵照部章，一律禁发钱钞，庶已往者逐年渐减，未来者不至又增，今日维持市面之举，即他日推广国币之基。等语。经本部院于本月十五日在会议厅议决，仍应查照该科所议办理。除行藩司移会大清银行会同商务总会查照办理外，相应照复贵局，烦为查照。须至照会者。

呈报议决发交调查地方财政办法议案由

为呈报事。本年七月十一日接奉抚部院照会发交议案民政一门内丁项提议调查地方财政办法。案开，地方公共事务视经费为张弛，非确实调查无以为预算、决算之标准。查各属地方财政，或入款向系陋规，不便开列；或出款向不实报，时有增减；或善堂款目，民捐、民办不欲上闻，以致统计调查未得确数。自治端绪纷繁，非款何由集事，款非核实，事难责其效果。诸君子力谋公益同具实事求是之心，应如何督促统计员绅妥订手续、认真调查以祛积习而裨要需，亦今日之急务也。等因。奉此，本局遵即刷印预行通知各议员于会期内提议。窃维地方财政于地方事业之进行关系最重，虽各府州县设有统计调查局，非妥筹切实办法不能得其真相。谨拟调查办法三条开列如左：

一、议案内开，各属地方财政，或入款向系陋规，不便开列；或出款向不实报，时有增减。等语。

按此系咨询调查官吏陋规之办法，凡属陋规，自应裁革。其系因公附加与民无害者，应即饬令据实呈报作为正项，并令列表公布，俾众周知。如有不实、不尽之处，准人民指明呈控。

二、议案内开，善堂款目，民捐、民办不欲上闻。等语。

按此系咨询调查地方公款之办法。查地方公款概系民捐、民办，不独善堂为然，所有收入、支出向归绅士管理。乃近来官吏任意支取侵蚀、挪移在所不免。民人见公款一经报官，不特使用之权全行丧失，抑且地方公款有破产之虞，未报者匿不上闻，又何足怪？拟请抚部院通饬各府厅州县将所有各学堂、局、所之公款概交地方绅董经理，画清使用权限。如该管官延不交付，即属意图侵蚀，应准人民据实呈控。凡入款、出款，该经理绅董亦应列表公布，以昭信实。如此，则经理者知所有公款概归公用，不敢隐瞒，且公众以公用所需亦不任其隐瞒，自无不欲上闻之弊。

三、议案内开，应如何督促统计员绅妥订手续，认真调查以祛积习而裨要需。等语。

按此系咨询督促统计员绅认真调查之办法。窃谓调查之始应请抚部院先行饬撰白话告示，说明调查地方财政之原因，通札各厅州县分布各自治区域到处张贴。乡民既知有利无害，将由家族主义易而为社会主义，再由员绅切实调查，自不难和盘托出。

以上三条应请抚部院核准公布施行。本局业于会议时意见相同。所有议决发交调查地方财政办法议案缘由，除呈报资政院外，理合备文呈请抚部院察核施行。须至呈者。

为照会事。案准贵局呈报议决发交调查地方财政办法一案。兹据审查科呈称，查地方公共事业视经费为张弛，非确实调查预算、决算诚无标准。谘议局呈拟调查办法三条自属正当办法，惟间有未详尽者。官吏陋规应饬所管官将因公附加与民无害者据实呈报，作为正项并列表公布，俾众周知。如有不实、不尽之处，准人民指明呈控，其非因公附加有害于民者应一律革除。官吏滥取一文，准人民指明证据呈控，以枉法论。善堂款目虽系民捐、民办，究属地方财政，应通饬各府厅州县将所有各学堂、善堂、局、所之公款概交地方绅董经理，画清使用权限，地方官永不挪移分文以充他用。如该管官延不交付即属意图侵蚀，准人民据实呈控。至经理该款之绅董应由自治会投票公举，以二年为满期，仍以地方官为监督。该绅接管之后，出入款项应立表公布，年终汇造报册呈地方官及自治局查核。如有不实、不尽之处，或地方官及自治局查出或被控告得实，按律究追。督促统计员绅妥订调查方法一节自应照行，调查之始应请饬撰白话报说明调查地方财政系为预算、决算起见，地方官永不提用挪移，以祛疑虑而示大公。等语。经本部院于本月初一日在会议厅公同议决，即照该科所议办理。除行藩司立即通饬各地方官绅遵照切实办理，并即撰拟白话告示颁发通行外，相应照复贵局，烦为查照施行。须至照会者。

呈报议决发交筑堤开塘以兴水利议案由

为呈报事。本年七月十一日接奉抚部院照会发交议案实业一门内甲项提议筑堤开塘以兴水利。案开，查江西全省河流皆汇于彭蠡，仅恃湖口为尾闾，每遇江水盛涨，非特内地之水无从宣泄，甚且江流倒注时有冲决漫溢之虞。浚湖之议因费绌难以实行，则设法补救自以修筑墟堤为当务之急。查光绪二十八年前农工商矿局详定振兴农利章程，惟官为提倡尤赖绅为董劝较易信从。赣省民修墟堤向系富民输资、贫民输力，办法诚善，似应于农隙闲暇之时为未雨绸缪之计。又各属除沿湖十四州县外大半皆为山田，陂塘无多，不足以备旱干而资灌溉，良由农民狃于近利，未肯舍田凿塘，旬月不雨，池竭泉枯，千里石田良可悯叹。尝见湘鄂山农十亩之间必筑一塘，虽遇小旱不致为灾，成效昭然，不难取则。事关水利，原属自治范围规画经营，愿闻阂议。等因。奉此，本局当即刷印预行通知各议员于会期内公同提议，佥以沿湖十四州县利于筑堤，然地势稍高之处往往依山为田，亦必借开塘以资灌溉。此外，各厅州县利于开塘而沿河一带亦必借墟堤以资保障，各属情形不同，势不能筹一通同办法俾皆仿行。查自治章程第一章第三节自治范围第四项内开，筹办水利，整顿田地；又第二章第二节职任权限第三十六条第一项内开，本城镇乡自治范围内应兴、应革、整理事宜。各等语。筑堤开塘即筹办水利之一端，业经法律规定为自治范围内应兴事件，本省各城镇乡自治会以宣统三年为一律成立之期，应请抚部院通饬各地方官会同地方自治绅董切实举办以兴水利。本局于会期内公同决议，意见相同。除呈报资政院外，理合备文呈请抚部院察核施行。须至呈者。

为照会事。案准贵局呈报议决发交筑堤开塘以兴水利一案。兹据审查科呈称，农业之关系莫先于水利、莫亟于水患，筑堤开塘为赣省现时急应请求兴办之要政。其事原属于自治范围之内，今谘议局议呈以此事为自治范围应办事件，业经法律规定，照案通饬切实举办，自应照准立予施行。惟各属情势不同，应如何审度地势集资筹办，不可漫无查察。拟请通饬各府州县会同地方自治绅董，将应如何度地凿筑及如何集资兴修，条议切实办法，限宣统三年秋季内一律呈候核定兴办，庶全省水利次第可兴、农业之前途可日期发达矣。等语。经本部院于本月初一日在会议厅公同议决，即照该科所议办理。除行劝业道通饬各属会同地方自治绅董，各就地方情形妥筹办理外，相应照复贵局，烦为查照施行。须至照会者。

呈报申覆抚部院交议凿新河以泄湖水【议】案由

为呈报事。本年九月二十五日奉抚部院照会交议凿新河以泄湖水。案开，前据抚州府学优附生徐济东以江西水利废弛不堪请辟新河以畅出口。等情来辕。具呈，当经批以"据禀已悉"。水利为农田所赖，顺其就下之性使得盛涨宣泄，不致旁溢为害，则滨水之地皆获耕种，诚振兴农业第一要著也。鄱阳湖汇上游章、贡二江，抚、建等属及东西广、饶、南昌、南康诸水，百川洪流，远二千余里，近亦数百里，奔腾下注，皆由湖口以出长江一线尾闾，诚如来禀所谓"形同葫芦，腹大于口"，加以江水倒灌，腹不能容，泛滥滋患。据称，于鄱湖东北角之陪湖辟新河一道，由湖口县之酒坊岭经县城迤东之廖家湾，达下钟山之西入江，计程约十四里。建闸启闭，时其宣蓄以广去路而利农田。尾闾加畅固足以消壅遏，然必江实宽深乃可容湖吐纳，无如长江昔宽今狭，鄱湖淤浅日加，恐去路未必能畅，建闸亦难收效，利与害殊难遽判也。至饶、九一带粮价向较吉、袁、抚、赣为贵，由于地之通奥，非尽关于水之消涨，犹之江、浙之粮无不昂于皖、赣也。惟鄱湖淤浅，水不顺轨，不特碍于交通，有妨于农利。李前部院曾有购置挖泥机船疏浚之举，旋经中辍，自因成效难（赌）〔睹〕，亟应考究淤浅受病之由、经费筹集之法、应如何而去壅塞、应如何而裨田畴，官斯土者固宜力为图维，而实本省权利、义务应有之事。上年谘议局曾提议巡警道疏浚鄱湖案，以款巨难集议决缓行，惟此系另辟出江之口，候本年谘议局开会再行抄交提议，仍候札行藩司会同劝业道一体筹议可也。图二纸附。等因。批示并行藩司、劝业道在案。相应抄录原禀，照会谘议局烦为查照提议见覆。计抄原禀一纸。等因。奉此，本局当经照章提议。查此案已据九江府议员王显谟提具议草，内称，去岁疏浚鄱湖议案业经本局呈请从缓，正以事体重大，自应统筹全局，不得顾此失彼。本年秋间，九江府璞守亲至湖口督同冯令诣勘酒坊岭、廖家湾一带地方，闻将有开河之役，其原由系因徐济东条陈禀办，比经邑绅等向璞守痛陈其害，面递一禀乞转详收回成命。鄙人籍隶湖口，情形较悉，果如当道所筹从另开小河入手，敢决其必无一利而害不胜穷。盖鄱湖自姑塘以上承受众流，间多港汊，至姑塘以下则直注湖邑县城之西北以会于江，并无旁歧溢出，可以因势利导。若所谓酒坊岭、廖家湾等地则又在县城之东南，为达都、彭两邑之陆道，一治之阳，一治之阴，已多阂隔，而且地势高爽并有山阻，兼之人烟稠密，耕凿久安，必欲变平原为泽国，其将举民人田地、庐墓悉迁徙乎？反抗既有可虞，顺受亦殊可悯。且湖口形势襟江带湖，在长江则为关键，在本省则为门户，在昔置县于此亦因险设守耳。粤匪平后为水师总镇驻节之所，城东下游炮台比栉，与对面梅家洲相犄角，诚重之也。今必别开生面另辟一途以达于江，谓之分水势，就表面论亦似近理，然实际则将使孤悬一城于四面皆水之地。现在上下游弋伏莽堪忧，毋乃撤藩篱而开门揖盗乎？是则尤有害于国矣。窃谓湖口与长江相贯之处深不可测，今必舍深谷而凿高岸，毫无经验，徒逞言论而已。应请提议决为不可行事件。等情。又据请议审查会报告提出湖口县城自治会绅董前直隶候补知府潘士举等十四人陈请案称，敝邑地滨鄱湖出江之口，名虽同于泽国，其实除县治襟江带湖外，高原居多，非果处处沮洳可以任意疏凿。今本月间知府璞亲诣敝邑偕冯令察看三口市、苏官渡一带地方，将有开河之役。闻原因系抚州附生徐济东条呈抚部院由湖口另开一河以分水势，从陪湖至酒坊岭、廖家湾引之北流，会合于江。士举等目击骇异不解，徐果何人？又果何所见而有此冒昧之举？请就所条呈言之如谓“鄱湖形同葫芦，腹大于口”，诚是矣。然亦思鄱湖之内口固实在老爷庙、火焰山等处，非在湖口也，必欲大出鄱湖之水，则当决其内口。今不决其内口而徒求之于外口，可乎？如谓江水倒灌不能吐纳，亦似矣。然江水之所以倒灌者，江之下流阻遏耳。不治下流之阻遏而于中间比江较高之地另开一路，将腹内固仍不免倒侵，而沿河之泛滥可勘设想乎？又谓建闸启闭则尤不通之论，今试问内湖外江汇集之区狂澜急湍，能建闸乎？即建矣，而开河之地既高，或启或闭，又于上流有济乎？此按之大势，既无所谓水利，至于敝邑之陪湖，揆其命名不过主客相陪之意，非尽湖也。平时其地比长江高数丈，惟春水大涨或不免渗入之虞。若酒坊岭、廖家湾等地则尤层（蛮）〔峦〕叠嶂，与内湖外江皆风马牛不相及。今必矫揉造作、生面别开，将所起之土消于何处？现居之民移于何所？田亩之废，谁其任之？庐墓之迁，谁其甘之？窃虑全省未能得水利而敝邑已先受水害。以敝邑壤地褊小、生计艰难，设竟兴此大役，是何啻割全县之半而使人人有其鱼之叹也！无论敝邑亦江西之一部分，不当有此歧视，即揆之世界亦无此公理。为此备具理由敬烦谘议局核议，转呈抚宪收回成命，以免人心惶惑。各等情到局。业经本局公同讨论，佥以徐济东禀称各节对于振兴水利用意亦属可嘉，惟未谙湖口地方情形。且开河建闸事体重大，苟非慎之于始贻害未有穷期。参考九江府议员王显谟暨湖口县绅士潘士举等案所开有弊无利各理由亦与徐禀颇相剌谬。今奉抚部院交议申覆，自应认为咨询事件，谨以会议之结果分列九项申覆如左：

一、陪湖实山而非湖，且酒坊岭、廖家湾皆（重）〔层〕峦叠嶂，移凿不易。

二、永和洲离湖口甚远，原禀谓销之于外，殊失地方形势。

三、原禀有直达下钟山之东、梅岭山之西，合下钟山之水而入长江之语，查该处并无梅岭山。

四、湖口县距梅家洲近二三里，水涨时河面亦不为不宽。

五、鄱湖之内口实在老爷庙、火焰山等处，湖口乃其外口，疏外而不疏内，水患仍不能除。

六、倒灌之水由于下流阻塞，非疏江不为功。

七、设闸启闭之法施之大江，甚不相宜。

八、此河一开，湖口县四面皆冲，贻害不浅。

九、湖口本赣省门户，另开一河，防堵更难。

以上各理由均系实在情形。徐生原禀乃凭空理想之谈，与事实不无窒碍。谨案抚部院批词有昔宽今狭，鄱湖淤浅日加，恐去路未必能畅，建闸亦难收效，利与害尚难遽判。等语。正与该议员等所陈另辟小河有利无害之理由大致相合，应请抚部院批饬毋庸筹议开凿以保地方。本局业经会议，意见相同。所有申覆奉交徐济东禀请凿新河以泄湖水一案缘由，除呈报资政院外，理合备文呈请抚部院察核施行。须至呈者。

为照会事。案准贵局呈覆交议凿新河以泄湖水一案，当经发交审查科公同审查。兹据呈称，查前交议凿新河以泄湖水一案，兹据谘议局胪陈弊害九端均属著明深切。且先据九江府璞守查复，亦极陈开凿新河之不便，则徐济东所请各节自毋庸议。等语。经本部院于本月十五日会议厅议决，应将徐济东所请之案作废。除行藩司劝业道外，相应照会贵局，烦为查照。须至照会者。

呈报申覆抚部院奉交提议东三省移民殖边【议】案由

为呈报事。本年九月二十五日奉抚部院照会交议东三省移民殖边。案开，宣统二年九月十三日准东三省督部堂锡文电开，洪东省逼处两强，自《日俄协约》告成，视眈欲逐，俄于西北利亚、日于南满均各移民拓殖，竭力经营，而我则地广而荒，弃沃壤争石田，边隅空虚，莫此为甚！良忝任斯土，目击艰危，前经奏请筹款兴办垦务，奉旨俞允，惟经纶草昧，非一手足所能为力。查日本北海道拓殖计画，始则对于个人直接保护，中而无效，继则从事道路之设置、水陆之扩张、舟车之特别减费，计近添户口较前十年增至十四倍而强，国家设备之周至与国民进取气象之发达，俱可崇仰此间。松花江、嫩江、乌苏里江各流域舟车可通，即气候、土壤亦较北海道为胜。锦洮铁路不日先筑，良不敏，窃愿有所规划。现值举国开省议会之日，拟请转札各谘议局，于移民殖边一事同尽劝导筹措之责，不致以大利让之外人，不特东省之幸，抑亦全局之福。夙纫公谊，企望荩筹示复。等因到本部院。准此，当以盛京锡制台鉴，洪文电敬悉，移民殖边，百世之利，折冲裕国，深佩荩筹。容交谘议局广征意见，如有可采，再行汇陈。寒印。等语。电复在案。除行藩司外，相应照会贵局，烦为查照，广征意见，公同提议见覆。等因。奉此，本局当经照章提议，公同讨论，佥以此案应认为抚部院咨询事件。兹谨就本省地方情形，对于殖民之计画，上所应有之预备发抒意见，为抚部院申覆及之。东三省为国朝发祥之地，地广民稀，强邻日迫，自应由各省协力从事拓殖，固我疆圉，以免大利让之外人。本局以为劝导筹措之法所亟应先事研究者可分三项，列举如左：

一、调查。本省民俗聚族而居，视谱牒、庐墓为最重，不易动其离乡去井之观念。且近年谷价昂贵，每当农忙，雇工耕作，给资较前加四五倍，尚无人满之患。今欲诱起其迁徙之心，使之远赴东省，似须先派专员调查东省气候、土宜及各处遣送殖民之状况，时其报告编为白话，由宣讲员到处演说，使本省人民知为大利所在而趋之若鹜，庶于劝导之方不无裨补。

二、咨商。关于移民前往，有应与东省督部堂咨商者：甲、本省移民到东后是否指定一区域或任便分往各区域？如何安置？乙、本省移民有愿承领田亩耕种者，是否一律免其缴价？其愿领垦荒地者，所有庐舍、器物、牲畜等项能否官为借助？凡此二端应候咨商得覆后始能有所依据，以资劝导。

三、经费。本省办理移民所有一切遣送赀费自须官为提倡，应请抚部院每年筹拨专款若干万定为殖民经费，其一切经理、照料、保护之责，俟届时再议定专章办理。

以上各项业经本局会议，意见相同。所有申覆奉交提议东三省移民殖边一案缘由，除呈报资政院外，理合备文呈请抚部院察核施行。须至呈者。

为照会事。案准贵局呈覆奉交提议东三省移民殖边一案，当经发交审查科公同审查。兹据呈称，窃以《日俄协约》告成，东三省事机迫蹙，舍移民殖边，别无良策。惟江省深居腹地，羹鱼饭稻，民皆习于安土重迁，欲诱起其迁徙之心，必先给其有可资生之据，自是一定不易之办法。谘议局呈复三条皆确有见地，应即据情咨询东三省总督调取《移民章程》，俟咨覆到日，再行照会谘议局通知各属士绅广为劝导，以固边圉而维大局。等语。经本院于本月十五日会议厅议决，应即咨取《移民章程》，再行妥商办理。除咨复外，相应照复贵局，烦为查照。须至照会者。

呈覆抚部院咨询仿办公债议案由

为呈覆事。宣统二年十月初十日接奉抚部院照会。内开，案照赣省岁入不敷岁出，上年计借银行、官号银六十万两，本年更须加借才得免支。而宣统三年军政、新政扩充进行，目前约计所短一百数十万两，旧债新增，递年累积，计惟有仿办公债之法，亦各国久已通行。查直隶创办公债四百八十万两于先，湖北继办公债二百四十万两于后，皖省、湘省次第仿行，各一百二十万两，分期收集，利率递加，六年还清，成章可按。是中国公债风气渐开，国家已著信用，民间免增负担，指定有著的款应付无虞愆期，法治良规，此居其一。指款之法，拟以所征统税每月提出五六万两以供偿还本息，仅六个月募集三百万两，分六年本利一律归清，悉照各省定章办理。论本省财政之困，三百万两犹嫌其少，虑民人应募迟回，酌减亦无不可用。特照会谘议局交议，公决见复，以便奏咨请旨遵行。等因。奉此，本局当经常年会期内公同悉心妥议。窃维公债政策虽久为各国所通行，而于募集之原因、采用之种类、负担之轻重、发行募集之方法、偿还之时期条件，稍一审择不当辄贻财政上以莫大之忧，故政治学者辄谓公债为可恐之害物。然租税经费每有不能应一时亟需之支出者，则又不得不赖此为救急之方。是以当国家岁入一时未能应巨额支出之时，则募流动公债即以国库收入者短期偿还以保收支之均衡。或政治上有大变革，欲保财政之基础，而坚国家之威信，则亦以公债政策为保护人民权利之一手段。其他或因战争事变不及为增税与赋课新税之谋，或因兴起生业以增进人民公共之福利，皆为募集公债之原因。若国家政费不敷，则宜于预算岁计时求收支适合之法，决不能以一时之公债取便目前更增他年岁出，使财政上愈增困难而受无穷之累。今本省政费不敷，就目前所短已达百数十万，抚部院既以旧债新增、递年累积，若再办公债则新增之债复加于旧，年复一年，累积何有已？□此，本局所再四筹议而未敢轻言举办者也。至直隶创办之法，在财政学家□□有期定额支拂公债，此种公债在各国通常以十五年为偿还之期。而因□□及偿还额之一定不移，虽国库适有剩余，不能先期支拂。即市场利率低落□不能以他种借换，然犹有行之者，不过以期限确实易于募集。乃直隶所定□法，期限太短，并无据置年限，息率按年递增，皆与公债之原则相背而驰。虽鄂、皖省次第仿行，实未见其得计。至偿还财源指定统税，将来统税又以何者为弥补？此尤不能不预为计及者。所有申覆抚部院咨询仿办公债议定为不可行事件缘由，本局业于常年会期内公同决议，除呈报资政院外，理合备文呈覆抚部院察核施行。须至呈者。

为照会事。案准贵局呈覆仿办公债一案，当经发交审查科公同审查。兹据该科员呈称，窃赣省财政困难已达极点，前经照会谘议局筹办公债，实不欲遽增民人担负。故拟仿直隶各省办法募集公债为远期筹偿之策，以保信用而济要需。兹据呈复申明公债理由固甚有见，谓政费不敷，宜于预算求其收支适合之法。夫欲收支适合，赣省岁入不过六百余万，现时岁出已过七百余万，而旧债新加，如期偿还约计来年已减岁入三分之二。现值国会缩期兴办，应提前赶办各要政，如实业、教育、军政、民政、司法独立、地方自治，诸应筹备事宜皆待款扩充，势难逐一缩小范围以求收支适合。且国会请愿，赣省士民犹以为速开为请，而谓应提前赶办之事可置为缓图，在该局亦不能为此阻碍进行之解决，则所谓必求收支适合者，实现时所不能办到。伏查政费不敷，各省皆然，自非兴辟利源无以为救贫之策，而兴利之道不外实业，值此帑藏空虚，更无款兴办实业，则莫如仍按各省募集公债章程仿办，以振兴实业，期收开扩利源之效果，且与部章亦相吻合。拟请以改办实业，另行提议照前数募集、分年偿还办法，交该局议覆核办。等语。经本部院于本月初一日在会议厅公同决议，即照该科所议办法照会贵局，希即查照覆议见复施行。须至照会者。

呈报议决抚部院发交救荒办法议案由

为呈报事。本年五月初七日接奉抚部院照会。内开，宣统二年四月二十三日，准陆军部火票递到内阁会议政务处咨开，准军机处钞交商约大臣邮传部右侍郎盛宣怀奏，江、鄂灾区民饥粮贵，请饬筹工抚、平粜、当田三事折。宣统二年四月初一日，奉朱批会议政务处知道片二件，并发。钦此。应即通行各省酌量办理，相应刷印原奏咨行贵抚查照可也。计原奏一本。等因到本部院。准此，查当田为救荒之要，水利实旱涝所资，修筑失时，关系至巨，固不容稍存忽视。而赣省虽称产米，比年外运过多，盖藏空虚，时形食贵，设遇歉岁更何以支？宜备不虞，劝办积谷，仿百分出数分之例，积少成多，有备无患，尤为当务之急。惟应如何妥订章程，官绅相与提倡，务期轻而易举，赓续奉行，或择要分别存储，或规复旧有石数，如有捐输谷数多者有分别给予匾额、顶戴、建坊之例，在此系公共筹备荒歉，亦本省权利应有事也。除分行各司道外，合行照会。为此，照会贵局，请烦查照，于会期集议办法复夺，望切施行。计抄原奏一本。等因。奉此，本局业经印刷预行通知各议员于会期内公同提议。谨绎抚部院照会意旨，对于工抚、平粜、当田三事，注重积谷，诚为当务之急，自应妥订章程，庶足有备无患。查上年八月间，度支部咨行恽侍读奏请饬实行储积以备凶荒一折，并恭录上谕。咨经抚部院札布政司拟订严密稽查整顿各项仓谷章程十二条，缮折详请咨部在案。本局窃维备荒之策自以各属城乡市镇设仓积谷、按时收放最为切实，惟经理固在得人，而章程尤期无弊。谨就上年布政司详定《整顿各项仓谷章程》，按照局章第二十一条第六项决议，因地制宜以冀适用。兹将增删、修改各条逐条注明“增删”、“修改”字样，其照原章施行各条亦逐条注明“照原章”字样，但无庸更录原文以清眉目。谨条列如左：

第一条　照原章。

第二条　删。

原章　各项仓谷宜于城内建设仓廒存储，一则经手绅董不敢稍事侵挪，一则地方官易于随时稽查。其各乡有离城较远者，则于各该要道建设总仓，不准借民间私仓零星存储，以杜有名无实、指东掩西之弊。

按　仓以社为名，取义最切，随时积谷，于公无损，于民最便，地方官监督经理得人，自不至有指东掩西之弊。自光绪二年各州县筹办积谷，城镇均建有仓廒，其乡区间有未建者借用民仓保守，亦与官储无异。若一律责令建设总仓，则旧仓废弃，此项经费殊难筹垫，与其改造需费，不如仍旧核实。且各乡之谷运入城内或该要道相隔既远，经理人仍居乡间，诸多不便，事实上亦难办到。此第二条议删之理由也。

第三条　删。

原章　建立仓廒应由地方官督同自治会绅士或经管绅董各就地方设法筹款，逐渐建造，以三年为度限。前由省委员分往查验，用昭核实。

按　第二条既删，则本条自应在删除之列。此第三条议删之理由也。

第四条　删改（本条应改称第二条，另增第三条、第四条于后，以补此条之未备）。

原章　各仓谷石原为备荒及赈济贫民而设，每年于四五月青黄不接之时即由地方官会商经管，将各仓存谷酌定成数出借各村乡极贫户口，至秋收后取息，同本谷一并还仓，并先期由各经管预为查明各村、各姓极贫户口，造册报县，以便至期借放。如遇荒歉，不在此例。

按　谷须认息。年非荒歉，借谷者止系贫户。必将极贫户口造册报县，极贫、次贫之界线颇难分别，捏造、冒认之弊势所不免，且造册之手续亦甚繁难。应将原章内“并先期由各经管预为查明各村、各姓极贫户口，造册报县，以便至期借放。如遇荒歉，不在此例”等语删除。

第三条　增。

仓谷出借，经管人预先刷印骑缝借券，由县盖印，裁给借户，请担保人当面填写某人借谷若干，限秋收后本息如数还仓，如有短欠，惟保是问。惟各处情形不同，贫户或难觅保，如有以衣物抵押者酌量变通办理，即不须保人亦必令借户自（已）〔己〕填写骑缝借券以备催谷还仓。凡骑缝券一半存经管处，一半汇齐并造花名清册缴县。秋收后先造三连骑缝收单，一存经管处，一给借户，一汇齐缴县并造呈花名清册以凭查核。

第四条　增。

出借时，实放出谷若干石，卖出谷若干石，余存仓内谷若干石，开支、火食、工资若干，杂用若干；收入时，实收入谷若干石，收入息谷若干石，原存若干石，卖出若干石，开支、火食若干，工资若干，杂用若干，由经管开列四柱详细清单两份，一份缴县，一份张贴仓廒门。首乡区则张贴通衢，俾众周知，以昭大信。

第五条　删。

原章　每仓宜分甲、乙、丙、丁等字廒口，如乙年借放甲字廒口，丙年则借放乙字廒口，丁年则借放丙字廒口。

按　此条循环放借，每年仅准放三分之一，谷积三年霉蠹少米，贫户受亏必不愿借，则愈积愈耗。查改正第二条既有酌定成数放借办法，便无庸分年分仓，以免暗耗。此第五条议删之理由也。

第六条　修改（本条应改称第五条）。

原章　各仓每年借放谷石仍查照社谷旧例，每谷一石取息一斗，以五升为公存上仓，其余五升作为修理仓廒之用，惟不得挪作别项公需以广积储而免挪亏。

按　一石取息一斗自系旧例，然必照此限定每年得息，除费用外难余五升公存上仓。查民间放谷有取十分之二五者，有取十分之三三者，如百二十升取息三十升，贫户向来称便，义主推广以备荒歉。取息一层由地方官绅酌量出入，既经核实亦不必限定一半公存，明文以防弊混。谨修改条文如左：

改正　各仓每年借放取息，由地方官会绅酌量取息若干，先期出示，但不得逾十分之二，每年报告分额谷一项，息谷一项。俟息谷稍充，必须建立仓廒由地方官查验，用昭核实。息谷充裕之后，自治范围内或有公益需要可禀请地方官酌提息谷数成接济，但不得罄尽，以保积储而备不虞。

第六条　增。

各乡仓谷每年秋收时由地方官自备夫马亲诣稽查，绅董不准备具供张致启亏耗之渐，并严禁吏胥、差役人等需索规费。

第七条　照原章。

第八条　照原章。

第九条　照原章。

第十条　照原章。

第十一条　照原章。

第十二条　照原章。

以上增删、修改各条均经本局照章于会期内公同决议，应请抚部院通饬各属一体遵办，以便贫民而备荒歉。所有本局议决发交救荒办法议案缘由，除呈报资政院外，理合备文呈请抚部院察核施行。须至呈者。

为照会事。案准贵局呈报议决发交救荒办法一案。兹据审查科就布政司原详暨贵局增删各条加以修正审核，开呈说帖。经本部院于本月初一日在会议厅公议，即照该科审查理由备文抄录，照复贵局，请为查照核议见覆施行。须至照会者。

计抄审查科呈折。

谨将审查救荒办法议案开具说帖呈请鉴核。

窃查江省积谷分常平仓、社仓、义仓三种。常平仓向系地方官经管，州县交代，由前后任会同扇谷过量，有亏短者由前任买补完仓，后任始出具无亏印结。社仓、义仓多系官督绅办，分城仓、乡仓散储各都，州县交代，前后任从不会同盘查，概由新任谕各都经管士绅出具无亏甘结，即据以详报。其经管得法者储谷岁有所增，其侵蚀肥私者亦所恒有，故章程固在于无弊，而经理尤在于得人。按《城镇乡地方自治章程》第三节第五条第五项，城镇乡之善举，义仓、积谷列在自治范围之内，凡属自治局员绅皆应同负其责任。本年布政司详明江省实存仓谷及有著、无著分别列表声请豁除，历年亏缺无著之谷计一百八十一万四千三百九十石有奇，并厘订章程十二条，本系正本清源办法。今据谘议局呈称，城内及各要道建仓，路程相隔遥远，人民诸多不便，就事实上言之本难办到。惟各属果有民仓朽蠹，力能修建公仓于各要道或归并城仓者，洵属最善之办法，但不必规定法律强人以所难。原详之第二条、第三条应可照删，至原详之第五条分年分仓自系为备荒起见，谘议局决议主删，如春间尽数放出，秋收忽遇歉荒，仓内颗粒无存，具何以支？虽酌定成数，究属漫无限制，不如分为两年循环收放，谷粒不至朽烂，备荒较有把握。今将布政司原详暨谘议局修正、增改各条逐条审查如左：

第一条　照原详原程。

第二条　各仓谷石原为备荒而设，每仓宜分为甲、乙、丙、丁等字廒口，分为两年循环收放。每年四五月间青黄不接之时由地方官会商经管绅董酌定支放何仓出借各村乡农户，至秋收后取息同本谷一并还仓。

第三条　仓谷出借，经管人预先刷印两联骑缝借券，由地方官盖印裁给借户，请担保人当面填写某人借谷若干、息谷若干，秋收后本息如数还仓，如有短欠，惟保是问。如无保人，必以相当物品抵押始得借放以重仓储，其骑缝借券必须借户亲手填写，以备催谷还仓，不识字者准点指为证。凡两联骑缝券一存经管处，一汇缴地方官存案并造具花名清册。秋收后先造三联骑缝收单，一存经管处，一给借户，一汇缴地方官存案并造具花名清册以凭查核。

第四条　出借时，实放出谷若干石，余存仓内谷若干石，开支、火食、工资若干，杂用若干；收入时，实收入本谷若干石，息谷若干石，原存仓若干石，卖出息谷若干石，开支、火食若干，工资若干，杂用若干。但开支各项费用不得逾于收入息谷之半数，以示限制，总收入后由经管开列四柱详细清单两份，一份缴县，一份张贴仓廒门首或通衢，俾众周知。仍由自治局随时查察有无浮冒。

第五条　各仓每年借放取息由地方官会绅酌量取息若干，先期出示，但不得逾十分之一五，俟息谷稍裕，必须建立仓廒由地方官查验，用昭核实。如本息额数逾倍取息，不得过十分之一。

第六条　各乡仓谷每年秋收归仓后由地方官自备夫马亲诣稽查，不得备具供张，并严禁胥差需索规费。

第七条　照原详章程。

第八条　照原详章程。

第九条　照原详章程。

第十条　照原详章程。

第十一条　照原详章程。

第十二条　照原详章程。

以上审查各条皆就谘议局所增删而加以修正、审核，于事实之可行，所有审查救荒办法缘由，理合开具清折呈请核定。

呈覆抚部院议决抄发监生余家义禀开各节交局核议由

为呈覆事。谨案《奏定谘议局章程》第六章第二十一条第九项内开，申覆督抚咨询事件；又第七章第四十二条内开，凡议决事件，除议长、副议长同意，认为应行秘密者外，均公布之，并应随时报告督抚及资政院。各等语。本年十月初八日接奉抚部院照会，抄发监生余家义禀开各节交局核议。案开，据奉新县监生余家义禀为钱贱银贵、百物增昂、库帑空虚、民生凋敝等情来辕具呈。除批：据禀已悉。既系本省人民建议担任义务增加事件，仰候抄禀录批，照会谘议局核议可也。该监生条陈事件，辄行借用地方官印封投递不合特斥榜示外，相应抄禀照会贵局查照核议可也。计抄黏原禀。等因。奉此，本局窃查该生所禀各节，于国币制度、地方情形全无所晓，谓由赋税项下另行开设银号，行用千文、百文赋税钞票，每串兑银六钱五分，而强民以使从。无论混乱币制，朝廷决不准行，试专就理想上言之，以官力强迫十三府一州人民，使各照抬高之银价完纳课税，是直设一陷阱于十三府一州之内，而纳数百万生灵于其中。该生所称赣民幸甚，未审其可幸者安在？本局既于常年会期内公同决议，定为不可行事件。除呈报资政院外，理合备文呈覆抚部院察核施行。须至呈者。

为照复事。案准贵局呈覆议决余家义条陈一案，当经发交审查科公同审查。兹据该科员呈称，查余家义原禀请行用赋税钞票，定价每千文合银六钱五分，其用意亦因抑勒洋价之案层见迭出，思为执一之规画以裕课便民，特办法仍含抑勒之性质，殊非正式之规定。且于现行官票生种种障碍，谘议局认为不可行事件，应照准取销。等语。经本部院于本月十五日会议厅议决，应准取销。相应照复贵局，烦为查照。须至照会者。

呈报覆议请抚部院通饬各厅州县榜示罚款由

为呈报覆议事。案查宣统元年本局第一次常年会期内呈请通饬各府厅州县宣告决算罚款一案。十二月十一日奉抚部院批：来牍阅悉。法律规定之罚锾，原为情罪较轻之犯赎罪而设，无罪之人岂容地方官吏随意处罚？况借案苛罚久（己）〔已〕禁止，尤应遵守。至赎罪银两早（己）〔已〕奉部提解，曾经通饬各府厅州县榜示解部。近时州县有将罚款提充地方公用者，本非画一办法。所请概归地方公用之处，应俟各属自治成立后，遵照《奏定地方自治章程》第五章第九十条第三项，按照自治规则所科之罚金以充经费之法办理，不能一概论也。除行按察司、巡警道外。此复。等因。奉此，本局谨查局章第二十二条内开，谘议局议定可行事件，呈候督抚公布施行；二项云，前项呈候施行事件，若督抚不以为然，应说明原委事由，令谘议局覆议。又查宪政编查馆上年十二月三十日覆河南电开，督抚于局议并非不以为然，而于所议办法有变更、增易之处者，此项局议事件本属全体议员原议，不在第二十一条第九至第十二各款之列，自应交常驻议员存案。又上年十月二十三日覆河南电开，常驻议员照章无议决督抚交局覆议事件之权，所有应行覆议事件，如谘议局业经闭会，应由督抚声明理由送交常驻议员存案，俟下届开会再行交议。如系紧要重大事件，应开临时会办理。各等语。此案奉批在宣统元年十二月十一日，本局业经闭会，照章应由常驻议员存案。本届常年会现已开会，自应提出公同覆议，以免悬宕而期吻合。查本局原呈声明，民间诉讼每有罚款，此项名目实与法律规定之罚锾不同，乃对于现在地方官之借案苛罚者而言。赎罪银两本有制限，因其罪名而异，其数至多亦至三十五两为止。今州县官之借案处罚者，甚或以银数千两计算，又或就结案之时巧变名目作为捐款，以图掩饰，其为违法，盖成通弊。上年本局因近时州县有将此种罚款提充地方公用之处，故有概归地方公用暂由地方官绅切实管理之请。细绎抚部院批指以关于赎罪银两奉部提解之款未便提充公用，须俟各属自治成立之后，按照《奏定地方自治章程》第九十条第三项罚金之例，始有概归地方公用之罚款。则现时各州县除依于法律规定赎罪银两之数照章科办外，自不得有违章重罚之款。可知本局上年所请以此种罚款概归地方公用之处，自不能仍执前议。惟既奉批答有借案苛罚久已禁止，尤应遵守。等语。应请抚部院重申禁令，严饬各厅州县嗣后不得于法律规定赎罪银两范围之外再有借案苛罚巨款或改称捐款以图朦混之举。其赎罪银两既早经通饬榜示，并（来）〔未〕实行，亦应并请再饬各厅州县将犯罪事由及赎银数目按照定章逐一榜示，以免含混。本局业于会期内覆议，意见相同。除呈报资政院外，理合备文呈请抚部院察核施行。须至呈者。

批：来牍阅悉。各属借案苛罚巨款，叠经严饬禁止。其法律规定之罚锾亦应将银数并所据何项条例及犯罪事由照章逐一榜示。希候札饬提法司、巡警道迅即通饬各属一体遵照办理。此复。

呈报覆议再请咨商督部堂于盐斤加价二文内拨一文归销盐省分由

为呈报覆议事。案查宣统元年本局第一次常年会期内呈请咨商督部堂于盐斤加价二文，内拨一文归销盐省分一案，十一月十七日奉抚部院批：来牍阅悉。希候据情咨商督部堂，复到饬遵。此复。嗣于宣统二年二月二十日奉抚部院照会内开，宣统二年二月初十日准两江盐督部堂张咨开，据江南财政局详称，本年十二月初八日奉宪台札开，宣统元年十一月二十五日准江西巡抚部院咨，据谘议局呈称，谨案《奏定谘议局章程》第六章第二十一条第七项内开，议决本省权利之存废事件；第二十五条内开，除第二十一条第二、三款外，谘议局亦得自行草具议案。各等语。查本省为淮盐引地，每岁额销十余万引，向时引价库平银十九两有奇，辗转迭加达至二十五两有奇。去年度支部又奏准加价四文，以二文归部抵补土药税，以一文归产省，一文归销省。嗣后复经前两江督部堂端奏准加价二文，借补江南财政困难，而本省销盐省分不获与产盐省分平分此价，揆诸情理似有未安。凡物之原价核于成本，不敷则售价迭增，皆是供其产处之用。若盐斤加价则不是为产处抵成本，而是为财务行政起口捐，捐自何处？用归何处？必所加之价全归销省乃情理之至公。惟江西同是南洋所帡幪，即湘、鄂两岸亦盐政大臣所统辖，督部堂对于所属省分在盐政项下通筹财政，酌剂盈虚，半归于产省，半归于销省。除光绪三十年奏加二文概归江西外，历稽成案，皆是如此办法，今奏加二文全归产省，谓补江南财政困难，窃以本省困难不亚于江南，而各属办公之困难又更有甚于省会，盐销于各属，自应以本项利益还而普及于各属。应请抚部院咨商两江督部堂，照度支部奏加四文之二文例，拨还一文归江西销省，并准食淮盐各州县按照实销引额分配领取，以为各属自治、巡警等项经费。本局业于会期内公同议决，理合备文呈请抚部院察核施行。等情到本部院。据此，除批：来牍阅悉。希候据情咨商督部堂，复到饬遵。此复。等因。印发外，相应据情咨请查照核复，饬遵望切施行。等因到本部堂。准此，札饬即便核议详咨。等因下局。奉此，伏查去年夏间奉前督宪端奏准于抵补土药税盐斤加价四文外再收二文，全数画归江南办理各项要政。兹江西谘议局请拨还一文归江西销省，窃谓同为宪台辖境，本无畛域之分，但使经济稍舒，宜作挹注之计。惟是此项盐价系因江南财政窘迫已极，始蒙奏请加收。近来办理新政要需胥赖接济，加以本年海、扬等属水灾甚重，奉饬向上海大清银行息借银三十万两办理振粜，指定由要政加价分年归还，奏准有案。若前项分拨西省实于要政用费及归还借款均属相妨，且西岸于三十年间加价二文概归西省备用，并未分拨江南。倘此次加价欲筹两省分拨，则上届加价亦须仿行，而上届加价每引合银九钱六分，此次加价每引合银七钱二分，一经互拨，是江南收款较增西省收款转绌，深恐徒事周章，无俾实际。司道等一再筹画拟请循旧办理，毋庸分拨以符原案而免纷歧。奉札前因，理合具文详覆，是否有当，伏候俯赐核咨。等情到本大臣。据此，相应咨复查照饬遵施行。等因到本部院。准此，除行布政司外，相应照会谘议局查照。各等因。奉此，本局谨绎抚部院行知盐督部堂咨复意义，自系不以为然，照章由常驻议员存案，于本届常年会期中提出覆议。窃谓抚部院行知不以为然之原委事由，自可分为二义：一则以此项加价业经指充江南要政用费及归还海、扬等属办振借款也；一则以此次加价如须分拨，则西省光绪三十年加价之二文亦须援办以银扣算，是江西收款将反见绌也。本局反复讨论，佥以光绪三十年西岸加价之二文直接任加价之义务者为江西人，故直接受加价之权利者亦在江西；今江西财政之困难原案业已声明不亚于江南，而以办理江南要政用费及归还借款之故，使江西直接负单纯之义务而不获分享丝毫之权利，以情理上论之，似失公平。且查度支部奏准加价四文，以二文归部抵补土药税，以一文归产省，一文归销省之案在光绪三十四年，法律以“不溯及既往”为原则，则江西以光绪三十年所得之加价自无执后出之章程以断为必须追拨之理。而江南以宣统元年所得之加价谓不能适用光绪三十四年之章程，以请求分拨，似于法律上之效力亦无可遵据。具此理由，本局实认为应执前议，再请抚部院咨商盐督部堂核准，于宣统元年奏加之二文内拨一文归江西销省，为销盐各州县办理自治、巡警等项新政之用。本局业经覆议，意见相同。除呈报资政院外，理合备文呈请抚部院察核施行。须至呈者。

批：来牍阅悉。希候据情再行咨商盐督部堂核办。此复。

为照会事。本年十一月二十六日准两江督盐部堂咨开，宣统二年十月二十日准贵部院咨，据谘议局呈复准盐要政二文内拨一文归江西销省新政等用。咨请核办见复。等因到本大臣。准此，除行江南财政公所再行切实核议具详察办外，相应咨覆查照施行。等因到本部院。准此，相应照会。为此，照会贵局，烦为查照施行。须至照会者。

为照会事。宣统二年十二月十九日准会办盐政大臣两江督院张咨开，据江南财政公所详称，本年十一月初五日奉宪台札开，宣统二年十月二十日准江西抚部院咨，本年九月十八日据江西谘议局呈称，案查宣统元年本局第一次常年会期内，呈请咨商督部堂于盐斤加价二文内拨一文归销盐省分一案。云云。呈请察核。等情到本部院。据此，除批复外，相应咨请查照核办见复施行。等因到本大臣。准此，札饬查照再行切实核议具详咨复。等因到所。奉此，伏查接管财政局卷内，光绪三十四年间，奉前督盐宪端因江南财政窘迫已极，奏请于盐斤加价二文办理各项要政，彼时即系声明全数划归江南济用，钦奉谕旨，著照所请。盖以江南产出之淮盐行江南应销之引地，前项价款全归江南济用亦属事理之常。且江西于三十年间加价二文全归江西，今江南于三十四年间加价二文全归江南，是两省各获全数加价一次，后先并计适得其平。若此次江南加价必欲分拨，则上届江西加价亦须仿行，窃虑徒事更张，无裨实际。本司再三筹画，刻下江南财政窘迫益甚，此项加价系奏准全归济用已历数年，早经列入预算。拟请循旧遵行，毋庸分拨以维要政而免纷歧。奉札前因，理合具文详复，是否有当，伏候俯赐核咨批示祗遵。再，查江南要政加价系光绪三十四年五月二十九日电奏，奉旨照准。兹江西谘议局谓系宣统元年奏加之款，似有歧误，合并声明。等情到本大臣。据此，咨明查照饬遵施行。等因到本部院。准此，相应照会贵局，烦为查照施行。须至照会者。

呈报覆议本局上届常年会期内胥差议案仍执前议由

为呈报覆议事。案查本局上届常年会期中呈报议决抚部院发交胥差议案一件。十二月十一日奉批：来牍阅悉。杜绝胥差积弊，本尠良法，所议各条均属洞中窾要。惟目下审判开办在即，法律来岁亦可颁布，讼费、差费究应如何规定，应候部中法律颁布到江，再行参酌地方情形妥筹定议，俾资办公（面）〔而〕清积弊。除行司外。此复。册存。等因。奉此，本局遵章交由常驻议员存案。查此案系奉抚部院提出交议之件，当必有见于胥差之扰累地方而亟图廓除之计。本局因原案三条现难通行，乃议请规定胥差讼费并订呈章程十条，原声明为目前救济方法。谨读批语亦以所议各条均属洞中窾要，而细绎全文意义，又绝非批准公布施行之件，自应照定章督抚不以为然之办法，于本届会期内提出覆议。又查本年七月本局常驻议员协议转呈建昌府曾名藻等议请审定安徽《刑事、民事讼费章程》通饬暂行仿办一案，八月十一日奉抚部院照复，内开，宪政筹备处案呈，窃查本年七月初八日据贵局抄呈皖省《刑事、民事讼费章程》请审定饬属暂行仿办一案，兹经本部院率同司道于会议厅公同筹议，佥以赣、皖情形稍有不同，所呈章程仍须酌量修改，始能适用。现闻部定章程业将颁布，一俟到江即可通饬照办，不必暂仿皖章转滋纷歧。相应照复贵局，烦为查照可也。等因。奉此，与此案情事正同，自应并案覆议，以免两歧。本局谨案抚部院批语及照复之原委事由，一则曰赣、皖情形稍有不同也；一则曰部定法律来岁亦可颁布也。夫赣、皖地方情形虽有不同，而其受胥差扰累之苦痛则无不同。因安徽章程之未尽适用而暂置地方扰累之大害于不问，似与抚部院上年提出议案交议办法之初意稍有未符。且本局协议时呈请审定仿办安徽《讼费章程》一案，据安徽章程请予审定通饬，系在闭会期内之收受人民陈请建议事件，不能作为本局议决之法律案，则应于地方情形而规定之，《胥差讼费章程》自应以上届会期内呈报之案为据，此亟宜声明者也。至规定此项讼费之法律，自应属于刑事诉讼法、民事诉讼法之中。查宪政分年筹备事宜表，颁布刑事、民事诉讼律等法典列在第六年即宣统五年实行，在第八年即宣统七年距今尚有三年五年之久。本局以为，国家法律颁布之后一切费用之规定本省自有所依据，无俟哓哓代为筹拟正。惟部定法律颁布尚须数年，待其实行又须数年，故为此不得已之救济方法，冀于此数年盼望颁布之时期内借以稍减本省人民之苦累。若如抚部院批旨须俟法律颁布到江再行妥筹定议，则此数年中地方扰累之大害岂能忍而终古，静以待时，穷困余生，何堪鱼肉？度亦抚部院所应为矜恤而代图救济之法者也。综此理由，本局业于覆议时认为应执前议，再请抚部院查照上届常年会期内呈报议决胥差案内所订《胥差讼费章程》，迅予批准公布施行，以安民生而清积弊。除呈报资政院外，理合备文呈覆抚部院察核施行。须至呈者。

为照会事。本年九月二十七日准贵局呈报覆议上年会期内胥差议案仍执前议一案。兹据审查科开具说帖前来，经本部院于本月十六日会议厅公议，应照该科所议办理。相应抄送照会贵局，烦为查照施行。须至照会者。

计钞送胥差说帖一纸。

谨将审查胥差议案开具说帖呈请鉴定。

查胥差需索分文，本为法律所不许，然在公人役，难责以枵腹从公。今谘议局公决议案既认明为法律案规定《讼费章程》呈请核准施行，亦以法律上无规定之明文，则事实上有难行之窒碍，故不若假定法律见诸事实而转为有效。今试就事实上言之，现在各厅州县自治尚未完全，警察全属幼稚，裁革胥吏于事实上尚属难行。今既明定讼费，取之过重必无以恤民艰，然取之过轻则胥吏急无所之，于照例收费之外难保更无娄索之弊，是阳加以公费之名，阴行其私收之实，虽发觉以后官坐以失察胥吏立行革除，而此需索之陋规断不能归还原主，此事实上之真相也。故立法必期以实践，定费不妨于略宽，使胥差有所以图存，乃不得不相率以畏法。即地方官督率吏胥亦易于应手，其有于规定以外再需索分文者一经被害者告发，严治以应得之罪，不少假借，如此实力奉行必能施之于事实而有济。今就谘议局钞呈《词讼胥差费用章程》逐条审查于左：

第一条　申明旧例，应审定。

第二条　限定标差，应审定。

第三条　限期传到，应审定。

第四条　参酌办法，应审定。

第五条　核定差传票费。本科审查原、被住址在五十里以内、百里以内，语涉统同，范围未能确定。附郭十里与离城五十里差费同一，离城五十里与百里以内差费又属同一。远近厚薄迥不相同，不如按照第三条限期传到办法以日期之久暂定差费之等差，仿照皖省办法每差每日给川资饭食钱三百文，如限即日传到者给钱三百文；限两日传到者给钱六百文；限三日传到者给钱九百文；限四日传到者给钱一千二百文；限五日传到者给钱一千五百文，由原、被告各认半数，如原告在十里以内、被告在五十里以内，各依其住址分别半数给发，其余类推，均于票上标明，此外不准需索分文。其原、被呈请展限者差传不再加费，至标差办法仍查照第二条所规定，不得滥派差役，致滋扰累。

第六条　核定讼费数目。本科审查讼费以递呈费为起手，谘议局未经分别提出。前陶故臬司酌拟加收状纸钱文补助城治各级审判厅建筑案内，议请通饬各属取销代书戳记，将代书名目永远革除。蓝式状纸每张收钱一千文，详咨立案自可毋庸再行议及。此外，最重者莫如堂费，除命、盗、奸、拐、抢、窃等案犯徒刑以上等案毋容交纳外，其余户、婚、田、土等案应规定堂费，自到案至结案共钱六千文，胥差各半。值堂跟班列于胥类，把门厅差列于差类，凡一应听差人等均在此内。结案时，该费应由理曲者呈缴，两造无曲直各缴其半，均当堂呈缴，立簿登记，按月分给。催呈、传呈概不收费，此外如再有一文开销，照例严行科罪。

第七条　酌提钱债成数，应审定。

第八条　和息照讼费减半，应审定。

第九条　抄阅堂判费用，应审定。

第十条　限制胥差舆（股）〔服〕僭越，应审定。

以上审定者共八条，其第五、第六两条均就事实上审拟更正，应即作为《暂行讼费章程》。如各属尚有窒碍难行之处，准地方官缮具说帖交由谘议局再行核议。其已设审判厅各处另有法律规定，此项章程须作为无效。现在钦奉谕旨缩短立宪年限，此项讼费，法律自应属于刑事诉讼法、民事诉讼法。查宪政筹备清单，颁布刑事、民事诉讼律等法典列在第六年即宣统五年，今既缩短三年即应在宣统二年，实行在第八年即宣统七年，今既缩短三年即应在宣统四年。现距实行之期不远，应俟国家法律颁布以后即须实行，此项章程暂作为法律之假定。所有审查胥差议案缘由，理合开具说帖呈请核定。

呈报覆议上届常年会呈请改良《官纸专卖章程》议案仍执前议由

为呈报覆议事。案查本局上届常年会期中呈请改良《官纸专卖章程》一案，于上年十一月十七日奉抚部院批：来牍阅悉。国家向无规定官业、民业界限，瑞前部院官纸刷印所之设主于增益公需，皆属官用之纸。原章虽有民用呈词、状式、分书等类，而除状式外，余未实行，尚无妨于商业。状纸加价拨充改良监狱，就讼事而筹狱费，洗旧习以恤罪囚，亦尚取不为苛。度支部久议建设造纸厂、刷印局，整齐官用之纸，尤有将来官纸必隶于官之明证。各级审判厅或立民事、刑事等类诉讼状纸，自有一律新章。赣省官纸开办至今，渐次就绪，正宜力求发达，惟系营业性质应如何仿照商业经营，力除浮糜之费而收改良之效，希候札行藩司会同官纸刷印所悉心妥议办理。他省正多仿行，赣省未便遽止，致成本付诸虚掷。用布理由，尚冀复议。此复。等因。奉此，本局照章交由常驻议员存案，于本届常年会期内提出覆议。窃查本局前呈意义，系请抚部院更定《官纸刷印章程》，对于诉讼状纸则请照部定价值出售，对于各种文件用纸则请照商店价值出售，并请明定各种文件格式通饬刊板以求整齐，裁节委员以免縻费。其所以为此请求者，则以官办耗费倍于商办，官纸刷印所所得之利一，而人民因直接或间接所受之累乃不啻二三倍也。今绎批旨，于力除縻费一节，亦有札行藩司会同官纸刷印所悉心妥议办理之语，自非绝对不以为然。惟就抚部院批词交令覆议所宣布之理由，则本局得晰为二端而申辨之。

一、官纸必为官业之问题也。本局以为官业、民业，国家虽无规定界限，然就法理上解释，官业之性质则必其事业重大、需费极多，为私人所力难举办者；或以私人举办而流弊极多有妨害于国家者；又或其事业可得非常巨大之收入，国家为筹款计不得已而定为官业者。度支部议设造纸厂、刷印局，自系为印刷纸币之预备，此正所谓以私人办之而有流弊者也。本省官纸刷印所之营业，除诉讼状纸得以特别取值之理由由官发售外，其余一切用纸似可不必尽由官售。然诉讼状纸上年十二月法部《奏定通行章程》第十八条，已有本章程施行后，所有京外审判厅官署现行之状纸、印纸及前次部定之简明章程，均一律作废等语。则本省定价一切自亦不能独异，至为整齐用纸起见，本局前呈已有明定格式饬令刊用之请，似亦不必以官纸为名，重增各州县赴省领购之困难，而使商民蒙其间接之累也。

二、成本恐付虚掷之问题也。本局谨查奉交参考宣统三年豫算岁入册开官纸印刷所收入共二万五千七百余两，又岁出册开官纸印刷所经费共二万五千三百余两，两抵仅有余利四百余两。又调查该所自光绪三十三年开办起至上年十二月止，出入款目册核计收官银号本银一万二千六百余两，经营数年其所册开称为余利者除存货机器外，属于外欠者乃过其半，为数至二万数千串。且据册载历年售货之数以其应有余利，计之该所现状实为亏本。查该所历年售货实以红、蓝状式为大宗，状式取价之收入实对于人民含有一种征税性质，决非可视为纯然营业上之余利而徒以之消耗于该所经费之支给及各属之延欠，损民而无益于公。本局所以请求更定章程、裁节委员者正自为公家成本计耳。以上各节经本局一再讨论，意见相同，认为应执前议事件，应请抚部院查照前呈办法更定官纸刷印章程，并裁节委员以免縻费，实为公便。所有覆议改良《官纸专卖章程》议案缘由，除呈报资政院外，理合备文呈请抚部院察核施行。须至呈者。

为照会事。案准贵局呈报复请改良《官纸专卖章程》一案，当经发交审查科公同审查。兹据呈称，查官纸印刷所曾于元年八月间经石从九寿曼禀讦弊混各等情，当奉批示。该所两年以来自总办以下薪资各项实支销银一万数千两，于公家殊少裨益，揆之创办初心不无名实背驰，又悬欠未归即作余利提红先分，并恐该所转移预购多年用货存积皆非核实正轨具征，该所虚縻情形早承洞照，即谘议局连年众口交讥亦良非无谓，所请更定章程、裁节委员极为有见，惟正本清源法当大加改革。盖该所既独立为一部，则规制势当稍闳，而总办以道员，则奉给理应较厚。营业之道官不如商，列国计学家之所同概，而于中国为弥甚。然若但略裁委员尚非改良之上计。现在整顿行政机关，各局所均分别并隶各司，匪惟节省浮縻亦以整齐统系。谨援照统税总局改隶藩司、习艺所改隶提法司之先例，请将该所归并，无庸特设专局。惟状纸一项，前经提法司订明收取价值及分别支用规则详请咨部在案，亦系于部定状纸新章宣布以前暂行办法，拟请饬将该所此项状纸发行改隶提法司专主发行，各厅州县状纸定名为状纸发行所，所借官银号成本二万两已经归还一万二千两外，欠收入项下尚有二万九千五百余串，则似此改并办法成本亦未致虚掷。又查该所原与旧有官书局并合，此项官书应请同时分别改隶提学司图书科管理造册立案以资参考，其有应行印刷官用纸张亦并画归图书科办理以资应用。该所现用关防及文案等员理合裁撤，校对不须专员，责令司事兼理即可，岁省约四千余金。等语。经本部院于本月十五日会议厅议决，即照该科所议办理。除分饬遵照办理外，相应照会贵局，烦为查照施行。须至照会者。

呈请批答上届常年会裁并厘卡案内赣州五城门税饬赣关查复情形由

为呈请事。案查上年常会期中呈请裁并厘卡一案，清册内载有赣州五城门税一条，除全案奉批：札行税务局会同布政司统筹办法，再行答复外，本年四月初九日奉照会行知布政司税务总局会详各节，抚部院并无裁夺明文。本局查阅详文，内称，赣州五门税应否裁撤亦已札饬代征赣关张守福厚查办，尚未查复。等语。迄今将半年之久，仍未奉行知查复之结果，是赣州五门税之能否准予裁撤，亦尚无确定之答覆，于本局覆议全案时，殊多窒碍，应请抚部院迅予查明，刻日批答以便覆议。本局于本月十五日会议，意见相同。理合备文呈请抚部院察核施行。须至呈者。

为照会事。宣统二年九月二十七日准贵局呈请批答上届裁并厘卡案内赣州五城门税饬赣关查复情形一案。兹据审查科呈称，赣关本江省常关，五城门税之设相沿已久，门税所以补关税稽征之不逮，而他关不尽有门税者，则各处地势要隘之不同。赣府三面临河，水陆分歧，关卡所设不能扼运道之隘要。现东关设东门外，西关设西门外，只能就水道直运过关者征税，其自南康、兴国等处货物化整为散，绕越入门者无从稽查，况贩运出城由旱道绕越储谭一关下船运驶出入均难查究，为税收之漏卮。且各路货物多萃赣城，则赣城为转运之枢纽，不仅有四乡零物入城。可知关税为国课正供，行政官审地扼要照章征税，此行政官之权任，而奉行之员不按关章征及苛细或以累民固法律所不许，不得因奉行之弊遂议改国家扼要征税之政策，此则法律上当共认者也。前按委员张守福厚查复禀称，东西两关各处一隅，各门均有旱道临河可随在起驳绕越，是门税正有裨于关。又商货入城纡道赴关纳税亦有不便，门税尤便于商。均深中窍奥之词，自不容不慎重。税课仍旧办理，至关税本有定章，商民或多未悉，致奉委征收之员微细兼抽，偶乖恤商便民之政策，则惟有将关税细则重刊多本，交由该府商会散布遵照，商民纳税，务饬照税领票，不得以多报少串通减纳。而司税榷者严饬征收之员恪遵定章，乡民零星物件不载税则者，不准苛收以除积弊，庶税课、民艰两有裨益，此又法律上所应重申禁令也。等语。经本部院于本月十六日会议厅公议，应照该科所议办理。相应照会贵局，烦为查照施行。须至照会者。

呈报覆议上年常【年】会期内裁并厘卡议案仍执前议请抚部院核准公布施行由

为呈报覆议事。谨案《宪政编查馆咨行各省督抚厘订谘议局议决各项清单》第二条内开，督抚对于谘议局议案既无不答复之理，则答覆文中系非批准者，无论有无“交局覆议”字样，得依据章程照督抚不以为然之件，按章覆议再行呈请；又《谘议局章程》第二十四条内开，谘议局于督抚交令覆议事件，若仍执前议，督抚得将全案咨送资政院核议。各等语。查本局上届常年会期内呈请裁并厘卡一案，奉抚部院批：来牍清册阅悉。江西厘金自柯前院改办统税，原为体恤商民起见，现在商约大臣筹议税厘并征，久而未定。本省统税系国家税性质，应如何裕课恤商，自当随时通变，酌量办理。来牍所请裁并各税局子口至四五十处之多，似难办到。惟商货照章完税，亦商民应尽之义务，至肩挑背负零星小货，如是不应纳税者，竟敢违章讹索，必应严办。本部院仰体朝廷抽税助饷不得（己）〔已〕之苦衷，时时以勤恤民隐为念，议员代表人民意见，亦自持之有故。希候札行税务局会同布政司统筹办法，再行答覆。此致。册存。又本年正月十三日奉抚部院照会，内开，案据布政使司税务总局会文详称，本年十一月二十日奉抚部院札，据谘议局呈称，江西省近来统税分口之多甲于各省，而出产则比较畴昔日就衰微。推原其故，大半因局口讹索留难，不免亏折，而沿途停搁，尤不足以赴市情之变幻，辄相戒以不前，坐是销路日疲，产物因而更少。当此国库空虚，本局何敢以经常之岁入轻议更章？惟再四筹思，局口之多相离太近，实系上无裨于国课，下有损于民生。譬如甲乙两局，中间不过百里，乃更设丙局于其中，丙局所征之税，不过出产销售于此百里以内之物，僻在腹地，此种货物能有几何？而一局之设，委员、司事、巡丁、工役，用人以数十计，房屋、坐船、薪水、杂费縻款以数千计，该局所入势必不能即敷局用，必借他局正款以为补助。原设局之初意，本求税款之增加，而结果乃与之相反，则裁并局所之无损于国课，理势实属较然。本局业于会期内公同决议，除将本省应行裁并各统税局口另具清册抄呈外，理合呈请察核施行。等情到本部院。据此，除批：来牍清册阅悉。江西厘金自柯前院改办统税，原为体恤商民起见，现在商约大臣筹议税厘并征，久而未定。本省统税系国家税性质，应如何裕课恤商，自当随时变通，酌量办理，来牍所请裁并各税局子口至四五十处之多，似难办到。惟商货照章完税，亦商民应尽之义务，至肩挑背负零星小货如系不应纳税者，竟敢违章讹索，必应严办。本部院仰体朝廷抽税助饷不得已之苦衷，时时以勤恤民隐为念，议员代表人民意见，亦自持之有故。希候札行税务局会同布政司统筹办法，再行答复。此致。册存。印发外，合就行局立即会同藩司查照册开各处子口，能否裁并，悉心酌议，妥筹办法，详复核夺，毋稍徇隐。闻省城各门查验所，确有讹索乡民小物情事，一并严查，免滋流弊。切切。计抄发原呈裁并各税局子口清册一本。等因。奉此，查册开请裁税口，惟子口为最多，子口之设固以严杜绕越，亦以取便商情。大河各局口货物无可绕越，子口绝少，即该局所称甲、乙两局中间，不必再设丙局之意。至汊港纷歧，边界错杂，仅过一二卡之货如无子口则五分、三分之税全失。但令巡丁梭巡，见有货船挽令至正口完税，虽相距仅三四里，商情必不顺从，此不得不设子口开票征税者也。至陆路添设子口稽查所，有为办落地税而设者，有为预备改设常关销场税而设者，于光绪二十七年、二十九年均经详请奏咨有案。兹该局以局口太多呈请裁撤，原为恤商起见。惟江西统税局口及子口，自经柯升护院大加裁并，改办统税，原以恤商方能裕饷，几经审察，其酌留者皆关扼要。且国家经常岁入之款，各局口皆有额征，遽为裁撤，将来所失税款取偿何处？本司职道悉心酌议，窃维商约大臣筹议税厘并征，将来各局口必有更变，此时尚未定议，似各子口未便遽议裁撤，拟请暂行照旧办理。至司巡等留难需索，久经本总局严行查禁，奚啻三令五申，乃怙恶不悛，言谆听藐，殊堪痛恨。拟请由局重申前令，饬各局口随时约束，遇有舞弊，司巡从严禀办。省城各门查验所，有讹索乡民小物情事，已移现办城外，分局朱道严查整顿。萍乡小西门子口，已奉批饬不能遽议裁撤，由局札饬萍乡分口，出示严禁司巡需索在案。赣州五门税应否裁撤，亦已札饬代征赣关张守福厚查办，尚未查复。其余各子口，应由局随时查察，如有可以裁撤之处，酌量详办，仰副裕饷恤商随时变通之至意。等因到本部院。据此，除批示外，相应照复。为此，照会谘议局，请烦查照。等因。奉此，本局当由常驻议员存案，于本届常年会期内提出覆议。窃维本省各厅州县出品日微、商情日困，憔悴呻吟于林立之统税局口已非一日。上年谘议局成立，合省商民以林立之统税局口，足以制全省之死命，陈请建议者纷至沓来。本局再三详审，亦以税课所关必须上无损于国计、下有益于民生，乃可议行裁撤。前册开载所具理由无非抱定此旨，所拟请裁并税局子口四十余处，以视全省分设各局口总数实不为多。抚部院既以朝廷抽税助饷为不得已之苦衷，当此民生凋敝、物价沸腾之顷，即使于国家财政忍若干之苦痛犹当与民苏息、培植本基。况所议裁者并于税课无丝毫之影响，其理由已详陈于前案，无俟赘言，必欲竭泽而渔则税源之涸可立而待。且此种税源在财政学家久视为不良之税目，近年世界各国预算虽岁有扩张，不特厘卡之设为各国所绝无，即地租亦多持全废之学说者。征输货物、临海设关全国不过数处，尚且重输入而轻输出。今江西全境七十余州县，不幸而税局子口乃有百六七十所之多，内地实业、小民生计较之军兴以前状况何如？外货输入、内货输出较之十年以往比例何如？削一分之元气即促一日之生机，兴言及此，可为流涕，可为痛哭。抚部院勤恤民隐亦讵忍而坐视，乃司局漫不加察，误以本局裁并无益有损之局口，为破坏五分、三分之税项，并误以革绝司巡之留难需索，为裁并无益有损局口以外之事，迁延其词曰“随时查察”，含混其说曰“酌量核办”。溯此案自宣统元年十一月抚部院札饬司局筹办以来，瞬经一载，所查察者究以何时为断？所酌量者究以何地为先？若徒以空文敷衍，长此终古是不特重违抚部院札饬“悉心酌议，妥筹办法”之深意，抑且蔑视本局对于国税征收方法之议决权。如谓裁并各子口即失三分、五分之税，裁并陆路子口稽查所即与奏咨之案有违，且一经裁并，尤令国家经常岁入之额征取偿无所。则自咸丰年间江西设立厘局以来，同治五年裁撤正分各卡三十、坐贾九处；光绪十二、十五两年归并老灌嘴、康山二卡；光绪二十年裁撤泸溪、车盘、德化三卡，归并大航渡一卡；光绪二十五年裁撤秀江卡，归并左蠡、九子石二卡；光绪二十七年裁分局，亦归并吴城、住歧、生米、高邮市、新喻五卡；光绪二十九年归并横江渡、贵溪、高北门三卡；光绪三十年裁撤生米、住歧二卡，是皆载在章程，厘然可考。当时裁并各处，何者无应抽税则？何者无奏咨成案？何者无经常额征？乃节经裁并，未闻司库受何等之影响，部议有如何之牵制，长官受若干之赔累，所茹辛含痛者，数十百千之委员、司事、巡丁、工役而已，然小民则缘是而蒙莫大之福。自光绪三十年迄今不过六载，其时江西全境大小统税局仅五十有三、子口三、商务局一，今税局子口为数且逾三倍，此六载中江西物产发达果否？若此骤增抑江西水道港汊之纷歧、商民绕越之智计，皆超过于昔时三倍，此则本局所大惑不解者。本届会期内调取各局口收支表，秘不送局，则其中应裁各口所收之款多不能敷局用可知。预算岁出总册此项开支每年需银十八万八千二百三十余两，上耗国课，下剥民生，莫此为甚！查前户部据柯前院奏请旨通饬折称，统捐之法总纳给凭后经过地方概不重征，即可将沿途厘卡全行裁撤或酌留一二扼要之区专司稽察。等语。是奏办统税时业经规定裁撤厘卡，自应查照奏案速行裁并。惟案《宪政编查馆咨行各省督抚厘订谘议局议决各项清单》第四条内开，督抚批准公布施行之件，既由督抚行文，文到后行政官吏亟应实力奉行，惟须有期限与无期限之别。等语。本局拟明定期限以六个月为一期，每期裁三分之一，共分三期，由抚部院按照册开各局子口酌定缓急，限至宣统四年六月一律裁并以苏商困而杜扰累。所有本届常年会期内覆议公决裁并厘卡议案缘由，并附本省应行裁并各统税局口清册，除呈报资政院外，理合备文呈请抚部院察核施行。须至呈者。

附呈本省各属应行裁并各税局子口清册一本。

谨将本省各属应行裁并各税局子口开具清册抄呈鉴核。

南昌府属

一、楼前子口　此处与滁槎分口相距五里，无庸另设。

一、王家渡　此处与樵舍分口相距不过二十里，无庸另设。

一、泸洲子口　此处与樵舍分口相距四里，无庸另设。

一、幽兰塘子口　此处不通大河，舟楫往来甚少，无庸另设。

一、茬港子口　此处不通大河，舟楫往来甚少，无庸另设。

一、义宁州城门旱局四处　查四局岁收约二千余，除开销外每年解款不过数百千，若全行裁撤，所有货物仍在义宁桥头纳税，每年可加一千余金，于税收实有裨益。

一、老鹳嘴子口　上有涂家埠，下有樵舍卡，此处应可裁撤。

一、市汊后河子口及将军渡子口　查此二处专为丰城、南昌而设，两县并无大宗货物由该卡经过，春水通舟时不过三四个月，过此则河水枯涸，无河可通，且东有谢埠，西有市汊，南有李家渡，北有省城，此二卡均可裁撤。

一、瑞河口子口　查此卡系市汊对河，上有高邮市卡，中无分河及大商埠，亦可裁撤。

一、省城各门查验所　各门查验所本为稽查商货偷漏而设，民间日用买卖细微之物原所弗计，乃近来各门巡丁、杂役，虽肩挑背负零星小物，亦必讹索以充私囊，流弊太甚，应请裁撤。

一、石灰窑旱道分口　章外、安济渡头旱道分口并无委员驻局，全系幕丁盘踞渡头，任意讹索，零星小件、斗粟尺布无不留难需索，饱其私囊，应请裁（撒）〔撤〕。

抚州府属

一、文家港子口　此口距李家渡仅十五里，无大宗货物出口，徒病行旅，可以裁（撒）〔撤〕。

建昌府属

一、南丰分口（巨）〔距〕广昌罗家堡分口仅八十里，上游之进口税及广昌之出口税，罗家堡分口拦截，下游（巨）〔距〕建昌府统税分局一百二十里。万年桥卡（巨）〔距〕府城五里，下游进口税、南丰出口税，万年桥卡拦截。水道一线，上至广昌，下至抚州，别无汊港支河，无可飞越，似可裁并万年桥卡。

一、南丰太平嵘子口　该子口不通水道，淮北盐引未规复以前，间有肩挑粉皮、豆豉赴离丰邑一百二十里闽属之建宁县易盐回卖者，自本年规复淮盐，前项肩挑往闽者寥寥，近来司巡藉抽岸税，零星小货例不纳税者，私取红钱，应请裁（撒）〔撤〕。

一、河东查验所　相（巨）〔距〕四里实只一岸之隔即南门，对岸肩挑车运赴广昌、宁都及本县各乡，零星小货例不入税，绝无大宗货经过，无须设司巡。

一、西门查验所　相（巨）〔距〕五里即在西门城口，情形与河东同。又，查南丰虽号称闽、粤通衢，究竟粤货由宁都入口者，均不再完税，闽之建宁县毗连，究竟无大宗货入口、出口，岸局公家所得无几，徒饱司巡私囊，小民零星货物需索难堪，如能裁（撒）〔撤〕，是亦弊去大甚，庶民困可以稍苏。

一、南城硝石子口　上游有新城局拦截，下游有万年桥拦截，硝石可裁。

瑞州府属

一、上高虎槛铺之岸局　查此处除新昌之花尖纸、上高之夏布以外，并无出产，上有万邑兼办之上高局，下有南昌兼办之高邮市局，已扼上下之吭。花尖、夏布俱属笨重之物，舍舟登陆谁肯出？此形同赘疣，宜行裁（撒）〔撤〕。

袁州府属

一、万载珠树潭分口旱局　此处设局之初系因夏布印花起见，继而兼抽百货，乡民滋闹，绅士隐忧。近年以来，屡生事端，地方受害不少。拟仿照宜春之金瑞办法，由各布行分领印花，按数缴税，无庸设局，以节縻费。

一、昌山巡丁　昌山地方素不通商之处，上接袁郡之秀江卡六十里，下达新喻卡九十里，相（巨）〔距〕皆不甚远，所以早年已经裁撤，至今尚留巡丁数人，为地方害，每年所需一二千金，无益于国，徒耗民财，应请（撒）〔撤〕销。

一、萍乡城分局　此局以稽查进出口货凡未在湘东局完厘者为词，遂由小西门索及四门，无论自乡入城之纸张、夏布、麻、漆、茶、油等类稍有价值者，必按数而征，即零星小货如茶叶、火腿、（挑）〔桃〕李各水果、鸡鸭蛋之属，亦必需索，不抽不止。今铁路既达县境，请将城卡移至湘东附近之峡山口车站，或移至大西门外之萍乡车站，方为扼要。且既专为稽查陆运大宗进口货物而设，可与湘东水局相辅而行，不得征及土产、土销、肩车负载入城零星小货，以免影射而杜烦苛。

广信府属

一、东津桥查验所　光绪三十三年黄仁济《图说》已注明裁（撒）〔撤〕，此处距玉山分局七里，可并玉山分局。

一、鸟鹰同　此处距玉山分局十五里，可并玉山分局。

一、杉溪子口　此处距洋口分局三十里，可并于洋口。

一、广丰西门外旱道查验所　查光绪三十三年黄仁济《图说》原不载及，因该处距洋口二十里，并非紧要之地，且并小宗货物而无之，似宜裁（撒）〔撤〕。

一、洋林港子口　距河口七里，可并于河口。

一、东旱子口　距河口二里，可并于河口。

一、范罗墩子口　距河口五里，可并于河口。

一、石塘分口　该处只有纸为大宗，往浙路必由河口达上饶、玉山，往浔路必由河口之大航渡分口达弋阳、贵溪。是河口及大航二处已可以扼石塘之水道，旱道则有车盘等处，虽零星货物无能飞渡，故留此口徒滋縻费，不如裁（撒）〔撤〕。

一、黄沙港子口　上距河口三十里，下距弋阳四十里，可归并于弋阳。

饶州府属

一、王龙庙分口　即鄱阳分口，南距角山正卡三里、乐安分卡五里，西距高门七里。光绪三十年将高门正卡并入此处，然不过统于一委员，分做报销，宜将此处裁（撒）〔撤〕，归并高门，以为鄱阳分口，盖乐平、余干各船经过府治，不能飞越角山、浮祁，从饶州出口之船，上有景德镇，中有古县渡，西下有高门，南绕有角山，是裁去此卡，并不至短收税项。

一、小路口查验所

一、北门子口

以上二卡，俱系旱局，皆山僻小路，并无大宗货物，均可裁（撒）〔撤〕。

一、荞麦湾查验所　此处上距石梓埠三十五里，中间并无支河，下距洛安十三里、角山十五里，纵遇大水，大船亦难绕荞麦湾之后以达府治，与虚设无异，可并入石梓埠、洛安、角山等处。

一、寡妇桥子口　上距乐平分口四十里，下距石镇街子口十五里，又下至石梓埠子口十五里，自寡妇桥以上至乐平分口，中间并无二十里之支河，下有石镇街、石梓埠可以查验，宜行裁（撒）〔撤〕。

一、石镇街子口　此处上距乐平分口五十余里，中间亦无三十里之支河，下至石梓埠仅十余里，故可并入石梓埠。

一、景字口　即观音阁以下有德字口，而上游又无大宗货物，不如归并德字口为善。

一、黄希村查验所　即黄泥洲，此处分入安仁、余干两境，然船货于下流出入，东有石梓埠，北有角山，南有洛安，更南有瑞洪，更西有康山，而上流水小，无货完税，不必设局。

一、梅溪　距瑞洪十余里，可并入瑞洪分局。

南康府属

一、山下渡子口　近年茶税归义宁州，木税归吴城，仅纸、米二大宗出口，上游进口货由宁、武、奉、靖下驶吴城、省城，必由前河经过，不能飞越，既有前河卡征收查验，似不必再设山下渡，以省开支。

一、后河子口　离前河不过半里，兼之正局在本街，相去数十步，易于稽查，似后河子口可裁。

一、小河子口　该子口无大宗货经过，仅本地北乡及邻县星、德二县毗连县界，零星货物例不入税者，可裁（撒）〔撤〕。

吉安府属

一、沿溪渡分局　距神冈山六十里，其上游自良口以下之货，苟不销售于此六十里中一至神冈山万难飞越，是沿溪渡之分局可裁，亦可节省委员、司巡之局用数千金，于国税仍无损失。

一、三曲滩分局　上距神冈山六十里，吉安以下之货至三湖完税，无可偷漏，吉安以下、三湖以上中间无大市镇，可以裁（撒）〔撤〕。

一、横江渡子口　距神冈山四十里，光绪二十九年已经裁撤，现又分派幕丁常驻抽税，需索留难无所不至，仍请裁（撒）〔撤〕归并神冈山。

南安府属

一、三江口分局　查三江口原属南康所兼塘江子口，上至南康五十里，下至赣州四十里，上下均有分卡，南安江所出之货既无遗漏，且该处并无商埠，惟塘江之糖、崇义之竹木，总由赣州出口，亦无偷漏，可以裁（撤）〔撤〕归并南康。

赣州府属

一、兴国江口分口　江口下流至茅店三十里，兴国之货至赣州者必经茅店，有茅店一局，兴国之货无能偷漏，是江口分口适成赘疣，应宜裁（撤）〔撤〕归并茅店。

一、峡山子口　上有白口塘，下有茅店局，峡山不过中间一小区，其出产惟纸为多，至茅店局只二十里，尽可收税，应行裁（撤）〔撤〕。

一、赣州五城门税　自咸丰年间发匪之乱，兵饷无措，权将进城货物抽收，以济一时之急。原议承平后即行停止，乃相沿日久，变本加厉，任意苛征。查此税既无执照裁给，又为各府州县所罕闻，应请裁（撤）〔撤〕，以苏民困。

呈覆抚部院饬司清查各县仓基地租议案仍执前议由

为呈覆事。谨案《奏定谘议局章程》第二十二条第二项内开，前项呈候施行事件若督抚不以为然，应说明原委事由令谘议局覆议；又《宪政编查馆咨行各省督抚厘（定）〔订〕谘议局议决各项清单》第二条内开，督抚对于谘议局议案既无不答覆之理，则答覆文中系非批准者，无论有无“交局覆议”字样，谘议局得依据章程照督抚不以为然之件，按章覆议再行呈请。各等语。本局于宣统元年常年会期内呈请饬司查明各县仓基地租归还各县一案，宣统二年四月初九日奉抚部院照会内开，据布政使刘详覆案奉行，据谘议局呈称，窃查兑漕省仓载在省志确有地址者四十三县，自漕米改折，复经兵燹，各县渐失故业，所余故址俱盖民房，所有租息除南昌、武宁仍由本县收取外，如安义仓基租息则由道库厅收取，不知始自何年？其余各县均久未过问，未审业落谁手。仓基系各县公产，自未便放弃权利，谨将调查地址开具清册抄呈外，应请抚部院饬布政司转饬道库厅查明各县仓基地租数目及租户花名，抄交本局，自宣统二年为始，一律归还各县收取租金，以充各府驻省教育分会事务处经费。本局业于会期内公同决议，理合呈请察核施行。等情到院。行司立即转饬查明，逐一详细具覆察夺。等因。奉此，查江西省各厅州县兑漕省仓共四十三处，自咸丰年间兵燹后，各漕仓荡然无存。光绪三年经前粮道会同藩司委员清出漕仓故址归官经管，议将基址内民间盖造房屋概令认缴地租，由粮库大使经收，按年解存道库，留备公用，造具图册，详奉前宪刘批准照办。嗣于光绪二十九年间奉前升护宪柯批饬，现在省城各项官房、田地均已札饬派办政事处经理收租，此项漕仓基地亦在其内，即转饬库大使迅将基地丈尺、坐落地方、租户姓名、租钱数目逐一详细造册，由道移送派办政事处接办，并另造一分送院查考。等因。又经遵办各在案。上年粮道及道库大使裁缺，此项漕仓地租改归本司库大使经收，径缴司库留济各项公用。其完租串票向来盖用前粮道关防，嗣由派办政事处给串，今已改给本司印信串票以昭大信，此历来官收漕仓地租之实在情也。今谘议局原呈内称，南昌、武宁仓租仍由本县收取，安义仓基租息由道库厅收取，不知始自何年？其余各县均久未过问，未审业落谁手。等语。并据南康府属教育分会王绅修纪等以前情具禀到司，是该绅等均未悉漕仓地基久已归官经理，其南昌、武宁二县仓址、地租亦归官收之原因，故有此收租始自何年及业落谁手之疑问。奉饬前因，本司伏查此项漕仓地基既已早经并入官房田地之内归官经理，而征收地租钱文又系印给司串，其款存储公用即与公款无异，似未便骤议更章。况事关四十三厅州县将来能否拨归地方经费亦须俟豫算、决算定案后再行通筹妥议办理。等情到本部院。据此，除批示外，相应照覆。为此，照会谘议局，烦为查照施行。等因。奉此，当由常驻议员存案，于本届常年会期内覆议。查光绪三年前藩司任前粮道董会详称，漕仓四十三座系里民捐建。又乾隆三十一年奏定漕粮脚耗银内加征仓费，以三成留县为岁收之需，以七成解道备大修之用，究竟此项仓费现作何用，详案未据声叙，预算册亦不载。又光绪三年详案原称，此等仓租按季缴道兑储，汇同道库积存大修仓费，咸备异日凑拨造仓之用。今详案称，其款存储公用即与公产无异，究竟积存至今为数若干？且各仓之租系各县之产，乃称公产，界说殊不清晰，至谓将来能否拨归地方经费亦须俟预算、决算定案后再行通筹妥议办理，更似难于索解。预算无论盈绌，究于仓租何涉？且此项仓租匪第不得认为国家税，并不得认为全省地方税，故必归于各县乃无疑义。据详各节岂非借词搪抵？且查光绪三年详案内称，新喻仓基经赵大月议加之后岁收租钱二百千零，一仓如此，各仓可知，以四十三仓地租总计为数必有可观。等语。据此，计算每年租息约在八九千缗，乃查预算册岁入经常门第三类第三款第五项第一目漕仓地租载，宣统元年五百二两五钱四分六厘，宣统三年四百五十两，是经营三十余年之久较之原案计算只及十分之一。又查岁出经常门第六类第二款第三项第五目库大使杂支七十两，摘要系仓租开支，是每年公用只三百余金，加闰亦不过四百余金，种种难于索解。总之，迁流渐久，浮冒日滋，自应仍执前议。再请抚部院饬司查明各县仓基地租，一律归还各县收取租金，以充各属公用。惟现因库款支绌，从前积存租金姑从缓议，至四十三处清册，应请抚部院饬司查明造册公布，俾众周知。谨拟清查各县仓基地租册式抄呈。所有本局议决饬司查明各县仓基地租一案仍执前议缘由，既经公同议决，除呈报资政院外，理合备文呈请抚部院察核施行。须至呈者。

计呈清查各县仓基地租册式一本。

谨将本局拟定清查仓基地租册式开呈鉴核。

县　名	漕仓坐落地名	基长若干尺	基宽若干尺	承租姓名或店家招牌	每年租息若干

呈报抚部院发交覆议印花税则一案请补录办法规则交局议决以重权限由

为呈报覆议事。案查本局上届常年会期中呈报议决抚部院交议布政司提出印花税则议案一件，上年十一月七日奉抚部院批：来牍阅悉。印花税原以筹补洋土药税，攸关军饷洋款，为国家行政经费，异于地方经费，本在可不交议之列。惟藩司规定办法，系本省单行章程，应否增删修改自应取决众论，以期尽善。现在印花税票，已早奉部颁到，照章应即施行。查部章止有应贴印花之件，并不照章贴用，遇有讼案牵涉，官不为理，并无准人告讦之文。疏节阔目，力杜纷扰，用意至深。民间习惯无不由渐而成，始疏继密，乃是办事次序。城镇乡地方自治一律成立，照章尚有四年，奏奉谕旨开办之案，声请展缓多年，定干严诘。希候咨询苏、浙、皖、鄂何时开办，得复另宣。此复。本年正月复奉抚部院照会内开，宣统二年正月十三日，准两江督部堂张咨开，据谘议局呈提出印花税则议案咨询查照，希将贵省印花税何时开办，抑尚暂从缓行，有无奏咨得复之案，一并饬抄见复。等因。查此案前准护江苏抚院陆咨，据江苏谘议局呈称，议决交议实行印花税方法一案。等情。查印花税奉旨实行，势难奏请从缓，惟推行之始务从宽简，不得不假以时日，所议亦属实情。除札行苏藩司饬属会同商会、自治会妥为筹办，以期逐渐普及，并札复谘议局咨请查照。等因。并据江苏谘议局折呈议覆前来，业经札复谘议局并抄录议案札行宁藩司遵照一体会商商会、自治局妥为筹办在案。准咨前因，相应抄录议案咨复，此外并无奏咨之件。为此，合咨查照施行。计抄议案。等因到本部院。准此，查前准江苏抚院抄案咨复当经照录行司，务从宽简入手，妥筹办理，并照会谘议局在案。兹准前因，除行藩司外，相应照会谘议局，请烦查照施行。计贴抄单。各等因。奉此，本局谨绎批词及照复之意义，自系不以请予缓办为然。业经照章由常驻议员存案，于本年常年会期内提出覆议。窃查本局前呈用意，原以民间习惯易启惊疑，期以稍缓办理者，维系人心以安大局。今奉批以奉旨开办之案，声请展缓，定干严诘，固系实情，且照复亦有饬司务从宽简入手，妥筹办理。等语。自亦为保安人心、养成习惯起见。惟查此案系上年奉抚部院交议之件，并未将本省拟订之施行细则发交到局。故本局仅对于印花税之大体而有暂从缓办之请求，其办法之属于单行章程者，以未奉提出交议，自亦无从增删修改。细绎批旨，似以上年发交之议案，即为以本省单行章程取决众论之据。本局一再讨论，佥以布政司规定办法既系本省单行章程，本局自应有议决之权，应请抚部院补录交议以重权限。所有本会期内覆议印花税则一案缘由，除呈报资政院外，理合备文呈请抚部院察核施行。须至呈者。

为照会事。案准贵局呈报覆议印花税则一案请补录办法规则交局议决。等因。相应检同试办印花税则一册，照会贵局，请烦议覆，以凭施行。须至照会者。

计送试办印花税则一本。

头品顶戴江西等处承宣布政使司为议详事。本年六月初五日奉宪台札开，宣统元年五月二十三日准度支部咨丞参厅，案呈本部具奏印花票制成请颁发各省试办一折，又附奏印花税按照《奏定章程》妥慎试办一片，于宣统元年闰二月十四日具奏奉上谕一道。钦此。相应刷印原奏，附片恭录谕旨，并将所有各种印花税票开列数目清单，飞咨江西巡抚一体钦遵办理可也。计印花税票十一箱，派员赴部承领。计单。等因到本部院。准此，查颁发各省印花票，前据该司详经缮发咨文转给委员黄懋典等赴部承领在案。兹准前因，合就札行。为此，札仰该司即便查照，分别移行，一体钦遵。仍由司筹议办法妥定规则呈报察核毋违。计黏抄单一纸。等因。奉此，查印花税则及《办事章程》久经由司刊刷通行遵办，嗣奉度支部电饬派员请领。又经详委解饷便员黄令懋典等赴部请领。各在案。兹查奉发《办事章程》第三条内开，各直省藩署或相当局所附设管理印花税处，责成藩司遴派妥员专司本省发售印花事宜，遇有报部公件一面呈由督抚转咨，一面径呈度支部。等语。拟就本司署内附设管理印花税处，由本司自行总理遴派委员一人专司收发印花及本处一切事务，另派写生二名登记簿册、承办文牍。委员月支薪（永）〔水〕银三十六两，写生二名月给饭食各银五两。开办之始事务较简，所有薪水、饭食银两暂于提补捐款项下动放，将来办有成效，本处一切办公经费拟请在于所收印花税项下作正开销。现经本司撰成白话告示说明创办印花税之原因及贴用之便利，分发各厅州县遍发城乡村镇广为流传，一面通饬各属会同绅、商、学界随处演说出示晓谕，务使人民晓然于此项税则之宽简，以养成贴用之习惯。又此次奉发黏单内开，江西省奉派二十文印花税票，二百四十四万四千枚，百文，一百八十七万二千枚，千文，八十八万四千枚。领票委员旋省在即，每处应领若干，自应预为派定，以免临时竭蹶。惟开办之初能否畅行尚难预计，拟就各地方商务之繁简，先行派发十分之六，酌留四成，俟办有成效再行续发。所有承售印花执照，由司另行拟定刊刷，俟各属地方开办招定总发卖商人取具保结，由地方官加具印结详司给执，是否有当？合将拟订办事规则及白话告示、派数清折具文详请宪台查核批示，以便通饬各属一体遵办。除将开办日期另文呈报外。为此，备由呈乞照详施行。

计呈办事规则一本、白话告示一纸、清折一扣。

谨将遵照部章酌拟《购贴印花试办规则》十六条开折呈请鉴核。

一、开办之初事务清简，应设管理印花税处，暂行附设于本司署内，派委一员专司收发印花及一切收支款目各事宜，另派写生二名承办登记号簿及一应文件。本处按月应需经费先于提补捐款项下拨用，俟印花税办成后，本处一切办公经费拟于所收印花税项下作正开销。

一、报部公件及上下移文皆用藩司印信印行，毋庸另刊关防。

一、部发印花票到省后应视商务之繁简分别酌拨各州县照章发售，派数另折开列。

一、部章：各地方官奉到部发印花后三个月为施行之期，未施行以前，应先由地方官将印花税办法、税则及种类、式样、开办日期详细出示晓谕。等语。试办之初，先由本司编成白话告示通发各厅州县广为流传，再由各厅州县会同绅、商、学界随处演说，详细示谕，务使民间习于贴用。

一、税则第二条第一类第十一种佃户承种地亩字据价值是否按租数计算，原章并未声明，若不先为酌定，民间无所适从。今拟前项字据价值应以应纳租数计算，并拟每谷一石作制钱一千文，照章以十千文以上贴用印花。

一、部章：各种财务价值及印花税皆以制钱计算。但民间买卖借贷银洋实居多数，银钱市价涨落无常，听其随时折算既多争执，将来控诉到官是否贴不足数亦属无从核实，自应明定银洋折钱价值，俾民间有所遵守。今拟每银一两作制钱二千文、每洋一元作制钱一千四百文，将来银价大有涨落随时酌量详办。

一、各厅州县于印花票到日酌招殷实商家若干人取具地方绅士或地方商会保结，由地方官查明加具印结详司核准发给承售印花执照，为总发售人承办发售印花之凭证。

一、总发售人另招殷实铺户分售，呈报地方官存案。

一、经售人等领售印花及请发执照不得假手书吏，亦不得从中需索规费稍涉苛扰，庶几推行尽利，商民乐于遵行。

一、各厅州县领到印花税于开办两个月后呈缴价值，总发卖人及分售人缴价领票以及经售印花仍照《办事章程》第八、第九、第十等条办理。

一、民间需用印花，查照部章所定价值，备价向总发售或分售处就近购用，经售人等不得于定价之外浮收分文。

一、民间应贴印花如何贴用、如何画押应遵税则第四、第五等条办理。惟乡僻农民往往不备图章，应于印花票与纸面骑缝之间照章画押，以昭核实。

一、除部章所定之合同字据、保单、凭票、凭折、账簿各项外，价值不及十千文以及关系国家或地方公益善举事业所用契据、账簿，概免贴用印花。

一、各项应贴印花之件，其成交在此次定章开办日期以前者，照章一概免贴。

一、各厅州县地方情形不一，如有应行变通之处，随时由地方官禀请核示遵办。

一、现拟规则系体察本省情形筹办，如有未尽事宜，随时酌量增订，余遵部章试办。

各属应派印花税票数章程。

义宁　南昌　新建　丰城　宜春　萍乡　万载　清江　新淦　庐陵

临川　金溪　南城　上饶　玉山　铅山　鄱阳　乐平　浮梁　德化

大庾　南康　赣县　宁都　瑞金

以上二十五州县均系商务繁盛之处，每处二十文，二万六千枚，合钱五百二十千文；百文，二万八百枚，合钱二千八十千文；千文，九（干）〔千〕二百枚，合钱九千二百千文。

进贤　奉新　武宁　高安　上高　新昌　新喻　吉水　泰和　龙泉

安福　永新　崇仁　宜黄　东乡　南丰　新城　广丰　贵溪　余干

万年　星子　都昌　湖口　彭泽　信丰　兴国　会昌　龙南

以上二十九县均系商务繁简之处，二十文，一万七千二百四十二枚，合钱三百四十四千八百四十文；百文，一万三千四百四十九枚，合钱一千三百四十四千九百文；千文，六千三百七十九枚，合钱六千三百七十九千文。

靖安　分宜　峡江　莲花　永丰　万安　永宁　乐安　广昌　泸溪

弋阳　兴安　安仁　德兴　建昌　安义　德安　瑞昌　上犹　崇义

定南　虔南　雩都　安远　长宁　石城

以上二十六厅县均系商务清简之处，每处二十文，一万二千一百六十九枚，合钱二百四十三（干）〔千〕三百八十文；百文，八千二百枚，合钱八百二十千文；千文，四千四百三十九枚，合钱四千四百三十九千文。

呈请抚部院通饬实行上届常年会内本局呈请严禁待质所积弊由

为呈请事。查本局于宣统元年常年会期内呈请通饬严禁待质所积弊一案，奉抚部院批示：清理词讼定有严章，地方官遇有案件随到随审随结，何至有羁押酷虐之事？来呈所称各属待质所污秽私刑等弊，历经严禁有案。兹又札饬臬司严饬各属，申明禁令，查照议案切实施行。等因。奉此，本年常年会期内迭经人民陈请，据称，各厅州县于此案批准事件并未实行，遇有案情，无论轻重大小往往押禁无辜，门丁、差役因而索诈，族邻亲友辄被拖连。等情。本局查监狱制度，俟各属审判成立后自应一律改良，至待质所所羁人民犯罪有无，原在判决未定之顷，尤宜使之安处，勿加苛扰。应请抚部院再行严饬各属将历次严章及本届上年议案切实施行，则小民蒙福实非浅鲜。本局业于常年会期内公同议决。除呈报资政院外，理合备文呈请抚部院察核施行。须至呈者。

为照复事。案准贵局呈请通饬实行上届请禁待质所积弊一案，当经发交审查科公同审查。兹据该科员呈称，此案系已经批准行司严饬照办之件，今局呈谓各属有奉行不力情事，如果属实，殊为玩泄。应请如呈札行提法司重申禁令，严饬各属查照上次通行议案切实照办，不得阳奉阴违，自取咎戾。等语。经本部院于本月十五日会议厅议决，准予照行。除行提法司重申禁令，严饬各属一体遵办外，相应照复贵局，烦为查照施行。须至照会者。

呈催抚部院从速批答本局上届呈报议决本省税法一案由

为呈催事。案查本局上届常年会期内呈报议决本省税法一案，十月二十五日奉抚部院批：来牍阅悉。所议各节关系本省丁漕征解要政，是否可行，希候札行布政司会同学、臬两司，克日逐条议复，以凭裁夺施行。此缴。摘由批发。等因。奉此，本局当经照章由常驻议员存案，于本年会期内宣布。查此案系上年奉抚部院提出交议之件，本局议决之结果系呈请更正施行，抚部院并未确示批准或不以为然之意，仅以"行司议复"等语批复到局。迄今又将近一年之久，所有行司议覆之结果以及抚部院如何裁夺之处仍未奉有明文。谨查上年十二月宪政编查馆覆两江督部堂电开，督抚行司道核议系行政官内部之事，本无庸与局声明，谘议局即不必过问。至司道核议之后仍由督抚裁夺，如有应交局覆议者仍以督抚名义交局覆议。又查《本年厘订谘议局议决各项清单》第一款第一项称，督抚提交之案是必先已筹画研究，无待议决后始行调查；又第二款称，督抚对于谘议局议案既无不答覆之理，则答覆文中系非批准者无论有无"交局覆议"字样，谘议局得依据章程照督抚不以为然之件按章覆议。各等语。本局对于此案，细绎批旨，既绝不含有批准之意义，亦无所据以为覆议之事由，悬宕迟延，迄无下落。而各属议员之因浮收抑勒等弊提出议案者一交审查，佥以此案既无确定之答覆，则对于议决续呈之效力可知。业于本月十三日公同决议，认为关系重要。理合备文呈催抚部院，刻日速将本局上届会期内呈报议决本省税法一案确实批答到局，以免宕延，而重议案，望切施行。须至呈者。

为照会事。本年九月二十七日准贵局呈催批答上届呈报议决本省税法一案。等情到院。兹据审查科呈称，赣省丁漕征银折钱均有定价，从前银低钱贵，州县除办公外尚有盈余，近年来铜元充斥，银价日高，钱价日落，征钱州县皆受钱价之累，率皆征不敷解。国家丁漕岁入原为经常正款，解供饷糈即为额定出款，势不能受征钱、解钱之损失，而州县征不敷解究属实情。故抑勒洋价之案层见迭出，在州县明知违背法律而顾出此，且屡严禁令并经撤参示惩在案而仍不免阳奉阴违，则事实上之困难即为法律上之阻碍也。现奉部示照市酌中定价自为事实上之参酌，惟市价无定准，随时随地各有高下，势不能执一府一县一时之市价为规定，即各州县征、解不敷之数亦复错杂参差，尤未便为执一之规画以生种种障碍。然酌中规定之政策究事实上不可缓之图计。惟有分饬各府州县及自治各会士绅各按各县市价并参酌征、解不敷之实数照市价酌定，以弥缝征不敷解之数，其价由官绅会同酌商禀定立案，仍随市价为长落，庶可通行无弊。惟须由各州县与士绅公同议定禀准方可作为事实上暂行之规定。其有于禀定后任意加减者从严参究，斯抑勒之弊可除，州县亦可无虞赔累而能尽心民事矣。等语。于本月十六日会议厅公议，应照该科所议办理。相应照会贵局，烦为查照施行。须至照会者。

呈请抚部院批答上届常年会期中疑问乐平、万安两县漕米加收二百十六文成案由

为呈请事。谨案《宪政编查馆咨行厘订谘议局议决各项办法清单》第一款第三项内开，其事非详细调查不能裁夺，或不通轮电之地，事实上无可如何者，应将不能如期答覆缘由先行札知谘议局查照，但于下期开会以前必须答覆。等语。本局上届常年会期中呈报疑问丁漕钱价乞饬司批答一案，宣统元年十月二十二日接奉抚部院复函内开，前准来牍疑问税法及丁漕钱价各议案六条，当即行知布政司查复。兹由司呈送清折逐条答复，因备文不及，特照录附函送览，其中尚有饬查再复事件，又敝署档案亦应细查容俟续详。附司呈请折一扣。计开一。奉抄单内开，乐平、万安二县完纳漕米一石，较各属多征二百十六文，向称此系兵米费，其加增之原因，应乞批答。查此项加收案据因道署同治年间不戒于火，焚毁无存，俟札饬各该县查案禀覆。等因。奉此，本局当经照章由常驻议员存案，现届第二次常年会期，自应公同宣布。查前呈疑问乐平、万安两县漕米加收之

数，至今已将一年，尚未奉行知各该县查覆之结果，议员等颇持异议，以为各处既皆无案可稽，自必因向来习惯上多收此数，以至日久遂为定额。税法以公平为原则，本省征收丁漕自有定价，该乐平、万安二县岂能于通行定价以外独任此不平均之负担？业经提出议案拟请视为附加税，以其每石漕米加收之二百十六文拨归该二县自治会经费之用。本局会议时，佥以既经饬查之件，未奉抚部院行知到局，自未便遽认为逾额多收并无案据，另议其他处理之法。惟该乐平、万安二县以奉饬查覆之案，迄今一年之久，并不详查禀覆，以致本局无所依据，实为任意延宕，自应再行质问，呈请抚部院从速批答以释疑惑。本局于会期内决议，意见相同。除呈报资政院外，理合备文呈请抚部院察核施行。须至呈者。

为照会事。本年十月二十二日准贵局呈请批答上届疑问乐平、万安两县漕米多征钱文一案。兹据审查科呈称，赣省漕粮本有定额，以银折钱亦有定价。谘议局呈请查示乐平、万安二县每漕一石较各属多征钱二百十六文，在该绅等见征数之有加，致滋疑虑，爰检案确查此项多征钱文始因该二县征解兵米赔累。同治四年漕米改折案内经前抚院孙奏明该县每石加征银二百文，同治七年丁漕改征银两案内经前抚院刘奏明该二县每石改多收银一钱二分五厘，同治十三年前户部议奏丁漕改征钱文案内又经奏明该二县照每两合钱一千八百文计每石改多征钱二百十六文，均经迭次奏咨有案，是此项多征之数并非额外浮收，自应照案札复以释疑虑。等语。经本部院于本月初一日会议厅公同议决，即照该科审查缘由备文照会贵局，请为查照施行。须至照会者。

呈请抚部院查照上届常年会议决调查公产议案严饬万年县遵照办理由

为呈请事。谨案《奏定谘议局章程》第六章第二十一条第十二项内开，收受本省自治会或人民陈请建议事件。等语。兹据请议审查会报告提出万年县裴颂墀等陈请案称，现在地方筹办新政在在需款，上年贵局常会期内议决调查公产一案，呈请抚宪通饬地方官会绅破除情面，实行清理在案。查万年公产如汪姓之兴贤堂、刘姓之辅文堂、饶姓之宾兴馆均经拨出不假捐户之手，以免盘踞而杜物议。惟崇文堂公田二百六十九亩，计租四百六十石，向为科场经费，自停考后至今仍归捐户方姓掌握，虽迭经地方绅士禀拨而方姓巧为掩饰，终不付出。方姓见调查公产议案并未施行，格外取巧，声称此款作府省肄业津贴，业于本年四月捏列多人姓名赴提学衙门具禀立案。岂知地方公产无论作何公用均宜如数拨出，另选富绅经理方免侵吞。若任方姓饰词搪抵始终据为（已）〔己〕有，名为公款，实饱私囊。既称津贴学生，现有留学日本周道万每年需费四百六十元，前此回籍向伊支费何以不（拔）〔拨〕分文？岂有府省肄业者可津贴，留学日本者不可津贴乎？总之，在府省肄业之生人数无多，费可由伊酌派自管自用，而收付细账不令人知，其借此为名希图私饱已可想见。今当清厘公产之际，拟请转呈抚宪严札饬县勒令如数拨出，由议事会、董事会妥为商榷作何公用，拟定章程择绅经理，庶地方得一分公费即地方可多办一件公务，化私为公，合邑实受赐不少矣。等情到局。据此，本局查上届常年会期中呈报议决抚部院发交调查公产一案，奉批：所议多系自治范围以内之事，希候札饬地方自治筹办处，通行各地方官暨各社会法团查照办理。等因。自系已奉抚部院批准公布施行之件。又查《自治章程》第九十条内开，自治经费以左列各款充之，其第一项有本地方公款、公产等语。谨案地方公款以之拨归地方公用，本为正当办法，自未便因个人措执致阻进行。应请抚部院查照上年批准公布施行之调查公产一案，严饬万年县遵照办理，以维新政而免争竞。本局业于会期内公同决议，意见相同。除呈报资政院外，理合备文呈请抚部院察核施行。须至呈者。

为照会事。案准贵局呈请查照上届议决调查公产议案严饬万年县遵照办理一案，当经发交审查科公同审查。兹据呈称，查各属公产，类由私家捐集而来，既捐入公之后即应归公众经理以清界限，此通例也。本省各属公产上届谘议局呈报决议调查一案，当经札行地方自治筹办处通行各地方官查照办理，盖欲就地方原有公产济地方办理各项新政之需也。局呈所称万年县崇文堂田租四百六十石，原捐之方姓格外取巧，捏列多人姓名请将此款拨作府省堂肄业生津贴，赴提学衙门具禀立案各节，调查卷宗，曾据附生方焕南等禀请，将租捐文会堂田租变通奖励并缮具简章，只称拟将此款专作赴府省等处及出洋学生津贴暨毕业朝考制科朝考川资，并派定股数于年终分别发给，列表张贴，俾众周知，并无由方姓独管之说。另据邑绅王廷纲等公请立案，当经学司核明批示，有如果县中后来办理学堂及出洋学生学费并不需用此款，应准照办等语。仍属以公济公之意。若方姓借此掯留自管，不肯归公，殊属非是。应请准如谘议局所请，行司转饬万年县督饬方姓如数拨出。查照本科此次审查调查地方财政办法，由自治会公举正绅经理，另行公定支用章程以符通案。等语。经本部院于本月十五日会议厅议决，即照该科所议办理。除札行布、学两司转饬万年县督饬方姓将款如数拨出，交由自治会公举正绅经理外，相应照会贵局，烦为查照。须至照会者。

呈请抚部院查办各属对于限制演戏一案延宕不行并申明前案饬禁以重议案由

为呈请事。谨案《奏定谘议局章程》第四十二条内开，凡议决事件，除议长、副议长同意，认为应行秘密者外，均公布之，并应随时报告督抚及资政院；又《宪政编查馆咨行厘订谘议局议决各项办法清单》第四款内开，督抚批准公布施行之件既由督抚行文，文到后行政官吏亟应实力奉行，惟须有限期与无限期之别，如明定期限，以到所定期限为断，不定期限之案，以到次期常年会为断。各等语。本局谨查上届常年会期中呈请通饬各属限制演戏一案，奉抚部院批：来牍阅悉。演戏聚赌大为风俗人心之害，所议规定取缔方法，于去泰去甚之中，寓从俗从宜之意，允宜公布施行。所称员弁胥差得规包庇，尤应查明惩办。至以会产兴办族学公益事件，亦须官为劝导，绅为辅助，方有效力。希候札饬布政司通饬示禁，并行抚州府、安义县从严禁绝，据实详报。此复。等因。奉此，兹据南康府属议员黄兰芳提具议草内开，安义县今年变本加厉，六月间城隍祠演唱女伶，观者如堵，男女混杂，亵神败俗，莫此为甚！且因人众生事打毁禁烟分所，亦由禁烟委员颇为认真，独结烟徒之怨，后经调停寝息，禁烟委员亦不敢如前此认真矣。女伶演毕复演男优，仍四十日之久，由是乡间陆续接演，毫无顾忌。

九、十月间徐家埠五显庙演戏亦有二十日之久，尤为烟赌聚集之薮。统计合县縻费总在七八千金。等情。又抚州府全体议员谢增龄等提具议草内开，演剧之害，去岁言之綦详，及奉抚宪批饬抚州府从严禁绝，议员等以为可收效果矣，乃各属未张贴一示，民间亦若罔闻，知赛会如故、演戏如故，烟赌私宰亦依然如故，縻费金钱，(防)〔妨〕害农事，实于民间生计大受影响。等情。又饶州府属议员黄钟提具议草内开，今岁早稻登场之后，万年县东乡之陈营村、西乡之齐家埠，南乡之九龙岗、北乡之石梓埠，鄱阳县之饶家埠东林户等处，借奉神之说以煽诱乡民，自七月望后至十月止接续演戏，此会散戏，彼会续演，赌厂赌案以数百计，烟馆以数十计，员弁胥差徒索规费，盗贼日多，不胜其扰，伤风败俗，莫此为甚！又南昌府属议员冷开运提具议草内开，禁止演戏，上年会期内已经公同议决呈请抚部院核准施行，迄今一年，各属禁止者未闻一二，而演者如故，以致烟馆、赌博、私宰、贼盗及游民滋事、胥差得规包庇等弊固结难除。方今百度维新，岂容此等旧习妨害治安？惟载在祀典庙宇，未能一概禁绝，仍宜示以限制，不得累月不休。其余淫祀神庙、傩戏、会戏概宜严禁。将会产拨兴学务，先从简易识字学塾入手，俟办有头绪，再行推广蒙学、小学。此就禁止演戏而论，除一害而烟赌等害可除；就兴学而论，从简易入手，为无力就学者起见，人心必愿乐从。各等情。业经本局付之会议公同讨论，佥以上届呈请限制演戏一案，系奉抚部院批准公布施行之件，虽未明定期限，现已届次期常年会开议期内，而各属地方官尚无照案实力奉行之事，其足以破坏本局议案公布施行之效力者，业已显著其端。馆咨所谓应办事宜，若局中之议决尽托空谈、官吏之施行鲜求实效，则谘议局直同虚设，其何以资振饬而济时艰？等语。本局于此实不能不为之滋惧。查馆咨督抚批准公布施行之件，该管官吏故意延宕不行者，谘议局得照局章第二十八条办理。此案既经各属议员具情提议，是其延宕不行已有确证，本局自应照章呈请抚部院查办，并申明前案，通饬严禁，以重议案而保全公布施行之效力。业于会期内议决。除呈报资政院外，理合备文呈请抚部院察核施行。须至呈者。

为照会事。案准贵局呈请查办各属对于限制演戏一案，当经发交审查科公同审查。兹据该科将定议缘由并拟呈细则，经本部院于本月十五日在会议厅公同议决，应将该科所拟办法相应照复贵局，请烦查照议覆，以凭施行。须至照会者。

计抄审查科呈折一件。

谨将审查限制演戏一案开具说帖呈核。

窃维俳优歌舞，吾国以为悦目娱心之事业，外国以为觉民牖智之模型，用意固属不同而程度亦复相去甚远。今以酬神赛会敛钱演戏废事失时，诚为无益之举，自应重申前令，通饬禁止。但上司虽有风行雷厉之文，各属仍不免有虚应故事之虑，非条教号令之不行也，法律施行之手续苟不完备，则满贴示谕亦具文耳，乌能发生法律效力？窃谓宜明定细则，分别应限制与不应限制二种。盖民情习惯固宜予以因势利导之新机，即风俗改良亦应有观感奋兴之动力，但无益之举如傩戏、会戏、神庙戏等应提取经费拨充教育、警察之用。以地方之财办地方之事，则人易从，去无谓之举办有益之事，则理甚顺，且款既提取，岂容易再行积聚？则此风亦不禁而将绝，是当由地方自治之能力补助官治之所不及，逐月报告以定考成，此则可望收法律实施之效也。合将审查定议缘由并另拟细则一折呈核。

剧场取缔细则

不应限制者如左：

第一条　演剧宗旨以振起尚武精神、发扬忠孝节义，无论古今中外，其事实情况足以感动社会、导引文明即不在限制之内。

第二条　国家庆典、父母诞辰、地方纪念、祀典庙祭，凡属祝厘报功之事不在限制之内，但不得逾二日以上。

应禁止者如左：

第三条　酬神赛会迷信神权，耗有用之钱为无益之举，其演剧当禁止之。

第四条　敛钱谋利与及开场聚赌、私售洋烟，此等演剧当禁止之。

第五条　淫词艳曲、奇服（冶）〔异〕装、混杂男女、败坏风俗，其演剧当禁止之。

允许之手续：

第六条　无论国家庆典、父母诞辰、地方纪念、祀典庙祭，但有演剧之举，前五日先将地名、时日由首事呈报地方官核准，方得开演，若地方官或认为有害公安之虞之时，仍得禁止之。岁收荒歉、水旱疠疫、盗贼不戢、邻境有事，均在限制之内。

第七条　地方官吏核定准行即发给允许证，以凭开演，随时受警察、官吏之检查。如查无允许证者，勒令停止；若违抗不停止者，究办。

第八条　剧场为众人集合之地，应由警察官到场临监并派巡警保护。

第九条　剧场戏本先呈报警察、官吏审定无害风俗之虞者方得开演。

第十条　剧场允许证由地方官知照地方警察署发给，不许勒索分毫。

第十一条　剧场应分男女，不得紊乱秩序。

第十二条　地方官每月应将演剧事由及地名、日期并事主姓名、班名、戏目列表呈报巡警道署，如无演剧之举，亦须报明。

呈请抚部院查办上届公布严禁邪教一案各属延宕不行并请重申禁令以重议案由

为呈请事。谨案《宪政编查馆咨行厘订谘议局议决各项办法清单》第四款内开，督抚批准公布施行之件，既由督抚行文，文到后行政官吏亟应实力奉行，惟须有限期与无限期之别，如明定期限，以到所定限期为断，不定限期之案，以到次期常年会为断。等语。本局查上届常年会期内呈请严禁邪教以维风化一案，奉抚部院批：来牍阅悉。邪教惑民，律有明条，希候札饬按察司会同巡警道即饬各属严行拿办，抚、建两府尤应查禁。此复。等因。奉此，兹据宁都州议员陈焘提具议草内开，邪教之害，已奉抚宪批准饬禁，有地方之责者，亟应遵照宪批雷厉风行，一律革除，以杜后患，而乃视若具文，毫不整顿，以致邪氛不靖，日益披猖。近来吉、南、赣、宁各属到处设坛，男女混杂，种种怪状难以形容，败俗伤风，莫此为甚！自大伯死后又有所谓三叔、五叔者为之，首领人本痴愚，而丑类欲借之以为招摇，故极力崇拜，尊之如天帝，足迹所至，男女会集多至数百人，泥首叩接，及至道坛，则陆续跪拜至一二时间之久，不命之止不敢止。于是恣杀牲畜，必以七牲之头公祭大伯，香则沈檀满炉之重以百斤计，至少亦数十斤。祭毕，则麇聚一堂，或数十抬或数百抬不等，有酒如池，有肉如林，恣意饮啖，尽欢而散，晚则露宿于林莽之间，毫无嫌忌，其亡廉丧耻，莫此为甚！每逢大伯冥寿，聚众益多，筵宴愈甚。人之习是教也，其原于迷信者尚居少数，其借神怪以徒哺啜者实居多数。科举既罢，士类无所谋生，竟有绅衿亦腼颜溷迹其中，穷其流极，恐将来必有以拜道为名潜谋啸聚者，不可不思患而预防也。应请再呈抚宪严饬查禁。等情。据此，本局公同讨论，佥以此种大伯教实由福建沿至南、宁、赣各处，抚、建各属皆其支派。上年既奉抚部院批准饬禁，认为公布施行事件，虽未明定期限，而现今已届第二次常年会期，地方官吏视为具文，延宕不行，自应由本局指明事实，援照局章第二十八条之规定，呈候抚部院查办，并请申明前案，通饬严禁，以重议案而保公布施行之效力。本局于会期内议决，意见相同。除呈报资政院外，理合备文呈请抚部院察核施行。须至呈者。

为照会事。案准贵局呈请查办上届公布严禁邪教一案，当经发交审查科公同审查。兹据该科呈称，查谘议局上届公布严禁邪教一案，各属延宕不行，在牧令固难辞咎，今欲重申前令，严札各属认真禁止，即使地方官吏奉令维谨，亦不过发一谕、出一示而已，于实际上仍未大收其效也。窃谓地方自治会既已成立，应派宣讲员随时演说，启迪民智，以祛迷惑，其中有借神权敛钱及酣豢酒肉、妄言祸福、簧鼓众听，大抵无业之人最居多数。至大伯等教尤为风俗之害，应速禁止解散，不准到处设坛。即如三叔、五叔之名色，亦不准托名惑众。嗣后如再有此等情事，地方绅董调查得实，应报告地方官，照“左道惑众”例分别究拿，庶邪正不至混淆，官民亦不虞隔阂，官力之所不及，有地方自治以协助之，邪教可渐息也。等语。经本部院于本月十五日在会议厅议决，应即照催实行查禁。除行巡警道通饬各属地方官绅合力严禁外，相应照复贵局，烦为查照。须至照会者。

呈请查照上届议奉批准烟害赌博各案通饬实行不得故意延宕由

为呈请事。案查上届常年会期中呈报议决抚部院发交烟害议案，奉批：来呈阅悉。本部院于禁烟一事三令五申不惮从严办理，即照章饬行牌照捐实亦意在于禁，并非意在于征。前据饶州府王守拟呈禁烟办法尤为严切，业经通饬施行。察核所议各条均属饬禁要端，仰禁烟公所会同巡警道即便查照叠次禁烟章程与此次条议，通饬各属，一体相辅而行，一面分别移行遵照。此复。又查上届呈报议决抚部院发交赌博议案，奉批：查禁赌一事，前据陈三立等公拟拒赌会章程、图说、证书等件禀，经本部院批道：妥拟示稿，通饬查禁。又据南、新两县详革站夫名目严禁聚赌，亦经批据各该县会详，议设夫马专局，请予拨款开办。等情。又经批司议详咨部各在案，现尚未据详咨。兹据所拟禁赌各条，均属妥协，应与陈绅前呈章程等件一并再行通饬严禁，以期剪除恶习，是为切要。仰布、按两司会同巡警道查照前令批示办理，一面由司迅将革除站夫设立夫马局，拨款开办缘由妥议详咨立案，并移该局知照。此缴。抄申批发。各等因。奉此，谨绎批旨，自系已奉准予公布施行之件，各属行政官吏自应实力奉行，乃本届常年会开会，议员麇集，报告各属禁办烟赌情形，佥以法行自上，舞弊于下，而犯法者或且敢明目张胆恣所欲为，即如饶州府王守悬厉禁严察于上，各州县亦奉宪示推行于下，在小民似宜知所警戒矣，乃蔓延四乡，毫不知警。论者咸以为乡绅之不相助为理，而不知丁役假公肥私，明为查拿，隐为放纵，加以泛守委员公然以陋规责之于民，视为固有之权利，此烟赌之根所以牢不可拔也。本局谨案《宪政编查馆咨行厘订谘议局议决各项办法清单》第四款内开，督抚批准公布施行之件，既由督抚行文，文到后行政官吏亟应实力奉行，惟须有限期与无限期之别，如明定期限，以到所定期限为断；不定期限之案，以到次期常年会为断。如于各该限内而该管官吏未经声明窒碍情形，详奉督抚批准展限在前，故意延宕不行者，该局得照局章第二十八条指明确据，呈候督抚查办。等语。自应呈请抚部院查照上届批准案由，申明禁令，通饬各府厅州县严禁泛守委员及差役人等，不得再有抽收陋规及任意延宕不行情事，以重议案而除民害。本局业于常年会期内决议，意见相同。理合备文呈请抚部院察核施行。须至呈者。

为照会事。案准贵局呈请查照上届议准烟害、赌博通饬实行一案，当经发交审查科公同审查。兹据该科呈称，窃查烟赌之害为祸甚烈，江省惰农于秋收后趁墟赶赌，以演戏酬神为名，逢场抽赌为生，往往以终岁勤劬所获一掷而尽，因是以破家荡产，所在多有，而尤花会为尤烈。至于站赌则几乎无县无之，虽屡经通饬查禁，而阳奉阴违，卒不能殄其遗毒。前据陈绅三立等公议《拒赌会章程》，立意极为周密，然有治法尤贵有（冶）〔治〕人，章程虽善，所扼要者惟在乎执行之力，乃能收进行之效，各牧令于奉文严禁事件，应如何矢以实心、持以毅力？今据谘议局呈称，各属报告，禁办烟赌情形仍不少减，且泛守委员公然收受陋规，丁役假公肥私，明为查拿，隐为放纵，如果属实，殊为大干厉禁。应如所请，申明禁令，通饬各府厅州县严禁泛守委员及差役人等，不得再有抽收陋规及任意延宕不行情事，以除民害。惟烟赌之禁，自治总较官治为严，现在各属城乡镇各筹自治，革除烟赌，全在破除情面，如有包庇烟馆聚赌抽头情事，应即合力阻止，补官力所不逮。似此官绅互相纠察，则赌风自可永远革除。等语。经本部院于本月十五日在会议厅议决，准即实行查禁。除行禁烟公所、巡警道通饬各属地方官、绅合力严禁外，相应照复贵局，烦为查照。须至照会者。

呈请抚部院实行革除烟害限期禁卖由

为呈请事。案准《奏定谘议局章程》第六章第二十一条第一项内开，议决本省应兴应革事件；又第二十五条内开，除第二十一条第二、三款外，谘议局亦得自行草具议案；又第七章第四十二条内开，凡议决事件，除议长、副议长同意，认为应行秘密者外，均公布之，并应随时报告督抚及资政院。各等语。本局窃查上年常年会期内抚部院交议应革事件烟害案内分禁种、禁吸、禁卖三项，前二项已由本局决议责成地方官及拟定办法七条呈请公布。惟禁卖一项，当以江省地方辽阔，对于牌照捐未能决定推行尽利，现经试办一年，于禁卖一项固无实效，并已办之禁种、禁吸二项生多少之阻碍，非筹一切实禁卖办法，难望烟害之革除。况国会现定提前三年，烟害一层自宜从速革除，方无愧国民资格。盖沉痾在躬终须涤除，除恶惟恐不速，不得畏难苟安。拟以宣统三年五月内全省各厅州县土膏店一律禁绝，逾限违禁私开及借口过境私卖者，除店货充公外，并治以应得之罪。至办理时如何杜奸商之营私舞弊，则在官、绅合力共筹坚持，以要其成，此行法之问题，非立法之问题。应请抚部院通饬官吏如限办理，行之以严厉，出之以奋迅，庶几革历年之锢习，而杜莫大之漏卮。且既已禁卖，则禁种、禁吸二项方有实效。谨拟禁卖办法四条如左：

一、江西全省烟土店限于宣统三年五月内一律禁绝。

五月为商家清理账目之界限，江西全省之习惯，即以此习惯为禁卖土膏之限，于商业情形较易推行，既有半年之时日为各土商清账改业之预备，并非强人以所难行。

二、烟土店封禁以后，凡他省土商运土过境必在进口关卡验明烟土之数，填给凭照方准入境，至出口关卡必将进口凭照验明土数相符方准出境，如有中途私卖即将全数充公。

三、烟土店违禁私开者店货充公，携带分投零卖者监禁一年，充公物价一半赏给报信【人】及拿获人，一半充地方自治戒烟经费。

四、封禁期限已到，须派专员分赴各处密查，以定赏罚。

按兹事体大，非官、绅均负责任恐难一律办到。封禁之责在官吏须以雷厉风行之手段出之，地方士绅亦宜力赞其成，以袪桑梓之害。派员密查时，官吏之怠惰因循者固有相当之罚，而绅、商之垄断罔利、不顾大局者尤宜严办。

以上四条本局于常年会期内议决，以为本省应革事件，应请抚部院核准按照期限切实施行。除呈报资政院外，理合备文呈请抚部院察核施行。须至呈者。

为照会事。案准贵局呈请实行革除烟害限期禁卖一案，当经发交审查科公同审查。兹据该科开具说帖呈核，除行禁烟公所查照办理外，相应抄录说帖照复贵局，烦为查照。须至照会者。

计黏抄审查科呈折一扣。

谨将审查呈请革除烟害限期禁卖一案开具说帖呈请鉴核。

窃烟毒宜戒，国民莫不周知，而至今除恶未尽者，虽锢习因循，亦由于立法之不善，未从根本入手耳。局称，江西禁卖烟土对于牌照捐未能实力奉行，经办一年尚无效果，拟于宣统三年五月内全省各厅州县土膏店一律禁绝。等语。自为铲除烟害速厥成功起见，所拟第一、第三、第四等条办法亦妥，应请照准施行。惟第二条关于稽查过境烟土但以验明进、出口凭照填给之数目，为杜中途私卖之法，此中不免疏虞。查江西《膏土牌照捐章程》内载，凡烟土过境，除按执照箱单查验符合外，更有提存公栈派丁押送等办法，较为周详。然禁卖只限江西，过境烟土仍许往来自便，势必价高利厚，百弊滋生，但于出口之时混杂他物朦充过境，而实土已暗售本省，事至难防。且去害图强理宜全国一致，浙、（阅）〔闽〕、皖、赣畛域何分？近据资政院议决《禁烟章程》有于宣统三年六月一律禁运。等语。是所指并无分省界，其期限又与谘议局所拟相同，与其移祸四邻宽以私卖之路，何若包扫一切，绝其禅贩之源？拟俟资政院议决章程奉旨颁发到赣后，即行遵照办理。至拔去烟毒尤以推广戒烟会、储备戒烟丸药为急务，虽属行法问题，先经颁布多未实行，应并通饬各属实力筹办，庶可以涤旧染而作新民。所有审查呈请革除烟害限期禁卖缘由，理合开折呈核。

江西谘议局第二次常年会呈报议决案·下卷

呈请抚部院实行限制派销书报由

为呈请事。谨案《宪政编查馆咨行各省督抚厘订谘议局议决各项清单》第四款内开，督抚批准公布施行之件，既由督抚行文，文到后行政官吏亟应实力奉行，惟须有期限与无期限之别，如明定期限，以到所定期限为断，不定期限之案，以到次期常年会为断。等语。案查本局上届常年会期内呈请限制派销书报一案，十一月十八日奉抚部院批：来牍阅悉。所陈派销书报之弊，洵属深切著明。查近来派发各报，由京师各署咨送者有《政治官报》、《学部官报》、《商务官报》；由两江饬派者有《南洋官报》、《泰晤士报》；本省派发者有《学务官报》、《蒙学报》、《农报》、《日日官报》。除《政治官报》为考求时政必阅之书，应俟本部院酌定办法另饬遵照，《商务官报》原发无多，均毋庸议外，《学部官报》向系径发提学司，计若干分，无从查悉，及其余各报应如何酌量减发，暨嗣后有请派销书籍如何酌定限制之处，希候札行各该衙门按照所议，分别核定详复通饬遵办，并详报两江督部堂查核。至决议照办事件，照章应登报公布，应否即以《日日官报》为宣告机关，并由藩、学、臬三司妥议章程另案详夺。此复。等因。奉此，本年正月二十四日，接准洋务总局移开，宣统二年正月初四日奉抚宪冯批，本局详复谘议局请将一切书报减派各学堂一案，核议减销《日日官报》，并停派《泰晤士报》，请示祇遵由。奉批据详已悉。《江西日日官报》准分别大小学堂，无论公立、私立，均照所议派销。至上海西文泰晤士报章既于商学各界无益，应照详截至元年底止，概免派销，以节糜费。仰候咨明督部堂查照。并由该局速移上海道知会该报馆知照停发，仍移藩、学、臬三司知照。缴。等因。奉此，除移上海道知会该报馆停发，并分别移行遵照外，合就抄详移会谘议局，请烦查照。计移送抄详一纸。内开，宣统元年十一月二十六日奉宪台札开，宣统元年十一月初二日据江西谘议局呈称，窃维开通民智无过报纸与各科学书，是以立一学堂必派书报数份，原立法之初意，固求文化之灌输，无如积久弊生，遂为学堂之累。盖书报虽觉世牖民之物，然揆诸劳心劳力分功食报之例，亦含有营业性质，是必平均为竞，极深研几，而后真理渐出。迨作者之程度日高，斯阅者之聪明自启，惟如此之书报乃有价值之可言。今既官为派销，无须优劣之战胜则膺斯任者，薪金坐领，必且毁瓦而画墁。而承其流者，规费上供，长此，还珠而买椟，徒使有用之金钱、难得之时光暗掷于陈陈故纸之中。丙午年催办蒙学堂，清江县有一部分设立三区，每区每年由地方津贴馆谷二十石，禀官立案后，书报叠来，应接不暇，冬季竟压销暗射地图一具，需银五六两，夫蒙学中何能用暗射地图？乃不容置辩，竟耗去一年津贴之半，明年遂不克成立，徒使发起者灰心，反对者借口，即具热心之人不敢极力提倡。且既派销，胥役因而勒索规费、茶礼，巧立名目，流弊尤多，地方官不能尽察。本局于会期内公同决议，酌拟限制办法，嗣后无论何种书报，除府厅州县中学堂及劝学所派销一二分外，凡公立、私立各小学堂财力有限，规模尤小，一概免其派销，以维学务。理合呈请察核施行。等情到院。据此，除批复印发并分行外，合就札局，立即查照所议及批指各节，分别酌议详复察夺。毋延。切切。等因。奉此，查本局经营派发上海《泰晤士报》及兼辖派销各属之《日日官报》，其余各种书报以及决议照办事件应否即以《日日官报》为宣告机关，已奉宪台饬由藩、学、臬三司妥议，毋庸由局参议。所有上海《泰晤士报》，卷查上年十月间，奉准前督宪端奏明咨赣饬于商界、学界中代销百分，并奉宪台饬由本局经收派送商、学各界及各署局阅看。惟此报西文多、华文少，报价又巨，商、学界因恐受累，均不愿派销，前曾纷纷退回。当因事关奏案，本局势难退还，且每日续出之报源源寄来，又未便置之高阁，经局议请仍分派商、学各界阅看，长年报价共规平银二千两，请由藩库筹给，一律邀免缴价。等因。详奉宪台批准，照办在案。是《泰晤士报》虽派送各学堂阅看，并未派令缴价。至《江西日日官报》缘从前原设官报局系按旬出报，派销各属，甚属迟滞。嗣于光绪三十二年经本局会同前官书局详奉前宪批准官商合办，定名《江西日日官报》，议定章程，照局分派各属，转售官、绅、商、学、士、庶各界阅看，每分官报价值足钱三百九十文，于光绪三十三年正月开办，至各属派销各学堂若干分，无恁查悉。兹奉饬议应如何酌量减发，拟请通饬各属，嗣后此项官报每大学堂只须派销三分，小学堂只须派销一分，无论公立、私立均须派销。此报乃登载政治之要务，为开通学识之机关，报价尚廉，需费无几，于各学界不无裨益。是否有当，理合具文详复宪台俯赐察夺批示祇遵。再，查上海西文泰晤士报章，商、学界中能识西文者甚鲜，其加译华文者仅止半页，又不足以餍阅者之心，似于商、学各界裨益甚少，而藩库每年虚縻报价规平银二千两亦难为继。际此库款匮竭，筹措维难，本司职道等拟请将此项《泰晤士报》截至元年底止，概免派销，以节縻费。应请由宪台转饬上海道知会该报馆知照停发，并请咨明督部堂查照。是否有当，伏乞宪台一并查核施行。各等因。准此，本局当由常驻议员存案，于常年会期内公同提议。详绎抚部院批旨，是已准予公布施行之件。惟藩、学、臬三司妥议章程另案详夺之结果，迄未奉抚部院批行到局，无从悬揣。查洋务总局详文内开各节，除《泰晤士报》业经停派毋庸置议外，至议决照办事件自应登入《江西日日官报》为宣布机关。本局业于本届常年会期内议决《法令公布规则》并《改良官报》办法，呈请抚部院核准公布施行案内，计呈《法令公布规则》第六条内开，凡公布应先登官报再行揭示；又《改良官报办法》第十一条内开，各厅州县自治公所对于官报认为分销官报之机关。各等语。于十一月十八日备文呈请在案。《日日官报》一种亦可无须派销，即由各学堂及绅、商各界私自向本邑自治会公所购阅较为便捷，而免勒派之弊。此外，各种书报各厅州县仍前派销，并未实行限制，而且分派稽迟动逾数月，今年看去年之报，名为新闻，久成故纸，胥役勒索规费、茶礼（数）〔屡〕见不鲜。本局自应仍执前议，无论何种书报，除府厅州县中学堂及劝学所派销一二分外，凡公立、私立各小学堂一概免其派销。应请抚部院再行公布严饬照案施行，以免延宕而重议案。本局业经公同决议，意见相同。除呈报资政院外，理合备文呈请抚部院察核施行。须至呈者。

呈请代奏请【速】开国会由

为国势极危、人心难失，吁恳从速召集国会以救危亡谨请代奏事。窃去年冬季、今年五月各团体一再伏阙上书，未蒙允许。恭读上谕，仍俟九年筹备完全，再行降旨召集。钦此。闻命之下，钦悚莫名。乃为日无几，时势瞬变，自《日俄协约》告成，而日本即实行吞并高丽，举数千里之土地、千余万之人民囊括而席卷之，曾无亡矢遗镞之劳，韩臣且弭首帖耳，列强亦熟视无睹，而自箕子以来之声明文物遂如灰飞烟灭，无复留贻，即黍离麦秀、怆怀故国而抱遗民之痛者亦渺不可得。《书》曰："兼弱攻昧，取乱侮亡。"古今天演之公例。然则亡朝鲜者朝鲜也，非夫人而能亡之也。今磨牙择肉、棋布满洲、拊背扼吭，陪京人民惊惶无措，海外群雄又抱其均势主义，乘机会而抵隙蹈瑕，巨祸何堪设想？当此唇亡齿寒之时，已无曲突徙薪之暇，即欲偷安，旦夕而不得，而可从容坐论，按照九年期限而冀万不可获之效乎？且即筹备言之，有国会与为协赞、与为监督，裨益讦谟，亦未可置为后图者。今者筹备已数年矣，而财政日繁，生计日枯，国势日危，人心日涣。今日立一政，而后此之筹画或与相妨，中央欲集权，而外省之交争莫能相下，乖隔分离，不相统一，糜费巨万，效果毫无，此即无外侮纷乘亦当急谋补救之法。若长此不变，恐九年筹备之期未届，而生民之精血已尽矣。伏读上谕，又以匪徒滋事为忧。此正由国是未定，革党得乘机煽惑，而穷黎之处于水深火热无所控诉者，不惜以父母妻子倚赖之身，横发盲从以求一逞也。使一旦奋然改图，好恶同民，机关特立，则民之蜷伏于衡轭之下者，旷然如拨烟霾而睹天日，人人知朝廷之爱我，谁复甘心从乱？彼悖逆妖言不久自熄。是收人心、镇大变，无过于速开国会。若圣虑以各省偏灾、伏莽未靖为宪政前途之阻，议员等愚暗，窃谓可消弭于无形也。夫时机孔迫，百事废弛，如处漏舟之中，四面漩涡，风涛险恶，长年三老束手无策，然与其坐待沦胥，何如发愤自强，为万死一生冲出重围之计？盖中朝久开文化，衣冠礼乐，雅步优游，而未历试于生存竞争之场，故耳目不习、心志不坚，地以广而不相团结，人虽众而不能合群，甚至人民与国家之关系生命视政治为安危亦不知其所以然，故淡焉漠焉而不相联属。今虽处于至危极险之地而究不知其受病之源。诚使国会一开，下哀痛之，诏君臣上下戮力同心，材智有练习政事之资，庶民知患难与共之谊，则天下安危，匹夫有责，国本不固，身于何有？将见智者竭其谋，勇者竭其力，富者殚其资，前之彼疆此界者，今则胡越同舟矣，前之趋避推诿者，今则同仇敌忾矣，争先恐后，如赴私仇，竭力致死，以谋公益，非人性之顿殊，实由利害之切与不切使然也。伏读上谕有曰：议院一开，即足致全功而臻郅治，古今中外亦无此理。圣谟宏远，岂能赞辞？然处今日民族竞争时代，舍此一术实无以转危而为安、转弱而为强。稽之泰东、西事，历历不爽，况目今时势阽危，开国会犹可以结群情，不开国会又何策可以却外患而固邦基？且揆诸我国古者聚众庶询国危之义，亦应开诚博采，以维系人心。宋臣苏轼有言："人心之于人主，如木之有根，如镫之有膏，如鱼之有水，如农夫之有田，如商贾之有财。"又言："君子未论行事之是非，先观众心之向背。"今薄海内外臣民奔走匍匐，上下求索，人心如此，而其事为先朝所颁布，人无智愚皆晓然有百是而无一非，则又何惮涣汗大号以收人心而徒蹈管子所谓言是不能立、言非不能废之弊，则亦謭臣过计矣，抑议员等所言累牍千百而靡罄者皆成常谈。而方今事势抢攘其危，犹置函牛之鼎，挂纤枯之末，苦语噍音，诚不能噤，悒悒鄙怀，惟有吁恳皇上独伸英断，特沛纶音，即以明年召集国会以振人心而新观听，庶众志成城，国权可复，无任屏营待命之至。披沥上陈，伏乞代奏谨呈。

为照会事。照得贵局呈请代奏速开国会缘由，经本部院于本年九月二十六日恭折具奏，除俟奉到朱批另行恭录照会外，合先抄折照会贵局，烦为查照施行。须至照会者。

计抄折一件。

奏为据呈代奏恭折仰祈圣鉴事。窃据江西谘议局呈称，自去岁以来各团体一再伏阙上书，吁恳速开国会，未蒙俞允。恭读上谕，仍俟九年筹备完全，再行定期召集。等因。钦此。闻命之下，钦悚莫名。乃者《日俄协约》告成，时势瞬变，日本实行并吞朝鲜，举数千里之土地、千数万之人民囊括而席卷之，拊背扼吭，陪京人民惊惶无措，海外群雄又各抱均势主义抵隙蹈瑕，巨祸何堪设想？当此唇亡齿寒之时，已无曲突徙薪之暇，即欲从容坐论以待九年而不可得。且即宪政言之，今筹备已数年矣，而财政日紊，生计日枯，国势日危，人心日涣，内外乖离，不相统一，縻费巨万，效果毫无。此即无外侮纷乘，亦应急开国会与为协赞，与为监督。若及今不图，恐九年筹备之期未届，而生民之膏血已尽矣。伏读上谕，又以匪徒滋事为虑。窃以为此正由国是未定，革党得乘机煽惑，而穷黎之处于水深火热无所控诉者，不惜横发盲从以求一逞。使一旦速开国会，好恶同民，人人知朝廷之爱我，谁复自外生成？悖逆之言不久自熄。是在今日而谋收人心、镇大变计，无逾此。且念中朝衣冠礼乐，雅步优游，初未历试于生存竞争之场，故耳目不习，心志不坚，地以广而不相团结，人虽众而不能合群，甚至人民与国家之关系亦复淡焉漠焉，不知其所以然。诚使国会一开，君臣上下戮力同心，天下安危匹夫有责，将见智者竭其谋，勇者竭其力，富者竭其资，争先恐后，如赴私仇，毕力致死，以谋公益，非人情之顿殊，实由利害之切与不切使然也。伏读上谕有曰：议院一开即足致全功而臻郅治，古今中外亦无此理。圣谟宏远，诚不敢复赞一辞。然处今日民族竞争时代，（含）〔舍〕此实无以转危而为安、转弱而为强。稽之泰东、西各国已然之迹，历历不爽，即揆诸我国古者聚众庶询国危之义，亦应开诚博采，以维系人心。宋臣苏轼有言：“君子未论行事之是非，先观众心之向背。”今薄海内外臣民奔走匍匐，上下求索，而其事为先朝所颁布，人无智愚皆晓然有百是而无一非，翌翌征忱，惟有吁恳皇上独伸英断，特沛纶音，即以明年召集国会以振人心而新观听，大局幸甚。呈请代奏。等情前来。臣查该议员等所请情词迫切，出于至诚，未敢壅于上闻，理合恭折代陈，伏乞皇上圣鉴训示。谨奏。

批：已据呈代奏，希候抄折另文知照。此复。

呈请抚部院查照奏案画一征银十一州县丁漕征收银数由

为呈请事。谨案《奏定谘议局章程》第六章第二十五条内开，除第二十一条第二、三款外，谘议局亦得自行草具议案；又第七章第四十二条内开，凡议决事件，除议长、副议长同意，认为应行秘密者外，均公布之，并应随时报告督抚及资政院。各等语。本局窃维丁漕为维正之供，自应有划一之征收方法。江西全省征银、征钱税则不同，而所谓奏定征银之乐安、广昌、泸溪、弋阳、广丰、铅山、兴安、长宁、宁都、瑞金、石城等十一州县，其征收方法则有三七搭钱、二八搭钱之不同，且一县之中又或有东南北乡征银、西乡征钱之不同。税法之紊乱如此，何怪地方官吏利用此时机以施其抑勒、浮收、展转折算之术？以本局所得乐安等十一州县之最近征收报告三表，其丁漕二表内概据各该州县造报征收所称为和盘托出之数目，按之同治元年、七年、十二年奏案，固无一而合，而铅山县地丁每两除亩捐外，实收洋银一两九钱三分，报告表则只开洋银一两八钱三分八厘二毫五丝，漕米每石除亩捐外实收洋银二两六钱三分，报告表则只开洋银二两五钱一分六厘八毫，数目亦不相符合。其附收亩捐各款一表内则有以钱数改征银数，如铅山亩捐之二百文、三百文实征银二钱、三钱者是也。若此之类，皆由民间不知确定之税率，故官吏虽有浮收亦习而相忘，莫之或觉。夫征银各州县之牧令在今日已不受银贵钱贱之影响，而其百姓所受浮收、折算之弊害，乃无以异于征钱各州县之人民。故虽名为征银、解银，而每洋一元，长宁竟作钱八百五十文，其余州县亦仅作钱一千文及一千零数十文不等，较市价已短二三百文，况以银折钱、复以钱合银展转计算，至有户书收至二两五六钱者，此本局所谓浮收折算直接为人民之害者也。尚有间接足以为民害者，则征银各州县缺分较征钱之处为更优，上官以此为调剂而牧令亦以此为其运动之的，更调频（烦）〔繁〕，视若传舍，地方吏治遂从此不可问矣。本局以为该十一州县征收上之一切弊害皆原于征收数目之不划一，欲求改良必自划一丁漕征收定数为始。查该十一州县现收银数地丁自一两四钱四分至一两八钱八分，漕米自二两三钱至二两九钱八分九厘，兵米自二两三钱至三两。以上多寡悬殊，既无确定税率，即不得不视为违法。浮收钱粮丝毫为重，岂容各自为政，加赋无形？况丁漕之外，若粮捐、若串捐、若税契、若杂税，无一不辗转折算者乎？事关本省征收方法，自应将调查该十一州县征收丁漕及附收各款实数分别列表，呈请抚部院查办，并请查照奏案，将征银十一州县地丁每两漕米每石实应完纳银数若干厘订划一税率，其附征如亩捐之类本系钱数者，应准以铜元官票交纳，以免参差而杜抑勒。本局业于会期内公同议决。除呈报资政院外，理合备文呈请抚部院察核施行。须至呈者。

计附呈调查十一州县征收报告表。

地丁征收洋银十一州县表

乐安至长宁八县	宁都三属	县名／征收种别	乐安县	广昌县	泸溪县	弋阳县	广丰县	铅山县	兴安县	长宁县	宁都州	瑞金县	石城县
正银一两、耗银一钱、提补捐款银一钱、知府公费解府四分三厘、解司七厘，共库平银一两二钱五分正，以一一五伸洋银一两四钱三分七厘五毫。征收洋银州县向无平余、学堂、练兵三项，故此征钱州县减解库银一钱五分正。	正银一两、耗银一钱，共库银一两一钱 正，以一一五伸洋银一两二钱六分五厘正。（附注）宁都三属无提捐及知府公费，故又减少。	每两现收洋银若干	一两七钱五分正	一两七钱五分正	一两八钱四分四厘	一两八钱三分正	一两八钱三分正	一两八钱三分八厘二毫五丝	一两八钱八分正	一两六钱五分正	一两五钱正	一两四钱四分正	一两六钱五分正
		每两盈余洋银若干	三钱一分二厘五毫	三钱一分二厘五毫	四钱零六厘五毫	三钱九分二厘五毫	三钱九分二厘五毫	四钱零一厘	四钱四分二厘五毫	二钱一分二厘五毫	二钱三分五厘	一钱七分五厘	三钱八分五厘
		每年约征地丁若干	二万八千两正	一万九千四百两正	八千两正	一万五千四百二十两	一万四千四百两正	二万二千四百两正	六千余两正	一千八百五十两正	三万二千两正	七千四百九十二两正	七千八百八十三两正
		统计地丁项下盈余洋银若干	八千七百五十两正	六千零六十二两五钱	三千二百五十二两正	六千零五十二两正	五千六百五十二两正	八千九百八十三两正	二千六百五十五两正	三百九十二两正	七千五百二十两正	一千三百一十两正	三千零三十五两正

漕米征收洋银州县表

	县名／征收种别	广丰县	弋阳县	铅山县	兴安县	泸溪县
正价一两三钱、提补二钱、道公费二分、府公费五分，共库平银一两五钱七分正，比征钱州县少平余、学堂、练兵三项，应减银一钱九分，即以一两九钱减一钱九分计之，征银一两七钱一分，内已有库银一钱四分为办公之费，以此一一五伸洋银一两九钱六分六厘五毫。	每石折收洋银若干	二两九钱八分九厘正	二两五钱六分正，西乡二两三钱正	二两五钱一分六厘八毫	二两七钱一分五厘	二两三钱四分三厘
	每年约征漕米若干	四千三百三十四石	八千石	七千一百三十石	二千一百石	二千九百五十石
	每石盈余洋银若干	一两零二分二厘五毫	五钱九分三厘五毫	五钱五分零三厘	七钱四分八厘五毫	三钱七分六厘五毫
	统计漕米共余洋银若干	四千五百三十三两有奇	四千七百四十八两正	三千九百二十三两有奇	一千七百三十九两	一千一百零八两正

征收洋银十一州县附收各款银数表

县名／款别	乐安县	广昌县	泸溪县	铅山县	弋阳县	广丰县	兴安县	长宁县	宁都州	瑞金县	石城县
地丁每两加收亩捐二百文折收洋银若干	一钱一分五厘	一钱五分	一四四○厘	二○○厘	一九○厘	一五○厘	一五○厘	一七○厘	一三八厘	一七○厘	一八○厘
漕米每石加收粮捐三百文折收洋银若干	无	无	二一六厘	三钱正	二八五厘	二二○厘	二二○厘	无	无	无	无
屯粮每两折收洋银若干	无	一两四钱二分	无	一三二○厘	一二二○厘	未详	一三四六厘	无	无	一二三七厘	无
余租每两折收洋银若干	无	一四二○厘	无	一二二三厘二	一三三○厘	未详	一二二四厘	无	无	一一六二厘五	无
兵米每石折收洋银若干	无	二三○○厘	无	二五一六厘八	二五六○厘，西乡二三○○	无	无	无	折色米二六○○厘；本【色】【米】三两、四两不等	无	无

续表

县名 / 款别	乐安县	广昌县	泸溪县	铅山县	弋阳县	广丰县	兴安县	长宁县	宁都州	瑞金县	石城县
						查广丰屯丁余租二项，共银七两有奇，为数甚微，收数待查				屯粮每两征钱一千六百五十文，余租每两征钱一千五百五十文，每钱一千折收洋银七钱五分正	

为照会事。案准贵局呈请查照奏案画一征银十一州县丁漕征收银数一案，当经发交审查科公同审查。兹据该科呈称，窃丁漕为维正之供，赣省各属征钱、征银本有定章，其任意浮收原为法律所不许。今谘议局呈议征银之乐安等十一州县折收洋银征价与额征库银数目相去悬远，在各该州县以洋银折合库银，借申色无定之市价以取赢于其中，是与征钱州县抑勒洋价同一弊混，自非重申禁令不足以除痼疾而恤民隐。拟请照案行司严行查禁，通饬征银各属只准按奏定额征银数征收，不准丝毫多取，如花户间无现银交纳，以洋银、钞票、铜元折纳者，应按市价征收，即市价偶有高低，应并查照前议，照市酌中定价办法，饬地方官会商自治会绅按市定议，不得稍有抑勒，其亩捐向系收钱解钱者即令一律征钱，不准以洋银折算，以免参差而杜弊混。等语。经本部院于本年十五日在会议厅议决，准予照行。除行藩司通饬遵办外，相应照复贵局烦为查照。须至照会者。

呈请抚部院查办进贤、临川等四十一厅县征收违法由

为呈请事。谨案《奏定谘议局章程》第二十五条内开，第二十一条所开第一至第七各款议案应由督抚先期起草，于开会时提议，但除第二、三款外，谘议

局亦得自行草具议案；又第四十二条内开，凡议决事件，除议长、副议长同意，认为应行秘密者外，均公布之，并应随时报告督抚及资政院。各等语。本局窃维本省丁漕征收，除征银之乐安等十一州县外，向皆以钱数计算完纳。嗣以铜元、官票流通，各属亦经通饬出示准予完纳丁漕、厘税在案。近年以来，各县征收渐有抑勒价值、专收洋元之事。本局上届常年会期中呈报议决抚部院交议本省税法案内曾请严饬各州县征收丁漕概用官票、铜元，不得抑勒银元，以恤民困。本年开会之时，复经备文呈催行司议复及裁夺之结果，盖以此项通弊对于洋价实为抑勒，对于丁漕实为浮收，固应认为本省应革事件矣。查本年度支部议覆萧侍御折称，饬各省督抚每年于未开征之先就各省市面现银、银元、铜元酌中定价，每银一两、洋一元各折合钱若干，其有奇零小户以铜元完纳者不准不收，通行各州县遵照办理。一面明白晓谕，务使群黎百姓咸知银钱有一定之价，无扣折之亏而输将不至为难。若有胥差舞弊而本官不即惩治，一经发觉，州县撤任察看，胥差照例治罪，庶几两得其平而交受其益。等语。本局谨案宪法大纲载明臣民现完之赋税非经新定法律更改悉仍照旧输纳。大部之所谓每银一两、洋一元各折合钱若干者，其钱若干之于银一两，又钱若干之于洋一元，以之互易，必无得价不能适合之处；大部之所谓酌中定价者，在市价上必不能稍含抑勒之意义，在法定征收数目上必不能稍含浮收之意义可知。今查本省各厅州县征收丁漕抑勒浮收之弊，或专收洋元，抑其价值；或分成搭配，洋元九成至七八成，铜元一成至二三成，并有以铜元折扣计算者。本省洋元时价每元可换十足铜元、官票一千三百数十文，而各属有仅作钱九百余文者。经本局调查得南昌府属之进贤，抚州府属之临川、金溪、崇仁、宜黄、东乡，建昌府属之南城、南丰、新城，广信府属之上饶、玉山、贵溪，饶州府属之鄱阳、乐平、余干、万年、安仁、浮梁、德兴，吉安府属之吉水、永丰、泰和、安福、万安、龙泉、永新、永宁、莲花厅，赣州府属之赣县、兴国、龙南、信丰、雩都、会昌、安远、定南厅、虔南厅，南安府属之大庾、崇义、南康、上犹等四十一厅县，就其收洋作价之数分别列表，认为征收违法之据。其新城、永宁、定南、虔南四处因无在局议员，尚未确查得其实数，惟既同在收洋抑价之列，自亦未便置之不议。查局章第二十八条内开，本省官绅如有纳贿及违法等事，谘议局得指明确据呈候督抚查办。等语。本局会议时意见相同，认为得援此规定呈请抚部院照章查办，以苏民困。除呈报资政院外，理合备文呈请抚部院察核施行。须至呈者。

附呈进贤、临川等四十一厅县抑勒洋价一览表。

谨将抑勒洋价四十一厅县开列一览表缮呈鉴核。

厅州县名	进贤	临川	金溪	崇仁	宜黄	东乡	南城	南丰	新城
鹰、龙、毫洋每元勒价作钱	龙洋一千一百六十文	上忙龙洋地丁一千一百五十六文，漕米一千一百五十文	龙洋一千一百六十文	龙洋一千一百八十文	龙洋一千一百文	龙洋一千一百二十文	龙洋一千一百五十文	龙洋一千一百五十文	
或全纳银元，或银元与铜元配搭	铜元八四折扣算	全洋奇零找数过三百文者，勒收洋一元，照抑勒价扣	银元七成，铜元三成	全洋奇零找数如须找钱过三百文勒收洋一元，照上价扣算	银八成，钱二成	全洋奇零找数如须过三百文勒收洋一元，照勒价算	银元八成，铜元二成	同前	

上饶	玉山	贵溪	鄱阳	乐平	余干	万年	安仁	浮梁	德兴
地丁每两征收洋银一两八钱七分五厘，串捐、亩捐在外漕米每石征洋银二两六钱五分，串捐、亩捐在外由银升钱复由钱升银，龙洋每元作洋银六钱九分，英洋每元作洋银七钱一分	鹰洋作钱一千文	鹰洋一千八十文，龙洋一千六十文	鹰洋一千一百文	鹰洋一千一百文	鹰洋一千一百二十文，内拨回六十文归地方办公	鹰洋一千四十文	龙洋一千六十文	龙洋一千零四十文	鹰洋一千一十文
	全洋奇零找数过三百文者柜书勒收洋一元由柜书另找钱给花户	同前	同前	全洋	洋元九成，铜元一成	全洋	全洋		全洋

吉水	永丰	泰和	安福	万安	龙泉	永新	永宁	莲花厅	赣县	兴国
收铜元、官票，但每千文勒加水钱五十文	龙洋一千一百五十文	龙洋一千一百五十文	龙洋一千一百五十文	龙洋一千一百文	龙洋一千文。查该县令统计报告朦报每元一千一百文	龙洋一千一百四十文		龙洋一千一百四十文	毫洋一千文	毫洋一千文
					洋银七成，铜元三成					

续表

龙南	信丰	雩都	会昌	安远	定南厅	虔南厅	大庾	崇义	南康	上犹
毫洋九百二十文	毫洋八百一十文	龙洋九百四十文	大洋九百二十文,小洋八百四十文	龙洋一千文			毫洋上忙九百二十文	毫洋上忙八百八十文	毫洋上忙一千二十文	毫洋九百一十文

批：来牍阅悉。被控丁漕浮收抑勒员书节经撤据究惩在案，希候抄录呈批札行布政司查办。本年度支部奏奉谕旨，通行各省丁漕征银、征洋照市酌中定价一案，原奏悉心妥筹，因时制宜，以期有裨国课，无损民生。并即由司遵照前札赶紧核议详明通饬遵办，定期实行，以昭划一而杜抑勒。此复。表存。

呈请抚部院通饬裁革丁漕卷尾以祛积弊由

为呈请事。谨案《奏定谘议局章程》第六章第二十五条内开，除第二十一条第二、三款外，谘议局亦得自行草具议案。等语。窃维忙银、漕米为国家之正供，定例忙银一两应完纳二千六百八十二文，外加亩捐二百文；漕米一石应完纳三千四百二十文，外加亩捐三百文，惟万安、乐平两县漕米各另加二百十六文，其余七十九州县均归一律。至粮书经收办公之费由地方官照章发给，乃粮书于应得之外往往逾则取盈，遇有银一分一二厘至八九厘者，即升作二分计算，米一升一二合至八九合者，即升作二升照算，花户谓之票尾，衙内谓之卷尾，俗云“吃勺”，合此之谓也。江西自改漕折以后，迄今六十余年矣，每县每年丁漕卷尾平均折算约在二千串之谱，是浮收之数每年当有巨万，或粮书得之，或图差得之，或书、差共得之，久为全省诟病。今年又奉抚部院通饬各州县筹办地方自治经费，酌于亩捐项下附加带收取足敷用，民力之负担加重，业户之重累不除，当此预备立宪正清厘积弊之时，不为之廓清何以慰民心而纾民力？近惟南昌县梁令允士绅之求革去此弊，详准立案批示：自本年八月为始，永远不得浮收一合一厘，照依分厘合勺计算，民力稍抒。应请抚部院通饬各厅州县一律禁革丁漕卷尾积弊，毫厘勺合只准照实数征收，不准浮收一厘一合，出示严禁，俾众周知。如粮书额外苛征，即治以应得之罪。本局于会期内公同决议，意见相同。除呈报资政院外，理合备文呈请抚部院察核施行。须至呈者。

为照复事。本年九月二十七日准贵局呈请通饬裁革丁漕卷尾一案。兹据审查科呈称，丁漕为维正之供，按银合钱赣省向有定章，经征书吏亦有办公经费，乃该书于应得之外逾则取盈，自为法律所不许，卷尾一项第为该书等巧立名目、任意浮收之一端。南昌梁令既先实行禁革在案，自应照案通饬一体禁绝。凡丁漕分厘升合只准照实数征收，不得仍旧多取，如再有浮收一厘一合者，一经发觉，应将浮收经书按律究办，该管官亦予以应失察之处分，以期永除积弊而苏民困。等语。经本部院于本月十六日会议厅公议，应照该科所议办理。相应照会贵局，烦为查照施行。须至照会者。

呈请抚部院通饬各厅州县征收丁漕随串发给收单载明折合洋圆、铜圆数目以免浮收由

为呈请事。谨案《奏定谘议局章程》第六章第二十五条内开，除第二十一条第二、三款外，谘议局亦得自行草具议案；又第七章第四十二条内开，凡议决事件，除议长、副议长同意，认为应行秘密者外，均公布之，并应随时报告督抚及资政院。各等语。窃维各厅州县征收丁漕抑勒洋价为本省一大弊端，然官吏违法、人民受亏，众所共晓。惟户书、架书之需索于抑勒洋价之外，加以浮收地丁一两漕米一石浮收一二百文不等，花户虽退有后言，仍不敢显与之较，即使鸣诸地方官，常以无甚证据置之不理。故其弊日积日深，恃有官为护符，即如本年七月间，崇仁县花户因户书、架书额外加收案控府省，今尚未结。此外受粮书之明征暗索者不能悉数，欲为剔除中饱、杜绝弊窦以救目前之急，应仿照福建光泽县办法，民间完纳丁漕每户饬令户书给予收单一纸，单内载明银米若干，折收洋圆若干、铜元若干，附捐、亩捐、串捐若干，开列详悉付与完粮人收执为据，庶足

以便稽核而杜朦收。所有本局提议改良本省征收丁漕方法，并仿照福建、江苏等省拟定收单存根执照式样条例清册各缘由，业经于常年会期内公同议决，应请抚部院核准通饬各厅州县立即照办，并出示晓谕，以免因仍前弊，除呈报资政院外，理合备文呈请抚部院察核施行。须至呈者。

附呈改良征收丁漕存根执照式样条例清册一本。

谨将拟定改良征收丁漕存根执照式样条例开具清册呈请鉴核。

收单式

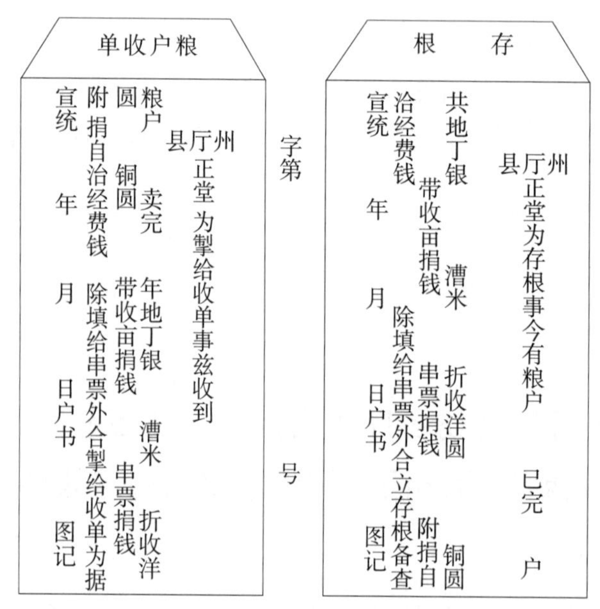
粮户收单
州厅县
正堂为掣给收单事兹收到
粮户　卖完　年地丁银　漕米　折收洋
圆　铜圆　带收亩捐钱　串票捐钱
附捐自治经费钱　除填给串票外合掣给收单为据
宣统　年　月　日户书　图记

第　字　号

存　根
州厅县
正堂为存根事今有粮户　已完　户
共地丁银　漕米　折收洋圆　铜圆
带收亩捐钱　串票捐钱　附捐自
治经费钱　除填给串票外合立存根备查
宣统　年　月　日户书　图记

条　例

一、收单由厅州县署刊板刷印装订成册，编列合同字号，盖用地方官印信，征收时发交户书具领，不得遗失。

一、收单存根联合编成，征收时一裁给粮户，一缴还县署存查。

一、收单数目不限一户一结，如一人完数户，即以数户总数载明单内，带收附捐亦如之。

一、收单于粮户完纳丁漕时，由户书发交粮户收执为越日领取粮票之据，户书交给粮票时不准措留收单，仍应与粮票同时交给粮户收存，以备查考。如有讹索、浮收、不符定额等弊，准粮户随时持单向户书追算。

为照复事。案准贵局呈请通饬各厅州县征收丁漕随串发给收单载明折合洋圆、铜圆数目以免浮收一案，当经发交审查科公同审查。兹据该科员呈称，窃查各属征收丁漕有板串、活串之分。板串者，于完纳丁漕以前印成串票，粮户完粮即行裁串，并不先给收条；活串者，必待粮户赴柜完粮，由户书先给收条再行换给印串。故板串之弊尚少，活串之弊混极多，然欲改活串为板串于事实上之习惯殊多窒碍难行。谘议局呈请各属于征收丁漕先给收条载明折合洋、铜元数，自系为剔除中饱起见，所呈存根执照式样均属可行，惟丁漕平议度支部虽有由督抚折中定价之文，而赣省尚未明白规定。清理财政局提起议案系为正本清源之办法，而谘议局临时会不能延长，应俟临时召集议定章程始能有折中定价之准则。此案应请准俟召集定议后通饬实行，至此项条例未经颁发以前，如各属户书有浮收情弊，应准被害粮户指实禀请查明严办以杜朦收。等语。经本部院于本月初一日在会议厅公同决议，将该科审查缘由照复贵局，烦为查照覆议，见复施行。须至照会者。

呈请抚部院查禁安福、泰和、龙泉三县漕米每石多收三百文并通饬各属一律禁绝浮收由

为呈请事。谨案《奏定谘议局章程》第六章第二十五条内开，除第二十一条第二、三款外，谘议局亦得自行草具议案；又第四十二条内开，凡议决事件，除议长、副议长同意，认为应行秘密者外，均公布之，并应随时报告督抚及资政院。各等语。查漕米折价定章每石折钱三吊四百二十文，惟安福、泰和及龙泉之天字号三县每石折钱三吊七百二十文，亩捐在外，此多收之三百文，久滋民怨。上年常会期内本局以有无申解在案呈请批答，旋奉抚部院函复已据藩司查覆称，查该三县征收漕米并无多收三百文，案据是否将随米带征之漕粮脚耗算入，抑系实在多收，俟札饬吉安府委员查覆核办。等因。迄今已及一年，并未奉行知查覆之结果。窃思漕米改折原系每石折银一两三钱，加提补捐款二钱、粮道公费二

分、知府公费五分，余银三钱三分留为州县办公及火耗解费之用，共合银一两九钱，是时市价换足钱一吊八百文，故折合钱三吊四百二十文。是原定折价本有耗银在内，即云“并脚耗算入”亦必应申解有案。不得他县不加脚耗，而安福、泰和、龙泉三县独加增脚耗也，尤不得已加增脚耗，而院司衙门并无案据也。倘于奏定折价之外加算脚耗，似即与浮收无异。方今皇仁普遍，宿弊胥捐断不忍使安福、龙泉、泰和三县独抱向隅之苦。应请抚部院严饬安福、泰和、龙泉三县，并通饬各县遵照折价定章每漕米一石折钱三吊四百二十文，另加亩捐三百文，此外毋得丝毫浮收，以惠庶民而昭公允。本局业于会期内公同决议，意见相同。除呈报资政院外，理合备文呈请抚部院察核施行。须至呈者。

为照会事。本年十月二十二日准贵局呈请查禁安福、泰和、龙泉三县漕米多征钱文一案。兹据审查科呈称，丁漕均属正供，漕米改折时规定每石合银一两九钱，原并捐款火耗公费等项并计。惟征价之外向有带征脚耗一款，各县均带征收，特各县征价向非一例，有多至一钱五六厘、少仅六七厘者，向系报解之款。其报解则有赠军剥浅漕粮公费七分仓费新老扣半、松板价脚等项名目，自漕粮停运，全数拨充饷需，其存县坐支者有小船三分仓费汽筒神福等项名目。近年于奉派练兵经费案内，此项坐支亦悉提归公。此脚耗本在米外另征，即从前征收本色时所谓水脚者是也。各县征价之不一例者，则当日系就运道远近为规定耳。此外尚有十数县带征协济银两一款亦按米石征收，或六七分或二三分不等，均奏销咨部之款。今谘议局呈请查示安福、泰和、龙泉三县漕米多征钱三百文，当经由司覆称，该三县漕米无多收钱三百文，案据是否带征之脚耗并计，札府查覆去后，现复。据局续呈，谓漕米改折定价原有耗在内，即云“火耗”，亦应申解有案。等语。又经电府催查具覆。兹据吉安府夏守电称，据福、泰、龙三县申覆，漕米每石折收钱三千七百二十文，福、泰系耗协并计，龙系脚耗并计。各情禀覆前来。是该三县向系脚耗、协济并计，他县带征在米折之外，该三县带征在米折之内，均系报解奏销款项。谘议局因见其征数之独异，呈请查示，请即照案答复以释疑虑。等语。经本部院于本月初一日会议厅公同议决，即照该科审查缘由备文照会贵局，请为查照施行。须至照会者。

呈请抚部院通饬本省各电报局约束巡丁不准诬索乡民由

为呈请事。谨案《奏定谘议局章程》第六章第二十五条内开，除第二十一条第二、三款外，谘议局亦得自行草具议案。等语。本局窃查各州县架设电线之处，电局皆派有巡丁，使之往来巡察，以防线杆之朽坏而便修理之及时。乃巡丁之不法者一遇线杆朽坏往往讹诈乡民，诬为拆毁以索重赂，不与则告之地方官传案惩罚，必达其惩犯索赔之目的而后已。于是电局巡丁之势力，下可以鱼肉乡民，上可以挟制州县。夫乡民果有拆毁线杆之实，罚之可也，今以自然之朽坏而必勒乡民以赔偿，以巡丁之诬捏而必令枉民以罚款，扰害地方莫此为甚！应请抚部院通饬各电局约束巡丁，不准讹诈乡民。遇有巡丁禀报乡民拆毁线杆之事，必由地方官查明虚实，实则惩罚乡民，虚则责革巡丁，庶电局架设之线杆不至为沿路乡民之荆棘。本局业于会期内公同决议，意见相同。除呈报资政院外，理合备文呈请抚部院察核施行。须至呈者。

为照会事。案准贵局呈请通饬本省各电报局约束巡丁不准诬索乡民一案，当经发交审查科公同审查。兹据呈称，电政原便交通，沿途线杆地方官有保护责任，其有窃线毁杆情事，照章自应究追。电局章程虽有限年换易新杆之条，而逾时既久不免或多朽坏，该局所派查视巡丁遇有朽坏，自应及时禀局换设。今谘议局呈称，该局巡丁每年有讹索乡民情事，请饬该局严行约束并饬地方官确查虚实罚究。等语。原为保卫地方并维电政起见，应准照案通饬并责成通电各属，遇有电局巡丁禀报折坏电杆之案，务必确切查验，秉公办理，果系折坏，照章处罚。如有线杆朽坏借词讹索情事，应将该丁按律究办，以惩诈索。等语。经本部院于本月十五日会议厅议决，即照该科所议分饬遵照办理。除分行外，相应照会贵局，烦为查照。须至照会者。

呈请抚部院查禁本省督销总分局暨各缉私卡舞弊扰民由

为呈请事。谨案《奏定谘议局章程》第二十五条内开，除第二十一条第二、三款外，谘议局亦得自行草具议案；又第四十二条内开，凡议决事件，除议长、副议长同意，认为应行秘密者外，均公布之，并应随时报告督抚及资政院。各等语。窃维食盐一项，为生民日用之需，淮盐、浙盐、粤盐各有销岸，久经朝廷划分界限，垂为定章，故督销有局、缉私有卡，原以裕国课期便民也。乃查近来局卡员丁营私舞弊，不顾法令，陷害地方，通省一致。谨就其弊害之大者分款列举如左：

一、督销总局

向因领不足额，设总局于省垣以为督销。乃近来百弊丛生，往往运到安引措省居奇，水贩赴省领盐每引涨价至七两四钱之多，如萍乡一县额销四千八百引，上年仅领六百一十引，本年至九月仅领二百七十引，其余应领额引私扣发售抬价数两，且每引少秤至三四十斤之多。

二、督销分局吉安、抚州、义宁州、九江各有分局，计其弊有六：

甲、借口盐荒任意抬价。

乙、克扣秤则定章每引净盐六百斤照道秤给发，近以除皮名目凑入夹包绳索等项，每引耗去净盐六七十斤不等。

丙、勒索买包。商贩领盐每引索银二三百文，名为买包，纳钱者给与好包，否则将劣盐发给。

丁、抽取签盐。每引七包，每包于发盐时抽盐六七两，名为籤盐，局内丁役攫取分肥。

戊、抽匿盐票。客商持票领盐，司事人等将已发之票抽留数张匿不报委销号，所有克扣盐数借以辗转发售，渔利肥（已）〔己〕。

己、克扣水程银两。吉安各属向有水贩津贴借资学堂补助费，近因迭次缺引，反诬短销扣给津贴，致妨学务，如庐、泰、安、万等属仅给半费，龙泉则并不给发。

三、缉私盐卡，各卡迫于比较无恶不作，乡民受害莫可言状，其尤甚者约有三处：

甲、宜黄卡。会营巡乡择肥（裁）〔栽〕赃，横行骚扰，任意讹索。

乙、万安卡。该卡骚扰与宜黄同。而良口卡与赣县毗连，赣州粤盐船运过境，该卡委员得规包票借口解私，卡丁反为护送。

丙、广丰商巡。浙盐滞销，设卡缉私，今已超过原额，该卡仍未裁撤，迭次栽赃诬害，开枪轰击，武举俞云光禀控（有）〔在〕案。

以上各节均属舞弊扰民，自应照局章第二十八条之规定，认为官吏违法事件，由本局立予纠举，呈请抚部院查明前项情弊从严究办，并饬严加整顿，以便民生。仍恳咨明两广、两江、闽浙督部堂察核备案。本局于会期内公同决议，意见相同。除呈报资政院外，理合备文呈请抚部院察核施行。须至呈者。

为照会事。案准贵局呈请查禁本省督销总分局暨各缉私卡舞弊扰民一案，当经发交审查科公同审查。兹据呈称，盐斤为民食所需，各岸督销、配搭、匀销均有定章，奉行日久，每滋流弊。今据谘议局呈请查禁总分各局卡任意扣索各情，如果属实，殊有未合，自为法律上应行查禁之事。拟请照案行司确查，并按照指查各属分别委员会、地方官查明，据实禀覆，以凭核办，用恤商艰。等语。经本部院于本月十五日会议厅议决，应分行司局确查禀办以除积弊。除札行外，相应照复贵局，烦为查照。须至照会者。

呈请解释《自治章程》通饬各属自治会应办禁烟会、拒赌会、平和会一切事宜由

为呈请事。谨案《奏定谘议局章程》第二十五条内开，除第二十一条第二、

三款外，谘议局亦得自行草具议案；又第四十二条内开，凡议决事件，除议长、副议长同意，认为应行秘密者外，均公布之，并应随时报告督抚及资政院。各等语。本局谨查《城镇乡地方自治章程》第五条列举城镇乡自治事宜共八款，皆属兴利一部分之事，而对于除害之意义绝少规定；惟第三十六条内载议事会应行议决事件，有本城镇乡自治范围内应行兴革整理事宜一款，其所谓应革者，意义亦尚未明了；又第七条称，城镇乡地方就自治事宜得公定自治规约，其所谓自治规约者亦但以不得抵牾国家之法律为界限，则知地方自治必应于各地方风俗上之特殊情形斟酌进行始足以辅官治之不及。本省地方风俗上之大害莫多于烟赌，莫重于械斗，烟赌固贼盗之媒，械斗亦治安之障。上年本局开幕之始，抚部院发交议案亦注意于烟害、赌博、械斗等事。从前各县有设立乡约局者，对于禁烟、禁赌无不有送县惩办之权力。今以自治会成立之后，就习惯上视为禁约重要之事务，依于订立自治规约之手续，似亦未尝不可赓续执行，即以国家法律相绳度亦必无抵牾而为绝对不能容许之事。无如《自治章程》既无明确规定之文，则官吏之与绅董反对者即可据为行政官权限内事不容干涉。即如本年新建县韩令兆鸿遍贴告示，内有赌博固为闾阎之害，与自治诚有关系，然属于行政法权之中，不在自治范围以内。等语。该令虽未必有与绅董反对之事，而据此告示措语之影响，恐足以滋人误会，谓此种烟赌积习非自治会所能置议，而从前禁约将有自兹废弛之虞，关系前途实非浅鲜。至械斗之风，各属虽不必尽有，然往往起于细微事故，先事调处亦未尝不可，借绅董之能力以排难解纷。本局上年呈报议决械斗案，内奉批有《平和会章程》，法良意美，认真筹办即可为自治会之基础。等语。自宜切实推行，以为自治进行之助。应请抚部院鉴核前情，饬将自治范围内所谓应革事宜明确解释，如禁烟会、拒赌会、平和会等事，准其定为自治规约，并通饬各厅州县遵照饬办，以促进行而免误会。本局业于会期内决议，意见相同。除呈报资政院外，理合备文呈请抚部院察核施行。须至呈者。

为照会事。案准贵局呈请通饬各属自治会应办禁烟、拒赌、平和各会事宜一案，当经发交审查科公同审查。兹据呈称，查自治原以补官治之不及，地方风俗之有特殊情形者，尤应官绅合力痛除锢习，俾一切进行方法无所碍而利推行。《城镇乡地方自治章程》之规定多就积极方面言之，而清厘积弊实建自治之基础，第三十六条既载省城镇乡自治范围内应行兴革整理事宜一款，则禁烟、禁赌、消弭械斗各节自该括于应革范围之内，禁烟会、拒赌会、和平会等亦可包含于自治规约之中。局呈请将禁烟、拒赌、和平会定为自治规约，应准如所请。谘议局去年所定《禁烟办法》七条、《禁赌办法》八条、变通《和平会章程》十条应请再行通饬各属遵照办理。其各地流弊互有不同之处，现在自治会既已成立，应由该会酌量本地情形补订完密，详善章程，自治会权力不及之处，该地方官应竭力维持，务使烟赌根株尽绝，械斗弭于无形，则地方之幸福也。等语。经本部院于本月十五日会议厅议决，准予公布施行。除行提法司自治筹办处外，相应照复贵局，烦为查照。须至照会者。

呈请抚部院批饬自治筹办处免提各属带收亩捐之一成半为该处经费由

为呈请事。谨案《奏定谘议局章程》第六章第二十五条内开，除第二十一条第二、三款外，谘议局亦得自行草具议案；又第七章第四十二条内开，凡议决事件，除议长、副议长同意，认为应行秘密者外，均公布之，并应随时报告督抚及资政院。各等语。本局窃查本年九月初二日省城《自治日报》内载本省自治筹办处会详抚部院文开，本处自宣统元年九月开办，每月经费均由藩库拨领应用，造册报销，既奉部饬不准作正开销，应就地方筹款，请于各属带收亩捐之数提一成半专为自治筹办处经费，总以藩库垫款足敷，本处自宣统元年九月至宣统六年腊月各项经费一律清款为止。等语。查此项亩捐带收之款各属多寡不同，约计多者二三千串，少者一千余串，皆指明为地方自治之用。各属划分自治区域多者或十区八区，少者或五六区，以亩捐带收之数均匀分拨，大约每区不过一二百串，筹办地方自治犹虞不足，安有赢余可以解省？即谓各属原有公款、公产等项亦可拨为该地方自治之用，然此等款项早经开办学堂、巡警诸事搜罗已将罄尽无余。若必将亩捐带收之数勒令分提解省，则地方官绅之谨愿者势将束手无策，镇乡自治必有中止之虑，其贪诈者或且借口于省垣需费苛敛扰民，此按诸各属财政困难情形而以为不可分提之理由也。且查上年自治筹办处通饬各属会绅妥议筹办城镇乡自治事务，豫算需款若干，按照所需之款暂由亩捐项下酌抽若干，自治会成立后即行停止，各厅州县大半遵办。是各属现在亩捐带收之款仅敷筹办各该厅州县城镇乡自治会之用，该处于通饬之初既无提一成半归省城自治筹办处之明文，今乃于各属筹定之后详请提拨，在各属既难于分割，而即欲加抽以应命亦恐徒滋纷扰，且各属尚有就公款筹拨并不加收亩捐之处，又将何以处之？此证事实上而亦多窒碍者也。本局业于会期内一再讨论，认为不可行事件，应请抚部院批饬更正，免予提拨解省，实为公便。除呈报资政院外，理合备文呈请抚部院察核施行。须至呈者。

为照会事。案准贵局呈请批饬自治筹办处免提各属带收亩捐之一成半为该处经费一案，当经发交审查科公同审查。兹据呈称，九年筹备宪政限内，各省城厢、乡镇自治会均为现时应行渐次成立之期。赣省于元年九月改设自治筹办处为统摄自治进行之机关，并附设研究所招集各属士绅至二百余人之多，住所讨论自治之原理及其规则以资练习，每月额支银一千二百余金。此为筹办地方自治而设，其额支由司库垫给，现已垫用至一万数千余金。前经奏咨请作正项开销，奉部议驳以系地方行政经费，不准作正开支，饬就地筹款。经司处会详请在附加亩捐经费内提一成半归还司库垫款在案。盖以筹办自治与各属办理自治同属一事，部饬就地筹款亦以此项经费非国家行政经费可比，司处拟在附加亩捐分年提还，原知集款维艰，不欲另筹，免滋累扰。今谘议局呈明附加亩捐不可提之理由，则以各属此项经费为数无多，划区分拨恒虞不给，且各属有就公款筹拨并未附加亩捐者于事实上亦有难行，尚属实情。惟按照部议原文明指筹办处为地方行政事项，则就地筹款，地方自有担负之责任。虽现时各属附加之税尚虞不给，势难按数提完，然究不得因无可筹措遂认此项为国家应行担任之经费。拟请仍饬自治筹办处转饬各属地方官会商自治会绅董，各就地方情形另行设法妥筹，其应如何分年筹还以符部章之处，惟有仰各该属官绅妥协筹议，禀候核办，第不准稍事抑勒、苛敛扰民，在不得刻减自治成立应需之款，致乖朝廷勤恤民隐之至意，并阻自治进行之机关。在国民知识程度日益增长，享受自治之利益，当亦群起以担任义务为天职矣。等语。经本部院于本月十五日在会议厅公同议决，所有此项经费仍应就地筹款。相应照复贵局，希即覆议以凭施行。须至照会者。

呈请抚部院查照定章〈程〉更正答覆办法由

为呈请事。谨案《局章》第二十二条内开，谘议局议定可行事件，呈候督抚公布施行，第二项内开，前项呈候施行事件，若督抚不以为然，应说明原委事由，令谘议局覆议；又第二十三条内开，谘议局议定不可行事件，得呈请督抚更正施行，若督抚不以为然，照前条第二项办理。各等语。本局细绎条文意义及案语所开要旨，对于本局议案与抚部院答覆之关系规定至为明确。本年《宪政编查馆厘订谘议局议决各项办法清单》五款，复经详晰订明，又查《各省会议厅规则》第十二条亦经规定，审查本局议决案件办法，是抚部院对于本局呈报之议案，除实系本局逾越权限，得行局声明不交覆议，然尚须派员到局以备质问外，只有批准及交令覆议之两种方法。乃本局自去岁常年会开会以来，所奉抚部院答覆之案，大率不依于各项章程所定办法，或于议案主旨以外有答非所问之弊，而其尤甚者则本年十月答覆本局上届呈请删改税契章程一案，以同一机关之命令对于同一案件而前后两日之间办法歧异。除另经具呈覆议外，本局实觉茫无依据，谓其流弊将可使本局议决各案无一完全确实之结果。今请以根据定章所亟应要求更正办法者，为抚部院分条陈明如左：

一、关于呈报议案之行查

按上年十二月馆覆两江督部堂删电内开，督抚行司道核议系行政官内部之事，本无庸与局声明，谘议局即不必过问，至司道核议之后仍由督抚裁夺，如有应交局覆议者仍以督抚名义交局覆议。等语。行查亦行政官内部之事，凡抚部院以行司局府县查覆核议等词照会到局者，自不能认为答覆议案之据，拟请对于应行查覆核议等案毋庸照会来局，其答覆之期，仍查照《馆咨厘订各项办法清单》第一款所定十日、十五日、二十五日，明文以议案呈报到达之日为起算点，以符定限。

二、关于答覆之文义

按定章既只有批准及覆议之两种办法，则答覆文中自应标明“予准公布施行”或“更正施行”，以及“交局覆议”字样，以表示意旨之所在。查抚部院来文均未标明，仅以“应照该科所议办理”等语覆局，无论审查科呈文并未标出前项（宇）〔字〕样，固涉含糊，且该科所议如有变更本局议案办法之处，未经本局覆议以前照章亦无即行照办之效力。拟请更正，于答覆文中标明“批准”及“交令覆议”等字样以醒眉目。

三、关于覆议之事项

按上年十二月馆覆河南州电内开，督抚于局议并非不以为然，而于所议办法有变更、增易之处者，应交常驻议员存案，其下届未开会以前，地方官执行政务仍照常办理。等语。是不但对于议案全体不以为然者照章应交覆议，即并非不以为然，而于局议之结果有欲变更或增易者亦仍须以“交覆议”之手续出之。此等覆议事件在本局则有“执前议”与“不执前议”之二法。而在抚部院则对于本局呈报仍照“执前议”之件，如不能批准所议，则照局章第二十四条之规定，即应将全案咨送资政院核议，拟请查照章电办理，以免（岐）〔歧〕误。

以上各条业经本局全体会议，认为关系重要，理合备文呈请抚部院察核施行。须至呈者。

呈请抚部院维持本省铁路办法议案由

为呈请事。谨案《奏定谘议局章程》第六章第二十一条第一项内开，议决本省应兴应革事件；又第七章第四十二条内开，凡议决事件，除议长、副议长同意，认为应行秘密者外，均公布之，并应随时报告督抚及资政院。各等语。窃维本省僻处内地，风气晚开，投赀本以营实业者尚无踊跃竞争之状态，以故本省铁路南浔一段屡因股款缺乏而无法以促起工事之进行，困难情形匪伊朝夕。本届常年会开会以来，议员等佥以本省铁路关系全省公益事业，自应合力竞进以期早日观成。是以援用本局章程第二十五条自行草具议案，分别条项开列如左：

一、议员认股以示提倡之真意。议员既抱定维持宗旨，自应率先认股，以树风声，况权利、义务同时发生，认股多斯议决权亦多，内可更组机关，外可早偿借款，庶实收改良之效果。其条件有四：

甲、议员认股至少须十元以上；

乙、常驻议员随月加认若干股，不愿者听；

丙、愿认多股者不必指定公费、旅费，可陆续交局代收；

丁、股金、股票概由局代交、代缴。

二、议员分任招股以表维持之信心。查从前各县皆有招股经理处，每处有名誉绅董，惟招数多少恒视其对于路事之热度高低为比例。议员既担任招股义务，所在自当以全力赴之，或辅各经理处之不及，或即以议员为经理，因地制宜，无分畛域，自可收众擎之效。

三、重理原派之股以防流弊而获实益。招股之数目、时期与全路告成相终始，原派之股二百万元系明定范围为南浔一线之补助，实收者已数十万，固非无效，所未能收全效者，官吏奉行之有善不善、绅董赞助之有力不力耳。今宜借议员切实劝导并一面清理，使各处股款不至侵挪延搁，以袪其弊而收其利。其条件有二：

甲、铁路公司从前呈请抚部院所派之股，除未收足者由议员会同地方官实力劝招外，其已缴而未交铁路公司者应请抚部院札饬各州县切实清理；

乙、议员对于本县商富无权利思想者劝导之，地方官不实力奉行者督促之，情意龃龉者调和之，书役苛扰者纠举之，认股不缴者鼓励之，收股不交者摘发之；

四、全省盐斤加价以均责任。本局以为路系全省之路，又铁路原非纯为牟利之商业，于公益实大有关系，路成同享其利，未成自宜同负其责任。或谓食盐抽股于贫富稍涉，编枯究之，富者用盐多，贫者食盐少，贫而受佣值者其责仍雇者负之，于均抽之中尚有累进之意。即以贫民计之，每人每岁食盐十斤，所担任仅数十文耳。铁路既通，贫民生计自便，兵荒则受益尤多，迨计赀派回股息以济该地方公用，分受利益仍在无形。其条件有四：

甲、无论食淮、浙、粤、闽各引盐地，合省州县一律照加每斤四文；

乙、以本局议决及呈请办法移知铁路公司查照施行；

丙、每年正月总按上年本省共销淮引、浙引、粤引、闽引盐斤数目，按各州县户口清册计口摊股填写，股票付各州县公团代表逐年接收，即于其年正月起息，俟公司每年付息期内领收股息以资该地办公。上次八府加价一款，股票如尚无分配妥法，或即比照此次第一年之数以定分配；

丁、此项加价俟南浔路工告竣再由本局酌议停止。

五、调查账目工程以昭核实。公司查账人虽由股东所举，而调查与查账界线微有不同，况议员既负维持路事之任，自应稽考其内容，俾明白宣布，以昭大信，至以后工程预算尤关重要，宜由谘议局移会铁路公司派员详细调查，列表附说，广为刷印分散以释群疑。其条件有七：

甲、调查该公司历年所收招派货各股若干、借款若干、息生及其他收入若干，并此外红股若干；

乙、调查历年所付出地价材料股息债息工资员薪建筑迁移川资伙食置备及其他用出各若干；

丙、调查现已购入之路线材料尚未成路者，可成路若干、共值若干，计时加入薪缮杂用各费尚需短欠若干；

丁、调查未购路线未动土工之若干里，此后核实计算每里需银若干至何地点为止共需若干、其间或凿山筑桥几处又需若干、及若干时能成路若干里、至何地点；

戊、调查沿路矿产及出产货物，列表报告，预计路通之后不至养路无费，(井)〔并〕可获大利以唤起一般人附股之热心；

己、调查由此埠至彼埠之货物由船运僦需日若干，运搬费若干，由土车或人力挑需日若干、运搬费若干、由火车僦需日若干、运搬费若干，列表比较，使人皆知铁路之利益；

庚、调查各省铁路平均每里需银若干两，并借外债承办者、官办商办者每里需银各若干两，使人皆知，保全商办之权利。

以上各条均经本局于常年会期内公同决议，应请抚部院核准公布施行。其第四项盐斤加价一节为本省担任义务增加事件，本局照章有议决权，应请抚部院咨明盐政大臣暨各产盐省分督部堂、抚部院查照转饬各督销总分局一律办理，以维路政。除呈报资政院外，理合备文呈请抚部院察核施行。须至呈者。

为照复事。案准贵局呈请维持本省铁路办法一案，当经发交审查科公同审查。兹据该科员呈称，铁路为军国重事、重要机关，不仅以交通快便有益生民为主，各国办法国有、私有虽各不同，而其目的要不与普通营业性质相等，必须官民合力始底于成。本省人民尤应共负输款义务，以保公私之权利。议员为全省人民代表，尤宜竭力维持，一方监督路局冀速昭成效、建信用于股东，一方广劝人民认股，俾收众擎易举之效，本省应兴事件孰大于此？南浔一段因款无多，现已有岌岌可危之象，若不速筹一定方针，俾工程有进行之势，不特前途不堪设想，各股东已投之资本恐亦无确实之保证。谘议局所议办法五条，第一、第二两条为议员维持路事应担之义务；第三、第五两条为整顿路局应行之方法，各项细目亦尚妥协，应请照会江西铁路总局于开股东会时，由股东提议公决后移商谘议局办理以清权限；第四条所请盐斤加价四文，约计每年可得四十余万两，实为常年确实经费之大宗。查本省所销盐引，淮引最多，浙引、粤引亦复不少，早年曾经两江总督奏办在案，惟其时仅淮引加价，粤、浙尚未举行，故淮局有所借口。应请咨商盐政大臣俯念江西铁路筹款维艰，盐斤加价系累积本省人命有限之金为利国利民之举，有的实款项以充常年经费，集股亦易为功。恳请查明江省全体每年销引总额，会同督宪奏请淮、粤、浙各引另概加收，则无畸轻畸重之虞，而停滞取巧等弊，亦自无因而生矣。等语。经本部院于本月初一日会议厅议决，准予照行。除照会铁路局决议并咨督办盐政大臣核覆外，相应照复贵局，烦为查照施行。须至照会者。

呈请抚部院核准通饬各属地方公益捐款责成自治正绅直接经理由

为呈请事。谨案《奏定谘议局章程》第六章第二十五条内开，除第二十一条第二、三款外，谘议局亦得自行草具议案；又第七章第四十二条内开，凡议决事件，除议长、副议长同意，认为应行秘密者外，均公布之，并应随时报告督抚及资政院。各等语。自新政颁行以来，公款日增而公费日益绌，是固有冗费不节之故，顾有名无实、不能确切稽核者亦在所不免。近今增进之款多借官力代筹，如串捐一项为全省普通之捐，他如税契、统税、印花、牌价等类之附加捐以及词讼罚款，虽各属有无多少之数不同而同一输诸官府，然后发给地方公用，有此一层之转折，遂生出种种不便。确切稽核之原因，盖州县久任之制既未实行，八十一属之中实任不及其半，实任而待任满迁调者又不及其半，更替频繁，官如传舍，更无暇精心综核，往往以地方公款厕杂于赋役、租税之间，一任幕友、胥吏之假手，交代频则彼此蒙混，交代不频则扶同欺隐。虽地方亦有委任经理之人，而情形隔膜，甚至瞻徇情面，囫囵听命，几不知其迁流所极，凡遇交代时本可向衙署结算，若核实计较，势不至绅与官起冲突不止。查《府厅州县地方自治章程》第六十四条内开，府厅州县得置自治委员若干人辅佐长官执行自治事宜；第六十六条内开，自治委员之掌收支及经理公款、公产者，必须身家殷实、操守廉洁，非经议事会或参事会之保证不得任用。各等语。将来自应按照章程切实办理，惟现在府厅州县地方自治会尚未成立，收支委员非经议事会、参事会保证，难保不无流弊。为目前整理计，凡地方公款、公产有向归地方绅董经理者，每年必凭地方正绅决算，间有归官署经理者，应交归地方正绅经理以清权限。地方附加公益捐概由官署带征，应每月清算一次，所有捐款系指定何项经费即交办理何项之绅董接收，署内幕友、胥吏不得丝毫克扣，庶公款可期整理，流弊因以廓清。本局于常会期内公同决议，认为可行事件，应请抚部院核准通饬各属遵照办理。除呈报资政院外，理合备文呈请抚部院察核施行。须至呈者。

为照复事。案准贵局呈请通饬各属地方公益捐款责成自治正绅直接经理一案，当经发交审查科公同审查。兹据该科员呈称，查本省各属公款、公产，凡为地方所原有者，若宾兴、采芹等款类皆向归地方绅董经理。惟年限过久，弊混即生。以后管理人员应由地方投票公举，以二年为满期，但管理尽职者不妨续举。其有因公附加之捐税如串捐、契税等款，其由地方官经收，随时拨作地方公用者间亦有之。今谘议局呈请将向由官署经理者一律拨归自治绅董经理，其由官署带征之款每于月底截清收数，按照原案指用之项分别拨交承办之绅董经理，核与本科前次审查调查地方财政办法一案同一用意。应请照准通饬各属并入前案一体照办，以专责成而免借口。等语。经本部院于本月初一日会议厅议决，准予照行。除行藩司通饬遵照外，相应照复贵局烦为查照。须至照会者。

议决《法令公布规则》并《改良官报办法》呈请抚部院核准公布施行由

为呈请事，谨案《奏定谘议局章程》第二十二条内开，谘议局议定可行事件，呈候督抚公布施行；又第二十五条内开，除第二十一条第二、三款外，谘议局亦得自行草具议案；又第四十二条内开，凡议决事件，除议长、副议长同意，认为应行秘密者外，均公布之，并应随时报告督抚及资政院。各等语。窃维各省谘议局之设，朝廷既畀以参与政事之权，实处于本省立法地位。凡议决事件非有一定之公布方法，则议决者自议决，执行者自执行，错出离奇，其结果能使督抚之批准与谘议局之议决卒同归于无效。虽局章二十八条有纠举官绅违法之权，然与其纠举于事后，曷若预防于事先？且奉行官吏既生其轻视法律之心，则新章旧令彼此交遁，小民既盲无所知计，惟有忍而受此，日腾怨于立法之不善，而罔知为奉法之不公。旧令则卷宗故纸积若邱山，新章则条告空文束之高阁，流弊所届罔有穷期。各国议会协赞之法律、官厅发行之命令皆用官报公布，而以官报到达之时期定法令发生之效力，立法至为美善。本局于常年会期内公同决议，即以本省《日日官报》专负公布之责任，酌加改良，仿照北京《政治官报》格式逐日装订成册，随登载事项之繁简增加页数，务令旧有者借以清厘、新出者有所拘束，以期驯致法治之规模。谨拟定《法令公布规则》七条、《改良官报办法》十二条，除呈报资政院外，理合备文呈请抚部院察核施行。须至呈者。

计呈《法令公布规则》及《改良官报办法》清册一扣。

谨将拟《定法令公布规则》及《改良官报办法》开呈鉴核。

《法令公布规则》计七条：

第一条　凡本省各种单行章程规则及其他属于谘议局议决施行之件，自抚部院批准之日起十日内应照本规则所定公布之。

第二条　凡本省行政官因行政权范围内所发之命令，抚部院及其他该管官厅应照本规则所定公布之。

第三条　凡本省旧有由抚部院颁行之章程规则及各属通详立案永远遵行之件，现在认为必要尚有效力者，抚部院应于宣统三年六月末日以前照本规则所定悉行追加公布。前次应行追加公布之件如有变更时，照第一条、第二条所定办理。

第四条　应照本规则所定公布之法令若不公布或不如法公布，人民无遵章之义务。前条应行追加公布之件若期限已过仍未公布者概作为废止。

第五条　自公布之日及官报邮到之日起算十日后发生效力。（但有特定其施行期日者不在此限）

第六条　凡公布应先登官报，再行揭示。（官报每日发行一次）

第七条　官报登载后三日后应由该管官厅揭示，以揭示之日为公布之日，其在省城外各府厅州县以官报到达后三日内揭示之。

《改良官报办法》计十二条：

一、上谕及辕钞仍旧登载。

二、中央政府、两江制台及各省行知本省公文、公电概由官报择要登布，凡有关学务、法律、财政者必须备载。

三、凡批准谘议局公布案件，其批词及正式公文概由官报登布。

四、凡各属报解丁漕、契税、杂税、串捐、年收若干，一概登载。

五、凡统税、落地税各局口征收数目应仿海关册式分别商货种类详细列表登载。

六、凡《政治官报》要件及京师要政应选择登载。

七、本省军、学、商界确实现情概行登载。

八、凡公布法令应分别为谘议局议决经抚部院批准或系行政官关于行政权范围内所发之命令区划种类记载之。

九、凡由省城发递官报至外府厅州县，均交邮政局照挂号信件递寄，无须由该管上级官厅行知。

十、各府厅州县行政官公布之命令及禀准之单行章程规则经自治公所函告，亦必择要登载。

十一、各厅州县自治公所对于官报认为分销官报之机关，凡境内认销若干份，由该所函订报费，统由该所分季预缴。

十二、此项官报除各属官署邮寄一份外，报费由地方官缴解，其他学堂、局、所及人民购阅者均邮寄自治公所，以免稽延。

为照复事。案准贵局议决《法令公布规则》并《改良官报办法》一案，当经发交审查科公同审查。兹据该科员呈称，窃查立法手续必经公布始有执行效力，各国公布机关均借官报使内外周知，于悬书读法之中寓开通民智之意。谘议局呈拟《公布法令规则》即仿其制，法非不善，惟奉行法令习惯现时骤难尽改。盖向来宣布律令全凭正式印文以生效力，人民以此为遵章之义务，如遽照所拟改易专以报册为公布之机关，印文有时，亦难依据，上下遽失信用，转多疑虑。况欲举积如邱山之旧令、新章刻期而刊布之，穷年累月未易就绪。且未刊布者即予取销，在新法令未尽颁布以前取销旧章尤关各省通案，即以北京《政治官报》而论，亦第广法令之推行，不关执行法令之效力。所拟公布规则七条现时应难准行。至改良官报以广法令之遍布为现时必要之规画，所拟改良办法十二条甚为周妥，应准照办。特现在《日日官报》虽领官本，究系商办，其登载难悉符官报体例，自应按照所拟改良办法另行组织，按日由各衙署局所将新旧所发之命令、章程及谘议局议决施行事件抄送，以便分门别类，装订成册，以精抉择而备检查。久之，则人人皆知法令，所谓新章、旧案彼此交遁之弊可祛矣。等语。经本部院于本月初一日在会议厅公同议决，应将该科审查缘由照复贵局，烦为查照覆议见覆施行。须至照会者。

呈请抚部院札饬九江府会同铁路公司踏勘寨湖桥工妥筹善后办法由

为呈请事。谨案《奏定谘议局章程》第六章第二十一条第十二项内开，收受本省自治会或人民陈请建议事件；又第七章第四十二条内开，凡议决事件，除议长、副议长同意，认为应行秘密者外，均公布之，并应随时报告督抚及资政院。各等语。本届常年会期内据德化、瑞昌两县绅耆商民黄儒材、徐信成等陈请案称，窃查赣省创修南浔铁路为全省兴利，断不使一方受害，乃不谓寨湖口之铁路桥方筑而害并至，既成而害更无已时。缘寨湖为瑞昌东、南、西三乡，德化南、仙、赤三乡，周二百余里，大小各山河之总汇，寨口即出水之总口也。该处河流一束昔日水落时宽约百丈，深约二丈有奇。三十三年桥工开办于桥基上首，两岸进占大筑旁坝排桩搭架土桥，运材施工，仅留中流丈许通行，急湍倾注，桩石隐伏，屈计三年，先后毁碎撞翻大小船三十一只，溺毙男女七十三口，损失货物无算，万声嗟怨，呼吁无门。今桥已落成，共只七孔，每孔中空四五丈，水面占去三分之二而桥足四面桩石嵯峨，泥沙淤垫，水深只五六丈，遍河之土堆、石垒乱如繁星，装载百石以上之船不敢履险，必须过驳。盐斤一项，转运耗而且艰，民常淡食，此贻害舟行者一；自寨口西至瑞邑螺蛳港水程一百五里，南北距山麓一二十里不等，地势平衍，滨河筑墩结茅庐者约六七百户，依高而居者更多十倍，低洼田地、草场不下十余万亩，向无秋获，全伏春草夏麦，寨口骤然浅窄，内水停蓄滞消，刻届秋深，水尚未涸，无复布种，国赋奚完？民生奚赖？此贻害泽居者又一；兼且铁桥经久，口门以上势必渐淤渐远，寨湖定成，巨浸，旁溢四达，贻害更无已时。再四思维，酌拟去害方法，须铁路局从速派工，拔桩捞石，疏浚积淤，剔清河底，并将两岸寨河过长之土坝挑移复原，俾河身深阔以恤两邑商民。然此法可暂而不可久，终以别开支河为保民、保路两方面善策材等。住寨口北岸上游四里地名阎家渡、又上十里地名摊船沟，今成草滩，昔均老河地形，洼下开河，北通小河远一里零三里许不等。该小江系赤湖出水水道，宽八九丈，深二丈四五尺，下至官簰，夹流入大江尽可分杀寨湖水势，约估开挖工程深宽如式需费万金，拟由两邑商民各段就地筹款，并于出产费物妥议抽捐。究之民力不逮，万难图成。铁路局规复寨口水道原形费亦甚巨，若但搜浚桥底中流上下，于两岸酌留旁坝护卫桥身，腾出移坝，重资拨为开河津贴，庶乎两有裨益，路局既免贻害之嫌而兼保险工，地方得收补助之效而永消大患。爰其理由书附呈图说，恳请提议转呈抚部院核夺照会铁路公司派工迅速疏通寨口河道以济目前之急，一面饬九江府县会商路局督同绅耆、商民核办估勘集款开河，以除民害而维路政。等情前来。本局公同讨论，佥以铁路桥工情形重要，若移开桩石，加阔河流，于行使火车不无危险之虞，但河流壅塞地方受害亦非所宜；至于另开一河，沿途田园庐墓均须废置，居民能否允许，事尚难定，且经费甚巨，筹措亦非易。应请抚部院札饬九江府会同铁路公司踏勘地方情形，妥商善后办法详请措办，俾得维持路政、保全地方。本局业经会议，意见相同。除呈报资政院外，理合备文呈请抚部院察核施行。须至呈者。

为照复事。案准贵局呈请札饬九江府会同铁路公司踏勘塞湖寨工妥筹办法一案，当经发交审查科公同审查。兹据呈称，路线经过之地以兼利居民为主，据谘议局胪陈，寨湖桥工诸多窒碍，应如何疏通寨口、开凿新河，以图铁路、居民两有裨益之处，应请札饬九江府会同铁路公司督同绅耆就地察看情形，酌筹善后之策，禀复核办。等语。经本部院于本月初一日会议厅公同议决，准予照行。除札九江府会勘外，相应备文先行照复贵局，烦为查照。须至照会者。

呈请抚部院札饬九江道宣布船钞税则严禁陋规并改订验照期限由

为呈请事。谨案《奏定谘议局章程》第六章第二十一条第六项内开，议决本省单行章程规则之增删、修改事件；又第七章第四十二条内开，凡议决事件，除议长、副议长同意，认为应行秘密者外，均公布之，并应随时报告督抚及资政院。各等语。查本省九江、姑塘两钞关征收船税向归九江道直接经理，每船到关必先向关吏领筹挂号，乃近来积弊，非纳钱不能得筹，得筹后非纳钱不挂号，挂号后非纳钱不予尺量，且必迁延半日或一日之久。又复浮报尺码，稍与争论即遭关吏之恫喝，迨到关纳税，税照内填写银数，必命以钱折交，每两约合钱三千余文，问系如何折算，则曰“名目甚多”，总计每照内填银一两，连陋规需约钱五千余文。而距姑塘下游三十里之梅家洲复设有查验所，下水船至停船验照又须纳钱，自姑塘到此以十日为限，逾限则必重纳如前数。距姑塘上游五里之虾蟆石亦设有查验所，上水船至亦须纳钱验照，九江到此亦以十日为限，逾限重纳与下水船同。鄱阳湖风涛险恶，兼旬阻风事所常有，船户劳力营业，生命财产悉载一船，商人货物与该船相依为命，困于苛税，赢利已微，何堪重纳？故往往因恐逾限冒险驶行，覆舟之惨不一而足。以既已纳税之货又已纳钞之船而更定此苛例，迫而使之陷于危险，民何以堪？应请抚部院札饬九江道将每船深宽长若干、用何项算法折合、应纳关税银若干、折钱若干明白公布，使众周知。所有一切陋规实行裁革，从严禁绝。上下水船验照期限改订以一月为限，每日关吏下河量船必须四次，以免守候，于航业前途裨益实非浅鲜。本局于常年会期内公同议决。除呈报资政院外，理合备文呈请抚部院察核施行。须至呈者。

为照复事。案准贵局呈请札饬九江道宣布船钞税则严禁陋规并改订验照期限一案，当经发交审查科公同审查。兹据该科员呈称，关吏留难需索最为商旅之害，局呈谓九江、姑塘两钞关近来种种积弊，有迁延时日、浮报尺码，及姑塘下游之梅家洲、上游之虾蟆石两查验所于查验税照时额外需索钱文等情，如果属实，诚为法律所不许。所请札行九江道将每船深宽长若干、用何项算法折合，应纳税银若干、折钱若干明白公布，及将一切陋规严行禁绝，并每日关吏查量船只必须四次各节，系为防弊恤商起见，应请准予札行九江关道查照办理。至请将上下水船验照期限改订一月为限一节，查梅家洲、虾蟆石两处均去姑塘尚近，十日之限并不为苛，惟九江至虾蟆石查验程途稍远，能否宽予期限，应饬九江道查明禀候核夺。等语。经本部院于本月初一日会议厅议决，准予照行。除照会九江关查照办理复夺外，相应先行照复贵局，烦为查照。须至照会者。

呈请抚部院转饬设立各属农务分会并呈《组织分会、分所办法》请通饬遵办由

为呈请事。谨案《奏定谘议局章程》第二十五条内开，除第二十一条第二、三款外，谘议局亦得自行草具议案；又第四十二条内开，凡议决事件，除议长、

副议长同意，认为应行秘密者外，均公布之，并应随时报告督抚及资政院。各等语。窃维本省地势依山带河，物产之饶甲于各省，自海通以后，出口之销数日绌，土地之荒废日多，农民守故智而绝少新知，士夫尚学说而薄为鄙事，间有讲求种植则盗窃堪虞，甚或开垦荒田则缠讼不已，农业退化迄无已时，自非官为提倡、绅为辅助，不足以救目前之急而开致富之源。查农工商部颁行《农会章程》业经数载，省城农务总会成立亦既有年，各厅州县未闻设立分会、分所以为贯输文明、整理农务之枢纽，殊非大部创设农会之至意。应请抚部院转饬劝业道推广各属农务分会，与总会联络一气，并应由总会总协理规定细则，刊布通知，以资遵守。本局谨拟《组织农务分会、分所办法》九条，另具清册开呈鉴核，并请通饬各属一体照办，以维农业而求进步。本局于常年会期内公同会议，意见相同。除呈报资政院外，理合备文呈请抚部院察核施行。须至呈者。

附呈《组织农务分会、分所办法》清册一本。

谨拟《组织各属农务分会、分所办法》开呈鉴核。

计开：

第一条　各州县设农务分会，各乡村设农务分所，应遵照部章限期成立，以联声气而利进行。

第二条　各州县劝业员及自治会绅董均有发起农务分会之责。凡系品行端正，于农务素愿讲求、颇有经验者，不拘绅、学、商各界，皆可入会。其会金酌量收取，分会成立后凡入分会之会员、会友皆有发起分所之责。

第三条　分会、分所经费照章酌提公款拨助。惟各州县地方情形不同，或由自治会经费拨助，应由地方官会绅公同酌定。

第四条　各乡村分所须将境内荒田、荒地、荒山、荒洲切实调查。已垦者若干亩、未垦者若干亩、垦种何类、成熟之数若干、该区土宜何种、向以何种农产为大宗、每年出产若干、销售价值若干、其他各种每年出产若干、销售价值若干，分类详细列表报告于分会，由分会汇表报告于总会。以后每年报告一次，并列比较表一份借觇进步。

第五条　分会、分所董事必随时研究农务以图发达。凡他处已经试验之嘉种，及种植培壅之良法，宜于农隙时会集农人逐一宣讲，或编刊白话随处布告，务使境内农人皆有竞进改良之观念。至农事试验场、农业半日学堂量力附设。

第六条　各分会应就地方情形规定禁约。凡盗窃强害一切农家畜养等物，重则送官惩究，轻则送自治会援照章程酌量罚锾，分别类目先期请官核定，出示晓谕遍贴乡村，俾民一律遵照。

第七条　各属农务，地方官绅必任切实保护之责，凡阻挠垦务、盗取竹木、戕贼畜产以及种种扰害农家之事，经分会、分所查实呈请究治，地方官应立予核办，不准胥吏丝毫索费。

第八条　水利为农田之母，高乡开塘，低乡筑堤，各所董事当于农隙时劝导切实从事，以防旱潦。此等公益，向系富者出钱、贫者出力，村董先以正当办法就近告知分会，分送各所，该所董事有督率察视之责，协力维持，如有违抗请官惩究。

第九条　山村如松竹、桐茶、樟树、乌柏等类园产，如桑麻等类田产，如棉花、甘蔗、大豆等类，随宜种植，成为出产大宗，皆可以裕生计而塞漏卮。凡境内或公司或个人于此等树艺卓著成绩，由分所董事查验报告，呈由地方官详请给奖，以示鼓励。

以上九条系就本省地方情形创办事宜略为规定，其余概遵部章斟酌办理。

为照复事。案准贵局呈请通饬各属设立农务分会、分所并开呈《组织办法》一案，当经发交审查科公同审查。兹据该科员呈称，农会之设实为整理农业之枢纽，关系至为重大。前经部颁章程当由前农工商矿局会同省城绅董遵照定章设立农务总会，通饬各属一体遵办，并限期兴办种植，提倡树艺、畜牧，各公司出示劝民开塘筑堤、查勘荒山荒地颁发美棉种子、编印白话报章，均经前农工商矿局暨劝业道先后通饬筹办，各在案。叠据各属陆续禀报，已设农务分会、分所计有十余处，今局呈有未闻设立分会、分所之语，自是调查未周。惟此项要政亟应实力奉行，广为设立，以辟利源而维农业。所呈《组织农务分会、分所办法》九条，审查均属妥洽，应请札饬劝业道再行从严通饬，限期会同绅董一体筹办分会、分所，俾农业日臻发达，自无弃利于地之虞矣。等语。经本部院于本月十五日会议厅公同议决，准予照行。除行劝业道通饬各属一体遵照筹办外，相应照复贵局。烦为查照。须至照会者。

呈请抚部院振兴工业由

为呈报事。谨案《奏定谘议局章程》第二十五条内开，除第二十一条第二、三款外，谘议局亦得自行草具议案；又四十二条内开，凡议决事件，除议长、副议长同意，认为应行秘密者外，均公布之，并应随时报告督抚及资政院。各等语。窃维东西各国振兴工艺汲汲不遑，其国人殚精积虑攻其业而未有倦者，盖以厚民生而增国力舍是更别无要图也。朝廷设立农工商部，各省添设劝业道，于振兴工艺皆有一定之责成，而《奏定学堂章程》实业条内于高等、中等、初等工业学堂均经分别订有章程，通行各省一律遵设，其振兴工艺之意不可谓不周且详。赣省地处腹内，风气之开通独后于他省，筹办各项新政今已数年矣，而工业学堂不独高等、中等未见举办，即初等工业学堂各州县举办者亦不一二，覼教育未宏，振兴无由，工业之尚在幼稚时代，其又奚怪赣省？固富有出产之区，工业界亦颇有声誉，如饶州之瓷器，赣州之木器，袁州之表芯、夏布，早已利用，前民著有成效，只以故步之封，未改良者不思振奋，已改良者不求精进，长此终古窳败日形，岂惟外洋之输入制造品无术抵制，即求战胜于工业发达之沿海各省将亦不可得。况今新政繁兴，分利之途日辟，生之途日蹙，将来生计萎悴，财政困难，于宪政进行障碍殊非浅鲜。今欲振兴工业以图补救，窃谓有宜筹设推广者四事，谨条举如左：

一、宜多设艺徒学堂。查此项学堂以授平等之工业技术、造就良善工匠为宗旨，一以减少游惰，一以挽回利权，筹设易而收效宏。请饬各厅州县赶紧兴办，多设一堂即多得一堂之益，如以筹款不易无力专设，即请照章于中小学堂附设，既可兼用教员，亦可省学舍、物品、器具等费，增筹经费无多，裨益子弟不少，谅亦乐于从事。

一、宜组织工业研究会。艺徒学堂造就虽便，然发明新理、改良旧器仅少数受教育之艺徒知之，而多数未受教育之艺徒未必知之，其何以谋工业之发达？组织各种工会俾以时研究，未改良者宜如何设法改良，已改良者宜如何力求精巧，地方工业自不至毫无进步。

一、宜筹设劝工陈列所。查农工商部分年筹备事宜表，于预备立宪之第四年通饬各商埠筹设劝工陈列所，今届期不远，各厅州县宜于商务繁盛之埠一律筹设，届时调取各处工艺出品分类庋设，比较参观，分别良楛，诱起工业争竞之观念。复选取输入品之可作模范、输出品之可以抵制者，特别陈列，以备参考而资仿效。

一、宜推广奖励。凡出新法、用新式之制造品，除报部按照《奏定商勋章程》分别给奖外，其余寻常工艺制作精良等品饬由各处商会奖以什物或为登报延誉。

以上四条皆为振兴工业起见，本局认为本省应兴事件，应请抚部院核准转饬劝业道通饬各属酌量地方情形一律兴办。本局业于常年会期内公同决议，意见相同。除呈报资政院外，理合备文呈请抚部院察核施行。须至呈者。

呈请拨给高等巡警学堂地址建筑谘议局由

为呈请事。窃本局地址前于本年八月间迁入模范中学堂校地，并将估建议事厅图式工程数目呈请抚部院核准在案。自经迁入以来，详细考察始悉，地址虽尚宽敞，惟地气卑湿，兼之僻在城隅，居户绝少，警察防卫势所难周，闭会后空屋甚多，时虞盗警。是以本届常年会期内复经公同提议，佥以本局为全省议事机关，人民观听所系，议事时不禁旁听即外国议会公开之意，惟必地处适中，然后群相走集可期舆论之翕合。查高等巡警学堂原系裁缺总兵衙门，地址甚为宽大，且居省会中央，极合建筑谘议局之用，自非重谋迁移不足以建永远之基础。应请抚部院核准拨给，由本局再行估工建筑，另案呈请。本局既经公同决议，理合备文呈请抚部院察核施行。须至呈者。

呈报议决清理广信合府船埠案请抚部院饬查公断以保公产由

为呈请事。谨案《奏定谘议局章程》第六章第二十五条内开，除第二十一条第二、三款外，谘议局亦得自行草具议案。等语。兹据广信府全体议员张柱等提出清理广信合府船埠案称，广信府属船只向分两帮，一曰“罗塘子”，系贵溪一县之船，来省停泊惠外妙济观河干，为南昌县辖地，光绪三十四年由该贵溪县绅士姚郁文等禀准南昌县清界在案；一曰“舠子”，系上、玉、广、铅、弋、兴之船，来省停泊章外自茅竹架起至三圣庙河干止，为新建县辖地，共计五十四丈，与赣州三板梭子及南昌县鳜鱼溜、太子庙、鸦尾等船公共。乾隆三十三年，南、新二县张边申奉抚藩府宪札饬勘丈地段分明，成案具在，历泊无异。且光绪三十二年比邻官洲鸦尾援案清界，是舠子所有五十四丈之河干仍归舠子停泊，故其案碑载明，舠子与三板梭子等船为其比邻而不及外省沙口之船，是舠子之船埠地在章外，前有乾隆原案，近有官湖新案，确凿不磨，可检查而知矣。上年沙口船只混行停泊，经分部主事卢承绪等禀控，既由前新建县文据案给示矣，忽被沙口帮朦蔽混指该茅竹架至三圣庙五十四丈内之小部分名为余干仓者系伊船埠，而移广信舠子应泊茅竹架至三圣庙五十四丈之全部分船埠于惠外妙济观贵溪码头，致署县王照案判断，置合郡绅、商、学界原禀于不问，勒令船头徐日康出结，于是袒断朦详，而章外新建所辖之茅竹架遂混移于惠外南昌所辖之妙济观矣。自此案断结后，沙口帮徐延福等倚势猖獗，叠次丛殴徐日康，现署新建县韩明知王断不公，又自以五日京兆不肯平反，故于四月十八日晚堂突提徐日康面讯，以为该处船埠虽系广信码头，有乾隆年间成案可核，其奈沙口帮已经占据不肯退还，本县亦无如之何。倘汝肯向他处另买船埠，本县愿代汝给价，否则须候王前县回任自行断结。云云。王前县对人谈及此案，亦似有难言之隐，足见沙口帮神通广大，而此案之难平反者实有所由也。然广信合郡之船埠确在章外茅竹架至三圣庙界内，系新建县所辖地方，前县王所详之惠外妙济观下立成堂盐仓门首之码头，在南昌县所辖界内乃贵溪县一县之码头，若以敝府公共之码头认为船头徐日康个人之私产威逼出结，又以贵溪一县之私产抵作合郡之船埠，无论两地遥隔，两县分治，风马牛之不相及也，而弃案据而凭影射之词执案外之人以肆其威力，但求县案之可以硬结而不顾合府公产之横被侵占，敝府人士岂能甘心？前经卢承绪等前抚辕呈控，又经来局请议，去年会期中敝府全体议员亦曾具议草，适届闭会未及议决。现在此案愈求清理愈无归宿，柱等既代表人民之意思，有清厘公产之责任，何忍弃此数百年承管之业？用敢备述颠末，提出议案。等情。本局谨查局章第二十一条第七项内开，议决本省权利之存废事件；又宪政编查馆议覆于大臣折内于本项解释声明有譬如全省自有之公共产业欲为变置移易，即为关于本省之权利存废，此种事项全省利害所系，自不得不郑重视之。各等语。该广信舠子船埠既系六县船户泊之所，即六县船户生计利害所关，与公共产业无异。既称在新建界并有前后案据可凭，自不能据两造以外之徐日康个人在新建县所具之结，遂令全府公共产业被他省船帮侵占。此案现已涉讼数年，如果调查新旧案据判断平允，该府士绅亦何能坚持异议？本局全体会议均认为得援局章第二十一条第七项之规定办理，应请抚部院立饬该管地方官查照前后案据秉公讯断，以维生计而保公产。除呈报资政院外，理合备文呈请抚部院察核施行。须至呈者。

为照会事。宣统二年九月三十日准贵局呈报议决清理广信合府船埠一案。兹据审查科呈称，查广信舠子船埠既系六县船户停泊之所，即六县船户生计利害所关，与公共产业无异。现与沙口帮彼此争执，案经新建县韩令提讯，有愿代给价另买之说，自系调停办法。既经谘议局援照定章第二十【一】条第七项之规定呈请前来，应即饬该地方官查照前后案据提讯两造，秉公断结，以息纷争。等语。经本部院于本月十六日会议厅公议，应照该科所议办理。相应照会贵局，烦为查照施行。须至照会者。

呈请抚部院查明萍乡县城议事会议长文治熙被诬剥夺情形援案办理以重选举而保公权由

为呈请事。谨案《奏定谘议局章程》第二十一条内开，谘议局应办事件第十二款收受本省自治会或人民陈情建议事件；又第四十二条内开，凡议决事件，除议长、副议长同意，认为应行秘密者外，均公布之，并应随时报告督抚及资政院。各等语。兹据萍乡县城议事会议员颜承烈、叶先均等十四人请议前该会议长文治熙被县剥夺辩诬案称，窃维国家预备立宪，设谘议局办地方自治，调查选举，所议重视人民公权，人民亦因公权之可贵而不敢轻易放弃者，均恃有章程及宪政编查馆解释以为依据。以《地方自治章程》言之，选民之资格由调查而发生，则议员之资格由选民而发生，议长之资格即由议员而发生。未有以一人之身既具选民之资格复具议员之资格而及其被选为议长则可以一二人秘密诡谲之手段含糊加之以资格不合之罪名剥夺而改选者也。萍乡【县】城议事会以本年六月念一日行议员互选，文治熙以得九票之最多数当选，应为议长，于是有商会总理刘承华、文从读等一禀，又有其族人文星海及从读之兄弟叔侄从说等一禀，均以其早年被胡祉益控告，奉委查无实据销结之案引为治熙不合资格之据。刘禀本盗列多名，嗣因所列彭以[illegible]等二十余人均纷纷具禀赴县声明，刘、文等自知诡谲败露，乃改具其族长控告一禀呈县，杨署县当日即笼统以文某前被胡控虽已结案，近又叠被人控，请示办理等词电省筹办处各宪，筹办处亦不暇问其近被人控之案情内容如何也，遽决然以“前后被控确实，照章剥夺”数字覆之，而杨署县乃据以宣布，刘之九遂因改选而入为副议长矣。夫人亦谁能保人之不我控者？如不问其控情之虚实，仅以禀已入公门为据，吾恐以今世人心之幻、天下之大可以使之无一完人，此并非承烈等之过为刻论，现象昭著固如是也。如曰虽已被控犹有受查之余地也，则筹办处所据以剥夺人民公权者必根于章程上之条文耳，否则即官定之解释汇钞耳。谨案上年九月宪政编查馆覆湘抚络电：议员除现行犯罪应照局章第四十条办理外，如因他事被人控告，自应准其到会，仍令候查。其从前被控业经查实讯结，复有人以前情诉讼者应查明，如与选章第八十八条无涉即不准理，至所谓劣迹昭著，自以确有案据为凭，不得仅据他人传说。云云。此电虽指谘议局议员而言，然馆定解释与地方自治通用者颇多，《自治章程》对于议员资格规定而无他种之解释也，则承烈等所急欲讨论者所谓“劣迹昭著，确有案据”八字，譬如甲控乙以包娼、聚赌、窝贼、通匪，控县不已又控府、控省，缠讼一二年，及至委员到县查讯，则甲所列以控乙者尽属子虚，乙之案据则确有矣，乙之劣迹可得谓之昭著否乎？如曰此不得谓之为劣迹昭著也，则承烈等于文治熙之被剥夺失其为议长之资格，不能不为之哓哓置词矣。查文治熙原名如海，为人素公直，不畏势趋炎，排难解纷，有治事才。自光绪十八年以来历办团练、平粜散赈、保甲局、灯捐局、城内警察、办红匪防堵、创办罪犯习艺所、谘议局选举调查员、初选当选人、自治选举调查长、自治事务所城内干事员等事，或由县委，或由公推，二十年之中竭尽义务。虽其办习艺所时，有胡祉益控其包赌、纵贼一案，然县批于其辞职尚有慰留劝美之词，层宪委员亦禀称“查无实据”，惟饬令退职以息人言。则当日之有人谋充该所总理情事固已显然，而文治熙之被控亦共知其诬矣。现查刘承华、文星海等两禀均以胡祉益案为控告治熙劣迹之据，此案前经既以“查无实据”详销，则文治熙之资格上固无劣迹之可确指，即与自治选章资格无涉。刘、文等以已经查结之案提诉，照馆电即应在“不准理”之列，如刘、文两禀所控尚有他事，照馆电亦应令其到会一面候查，况所指以为资格不合者除胡案外并无他事耶？杨署县电称“迭被人控”，所谓迭者乃刘、文等通同为之而已。查城内选民册文治熙实已列名榜示如限均无异言，文从读实充城内调查员，如以为资格不合也者即不应入之于选民册，前特以为选民无能为也而举之，今乃以其为议长而相妨也则攻之，司马昭之心，路人皆知。杨署县不察舆论，徇一面之请，据以电处又为之含糊其词，不将被控情节叙出，而省宪乃斩钉截铁电令剥夺，若故设陷阱以待人者，以旷古未有。国家所特予人民以被举之公权，不准于明定解释可以依据之章程而贸然行其剥夺之权力，选举如此，人人自危，承烈等不为文治熙诉冤屈争荣辱，实为自治前途、人民公权怀莫大之恐惧。承烈等诚不学无术，然议长之在议事会实知其居于最重要之地位。文治熙之当选也，承烈等实多数投票举之，文治熙而为包赌、纵贼之劣绅也，则承烈等所信仰而推举之者，物以类聚，其人亦可知。聚多数党同比匪之人以办理一城之自治，其效亦可见。承烈等进退无计，不知所从，贵局有代表舆论之责，不得已惟有缕述实情以闻，伏乞大议长及全局诸君子为全省人民公权计，援据定章提议力争，以免一二诡谲之人得行其扰乱宪政之计。再，查江苏谘议局邳州议员陈士髦因州牧违章诬禀撤销议员，经该州教育会呈由谘议局议决呈准开复议员，并将递补该员缺额之胡伯言饬令缴销执照，退为候补当选人，以重选举。在案。可否并请援案呈请抚宪从速查明，照准施行，以保公权而杜攻讦？不独萍乡一县之幸，即全省亦受赐实多矣。等情到局。并据文治熙以前情请议，附抄胡祉益控案各批暨此次被诬剥夺各禀批到局。据此，本局当经请议审查会报告提出会议，佥以议长之资格由选民而发生，当选必依于票数，剥夺应准乎章程，事关选举，决不容任局外一二人挟嫌攻讦，而当事者徇其爱憎意为出入，使人民公权在法律上无确实之保障。文治熙控案情节既未据萍乡县电禀自治筹办处，似不能执为应行剥夺之确据，且“剥夺“二字之意义非仅失议长之资格而已，其议员资格及选民权亦当然同归于消灭。本局细核文治熙被控情节，实无可以剥夺之理由，应请抚部院另行查明，援江苏议员陈士髦成案办理，以重选举而保公权。本局于九月十七日会议，意见相同。除呈报资政院外，理合备文呈请抚部院察核施行。须至呈者。

为照会事。本年十月初七日准贵局呈报查明萍乡县城议事会议长文治熙被诬剥夺情形一案。兹据审查科呈称，查选举资格之合否以所控案之实否为断，文治熙于办公时被控纵贼、包赌，是否确有实据？侵吞公款是否有簿可稽？又办巡警、劝业两事时用款是否未造报销？应由萍乡县澈查禀覆，再行核夺。等语。经本部院于本月十六日会议厅公议，应照该科所议办理。相应照会贵局，烦为查照饬知施行。须至照会者。

呈请抚部院查办广昌县典史莫令望违法纳贿由

为呈请事。谨案《奏定谘议局章程》第二十五条内开，除第二十一条第二、三款外，谘议局亦得自行草具议案；又第二十一条第十二项内开，收受本省自治会或人民陈请建议事件；又第四十二条内开，凡议决事件，除议长、副议长同意，认为应行秘密者外，均公布之，并应随时报告督抚及资政院。各等语。兹据建昌府议员罗桢提议广昌县典史豢贼诬攀、违法纳贿案开，捕署豢贼开花，各厅州县想均同病，积习已深，近尤剧烈，间有正绅明知其冤者向捕署理论力争，无不以既据贼供，例应拘讯为辞，自表面论之固持之有故，而乡里平民受此波累，既污名誉又毁身家，蚩蚩者氓何辜罹此？即如广昌县莫典史令望去岁因甘竹魏姓具控白米岩寺场失去袈裟什物一案，被株连者如唐宣元、邱顽皮、曾长孙、张毛仔等皆系平白受诬，唐、邱各费钱六七十千文始得免究，邱之家资仅值一百千文内外，一旦破去大半，积愤成狂，至今愦愦遂成废人；曾长孙、张毛仔虽经同姓生员曾省三、张树之力为昭雪，而典史争执务须拘讯，每人费用洋边二十八元始予除名，当各缴现洋十四元，经张树之代张毛仔出票洋十四元，曾省三代曾长孙出票洋十四元确凿可证，此系鄙人住址接壤之事，故知之特详，其余遇案诬攀择肥而噬者耳闻虽熟，更仆难数并闻，每案票尾另用红条签列诬攀者姓名，按名以索，必尽乃止。此风不戢，贻害实深，弊窦大开，不止一邑。现值城镇乡自治次第举行，可否将鄙人所陈照案呈请查办，并一面通饬各属严禁。等情。又据请议审查会报告提议广昌县自治事务所绅董举人罗之言、城议事会议长何清莹、董事会总董刘从龙等陈请案称，窃广昌县典史莫令望素性贪婪，养贼开花是其惯技，近尤剧烈，任意株连，遇有盗案辄令贼于近地平民择肥而噬，以故每案罗织必七八人或十余人不等。传票用红条签名黏之票尾，按名以索，餍所欲者即揭去之，务期无遗乃已。小民何辜，既污以窝贼之名，又重以苛索之累，呼天怆地，冤莫由伸。举等耳闻虽熟，引手难援，再四思维，惟有陈请贵局建议以绝陷害而肃官箴。各等因到局。业经本局付之会议公同讨论，佥以该广昌县典史莫令望既有豢贼诬攀、违法纳贿确实事迹，本局自应援照局章第二十八条之规定，呈请抚部院查办，并通饬严禁，以杜扰累。本局于会期内决议，意见相同。除呈报资政院外，理合备文呈请抚部院察核施行。须至呈者。

为照会事。宣统二年十月二十二日准贵局呈请查办广昌典史莫令望违法纳贿一案。兹据审查科呈称，查典史为管狱之官，例不准擅受民词，其所以妨弊于未然者意至深远。所称广昌县典史莫令望豢贼诬攀、违法纳贿各节，并经指明案据及被害之人，且有每案票尾另用红条签列姓名按名以索，餍其所欲乃揭去之等事，似此任意妄为，诚为法律所不许。今谘议局援照第二十八条局章呈请查办，自应照准。应请札行建昌府确切查明，如果按照所指各节查有实据，应即照律禀办，以肃官箴，一面申明定章，通饬各属一体严行取缔佐杂等官，毋许擅受以杜扰累。等语。经本部院于本月初一日会议厅公同议决，即照该科所议查明施行。除札查通行外，相应照会贵局烦为查照施行。须至照会者。

呈请抚部院请移会两湖督部堂禁止沔阳、黄梅、广济等县发给灾民就食路票并严饬鄱阳、余干等县一律禁止由

为呈请事。谨案《奏定谘议局章程》第二十五条内开，除第二十一条第二、三款外，谘议局亦得自行草具议案。等语。本局窃维从来救荒无善策，不得已乃有移粟、移民两策，此梁惠王所谓“移其民于河东，移其粟于河内”，孟子乃有“五十步笑百步”之喻，明其计之非也。湖北沔阳、黄梅、广济与江西接壤，地近湘汉，频年水患。该处官绅不思未雨绸缪之计，常怀临渴掘井之谋，每遇灾区聚集多人，邀求地方官给发路票，俗名逃荒，实为移民就食之义。一票之数多至数千人，少亦数百人，扶老携幼，风餐雨宿，道途之间死亡相继，流离困苦莫可言状，此灾民就食之难也。夫数穷则变，久则乱生，变乱之机皆出于无赖。今灾民人数如是之众，境遇如是之迫，谁甘死亡而不为盗贼者？是以九江、南康、南昌一带沿及瑞、袁、临与湘楚相近各郡常被灾民蹂躏，大村落则奉票就食，勒索钱米，稍有不遂，于是踞占祠庙，侵掠田园，破人门户，毁人器具，积日累月，械斗相寻，祸患滋大；小村落人数稀少，料不敢与之拒抗，明抢暗偷无所不至，并有就食之地反不如其被灾之地者，徒以恃官票为护符而张其恶焰也。近年吴城镇、涂家埠、生米街抢案迭出，无从缉获，实属灾民所为。人数过多，捕役不敢拿问，官府不敢盘诘，若不设法禁止，将恐鄂省上年之变见诸江省。又如本省鄱阳、余干等县逼近鄱湖，亦有给发逃荒路票之事，人数差少，为患亦同，详询各

灾民并有长年在外就食并无执业者，此种灾民更属可虑。查其票则鄱阳、余干县也，询其人则五方杂处也，察其衣食则殊不似灾民，弱者负载，强者乘舆，计其乞得钱米，日亦无几，似难供其逐日消耗之用，将何取给？所到之处莫不恐惶，或目之为挨青，或目之为打铁算盘，种种妖幻乱人听闻，实则以明偷暗抢为长年生活之计。每至一户，恃众拦入，充满堂室，借彼众我寡之势，遂逞其开箱启笥之手段，席卷而逃，来往无常，受其害者隐忍而不能破其术以置之法，为患地方，迄无已日。总之，官不给发灾民路票，彼等无护身之符，其害自去。查本年盛侍郎因江、鄂灾区奏准通筹工抚、平粜、当田三事一折，其见救灾之策足以弭患于无形。应请抚部院移会两湖督部堂札饬禁止沔阳、黄梅、广济等县给发灾民就食路票，并严饬本省鄱阳、余干等县一律查照遵办，自不至移民就粟扰害地方，实为两全之策。本局业于会议时意见相同。除呈报资政院外，理合备文呈请抚部院察核施行。须至呈者。

为照会事。宣统二年十月二十二日准贵局呈请移会两湖督部堂禁止沔阳、黄梅、广济等县发给灾民就食路票，并严饬鄱阳、余干等县一律禁止一案。兹据审查科呈称，赈济灾民自多良法，听其分途就食最为滋乱之阶，谘议局所请各情系为保卫地方治安起见。惟查本年九月间曾准护理湖广督部堂王咨称，沔阳州属人民捏造印照出外逃荒，请饬属查阻并将灾头扣留解州讯办。等因。当经札司通饬各属一体遵照办理，并一面移会兵备处转行各营遵照，各在案。是该局所请移会两湖禁止路票一节应毋庸议，合请于通饬各属外，札饬九江关道知照各轮船公司，不得搭载难民入境，以防其暗渡。惟本省鄱阳、余干等县亦尝给发逃荒路票，又屡有他省游民混迹其中，若外禁而内宽终如未禁，应请如案照准严饬鄱阳、余干等县一律查照遵办。如遇荒歉年分，该两县地方应另行设法赈济，以恤灾民而免骚扰。等语。经本部院于本月初一日会议厅公议，即照该科所议办理。除札行外，相应照会贵局，烦为查照施行。须至照会者。

呈请抚部院查办上高县蔡令思干违法措执罚款由

为呈请事。谨案《奏定谘议局章程》第二十一条第十二项内开，收受本省自治会或人民陈请建议事件；又第四十二条内开，凡议决事件，除议长、副议长同意，认为应行秘密者外，均公布之，并应随时报告督抚及资政院。各等语。兹据上高县绅、商、学界代表晏旭升等九人陈请案称，窃敝邑僻处筠西，开通匪易，去岁梅沙李姓因调查户口滋事，上高县蔡令饬令罚钱四千串，一时罗掘净尽方能缴清。禀报完案，蒙前提学宪林批，将罚款拨二千串与梅沙李姓办简易识字学塾，拨二千串与合邑推广新政，并有不得妄为动拨等语。不数日又向商会抽钱八百串文，又罗姓构讼罚钱一百六十串文，又粮房乡征因改红簿罚钱一百串文，略举数端，数已不赀，均入县署。迄今一载有余，分文未见著落，即有进署领问者，无非支吾掩饰其词。敝邑绅民谨饬，对于官长不敢多言，今幸贵局第二次常【年】会开议，缕陈实迹，叩求呈请抚宪飞札上高县蔡令，速将上开之款分别拨交绅董，使梅沙李姓办学有资，而宪政前途渐臻发达，敝邑幸甚。等因。准此，本局窃维法律规定罚锾之数决无四千串或数百串之多，则其为违法之罚款可知，且既经前提学司批准，自应遵照划拨。又向商会所抽钱文及罗姓并粮房罚款为数甚巨，虽经绅董一再请领为地方办学之资，而该令含糊搪塞，并不遵照定章榜示宣布，意存吞没，既违司批并阻公益。本局认为得援局章第二十八条之规定呈候抚部院查办，业于会期内公同议决。除呈报资政院外，理合备文呈请抚部院察核施行。须至呈者。

为照会事。宣统二年十月二十二日准贵局呈请查办上高县蔡令思干违法措执罚款一案。兹据审查科呈称，查上高县梅沙乡李姓因调查户口滋事一案，当据上高县蔡令思干通禀请兵查办，李姓畏罪，自愿捐钱四千串文邀免拿办。又据蔡令据情禀奉批准，姑念乡愚无知，宽予纳赎，饬将此项捐款以一半留为梅沙一乡设立简易识字学塾及开办区学之需，以一半充该县城乡简易识字学塾及地方自治之用，并饬将如何办理及开支情形先行禀报，不得任意动拨。等因。在案。阅时既久，迄未将如何办理情形禀报，则此款尚未遵批分拨可知，其抽商会钱八百千及罚罗姓、粮房等款钱二百六十千均未据禀报有案。今谘议局呈请查办，应请札行瑞州府督令上高县将李姓捐款拨归地方办学及自治之二千串先行动拨；其拨还梅沙一乡办学之二千串，查明李姓学堂实已办有端绪，亦即酌量动拨；其抽自商会及罗姓、粮房等罚款即由该府查明，如均实有其事，并即督令上高县会同自治局绅妥议如何拨用办法禀候察夺。至于违例苛罚，本为法律所不许，并请通饬各属嗣后遇有应行科罚之案，务各遵照宣统元年十二月二十三日法部奏准罚金定章并详密办法办理，不得任意出入，一面开列犯名、事由、银数若干，张贴署外，俾众咸知，并随时具报该管上司查考以期核实。等语。经本部院于本月初一日会议厅公同议决，即照该科所议办理。除札查通行外，相应照会贵局，烦为查照施行。须至照会者。

呈请抚部院查催司局查复南安府纸捐拨充自治经费一案迅予裁夺照案施行由

为呈请事。谨案《奏定谘议局章程》第二十五条内开，除第二十一条第二、三款外，谘议局亦得自行草具议案；又第四十二条内开，凡议决事件，除议长、副议长同意，认为应行秘密者外，均公布之，并应随时报告督抚及资政院。各等语。本届常年会期中南安府议员黄念鑫、周述等提议续请提南安府所抽纸捐归作自治经费。案开，窃自治为立宪之基础，筹款即行政之机关，居今日而言筹款，其民力之困难到处皆然，而惟南安为尤甚。南安界连粤、楚，本地瘠民贫之区，加以光绪三十三、四两年连遭拳、粤各匪纷扰，蒙江升宪、李协统、俞巡宪亲临捕剿平定，后蒙抚宪及道府宪委员到境办理清乡，筹款赔教，费已不赀，并恤外来坐贾及教员、学生与本地同受巨创之穷黎，款亦不少，经办文武各官皆得保奖，可为明征。则小民之流离失所、地方之元气凋伤有如婴儿之望乳哺，久旱之望云霓，待款补救为正亟也。筹款之法，宜先清地方原有之公款、公产为入手办法，查各属经行此法并有禀请邑尊实行清厘者，然原本无多，杯水车薪究难为济，故南安中学堂之腐败，属县办理新政之稽延，皆因款绌使然也。查南安府抽收纸捐一款数目甚巨，起于同治初年，因保卫军饷不足，即于大庾、上犹、崇义三县运至府城投行出售之方纸项下每担权酌抽银三分以为接济，责成各纸行按担扣银汇缴府署，名曰“军需”。本与保卫军相始终，乃军已撤而款仍抽，地方绅民亦久未呈明免抽，府署遂视为固有。去岁述等已具案提议，未及议决旋已闭会。遵奉议长命调查得陈令守谦在永新任内条陈各署陋规一禀，据称，前署大庾县时，查知南安府及同知衙门皆抽收纸捐，创办之始，知府则以办团修城为名，同知则以修路为名，历任相沿，数典忘祖，视为应得之款而不为怪。上年灯捐停止，警察无费，同知一款已归并在案，惟知府抽收纸捐为数颇巨，旺岁可得七八千金，少亦三四千金，南安府一郡如此，其类此者更可想见。此等陋规由来虽久，而输之无名，取之何义？且有一切政令因此而废弛者。近奉部议屡以匀缺为言，自应一律查明和盘托出，另定津贴以示公溥而祛积弊，不特有裨公帑，于吏治亦不无起色。等语。奉抚宪批示，各署旧有陋规，当此清理财政纤屑，均宜根出，岂容复有隐漏？据禀南安府所抽纸捐，岁或七八千金、三四千金，如果属实，亟应澈究，他处如有类此收款亦应一律澈究。切切。此批。各等因。开具说帖送局在案。嗣查上年腊月，经冯向贞等以前情请议，呈由抚宪批示：来牍阅悉。此案前经行司饬府查明禀复，并饬税务局调查核办据呈前情，希候札催司局具复。此复。等因。迄今饬查已久，其曾否禀复及如何禀复不得而知，但同知犹念时艰，已将此款归办警察经费，知府位处隆崇，岂洁已恤民不如同知，乃反稽延不报，未能决舍，是所难解。陈令条陈所云“输之无名，取之何义？且有一切政令因此而废弛者”，意至深远，拟再请抚宪饬司札府，将此济饷纸捐归作大、上、崇三县举办自治一切新政经费，以奉饬查复文到之日起即应交出，以释群疑。即云“积习相沿，贤者不免”，今既迭次饬复而仍抽取，命意何在？且久经抽取之数纵难吐出，似应以本春复奉藩宪饬复文到之日起，所收银两如数付出，嗣后永归大、上、崇三县作办理要政经费。此项既未正名为国家税，即应认为地方自治经费，以地方之款办地方之事，名正而言亦顺。在长官，上为国家，下念民瘼，亲睹颠连，谅具不忍而加抚恤。查本年乃属旺岁，全年合计可得七八千金之数，并查府署所抽此款，确有纸行与卖客结数刷板清单注明除军需银若干，名目确据，若必别筹捐款再加重任于新受巨创之穷民，即免从命令而力难负担，诚恐穷极思变将何以善其后也？全省中类于南安者想亦不少，责任所在，时艰所迫，未便放弃权利隐而不言。等情。计黏南安纸行结数清单一纸。到局。经本局公同提议，查宣统元年十二月由常驻议员协议呈请饬拨南安府纸税归大庾、崇义、上犹三县筹办自治新政之用一案，奉抚部院批：来牍阅悉。此案前经行司饬府查明禀复，并饬税务局调查核办据呈前情，希候札催司局确查具复。此复。等因。奉此，迄今已逾半载，尚未奉行知札饬司局查复核办之结果。此项南安府抽收之纸捐，既为该地人民担负之款，自不能仍任该府地方官借词开销、私入肥己，所称提归地方自治经费之用，自属可行，应请抚部院查明前次札催司局确查具复之结果，覆加裁夺，迅予照案施行。本局业经公同决议。除呈报资政院外，理合备文呈请抚部院察核施行。须至呈者。

计黏南安纸行结数清单一纸。

为照会事。宣统二年十月二十二日准贵局呈请查催司局查复南安府纸捐拨充自治经费一案。兹据审查科呈称，查南安纸捐向归府署收用，并未造报，陈守所禀与陈令折称之数目亦太悬殊，应俟清厘财政委员禀复后再行酌办。等语。经本部院于本月初一日会议厅公同议决，即照该科所议先行答复。相应照会贵局，烦为查照施行。须至照会者。

呈请抚部院札饬兴国县会绅筹办改屯为民拨充自治会经费由

为呈请事。谨案《奏定谘议局章程》第六章第二十一条第十二项内开，收受本省自治会或人民陈请建议事件；又第四十二条内开，凡议决事件，除议长、副议长同意，认为应行秘密者外，均公布之，并应随时报告督抚及资政院。各等语。兹据兴国县自治筹办所绅董江苏候补道李文涛等陈请案称，窃维地方自治范围最广，经费无著，施展尤难。欲按户摊捐而岩疆风气未开，人多鄙吝，稍加强迫立起风潮，再四思维，计无所出。惟查有屯田一项大半荒废，自明迄今倒丁绝户者固多，欠课逃亡者亦不少，满目膏腴鞠为茂草，其子孙承耕罔替，完纳租粮者寥寥也。偏僻之地则由图差召耕收租入（已）〔己〕，故每岁征收恒不足额，州县官甚苦垫解之累，窃谓与其弃利于地或徒供蠹役之中饱，曷若归为公业，以公办公。因于本年二月间召集城乡正绅开会公议，共表同情，佥谓若果实行则由公召佃，即由公收租完粮，所有赢余作为自治经费，于公有济，于官无累，于国课亦可无旷，诚一举而三善备焉。惟改屯为民，谕旨煌煌原可遵办，而借筹自治经费则未奉上宪命令，官与绅终觉迟疑，惧涉专擅，为此陈乞决议，呈请抚部院察核，札县会绅办理。等因前来。本局当经请议审查会报告提出于九月十七日会议，佥以改屯为民自应遵旨办理。查屯田一项虽非地方公产可比，只以日久弊生，荒废既多，租粮无着，官有垫解之难，民弃自然之利，诚不若归为公业由自治会召佃完课，所有赢余作为自治经费较为完善。惟此系对于无人管业之屯田而言，其已有子孙承耕清完租粮者仍应照旧管业以杜争竞。事关公益，既经该兴国县城乡绅董开会公决，应请抚部院札饬该管地方官会同绅董妥筹办法，以免荒弃而充公产。本局业经决议，意见相同。除呈报资政院外，理合备文呈请抚部院察核施行。须至呈者。

为照会事。宣统二年十月二十二日准贵局呈请札饬兴国县会绅筹办改屯为民拨充自治会经费一案。兹据审查科呈称，赣省各卫所屯田坐落三十余厅县，并有在闽、皖等省所属各县者，有计屯田地山塘六十余项，额征丁粮银五万九千余两，又余租十一万余两，均归年终奏销。光绪二十八年迭奉谕旨改屯为民，并饬各自清查升科，缴价投税，当经通行钦遵办理在案。嗣以清丈缴价势难办到，而余租一款已拨为筹备饷需，不得不暂仍其具旧，此照民田一例升科定赋与缴价投税之尚未能实行也。今谘议局呈请将兴国屯田拨作地方公业，由公收租完粮，余充自治经费。查律载私典私顶屯田以亩升科罪，立法本极严切，嗣奉谕旨宽免私典私售之罪概不究追，饬按民田半值缴价投税。现时既未实行，致案悬不能奏结，若拨归自治会承领，于前未奏结之案殊有未合，且断不能因兴国一县奏咨立案，所请碍难照准。至图差召耕收租入（已）〔己〕原为法律所应究，应请转饬该县严行查追究办，由县暂招民户承租造报，仍遵前案将田亩清丈造册具报，以凭核办。其有屯粮各厅县，应并通饬一体查照办理，庶法纪以肃而积弊可除矣。等语。经本部院于本月初一日会议厅公同议决，应即查照该科所议理由，备文照复贵局，请烦覆议施行。须至照会者。

呈请抚部院查办龙南县冯令、丰城县涂令违法任用门丁情事并请通饬严禁州县再用各项家丁由

为呈请事。谨案《奏定谘议局章程》第二十一条第十二项内开，收受本省自治会或人民陈请建议事件；又第四十二条内开，凡议决事件，除议长、副议长同意，认为应行秘密者外，均公布之，并应随时报告督抚及资政院。各等语。本局窃维门丁之弊由来（己）〔已〕久，自新章派收发委员禁用门丁以后，亦惟在上各衙门实行照办，至各厅州县则不过改去门丁名目以符定章，虽有收发委员，亦同虚设，而一切收发之权仍落此项门稿、签稿、钱漕、税契各丁之手，以致关于诉讼则有提批做案包准包结之弊，关于征收则有串通书差多方讹索之弊，贼民害政不堪言状。而究其敢于作奸犯科则以要挟本官，有所谓带肚子者，有所谓陋规四六提归上房者，以是根深蒂固，牢不可破。当此预备立宪时代，岂容仍沿此弊重加民累以坏官治？是以本局于上年会期中呈报议决抚部院发交胥差议案内，业经申明各厅州县门签、稿串同胥差相为表里扰害地方情形，呈请抚部院重申旧章，通饬严禁在案。兹据请议审查会报告提出龙南县生员赖登瀛等三人陈请案略称，龙南县冯令政贤到任以来，派设权门傅玉如、钟瀛仙二人更名号件内容，实即从前之门稿，其遇案把持、借端索贿确有证据者，如廖万福烟叶行之廖怀亭因谢怡顺在福兴行买烟叶生妒诬控谢怡顺漏税一案，门丁索贿八十元入手，县官又欲罚洋二百元未遂，遽押班房；又唐王氏与唐曾氏构讼曾氏，贿送门丁洋一百元，以致王氏三次呈控均掷还原词不收，执曾氏一面之词，出票拘押勒钱贿放；又黄振声阻止弟妇王曾氏卖产入堂一案，门丁索贿未遂，播弄案情，朦耸县官提讯黄振声二次遽押班房，均系七月间之事，上控府道，有案有证。兹谨先将黄振

声被害一案，控经府道批县奉详，现又控奉藩臬宪批示，冯令政贤均延宕，不予严究，确有实据者，先行调抄词批送请鉴核。至谢、王等二案只控府道，并未来省控告，除一面调抄词批再行呈核外，应请贵局提议禁革，转详抚宪将门丁傅玉如、钟瀛仙二人从严惩究，以警将来，并通饬各属永远禁革门丁以除民害，实为公便。附抄批词一纸。等情。又据请议审查会报告提出丰城县举人涂保庶等共二十五人陈请案称，窃现署丰城县涂令步瀛，今年三月视事之始，即将奉司札委收发胡巡检祖培办事权限一并侵夺，悉交门丁梁斌主持，上下其手，以致裁判偏袒，人民大遭冤抑。查光绪二十九年曾经前柯护院札交藩司陈臬司瑞会议通饬各州县衙门，嗣后门丁一律禁革，如再任用家丁，一经查出或被告发，除将门丁拿解来省严行惩办外，仍将本官撤任参处。等语。各在案。具见上宪烛奸发覆，法令森严，乃涂令竟敢违法擅用门丁弄权舞弊，扰害治安，败坏公益。以革生邬飞翰一案同党邬福祥在押，于四月十六日保捐贡职，纵痞荣归，得贿为最多。城乡烟赌，一以贿通而禁驰，几成定例。是以现在第六区之曹王庙地方聚赌将及万人，保无有匪徒溷匿其间从中诱惑，一旦变生仓卒，为害地方，殊非浅鲜。涂令经士绅禀揭，即将门丁梁斌匿避，一面出示拿办以饰耳目，此任用门丁违法纳贿之实据也。谘议局为言论机关，有纠举之责。今涂令擅用门丁，有同寅收发委员胡祖培禀折确据，至其纳贿违法荼毒生民之处不一而足，加以玩误宪政，于调查户口一事捏造敷衍，亦为舆论所不容，应请提议呈候查办。附抄胡祖培禀案一纸。各等情到局。据此，本局查龙南县黄振声一案，控经道府批饬冯令将该门丁舞弊各节查覆，该令延宕未据禀复，第二次府批已加申诉，亦未始非有意徇庇之一证。又查丰城县涂令步瀛任用门丁梁斌，既经收发委员胡祖培禀揭各宪在案。兹据抄贴来局，是涂令任用门丁已有胡祖培禀揭确据，本局自应援照局章第二十八条之规定，呈候抚部院立予查办，以免积习。事关本省应革之通弊，并请严禁各属，嗣后不得任用门签、钱漕、税契各项家丁，以免为民蠹害。本局业经于会期内决议，意见相同。除呈报资政院外，理合备文呈请抚部院察核施行。须至呈者。

为照会事。案准贵局呈请查办龙南县冯令、丰城县涂令违法任用门丁，请饬严禁一案，当经发交审查科公同审查。兹据呈称，查本省禁用门丁之令颁布最久，盖以州县为亲民之官，有门丁以扞格于中，必至上下之情不通而弊端百出也。局呈所称现署龙南冯令、丰城涂令违章任用门丁至滋弊窦各节，既均经禀控有案，应请札行布、法两司转饬各该管府按照原案并现呈所指各情澈底查究，禀候核办。其所请饬属嗣后不得任用门丁，此本省早经规定之通章，诚恐日久玩生，自应准如所请，重行申明通饬各属一体遵守，如有阳奉阴违，查出照章惩办。等语。经本部院于本月十五日会议厅议决，即照该科所议分饬各该管府按照所指各节澈查详办。除札行外，相应照会贵局，烦为查照。须至照会者。

呈请抚部院查办瑞州府委员违法纳贿由

为呈请事。谨案《奏定谘议局章程》第六章第二十八条内开，本省官绅如有纳贿及违法等事，谘议局得指明确据呈候督抚查办；又第七章第四十二条内开，凡议决事件，除议长、副议长同意，认为应行秘密者外，均公布之，并应随时报告督抚及资政院。各等语。本局于常年会期内经瑞州府议员报告委员违法纳贿等情，如去岁瑞州府委员查学委员沈鼎烟癖甚深，每到一校取规礼四串或六串，而改良推广之事不赞一词；又如瑞州府委员查私土委员汪经历肇奎到上高县时，遣丁易装向德丰和、全美盛、福泰祥三家购土，声称“过客瘾发，祈为通融”，店主不允，则执府城牌照每店哄得土二钱，指为私土，旋至新昌亦如之，朦禀府宪提案罚锾各数百串，所经村落获售土簿据有罚钱数十串者；又如去冬省委查积谷委员刘光到高安县，该县有一百五十余图，每图得洋一元，上高五区，每区八串，新昌八乡，每乡四元，即免下乡，今年五月又来，适青黄不接，谷已放出，该员必要下乡盘量勒索规费较前更甚。以上各节系专就瑞州府委员违法纳贿指明确据而言，其余各府亦实有不堪其扰之势。本局按照局章第二十八条案语内开，谘议局为一省舆论所集之地，官绅有纳贿违法情事，人民必遭其冤抑，自应立予纠举俾顺舆情。等语。自有纠举之责，应请抚部院查办。本局业经会议，意见相同。除呈报资政院外，理合备文呈请抚部院察核施行。须至呈者。

为照复事。案准贵局呈请查办瑞州府委员违法纳贿一案，当经发交审查科公同审查。兹据该科员呈称，窃维因公纳贿最干例禁，自年终例差之举风行于各省，承委之员遂视为上宪周济贫员之事，而因之需索差费者所在多有。本省自例差经费提取归公以来，此风即以稍戢。今局呈所称瑞州府查学委员沈鼎、查私土委员汪肇奎、查积谷委员刘光违法纳贿各节，查汪肇奎查办私土虽有遣丁易装购土报府罚办之举，揆其用意尚为认真奉公起见，无受贿情事，且罚锾之案系经府亲提判定，应饬该府录案申复核办；其查学之沈鼎于查学时每校取钱四千或六千，置改良推广于不（间）〔问〕；查积谷之刘光每图取洋一元，每区取钱八串，每乡取洋四元即免盘查，如果属实，均属不知自爱。应请准如谘议局所请，札行原委之瑞州府澈查禀办以儆贪污，并通饬各属，嗣后所有一切差例不得滥行派委，以符定章而免纷扰。等语。经本部院于本月初一日在会议厅公同议决，准予照行。除径札瑞州府澈查禀办，并行司通饬各属一体遵照外，相应照复贵局，烦为查照。须至照会者。

呈请抚部院查办崇仁县崔令纵书陈传宗巧立发力名目任意浮收等弊并通饬严禁由

为呈请事。谨案《奏定谘议局章程》第六章第二十一条第十二项内开，收受本省自治会或人民陈请建议事件；又第七章第四十二条内开，凡议决事件，除议长、副议长同意，认为应行秘密者外，均公布之，并应随时报告督抚及资政院。各等语。本局于常年会期内据崇仁县筹办地方自治事务所绅董廪生邹建章等十四人陈请案称，窃查部章完纳丁漕铜圆、官票，一律行用崇仁，自崔令去年十月莅任以来，征收丁漕以及亩捐、串捐概勒洋元，大堂牌示每元作钱一千一百八十文，较之市价每元值钱一千三百三十文已受亏一百五十文，而户书陈传宗复肆行剥削，蔑视定章。查赋额定章，连亩捐在内地丁每两纳制钱二千八百八十二文，漕米每石纳制钱三千八百八十六文。本年三月禀准由亩捐项下带征自治经费，地丁每两加钱六十文，漕米每石加钱八十文，串捐粮串每张三十八文，米串每张四十文。乃陈传宗每于各花户应纳制钱一千辄多收钱三百文，乡民稍不依其苛算即措串不给，旋出差追必取盈而后快。小民既困于官又困于书，嗟怨之声遍于道路。航溪学堂教员兼管理员周慕濂目睹乡民受困情形，不忍坐视，特赴县禀明，并经受害之乡民章友生等具控在案，崔令深悉浮收是实，但以对于乡民必责其控告无据以便仅将柜书斥革、户书罚银五两完案。查例载钱粮丝毫为重，既有浮冒例应澈究，区区罚金奚足蔽辜？崔令堂讯此案，既为从宽讯结，反纵书捏架周慕濂抗欠罪状，签派兵差锁拿到案，饬押门房借示折辱以箝众口。周慕濂以无辜被拘，名誉污蔑，遂辞去学堂职务，而航溪、秋溪两校管教各员亦同深危惧，相继辞职。崔令更密布罗网，叠次通详层宪，始则曰包庇钱粮，继则曰抵抗国权，而于书差不一瑕疵。夫蠹书舞弊所在皆有，若官长既勒洋价，复纵浮收殃民，虐绅无所顾忌，则惟崇邑所创见。为此，据实陈明，转请抚部院分别惩儆，以肃吏治。等情前来。本局当经常年会期内公同提议。查上年常年会期内，曾于呈覆抚部院本省税法议案内缕陈州县征收丁漕抑勒、浮收等情，呈请严禁。本届常年会期内复将确受抑勒各州县计四十余属征收违法情形呈请抚部院查办。各在案。崇仁县亦在所列四十余属之内，不意于洋价浮收之外，又有户书陈传宗于征收巧立发力名目，任意多收钱文，并有措串差索积弊，若非亟予严惩，小民将更无生理。该县柜书虽经革退，而户书仅罚锾五两了事，则其纵书害民情形尤觉显著。应请抚部院从严查办，并通饬各属一并革除此类弊端。本局业经公同议决。除呈报资政院外，理合备文呈请抚部院察核施行。须至呈者。

为照复事。案准贵局呈请查办崇仁县崔令纵书陈传宗任意浮收等弊，并通饬严禁一案，当经发交审查科公同审查。兹据该科员呈称，丁漕系属正供，经征书役任意浮收本为法律应行严惩之事项。现据谘议局呈称，案据崇仁县自治事务所绅董等陈请查究户书陈传宗任意浮收、措串、诈索各情。查此案先据该县绅电控续呈迭经批府澈查，随据该县崔令及该府李守先后禀覆前来，以浮收无据，差拘欠户周康来误入教员周慕濂寓所，致夺签带县，柜书已革，差役饬即重办，批司会议，业经详请将崔令记过示儆在案。是前控浮收查无实据，崔令仅有疏忽之咎，尚无纵书情事。兹又据呈称，户书陈传宗巧立名目，任意多收，并有措串、诈索情事，自应照准即予从严查究，如查有实据，按例惩办，以肃法纪而恤民艰。等语。经本部院于本月初一日会议厅议决，准予照办。除行司饬查究办外，相应照复贵局，烦为查照。须至照会者。

呈请抚部院饬提前玉山县商务分会总理易兼才全案来省审结以成信谳由

为呈请事。谨案《奏定谘议局章程》第六章第二十一条第十二项内开，收受本省自治会或人民陈请建议事件；又第七章第四十二条内开，凡议决事件，除议长、副议长同意，认为应行秘密者外，均公布之，并应随时报告督抚及资政院。各等语。本局于常年会期内，据江西高等巡警学堂毕业优附生符国璋等共六十人陈请案称，窃以玉山县举人易兼才品端学粹，毫不为非，办理公益，在在热心，平时牺牲一身固为学界所公认。自光绪三十三年选充玉山县商务分会总理以来，扩充商务不遗余力，故一年期满复经公举续任。乃于本年三月间突有受诬被逮之事，由府派委提案将该举人交上饶县收押，听候会审，事无左证，纯属中伤。意谓省委抵郡不难水落石出，乃省委亦依样葫芦被人朦蔽，新任何令尚未履新，会讯数堂，折辱愈甚，且将该举人改押黑暗班房。自易被逮以来，识与不识皆为抱冤负屈，佥谓其守正不阿，触犯官吏事诚有之，如云苛敛营私，则众商类多明达，一举何能再举？为此，抄具玉山绅、商、学界通告，陈请设法挽救，昭雪沈冤。等情前来。本局查该总理易兼才，由众商公举为商务分会总理，一年期满挽留续任，是其能孚众望已可概见，乃竟因公被逮数月。于兹据玉山商、学界代布之通告而言，则屈抑愈深，难望遽行平反。惟思抚部院对于此案格外慎重周详，必有持平办理之处，以故张令绶黄所递密折未肯遽信，特委关守亲往查明，迨关守密电容有可疑，复委刘守会办，现在刘守复扶同禀复，窃恐冤抑更难伸雪。现据广玉各界一面通告之词，未便臆度，第念此案关系商务大局，未可任令锻炼罗织、故意拖延、不为定谳，应据情请抚部院将全案提省审结以成信谳，非此殊不足以服易兼才之心而杜绅、商、学界全体之口。所有玉山县绅、商、学界之通告自应一并黏呈。本局既经公同决议，意见相同。除呈报资政院外，理合备文呈请抚部院察核施行。须至呈者。

抄呈玉山县绅、商、学界陈局易兼才被冤通告一本。

玉山商会总理易兼才被冤通告

敬启者。玉山自光绪三十四年四月间遵奉部章设立商务分会，经众商公举易孝廉兼才为总理，事属创始，备极艰辛，联络振兴，不辞劳怨，办及期年，众商悦服，是以两届瓜期，坚请续任。在众商以其公正廉明故爱戴之忱不约而同，不意商之所悦即官之所忌，留之适以害之也。今年三月间，易总理乃突有受诬被逮之事，其原因实由先后触犯玉山税口委员张炳华及查办委员张绶黄。当张炳华之纵容司巡扣留零星杂货布匹，百计扰害往来商贾也，日甚一日，各商积愤，去岁六月间，检得该卡私红收钱簿据，报告商会代为伸诉，商会责在保商，分口需索既有确据，似难峻拒不理，遂将送到红钱簿据据情转呈上宪核办。十月间，蒙税务总局札委张大令绶黄查办此案，张令至玉，首谕商会备办供应，商会以案关税口与商界，商会出而供应难免卡员借口，比遂婉辞谢绝，不意税口张卡员乃不避嫌疑，竟托人说项，请张绶黄寄寓一品升客栈，一切供应悉归承认，其非有意结纳，希图开脱地步而何？而张绶黄遂颠倒是非，与县会禀后回省，复密上一手折，回护卡员，专攻商会。谓光绪三十三年裁撤东津桥、新胜街两子口，诬商会重贿俞前县省三英洋三千元；又裁撤子口时众商代四乡穷民认定每年缴捐三百串文，诬商会借此包收捐钱多至五六千元；又称商会擅发运米护照，私收照费洋七八千元，并请规复两子口，朦禀上宪。呜呼！此即苛敛营私、擅收照费、行贿把持易总理受诬之所由来也。

按除俞前县受贿三千元无证无据凭空诬陷不待办外，所称众商代四乡每年认捐钱三百串，商会包收多至五六千元一节，无论尔时认缴数目禀定有案，合市皆知，查子口未裁之先，行商坐贾统计每年税捐不过七八百串，若于裁撤后反受商会如是苛敛，各商岂甘隐忍，尚待委员举发乎？此亦不待智者而辩也。擅发运米护照，私收照费（七八千元）一节，查光绪三十四年浙地荒歉，米商前赴弋、贵采办米石，到玉适奉县宪禁止出口，遂致壅积，各商以资本不能周转，禀奉童前县宪燕谋照会商会，体察情形，商会查明米数，定运一万石赴浙销售，仍由县覆查无异，照数填就护照发交商会转给，嗣仅领照行运八千石，余存二千石，护照比经易总理缴县注销。出口之时，各米商因弛禁伊始，深恐莠民借禁抢劫，自行公议按米均摊，抽得洋九十六元，公请商会派人沿途照料，并请中途太平司派丁弹压，及代开销县署书吏缮写护照纸饭等费，收支细数均载入簿。是照由县发，代领代给者商会也；费由米商众抽众用，代收代付者商会也，何由于擅发？何由于私收？俞前县宪查知张绶黄凭空牵诬，禀请抚宪遴委大员覆查。今岁二月，得悉抚宪札委广信府关太守榕祚亲自查办，以为此案必能水落石出。乃二月二十六日，关太守榕祚先委随员二人到玉，一为巡检吴会涛，一为上饶粮厅萧圻(即张绶黄之子婿)。后三日，关太守始到玉，绅、学、商三界同时会集禀见，未蒙接入。次日又往禀见，面上一禀详陈张绶黄查办失实情形，并请免设子口，以恤商困，太守阅后即将原禀发还。三月初一日，赴东津桥、新胜街察勘，当有乡民数百跪香递禀乞免规复子口，太守不收。初二至商会，初令众商依次上言，乃同豫管事张联登甫及开言即被斥退，易总理始免以张令诬禀实情面诉，且将会内账簿检出呈请当众查询，而太守执簿后概置不问，于初四日即带簿回郡。迨至十八日，关太守忽委吴会涛来玉，突将易总理提往府城，发押上饶县署候委会审查。其原札系奉抚宪密电，谓易兼才苛敛营私、擅收照费、行贿把持，均有确据，并电商部撤销易兼才分会总理，归案讯办。等语。始悉关太守于回郡后据疑似之账簿，执一面之谗言，即行密禀抚宪矣。所谓“均有确据”者，以簿内载有米商公费洋九十六元以及付张卡员洋一千元、付尹书记两次晋省递禀洋二百零元，遂据为铁案。

按米商公费，前已申明，张卡员一节，查系裁撤两子口时张炳华图赖朱吉甫前借款洋千元，谓子口裁撤有益市面，众商理应凑还，朱吉甫因款无着，不得已向众商宣布理由，众商因裁子口，朱曾晤张，磋商不忍令朱因公受累，一时义愤，遂各凑集代还，是千元之款，众商所以恤朱，非以贿张也。惟司账人不书交朱而误书送张，此则受奸吏以文致之据耳。尹书记两次晋省递禀一节，查光绪三十三年八月间组织商会，众商会公举尹樵为书记员，晋省递禀立案，并赴总会调查一切办法及刷印章程、购办会内应需物件，共洋一百零元，嗣因商部批饬更改章程二条，并须补送会员履历册，故又于十一月抄晋省补送公文请领图记，并添置会内物件共洋九十余元，前后均有细单附于前呈簿内，司账人乃付一总数，又系小地阛阓中人，不明办公体例，以为进禀立案，遂误书“讼费”二字，此与

"诬贿张卡员"同一文字致狱之冤也。且此项尤有可证者，两次晋省禀立商会日期总会均有案卷可查，不能混也。尔时众商闻信大抱不平，公请具保在外候审，太守榕柞概斥不准，随饬玉山县添传商会评议张联登、汪士廉、布董周璞斋、书记尹樵暨司账人等到府候讯。四月十九汪、尹、周等因商会采办物品解府陈列之便齐集府城，念一日，省委刘太守桢元亦抵府查办此案，念四日来玉，绅、商、学界又复联名禀请昭雪，乡民跪禀求免规复子口，米商亦将领照运米情形具禀申明，刘太守推之印官，概不收受，惟又提去三十三年流水簿暨三十四年腾清簿各一本，赴各米店调账核对米数及筹交商会代众开销领照护送各费洋数均符，惟过儎行簿内多有米五千余石，系外米商于未禁以前、开禁以后托行过儎之米，当经行商自行禀明。又查商会账内载有陈季元、邱细才赔罗厚丰茶叶款洋百元，李元升赔张太元烟叶款洋六十元，许得源牌罚款洋十元，汪太昌捐修街路洋十元，太守比向各家查询后复饬商会答覆，众商当即遂条开折具覆，太守遂于五月初六日回郡城，此又于原禀外罗致多条，欲实其苛敛营私之诬陷也。

许得源罚款一节，查许得源以最次糕饼冒贴志成栈牌名，被志成栈拿获赃据送会，当经开会议决，罚许得源出洋十元，在万寿宫演戏二本以儆效尤。

邱细才、陈季元赔款一节，查光绪三十四年罗厚丰过儎行代茶商发运茶叶过山，陈、邱二人串同车夫中途偷窃掺沙泼水，霉烂茶叶四箱，该行查获车夫送县押追，嗣于是年十月间经陈序球、吴庸光来会请代调处，认赔英洋百元缴存商会，迨宣统元年三月茶商至玉，发交罗厚丰转给具领。

李元升赔款一节，查光绪三十四年张太元过儎行代广丰客发运烟叶，中途被车夫偷去三四百斤，减价卖与李元升，该行拿获车夫送县，供出李元升收赃，经县签差追缴，李元升来会乞代调停。开会公议，饬李元升补出短价英洋六十元以凑赔款，当据如数缴存会内，俟宣统元年五月间该车夫赔讫完案，即交张太元领去。

汪太昌捐修街路一节，因修理街路系商会经理，故此捐亦登入会内账簿。

五月初八日刘、关二太守会审，汪、尹、周及众商均到堂听审，乃竟提易总理，略讯一过即行退堂。总理自呈亲供申辩，并请质诸众商，关守概置不理。十二日覆审，仍一味抹煞，不容申辩。旋复电禀抚宪，谓易兼才刁狡殊甚，护照牵涉童丞，行贿牵涉俞令，并言张令索贿，府讯难结，拟请提省审办。案内之汪士廉、尹樵畏匿，请暂革以便拘讯。云云。先是关守榕柞倩人劝易总理，令其改供归咎于各会员，而自认失察，出金赎罪即可了结。易以毫无私弊，平白遭冤，不独不甘出金买污，亦不忍（驾）〔嫁〕祸无辜之人。关怒其不为所诱，乃出此锻炼罗织手段，何则汪、尹等特会内评议书记而已，即云应讯何以在堂时并不传讯，突于讯后辄目为畏匿？于汪、尹诸君则诱令诬攀，于牵涉童丞、俞令、张令则目为刁狡。噫！关守之用心路人皆知矣。又以易总理幽羁官廨二月有余，众商屡为具禀湔雪，绝无一商从旁攻击，恐起上宪之疑，乃百计侦知有素不安分之劣商叶问政向与易总理有隙，串出捏控，诬称易兼才串同周道三派丁捉拿关禁吓索洋八十余元；又私收布费每匹洋自一厘增至三厘，及擅封谢吉太米店各节。

按光绪三十四年十二月因叶问政枭欠周道三布款洋一百八十余元，周道三报告商会理追，当经开会议决，饬叶问政还洋百元以作了事，两造当众允诺。嗣因叶问政抗不遵缴，延至旧腊，周道三到会坐索此款，易总理着人向叶问政紧追（即此指为派丁捉拿关禁吓索）始缴到。谢宝兴碗店今年正月期票洋八十七元转给周道三领去，其票现尚未兑，仍在周道三处，在府曾已质讯明白。

查布业每匹布抽洋一厘，因光绪三十三、四年所运布匹迭遭风涛之险，凡捞布、赎布用费均由公借英洋四百余元，由是同业公议每标布一匹抽洋一厘，抽收两年仅得洋二百元之谱，抵还前借之洋尚缺其半。今春，同业公议每匹加抽二厘，俾好凑还借款，将来抽有余资存作公积，以备不虞，其款归布业安澜堆金会经理，与商会毫无干涉，由何县宪岳吊查各布店历年流水、誊清各簿，与安澜堆金会账簿核对数目相符，并无拨付商会名目，当经全体布商在县禀明证其诬妄。

查谢吉泰米店因欠官商各款一万七八千元，难以抵偿，自行倒闭，迭经湖口官银钱分号、玉山厚康、许乾泰两钱庄在县禀控，有案可稽。

五月廿八日关、刘与上饶县王浚道、玉山县何岳会审，何乃迎合关意，大作威福，不容置辩，恫喝侮辱，并将易总理改押黑暗班房。六月初三，何令亲带家丁、亲兵数十人，径到瑞源钱庄，诬称易总理在府供有商会账簿在此，即将前后门围守，所有库房账房、楼上楼下、各伙卧房、橱柜、箱箧概行查搜无迹，遂将店伙章德修、杨坤燮带县发押。初五日提讯，各掌责二百，一时观者不平，谓其办商情同办匪，何令岳闻声怒责一人，批颊四十以警其余。章、杨被押，其母皆入瑞源店号哭不休，该店以该年老恐酿命案，只得挽人具保，而门签差役复借端敲诈。初八日，何令复带兵差亲到锦春布店围搜无着，又将布伙周永庆带县管押。十四日又带兵差亲到易隆昌围搜商会图记，该店对以总理被押后即送交总会转呈劝业道绝不听信，日日派兵差赴该店骚扰，计连日耗费甚巨，此又节外生枝，蹂躏各商之实在情形也。

总之，关太守榕柞之必欲锻炼罗织以成此狱也，非必与易总理素有仇隙而恶之也，恶其干涉地方行政而有碍于官也；非不知此案尽属诬罔而必欲陷之也，恶其无以回护前禀而解已过也。故此案大势不独易总理自知其冤之无由伸，即旁观者亦信其冤之终无由雪。然一息尚存，此心不死，故当兴狱之时，众商义愤联名具禀为之诉上宪、诉总会、诉谘议局，以冀昭雪于万一。今者关、刘二太守又会衔幪禀抚宪矣，查其内容仍系执定前说，锻炼罗织，无据者诬为有据，未供者诬为已供，并请先行奏革易兼才功名，及饬将易、汪所开店业查封备抵。呜呼！立宪甫经筹备，而热心办公之人偶一触怒官长即有此沈冤莫雪之怪现象，易总理不足惜，如玉山何？玉山不足惜，如江西何？如中国宪政前途何？玉山四民固不惮奔走呼号，上诉京外大宪，诚恐势孤力薄终归无济，用敢泣告我各界热心同胞设法挽救，俾得申雪沈冤，重见天日。不独易某幸甚，江西幸甚，宪政前途幸甚！

江西广信府玉山县绅、学、商界同人公叩

为照复事。案准贵局呈请饬提玉山县商务分会总理易兼才全案来省审结以成信谳一案，当经交审查科公同审查。兹据该科员呈称，商会之设原为通商情、保商利起见，其总协理之职任，要必以品行端正者为合格，前充玉山县商会总理易兼才一案，检查案卷，据广信府会委禀称，该总理苛敛营私，擅收照费，行贿把持，均经查有确据。今谘议局以其冤抑莫伸，呈请提省讯办前来，究竟其中有无冤抑，既有账簿供词可稽，自不难澈底讯究以昭折服。现各级审判厅业已成立，应由易兼才呈请检察厅起诉，由审判厅判决。等语。该科所议办法经本部院于本月十五日会议厅公议，意见相同。相应照覆贵局，烦为查照。须至照会者。

呈请抚部院札饬承造混成协营房委员马令速向该匠周春茂照依包单秉公清理由

为呈请事。谨案《奏定谘议局章程》第二十一条第十二项内开，收受本省自治会或人民陈请建议事件；又第四十二条内开，凡议决事件，除议长、副议长同意，认为应行秘密者外，均公布之，并应随时报告督抚及资政院。各等语。本局于常年会期内据湖口县民人周春茂陈请案称，缘顺化门外工程前混成协营经马宪领银十二万六千三百余两，与民当面议定，三标营房每标三营，共成九营，价钱九万余两，立有包单为凭。民自承包之后陆续开造，五月间吴协统迭次频催，马宪谕以先成一营以便迁驻，民于六月初旬已将一标一营营房告成，其余二营功成八九，比经马宪验收并无别议，其自办油漆装修亦已告成，合众皆知，可质可问。不料七月二十五夜陡遭回禄，民即奔向马宪磋商，以为营房重务虽遭不测，乞速筹款补助，民亦稍认工资。讵马宪不由理论，勒民全赔，竟将告竣价银及修成欠款措执不付，并将定包二标另雇他人，呈沐商会迭催暨抚宪批以如果工程不日告竣余数自应找付等谕置若罔闻，不思民包营房功成六月既系马宪手包，业经马宪收验，虽遭回禄，理应速给价银赶紧修筑以重工程。今其措执价银是何居心？如欲勒民稍赔，自应算明账目，分别轻重，其又匿账不算，若以民包定二标发款兴工，犹得四处张罗，截长补短，乃又背约另雇，绝民生路。究其起火之由系其（蕴）〔酝〕酿，既请填塘打桩土工二百余名，不令彼等另搭棚厂而反使其盘踞营房，锅灶蹧蹋不堪，身充监造既不严行驱逐，又不勤为防范，灾生不测，飞陷于人，反敢捏词朦禀，文饰（已）〔己〕过，且将致民死地，天理国法果如是乎？现民将此二营业已告竣，屡请验收，置若不闻，又恐受其油漆迟延再罹重祸。至于先领后付，希图吃息，均有日期，确据可查。为此，陈请谘议局怜情作主，转呈抚部院澈底根究，饬马宪将包单应找银两给领以救蚁命。等情前来。本局窃维该匠周春茂业经控诉在案，本可无庸置议，惟据该匠所称一标一营房已经委员马献廷验收，则被焚在验收之后，似于该匠无甚干系，且该匠亦肯稍认工资，自无勒令全赔之理。又据称，马令匿账不算，措执工价尤属非是。应请抚部院札饬承造混成协营房委员马令献廷速即向该匠照依包单秉公清理，以重工程而免冤抑。本局业经公同议决。除呈报资政院外，理合备文呈请抚部院察核施行。须至呈者。

为照复事。案准贵局呈请札饬承造混成协营房委员马令速向匠头周春茂照依包单秉公清理一案，当经发交审查科公同审查。兹据该科员呈称，匠头周春茂承造混成协营房，前因不戒于火，致将造成之一营房屋焚毁，当经监造委员禀请追赔，并由县拘拿失火人犯讯押在案。今局呈谓被焚在验收之后，以与该匠无甚干系，且有匿账不算、措执工价。等语。查本省各项工程向章应于全工告竣后另行派员依照估册逐一验收，出具“工坚料实”勘结呈核。今该匠承造一标系分三营，其时全工尚未告竣，断无造成一营即由监造委员先行验收之理，是该营房之被焚，该匠断不能委为无过，置身事外。至所称匿账不算、措执工价各节，查该匠虽有认赔工资之语，惟未将究竟认赔若干切实声叙，此中委曲是否马令之有心抑勒？抑系该匠之借词推卸？既经饬县讯办，应请照案仍饬南昌县召传该匠讯明秉公断结，以重工程而免轇輵。等语。该科所议办法经本部院于本月十五日会议厅公议，意见相同。除行藩司饬县传讯、秉公断结外，相应照复贵局，烦为查照施行。须至照会者。

江西谘议局宣统二年答覆文件补刊

抚部院照覆本局呈覆议决本省岁出、入预算事件议案由

为照复事。案准贵局呈覆议决本省岁出、入预算事件一案，当经发交审查科公同审查。兹据该科呈称，赣省财政困难已达极点，举办预算入不敷出，为数甚巨，收支势难适合。今谘议局遵章将奉发预算案内地方行政经费分别核减，列册呈送前来。查册内民政经常、临时两门核减银五万五千四百四十九两九钱零二厘；教育经常、临时两门核减银八万三千四百九十九两五钱；实业经常门及官业类核减银五万二千三百七十五两零四分二厘。并查册列各数与各署局原册间有未符，且各款按原册核算，有为各署局续经核减修正者，有参酌情事势难议减者。兹按原册及各署局修正各册分别校核，逐款勾稽，如可裁节者照议审定；不能裁减者申叙理由，分款注明。良以宪政筹备急待进行，虽库藏空虚不能不格外撙

节，而应需之款究未便轻议裁减，致误要政。至所请以议减之款匀拨各属为民政、教育、实业之补助，则与核减以求收支适合之主义尤有未协。在赣省出入不敷既巨，苟可撙节，自应由司扣（发）〔拨〕以抵出款不敷之数，何容移作他用？纵各属现办民政、教育、实业集款无多，应由地方另行筹措，此预算裁节之款与匀拨补助之请难概照准之理由也。等语。经本部院于正月二十日会议厅公同议决，应照该科审查理由附抄清折备文照复贵局，烦为查照。须至照会者。

计抄审查科清折一扣。

谨将审查谘议局呈送议决试办宣统三年地方行政经费预算册开折呈请鉴核。

计开：

地方行政经费经常门

第一类　民政费

第一款　谘议局经费

照原册审定。

第二款　省城各区巡警经费

第一项　薪工

第一目　区官薪水

查省城各区现经部饬删去正副名目，一律改为分区，已就地方情形划分繁处八区、中处五区、简区四处，每区设区官一员。繁区八员，月各支银六十两；中区五员，月各支银四十五两；简区四员，各支银三十两，合计全年共支银一万七百二十五两，今局议薪水一万二百七十两，实不敷银四百五十两，碍难照议。

第二目　书记官薪水

查现经部饬以书记官改为司书生，所议薪水应无庸议。

第三目　巡官薪水

查现在各区一律名为分区，每区应设巡官一员，计有二等巡官八员，月各支银十二两；三等巡官八员，月各支银十两。惟潮王洲地方散漫，设立一区势难兼顾，又在里洲、打揽洲各设一分所，加派一等巡官二员，月各支银十六两。合计全年共支银二千七百四两，比较局议薪水三千十六两，尚省银三百十二两。

第四目　查户绅薪水

查户绅薪水已遵部饬裁撤，局议全删，应审定。

第五目　司书生薪水

查各区书记官既经裁撤，每区应设司书生一名，惟潮王洲添两分所，加添司书二名，共用十九名，每名月支银四两三分二厘，全年共支银九百九十五两九钱四厘，比较局议薪水一千一百四十四两，尚省银一百四十八两九分六厘。

第六目　夫役工食

查现在每区区役二名，共三十四名，每名月支银三两；每区火夫三名，共五十一名，每名二两八钱八分，合计全年共支银三千二百三十五两四钱四分，比较局议工食银二千二百八十八两五钱二分，实不敷银九百四十六两九钱二分。然区役为看守人犯并分送文件而设，火夫为巡警吹爨所需，现用名数较之预算原册（己）〔已〕共减二十五名，似难再减，乃局议副区火夫二名，区役一名，以一名而为昼夜看守、分途奔走之役，以二名而司通区数十长警饭食之事，揆诸事理诸多窒碍，未便照行。

第七目　清道夫工食

查清道是卫生警察范围以内之事，今局议将来归自治会接办，核与警察宗旨相悖，未便照行。至所议工食银两仍照原册，并无增加，应审定。

第八目　划丁工食

查局议仍照原册，并无增加，应审定。

第二项　饷乾

第一目　饷银

查现在各区额内长警之饷银，核与局议银四万三千五百八十七两六钱四分八厘银数不甚悬殊，自应照办。惟各区现有备补巡警，原为额内巡警请假代班而设，现在每区各派二名，共三十四名，较预算原表（己）〔已〕减少十八名，每名月支银二两一分六厘，年共支银八百九十一两七分二厘，今局议全删，未便照行。

第二目　马乾

查现在各区设马一匹所需银两核与局议银数尚属符合，应审定。

第三项　分遣所费

第一目　巡官薪水

查七城门原设巡官七员，今局议仍照原册，并无增减，应审定。

第二目　巡警饷银

查现时办法并巡警（辛）〔薪〕饷核与局议尚属符合，应审定。

第四项　路灯费

查局议仍照原册，应审定。

第五项　杂费

第一目　房租

查现在各区租金，核与原议银两不相上下，应审定。

第二目　杂用

查此项杂用系专指各区添置器具而言，年非一千九百五十两不可，今局议十七区杂用一千四百四十两二钱九分八厘，实不敷银五百两七钱二厘。至于各区巡警军装费年需银四千二百两，电话费年需银八百六十五两，纸张、油烛费年需银一千八百两，恤赏费年需银一千三百两，合共年需银八千一百六十五两，未据局议指明在何处开支，应请暂由警务公所活支内支用，不另请款。

以上系巡警道修正现用各区巡警经费，除军装、电话、纸张、油烛、恤赏等费不计外，年共需银七万六千八百七十六两七钱四分二厘，今局议银七万六千二百十八两四分四厘，实不敷银六百五十八两六钱九分八厘。若以预算原表各款比较，局议实减少银一万七千七百八十七两九钱七分二厘，以养、东两电修正预算比较，局议实减少银五千二两五钱二分四厘，合并注明。

第三款　外府州县警察经费

第一项　九江警察经费

第一目　警察经费

查九江华洋杂处、人类不齐，开办之初，事务繁赜，不能不加派委员以资稽察。嗣因经费支绌，已于宣统二年八月将副所长、交涉员、清道稽查员、代长各名目分别裁并在案，所省银两均移作该处扩充警务之用，应毋庸再议。

第二目　改拨经费

查九江警费向在浔郡善举项下拨银二千两，又在省库拨银一千两，历经请领在案，应仍照原案办理。

第二项　浮梁警察经费

查景德镇警费系在磁、铺两项筹款，今局议岁入册无此收数，不必列入，应照旧章办理。

第四款　庐山警察经费

查庐山警察常年经费现在清丈局收存地租项下拨洋一万元存放生息，全年息洋八百元为庐山警察常年经费，今局议岁入册漏列，请补入，当审定。

第五款　高等巡警学堂经费

第一项　薪工

第一目　职员薪水

查该堂提调按照部章本应设教务、庶务、提调各一员，现在只设一员，职务较重，薪水月支银一百两尚系称事受糈，且与元年所定薪水数目相同，未便再从减少。文案于开办简易科时原月支薪水银七十两，嗣奉部饬将收发裁并文案办理并兼任编纂、监印各事，尚减薪水银十两，仅月支银六十两，实较元年原支薪水有减无增。庶务官系奉部饬照准设立，兼管储藏军械、服物、图书等事，月薪银四十两，亦难再减。医官月支薪水银四十两，本兼有巡警教练所医官任务，现在教练所扩充办理，学额增至三百名，较前几加两倍，合之高等巡警学堂学生共有四百余人，医务已极繁重，若无专员，恐难得力，自应照设俾免贻误。以上各员薪水均应仍照该堂改正预算表开支，每月计银二百四十两，以全年连闰十三个月算，共应实支银三千一百二十两，局议共银二千二百一十两，实不敷银九百一十两，碍难照议。

第二目　教员薪水

查该堂此次改办正科教授学科本较简易科稍涉繁难，现仍就原有警察法律各教员支配课授，核与元年原支薪水仅各加银十两，并未多添教员，尚系核实办法。以上各教员薪水应仍照该堂改正预算表开支，每月计银四百五十两，以全年十三个月算，共应实支银五千八百五十两，局议四千六百八十两，实不敷银一千一百七十两，碍难照议。

第三目　司书薪水

查该堂誊印生四名，经谘议局审查，往往趋事不止四人，只领四名之工食，所议尚属实情。惟司书生四名，查系供堂中各处缮写兼办全堂统计报告册表以及月报、季报、年报各项经费表册、考试分数表册并省城暨厅州县往来文牍，事务颇繁，原有四名尚不敷用。检查该堂从前报销册内往往因赶办文牍表册，逐月添用帮写生三二名不等，自难再议裁减，且现时百物昂贵，各写生均系自备火食，每名仅月薪银八两，尚无虚糜。均应仍照该堂改正预算表开支，每月计薪水银六十四两，以全年十三个月算，共应实支银八百三十二两，局议六百五十两，计不敷银一百八十二两，碍难照议。

第四目　各项薪工

查该堂已将差弁护勇等全裁，号吏、听差、夫役人数亦较元年有减无增，修械士查系经理军械并堂中杂务，月支工食银十二两，已较元年定章十四两减去二两，应免再减。以上各项工食均应仍照该堂改正预算表开支，每月计银一百十八两，以全年十三个月算，共应实支银一千五百三十四两，局议共银一千二百四十八两，计不敷银二百八十六两，碍难照议。

第二项　学生费

第一目　火食

全删。查该堂前奉部饬裁减经费，已将学生火食一项改收学生每名学膳费银二十两以资补助，详咨有案，局议将此目删去，计减银二千八百零八两，应即照议。

第二目　服装

查局议将该堂学生每名服装约银六两以示限制，系为撙节起见，计较该堂改正预算表删减银五百四十一两，应即照议。

第三项　购置

查该堂改正预算表购置项下除去服装共计购置书籍、器具以全年十三个月算，共应实支银二百六十九两，局议仍照该堂预算表开支，尚属核实，应审定。

第四项　杂费

查该堂改正预算表杂费项下比照元年实支总数尚无浮多，但能省一分开支便可节一分糜费。该堂三节，门差、夫役节赏不应由公家开销，局议甚是，其余亦应照减，计较原表减银二百两，每年共应实支银二千三百二十六两。

以上册开平均每月需银一千一百二十七两，共计全年连闰应支库平银一万四千六百五十一两，较该堂改正预算表共计删减银七百四十一两。又查该堂宣统二年分开支自闰二月办起至年终止计十一个月，共需银一万四千七十四两零，平均每月需银一千二百七十九两零，今按宣统三年分计十三个月只需银一万四千六百五十一两，平均每月只需银一千一百二十七两，是三年用款较元年用款已觉有减无增，合并声明。

第六款　巡警教练所经费

第一项　薪工

第一目　职员薪水

查该所今年学额推广，人数加增两倍，事必殷繁，所有职员薪水仍应照原定预算七百八十两开支，以期称事受糈，今局议银六百五十两，未便照办。

第二目　教员薪水

查该所原额学生一百二十名，近因巡警不敷调遣不得不扩充学额，现已连同原额共招学生三百名，自必分堂教授，比诸另开一班人数已增两倍。惟值此库款支绌，虽添委教员仍力求节省，所内计设警察正教员一员，月支银四十两；副教员一员，月支银十六两；政治浅义兼地方自治教员一员，月支薪水银十六两；操法正教员一员，月支银二十两；帮操四员，每员月支银八两，合计年共支银一千八百二十两，今局议一千四十两，实不敷银七百八十两，仍请增入。

第三目　班长薪水

查该所原定班长一名，现在学额推广，班长自必增加，应设班长二名，月各支银六两，领班二名，月各支银四两，合计全年共支银二百六十两，今局议薪水一百四两，实不敷银一百五十六两，未便照办。

第四目　司书生（辛）〔薪〕工

查原表司书生一名，现用二等司书生一名，月支银八两，三等司书生一名，月支银六两，合计全年共支银一百八十二两，今局议薪银七十八两，实不敷银一百四两，未便照办。

第五目　夫役工食

查原表夫役五名，现在推广学额，共招三百名，应用斋夫八名、门役一名、火夫四名，每名月支银三两，年共支银五百七两，今局议工食银一百九十两三钱二分，实不敷银三百十六两六钱八分，碍难照办。

第二项　学生费

查原定学生一百二十名，现增一百八十名，共三百名，每名口粮实银一两九钱二分，年共银七千四百八十八两，今局议二千九百九十五两二钱，实不敷银四千四百九十二两八钱，碍难照办。

第三项　杂费

查该所学额加增两倍，杂费自必照加，今局议照原册银五百二十两，现在年共支银一千四十两，以之比较，实不敷银五百二十两，仍请增入。

以上教练所经费共银一万二千七十七两，今局议五千五百七十两四钱二分，实不敷银六千四百九十九两五钱八分，应请增入，以资需用。再，查巡警道修正现用省城各区并教练所、施医院等费共银九万二千二百三两七钱四分二厘，今局议共银八万四千二百七十三两六钱七分二厘，实不敷银七千九百三十两七分。查第一次预算前三款共银十万五千九百五十八两七钱三分六厘，以局议银数比较，共减银二万一千六百八十五两六分四厘，养、东两电核定预算前三款共银九万二千三百九十三两二钱八分八厘，以局议银数比较，共减银八千一百十九两六钱一分六厘。当此库款支绌，应付俱穷，筹办一切自应酌剂盈虚，移缓就急。惟查警道现照养、东两电核定预算，合国家、地方两门经费通盘匀配，重加酌减，暂定公所及各队区并教练所、施医院经常用款月支银九千七百二十一两二钱七分二厘，临时用款月支银二千两，合计月共支银一万一千七百二十一两二钱七分二厘，业经开册呈报在案。兹就警道暂定现支银两较之养、东两电核定预算有减无增，即较之局议银两所增亦属无几，应请照办。但思宪政促行限期缩短，警察应办之事甚多，如对河各洲已设警区，则水上警察必不容缓，教练所扩充名额应添盖房屋，以资居住。又如戒烟所、贫民女工厂等类，凡在警察范围以内之事项皆应逐渐兴办，需款正多，此后扩充一事方可添领一事，应用之款应由警道先行筹画，开具支用数目请领，藩库方能照付。总之，全年用度不得逾养、东两电减定之数为限。

第七款　善举经费

第一项　隆冬煮粥

查隆冬煮粥经费预算银八千八百余两，原以（账）〔赈〕济贫民，每日每厂受（账）〔赈〕万余人，妇孺亦居多数，在贫民实惠均沾，相沿既久，已成习惯。今局拟将此款拨归自治会移办贫民习艺所，虽同一慈善主义，而以八千余金收养贫民入所习艺，人数究属有限，一届严冬，贫民失此（账）〔赈〕济啼饥号寒，情亦可悯，且人数既众，势必环求施舍，难保不滋事端。现在南、新自治会既已成立，应即责成该会另先筹款举办习艺所，俟收养日广，贫民人数自减，再将粥厂经费拨归该会为扩充收养之赀，尚无不可，现时究未便遽准照拨。

第二项　孤贫粮布

仍照原册审定。

第三项　收养残废

查收养残废司册预算银一千一百两，其养济院系归南昌府经管，该院每年经费向于发存店号成本生息项下支给，局呈请于养济院内添设收养残废所，将经费拨入，应审定。惟现时养济院办法多未切实，应饬府于拨入时急谋改良，务使残养均沾实惠，期无浮滥，以昭核实。

第四、五、六、七项

均照原册。

第八项　救生渡船

查救生及渡船等经费司册预算银四千九百三十三两三钱八分，总数并未浮开，今局谓浮开八百余两，不知凭何册计算，因而错误。

第八款　施医院经费

查该院现在经常用款月支银二百两，临时用款月支银五十两，合计年共支银三千二百五十两，今局议二千四百七十八两二钱八厘，实不敷银七百七十一两七钱九分二厘，仍请照增。

第九款　民政杂支

第一项　水龙经费

查臬司水龙于上年九月已遵部电裁并，巡警道管理其省三营水龙经费，司册预算银七百八十两，原已列入国家行政经常民政类，应审定。

第二项　冬防经费

查冬防巡查经费司册预算银七百三十二两三钱七厘，内湖口、彭泽、星子等县哨船工食银一百六十六两九分四厘，该船为常年巡缉湖面、弹压草洲而设，因系工食仍旧开列预算，其余冬防经费银五百六十六两二钱一分三厘，业已遵部电删除，前项哨船工食银两未便全删。

第三项　稽查经费

查浔郡稽查输船经费司册预算银一千三百六两，已于上年十月遵照部电裁删。

第四项　铜塘山巡费

查铜塘山巡费原由司道捐廉支给，司册预算银二百九十八两九钱二分，该山为通闽险隘，故历年派员分投巡查，现地方尚称安谧，所请全数裁撤，应审定。

第五、六项

均照原册。

地方行政经费临时门

第一类　民政费

第一款　地方自治筹办处经费

第一项　薪工

第一目　委员薪水

查地方自治筹办处为全省宪政筹备自治机关，所有原设委员均系斟酌订定会办，有督率之责，法制、文牍两科之员事务较繁，现在国会年限既已缩短，各属城乡自治各会急待成立，各会成立后该处即应遵照馆章一体全裁，此时仍照旧，以免纷更。

第二目至第四目

均照原册。

第二、三项

均照原册。

第二款　自治研究所经费

查研究所经费经部酌裁，今局复拟酌裁银八百两，既称尽可敷用，应审定。

第三款　九江庐山清丈局经费

第一项　薪工

第一目　委员夫马

查坐办、帮办并归一人，文案、收支亦并一人，能节省银二百六十两，事尚可行，应审定。

第二、三目

均照原册。

第二项

查庐山地租，元年收入一万零三百余两，可作经常费，册漏未列，今局请照数补入，应审定。

第四款　防疫经费

仍照原册。

第五款　临时补助善举经费

第一项　拨上海防疫医院费

仍照原册。

地方行政经费经常门

第二类　教育费

第一款　高等学堂经费

查高等学堂经费原表四万四千三百八十三两，今局议将原有模范中学经费全数删去，共改为四万五千两。第一项第一目职员薪水拟八折支给，查本省各学堂管理各员薪水本不为优，即监督一职而论，他省有月支至三四百两者，本省现定之数至多者不过百金，视他省已相去倍蓰，其他职员亦大都类是，再加删减即无以驱策良才，若以节费之故以下驷充选，所省之费无多，而于办事之实际必多影响，且管理员之职务其繁要更甚于教员，局议于教员薪水并无折扣，丰彼啬此，亦殊非持平办理之道。应请与以下各学堂裁减管理员薪水一节，均免置议。其第二项第一目书籍、彝器减银一千两（原数二千两），第二目添置用器减银三百两（原数六百两），第三项第二目油烛茶炭减银二百两（原数八百两），第四目营建修缮减银四百两（原数六百两），第六目杂用减银三百两（原数八百两）各节，查添置彝器本难规定划一数目，即杂用一项亦时有出入，原定之数不无稍从宽裕之处，惟遽行减定，设后来用数不敷即无从移拨，于事实上转多窒碍，应请仍照原算之数俟动支时由提学司随时详加察核，必款归实用始准造销。其因添招学生议加预备费三千两，未经指定款目，核与分项预算办法不能吻合，且与从前报部之数亦有参差，应请即由原定数目内匀支，不再添列，以符原案。其将模范中学经费银一万三千六百六十五两全数删除一节，查该堂系因校舍让归谘议局是以迁入高等学堂附设一切，管教各员多仍旧贯，自未便遽将原定经费悉数删除，应请仍就原定数目内摊减支用，其余出之款即于请领经费时截存藩库以抵补入款之不敷。

第二款　优级师范学堂经费

查优级师范学堂经费原表二万二千七百七十九两，今局议减为二万零八百七十九两四钱，系于职员薪水内减去八百九十九两六钱，此项薪水未便删减之理由业于第一款内叙明，应请即照第一款办理。其第二项第二目于书籍、彝器减银二千两（原数三千两），查原数虽稍从宽，究未能溢出二千两之多，应请照第一款审查办法于添置时由该堂报明提学司详加察核，必系实在需用者始准购办，设有余款即截存藩库。其议加预备费一千两应毋庸添列，以符原案。

第三款　初级师范学堂经费

查初级师范学堂经费原表一万七千九百九十六两，奉度支部照元年数目开支计银一万五千八百八十三两。现值该堂亟待加班并拟设附属小学以备各生实地练之时办理，殊形拮据。今局议拟留费四千两并入优级，合办为两级师范学堂，立意自善，惟查优级系就旧日之行台内设立，初级系专建校舍，两校并办以彼就此以此就彼房舍均属不敷，目前又无他处可以移置，应请俟有相当之校舍空出再行归并，俾资撙节，其经费亦请俟归并后再行熟察情形酌量核减。

第四款　模范中学堂经费

查全省模范中学堂经费办法已于第一款内叙明，所请全数删除一节未便照行。

第五款　高等农业学堂经费

查高等农业学堂经费原表银二万一千二百十二两，奉度支部饬照元年数目开支计银一万八千九百十二两，已由提学司移堂照办，今局议添预备费二千两，于各项内由堂酌裁二千两，增减相抵尚无出入，惟该堂现正开办本科，原定经费本不甚多，骤加节缩恐难适合。查该堂监督系由提学司兼任，应请将原算监督薪水七百八十两由堂移补他项用款之不足，其管理员薪水即免予裁减，以归一律。

第六款　农业中学堂经费

查农业中学堂经费原表银一千一百九十八两，局议系仍照原册，并无增减，应审定。

第七款　医学堂经费

查医学堂经费原表银二万三千四百八十六两，奉度支部饬照元年支数计银一万二千五百七十二两八钱七分八厘，续因该堂办无成效，已详咨停办，并请于原定经费内酌留银六千两，挑选老班学生赴东留学以竟其业，续于考送时因合格之生无多，只选送六名，岁需学费照该生等在东第一年级计算约银二千三四百两即可敷用，其余出之款应请照第一款拟定节省模范中学经费余款办法截存藩库，以抵补入款之不敷，局议全删，未便照行。

第八款　区学总汇处经费

查区学总汇处经费原表计银四千七百八十两四钱，此项经费于该处裁撤后拨入两等模范学堂银一千二百二十四两六钱，拨入简易识字学（垫）〔塾〕十处银八百两，拨入本年补助单级教授传习所经费银八百两，拨入补助私立各学堂银二千零六十两，已呈报在案，局议全删，未便照行。

第九款　模范两等小学堂经费

查模范两等小学堂经费原表三千零五十八两八钱三分二厘，惟原表校长薪水、夫马及原有并续加之房租，均由前区学总汇处代付，故未开列，兹由裁撤区学总汇处经费内拨入银一千二百二十四两六钱，共银四千二百八十三两四钱三分二厘，照局议加增之数尚余一百八十四两六钱，内除续加房租每月十两共银一百三十两计，尚余银五十四两六钱，应留为该堂临时需用之费。

第十款　省城各区小学堂经费

查各区小学堂经费原表共银一万贰千三百余两，局呈议将此项小学改由南、新城自治会办理，由公家酌给补助金贰千两，自是正当办法。惟查省城各区学自经前学务处倡办以来，迄今数稔，目前城内外合计连半日学堂共推广至十四处，学生千数百人，骤交南、新城自治会接办，诚如局所云力恐不任。至局议归并三处之说，亦与就学之生诸多不便，势必至距堂较远之生相率退学而后（己）〔已〕，殊非力求教育普及之道。应请本年仍照旧章由学务公所直接管理经费照旧支给，一面札知提学司照会南、新城自治绅董先为考求预备，至本年下学期届满即由学务公所移交该会绅董接办，至应否由公家补助之处应俟移交后再由提学司酌量转详核办。

第十一款　省城各区半日学堂

查各区半日学堂系汇入各区学办理，所议将经费全删之处，应查第十款暂从缓议。

第十二款　女子师范学堂经费

仍照原册，应审定。

第十三款　客籍学堂经费

系由官捐廉，不必列册，应审定。

第十四款　法政学堂经费。

查法政学堂经费原表贰万七千六百零贰两，奉度支部饬减五千两，已由提学司移知该堂照减在案，其折发管理员薪水应同以上各学堂，概免置议。至局呈谓该堂经费系动支库款，则学生缴费，官绅应一体优待，应饬该堂查明办理，以昭公允。

第十五款　司法讲习所经费

银原表三千三百三十九两全数删裁，应审定。

第十六款　补助私立各学堂经费

查补助私立各学堂原表共银二千四百二十一两一钱八分，内除正蒙女学因公款不敷分拨照旧额减去一半计银三百两，余均照旧支发。

第十七款　宣讲费

全删，应审定。

第十八款　府厅州县教育费

第一项　存留串捐

查本省三十文串捐除二文解省外，余留府县办学之用。局呈谓此项串捐系各州县留存之款，应每年会绅清算一次，尽数办学，他项不得挪用，与原详办法相同，应请札司通行各属于每年底会算一次，除解省二十文及解府之三文照章悉数转解外，余悉发交地方办学，不得移挪。

地方行政经费临时门

第二类　教育费

第一款　教育官练习所经费

全删，应审定。

第二款　私塾改良会经费

查私塾改良会经费原表三千四百二十九两六钱，原奉部饬裁减，业于东电内全数删除。今局议以私塾改良会归并教育总会办理，酌拨补助费一千两，查此项经费既已报部全裁，自未便再行动拨，以致先后两歧，所请应毋庸议。

第三款　临时补助教育费

第一项　旅京学生津贴

全删，应审定。

第二项　上海实业学生学费

仍照原册，应审定。

第三项　协助上海中国公学费

仍照原册，应审定。

第四项　译学馆三校生津贴

查此项津贴三千两，即第一项，此条误会重列，应毋庸议。

第五项　两江师范学堂经费

照原册，应审定。

第六项　两江法政学堂经费

照原册，应审定。

第七项　九江师范学堂房租

由九江自筹，应审定。

第八项　补助单级教授练习所经费

查单级教授练习所向附设于教育总会内，前经提学司详准于裁并区学总汇处经费银内提拨二千两，自二年七月起至本年四月止每月二百两，两次毕业后即行停止。查裁并区学总汇处经费已分拨无存，今局议就该款内每年拨银二千六百两，另行列册各节，核与提学司叠次详定原案不符，应毋庸议。

第九项　补助北京豫章学堂经费

查此项补助银三千两向由藩司支寄，应仍照旧案办理。

第四款　遣派出洋学生经费

第一项　西洋留学费

查原表西洋留学费共银二千二百两，续奉驻比大臣咨以赣生洪铸请改官费，岁需学费约银九百两，又添派江绍铨一名赴英留学，岁费银约九百两，原数已增为四千两，业经提学司于追加预算内补入。今局议酌增为一万两，照原数应溢出银六千两，原为推广造就起见，应请札行提学司立案，俟有合格之生再行酌量添派，专案报部，免俾驳诘。

第二项　日本留学费

查本省留东官费生现尚有六十余名，该生等未经毕业之先所需学费自难中途减少，前于奉部裁减后，业经提学司详请照驻日留学监督处咨取之数实用实销，应照司详办理。

第五款　日本五校经费

仍照原册，应审定。

第六款　省城中等工业学堂经费

查省城中等工业学堂前经提学司详请于本年春间招生开办，所需经费原表计开办费五千两、常年费七千两，续因派员赴湖北调查，原拟之数实有不敷，（己）〔已〕于追加预算内酌增开办经费银三千两，共八千两，常年经费银六千【两】，共一万三千两。今局议于各项筹备经费内应将工业学堂提前开办，与提学司前详办法相合，应请饬司速行举办，以期观成。

地方行政经费经常门

第三类　实业费

第一款　农事试验场经费

查农事试验场经费原册三千六百六十四两，局议仍照原册，应审定。惟局议第一项薪工裁去弹压委员薪水，加增工人薪工，两抵可减银五十一两一钱，第五项杂费节省火食可减银一百六十两，第三项原料可减银四百八十两，并议以试验成绩必应报告传播，应添经费银六百九十一两，各节查该场试验成绩，上年已将改良种子造成秧圃分给各属试种，复以试验所得之新理、新法演为白话，七日编刊报告一张，广为传布。以上两节均应由该场切实办理，冀收成效，惟款项如何分别增减之处应由劝业道察视该场情形，于原定经费项下自行斟酌支配。

第二款　农务总会经费

查农务总会已奉养电归并农事试验场，局议以该会系奉部章设立，仍应独立办理，惟该会经费已奉部裁减，未便再加，所拟补助费六百两应由该会自筹济用。

第三款　农报馆经费

查农报馆经费，局议遵养电全裁，应毋庸议。

第四款　工艺厂经费

查工艺厂开办经费由前农工商矿局及南昌府并清节堂拨借银两应用，其常年经费向由街捐项下支用。上年议由劝业道遵照农工商部筹备表开，就此项工艺厂改良办法设立工艺局，现在巡警道已将此项街捐拨为改办贫民大工厂之经费，是此项原有之工艺厂既经消灭而另办工艺局，又无的款可支。惟查工艺局既为部限第四年各省应办之事，自须札饬办理，而赣省工艺尚未发达，现在振兴实业之际，尤应于省垣设立完全工艺局一处以资提倡改良，应请札饬劝业道觅一相当公有房屋提前开办。查巡警道请设贫民大工厂原详，议将工艺厂存留之一切器具货底统归劝业道为办理工艺厂凭借，业经详准在案。惟开办及常年经费需款甚巨，现在各项经费预算已定，无可腾挪，而以前工艺厂预算经费又已虚悬无著，所有工艺局开办及常年费用应照工艺局原册经费六千二百零四两之数改领库款由司核放，其该局一切薪工火食杂费仍由劝业道督饬员司撙节支销，核实造报，俾款归有著而费不虚縻。

第五款　商品陈列所经费

查商品陈列所既奉养电由劝业公所兼营，经费全裁，局议仍遵养电办理，应毋庸议。

第六款　庐山开办森林经费

查庐山开办森林经费一千九百三十三两七钱五分八厘，既奉局议遵养电照元年支额，应暂审定。

第七款　女子蚕业讲习所经费

查女子蚕业讲习预科已办两学期，宣统三年即须接办本科，仍应招生续办预科。惟此项讲习所系为改良全省蚕业起见，局议办法宜求完备，应请札饬劝业道妥为办理。查农工商部分年筹备表开，第三年应推广蚕业讲习所，惟各属囿于风气，此项讲习所断难一律克期设立，若待省城讲习所本科生毕业后始行派往外属传习，又未免有稽时日。昨劝业道详于讲习所附设传习科，檄令各属选送女生一二名入所实地练习蚕业，实习之期每年以二月至五月为限，学习期毕即令回籍传习，此种变通办法实于推广蚕业大有裨益。惟查该蚕业讲习所内关于一切实习器具均应购置完全方足敷用，且现在既附设传习科，所有应酌添教师、管理员并学生膳费及一切杂费在在需款，其关于随时修理、添置等项尤难预为规定。此项讲习所系为提倡全省蚕业之机关，必以得收将来最宏之蚕利、增进民人生计为希望，自未便苟简从事等诸虚设，应仍照原册一万三千六百两银数，由该所具领撙节动用，有余仍戳存藩库，以抵入款不敷之数。

官业类

第一款　余干煤局经费

查余干煤局经费既奉养院由该矿出产项下撙节支用，经费全删，局议仍遵养电办理，应毋庸议。

第二款　赣州铜矿局经费

查赣州铜矿局现已停工，经费全裁，应毋庸议。

抚部院第二次照覆本局呈请维持铁路办法由

为照会事。本年正月十九日准铁路公司总理陈三立等呈称，案查本公司宣统二年十二月开第二次股东会，曾于初一日奉宪台照会内开，案据谘议局呈请维持本省铁路办法一案，当经发交审查科公同审查。兹据该科开具说帖，经本部院于本月初一日会议厅议决照办，相应钞录谘议局呈文、审查科说帖一并照会查照，公同决议见覆以凭核办。计抄送谘议局呈文一件、审查科折呈一件。等因。奉此，遵经于是月初二日发交股东会提议，当因到会股东权数未能过半，不便议决，然各股东对于该局所议各条均极力赞成，理合具文呈复恳请宪台俯赐核办。等因到本部院。准此，除批复外，相应照会贵局，烦为查照办理可也。须至照会者。

抚部院照会本局呈请札饬南浔铁路公司妥议本局发起公债促成南浔路工议案由

为照复事。案准贵局呈请札饬南浔铁路公司妥议本局发起公债促成路工一案，当经发交审查科公同审查。兹据呈称，南浔铁路集股开办兴修已久，全路刻难竣工，股本既竭于先，债款待偿于后，匮乏情形岌不能支，自非另筹巨款督促进行，无以全公益而保权利。今谘议局呈请募集公债，自负监督考察之责任，并请札饬公司妥议具覆，系为保存本省权利起见，自应准而所请，将送到公债章程及办法清册一并抄发，饬铁路公司速开股东会决议呈覆以凭核办。等语。经本部院于本年正月二十日在会议厅公同议决，准予公布施行。除行劝业道并照会铁路总局外，相应照复贵局，凡为查照。须至照会者。

抚部院照覆本局呈请实行限制派销书报由

为照复事。案准贵局呈请实行限制派销书报一案，当经发交审查科公同审查。兹据该科员呈称，本省发行《日日官报》，业经巡警道详请分别府厅州县税局军营酌量减派，统计共减原派分数三分之一；其《学务官报》亦已由学司核减报值十分之五，均经先后会详。各在案。是限制之策具经实行，应即抄详答复。至胥役勒索规费、茶礼，各府厅州县当亦间有，如局所议，实属不应，当准通饬各该地方官严约胥役，毋任借端需索，如违即由各该学堂公所士绅据实指讦讯究。又议无论何种书报，除府厅州县中学堂及劝学所派销一二分外，凡公立、私立各小学堂一概免其派销，亦可准如所请，公布施行。惟所请将《日日官报》

一种无须派销，听令各学堂及绅、商各界私自向本邑自治公所购阅一节，应俟前经本科审查该局呈请《改良官报办法》一案实行后再行照准。等语。经本部院于本月二十日会议厅议决，即照该科所议办理。除通饬遵照外，相应抄录提学司暨巡警道原详备文照复贵局，烦为查照施行。须至照会者。

计抄司详、道详各一件。

江西提学使司提学使为申报事。图书科案呈，窃查江省《学务官报》于宣统元年经林前署司照章举办，当将办理情形开具简章呈请宪台核准，并转发各府厅州县代为分派，各在案。惟查前此所出报册，除派销外，购阅寥寥，察其障碍原因厥有贰端：一、由于印刷术未能精美且字体过大，纪载因以无多，殊难餍阅者之目；一、由于原定报价每册三角，取值亦不勉过昂。本局窃以学报之编原借以考察本省全体学务之进步，而销售之多少亦借以瞻人民文野之区分，是文化灌输必以此报为之机关，倘不改良畅销，则学风之转移、教育之进化恐难预期。现经本司酌定，将此项排印铅字改用四号以期取材宏富，价值止照原用工料收取，定以每册一角五分，较之上年纪载约增加一倍，报费则减去五成，庶各办学员绅各置一编，费无多而获用甚大，即各府厅州县任销任解亦无大累。但此次收回报赀既格外从廉，以后派报各处自当年清年款，共维公益，现拟将去年欠缴各县及今年改订之数另列清单移会藩司，请将此项报费核入州县交代册内办理，裨免悬宕。除移会通饬外，理合具文申报宪台俯赐查核。为此，备由具申，伏乞照验施行。

署江西全省巡警道为详请核示事。窃查《江西日日官报》局自奉饬归并职道署内管理后，即据该报局监理委员周巡检赞元、经理委员李令之鼎将近来各属欠解报资周转不灵情形开具说帖，据称，职局归并官办以来四阅寒暑，成本共计六千两，官股二千两，商股四千两，刊刷报章以派销各属为大宗，截至去年为止，总结官商共得息金、红利、公积约计八千七百余元，然核计各属欠解报资截至本年九月止共欠解约计钱一万五千余串，以致官商应解、应给之股息、红利无款可支，入不敷出，周转为艰。而局用购料不能稍缓，知县之鼎职司理财，不得已经手挪移官银号及商号银二千三百余两，约足钱四千三百余串，以资开支，尚须还垫，此近日职局公私交困之实在情形也。前经职局具禀请将各属欠解报资扣廉，闻由藩宪详呈抚宪拟减各属派销之报三分之二，是每年应入派报之资约钱一万一千三百二十余（千）〔串〕，减去三分之二仅存应入钱三千七百余串。职局全年支用逐年极力节省，现预算每年购办纸料、开支薪工等项约计英洋九千四百余元，已属减无可减，若骤减派报三分之二，出入相抵，两相悬绝，势必立时竭蹶。当此财政困难，既不能邀求津贴，又不能追清旧欠，而且官本、商本之款以及已得未分之利均须催欠筹还，官借、商借之款皆系要款，支用暂挪又须筹款还垫，无米之炊难为新妇矣。将持进步主义则无款再垫，将持退步主义则各款须还，知县等再四思维，只有恳请宪恩各属派销之报改为减去三分之一作为定案，以后不能再减，通饬各属嗣后报资按季清解，不准延欠。两季未清，准由职局禀请专员坐催，前任未解，饬令接任之员清理移解。一面严催各属旧欠归还公私各款，庶报章之机关可以常存，而官商之资本亦不至无著矣。等情前来。查该报局成本虽商股占其多数，而官商合办历有年所，自应设法维持。综核该报局成本及常年出入经费，若按照旧章派销，每年固可盈余洋银一千二百六十余元，惟各属积欠报费延不解清，颇有周转为难之势；若照旧派之数减去三分之二，则每年不敷开支至二千二百七十余元之多；若减去三分之一，每年不敷之数亦在五百元以外。值此财政支绌之时，欲多减派数，在各属固获轻而易举之益，在报局实有入不敷出之虞；欲停止报章，在商股必有提还本息之期，在官家实乏催欠筹还之策。职道愚见所及，窃以各属缺分优、瘠不齐，倘一律减销毫无差异，无论减三分之二与减三分之一，皆有苦乐不均之处，况统税各局口原派销数不过一分二分三分而已，为数甚少，更觉减无可减。再四思维，惟有视缺分之优瘠以凭增减似较平允，如南昌、瑞州、临江、袁州、南康各府县拟减三分之二，吉安、抚州、建昌、九江各府县拟减去一半，广信、饶州、南安、宁都各府州县拟减四分之一，赣州府属除定南、虔南两厅拟减三分之二外，其余各县概减四分之一，各属同通或照旧不减，或减三分之二，或减三分之一。各营报数无多，报资素不延欠，拟仍旧派销，毋庸核减。所有统税局口与就地商家素所稔习，拟按照旧派之数加派两倍嘱托代销，似此变通办理庶乎轻重得宜、损益适当，各属既不至为难，报局亦不至牵动，且比较旧派分数实已减去八百分，通盘计算约减去三分之一，每年开支仍不敷五百余元，只好于局用之中力求撙节借资挹注。至各属前欠报费应由职道会同藩司通饬各属勒限解清，以免报局亏累。再，记载新闻务求精确美备、传递迅速，始能远近流通。该报局立法之初未始不善，能登载半多琐谈，驿递诸形阻碍，各属啧有烦言，在所难免，亟应设法改良，以免贻人口实。兹特妥议改良办法，参以藩司原议章程合成简章十一条，是否有当，理合将所拟增减分数开列细表，并将改良简章开具清折，详请宪台俯赐察核批示，以便会同藩司通饬遵办。为此，备由具详，伏乞照详施行。

计详送增减各属应派官报分数表一本、改良简章清折一件。

抚部院照覆本局呈请振兴工业由

为照覆事。案准贵局呈请振兴工业一案，当经发交审查科公同审查。兹据该科员呈称，工艺之精，首在提倡，欧美列邦，职业判分，功能各著，学术以造就之，名利以激劝之，其民业之盛固已。赣省出产以磁器、夏布、茶叶为最著，迩来如景镇、萍乡之磁业公司、陶业学堂、义宁州之改良茶叶公司蝉联设立，而宜黄县工艺院之夏布以及各属之已设立工艺局厂院所者，无不饬令设法改良，精益求精。现又由劝业道会同提学司于明年开办工艺学堂，并由劝业道于省城设立工艺厂及劝工陈列所、工业研究会以资提倡。今局呈振兴工业有宜筹设者四条，或有已经筹办者，或有正在议设者。其第一条多设艺徒学堂以授平等工业技术，自可照办，惟所称如筹款不易，照章于中小学堂附设，既可兼用教员，亦可省学舍物品一节，查各属现在中小学堂教员概系教授普通学科，其工艺一科未必尽能通晓，至物品、器具亦未必尽合教授工艺之用，只可由各属酌量财力，因地制宜。其余三条亦应照准。应请照案札饬提学司暨劝业道通饬各属会同自治会绅妥筹举办，以兴实业。等语。经本部院于本月二十日会议厅议决，准予施行。除行提学司、劝业道通饬会商筹办外，相应照复贵局，烦为查照施行。须至照会者。

抚部院照覆本局呈覆发交劝业道详请覆议裁撤兴国县农工商矿兼保甲稽查学务局由

为照复事。案准贵局呈覆发交劝业道详请覆议裁撤兴国县农工商矿兼保甲稽查学务局一案，当经发交审查科公同审查。兹据呈称，兴国县原设农工商矿兼保甲稽查学务局，前经谘议局呈请裁撤，奉将原案发交审查科员等遵检原案、详加考核，亦知该局于农业振兴已有成效，未便遽饬裁撤，是以折呈请交覆议再行核办。今据该县士绅呈由劝业道详奉交局覆议、复经该局决议，认为该县原有之农工商矿局有裨公益，未便裁撤，不执前议。呈覆前来，则前案自应准予取销。惟查该县士绅呈称，光绪三十年组织该局，成立煞费经营，至今成效昭著，所收盐款兼拨工艺院及学堂公用，尤为亟谋公益，不分畛域，则该局“查学”名目应并仍旧。特保甲旧制已奉改设巡警，不得仍“保甲”名称，应仍饬县转谕该士绅等将“保甲”名目撤去，并应饬县将地方应办巡警会商自治会另速筹办，以符名实。等语。经本部院于本年正月二十日会议厅公同决议照办。除分饬遵办外，相应照复贵局，烦为查照施行。须至照会者。

抚部院照覆本局呈请拨给高等巡警学堂地（趾）〔址〕建筑谘议局由

为照复事。案准贵局呈请拨给高等巡警学堂地址建筑谘议局一案，当经发交审查科公同审查。兹据该科员呈称，高等巡警学堂系前镇署旧屋，上年本拟改为巡警道署，适值民政部催办高等巡警学堂，需校在急，因而修造改设并附设巡警教练所于其内。该堂之侧有一基地，尚觉宏敞，建造操场最为适宜，各区队长警按日早晚两操均借该处为集合会操之所，兼以地处中央，易于调集。该堂后面设有警钟楼一座，地势高旷，可以瞭望全城，遇有大警，呼应灵通，颇有居中控驭之势。是该堂地址关系全省警务，至为重大，而关于该堂及教练所之教育犹其小焉者耳。且该堂自开设以来，历年布置，所费已属不赀，今谘议局呈请将该堂迁移改设谘议局，建筑之资定增巨数，即该堂另行建造需费又属孔多，当此库款支绌，应付俱穷，与其弃该堂已成之局而又加添改筑之费，反不如两仍旧贯，于事实上较得其便。且上年八月间该局迁入模范中学堂并将估建议事厅图式工程数目呈请核准在案，是必已经审慎众谋佥同方能有此定议，该局自应恪守成案，毋用纷更致滋歧异。等语。经本部院于本月二十日会议厅公同议决，即照该科所议理由备文照复贵局，烦为查照施行。须至照会者。

抚部院第二次照覆本局呈请札饬九江道宣布船钞税则严禁陋规并改订验照期限由

【为】照会事。据九江关道保恒详称，案奉札开，准谘议局呈称，查本省九江、姑塘两钞关征收船税向归九江道直接经理，每船到关必先向关吏领筹挂号，乃近来积弊，非纳钱不能得筹，得筹后非纳钱不挂号，挂号后非纳钱不予尺量，且必迁延半日或一日之久。又复浮报尺码，稍与争论即遭关吏之恫喝，迨到关纳税，税照内填写银数，必命以钱折交，每两约合钱三千余文，问系如何折算，则曰“名目甚多”，总计每照内填银一两，连陋规约需钱五千余文。而（讵）〔距〕姑塘下游三十里之梅家洲复设有查验所，下水船至停船验照又须纳钱，自姑塘到此以十日为限，逾限则必重纳如前数。（讵）〔距〕姑塘上游五里之虾蟇石亦设有查验所，上水船至亦须纳钱验照，九江到此亦以十日为限，逾限重纳与下水船同。鄱阳湖风涛险恶，兼旬阻风事所常有，船户劳力营业，生命财产悉载一船，商人货物与该船相依为命，困于苛税，赢利已微，何堪重纳？故往往因恐逾限冒险驶行，覆舟之惨不一而足。以既已纳税之货又已纳钞之船而更定此苛例，迫而使之陷于危险，民何以堪？应请抚院札饬九江道将每船深宽长若干、用何项算法折合、应纳关税银若干、折钱若干明白公布，使众周知。所有一切陋规实行裁革，从严禁绝，上下水船验照期限改订以一月为限，每日关吏下河量船必须四次，以免守候，于航业前途裨益实非浅鲜。等因。当经发交审查科公同审查，并经会议厅议决，准予照行。除照复外，相应照会查照办理。至验照期限能否酌予宽展，并希查明复夺施行。等因。奉此，当经抄折札委九、姑两关委员确切查明禀复去后。兹据九、姑两关委员等禀称，遵即详查九、姑两关征收税银向照部颁《时船则例》计船身积数若干丈尺核算收税，即所收之签票号钱四百三十六文亦曾报部。查该签票号钱从前收纳系先令缴钱，然后再行挂号发筹，嗣因船户不便，业于光绪三十二年奉前宪玉饬改归完纳正税时一并同缴，近数年来均系遵照办理，并未再令先纳钱后挂号发筹。等情。而丈量船只均有督丈委员督同税务司派来之西人捍手及弓手丈量、算书写载尺码量票、水巡黏贴桅封，该弓手人等或因丈量尺码时，船户意欲减少，彼此争执事或有之。至于浮报尺码以及借事恫喝等情，经委员等详细调查，均无其事。查两关量船丈尺系遵照部颁营造尺以及《时船则例》核算征收税银，而九、姑两关量船算法均以船身之长为主，若船身长二丈、宽五尺、深二尺，先以长宽两数互乘得数十丈，再用深二尺之数乘长宽所得之数，即得船身积数二十丈。《时船则例》内载，凡船身积数二十丈至二十二丈即应纳税银二钱，船身丈尺加多税银亦按照递加。每税银一两随征耗羡、平余、饭食、积平等款银二钱九分，税银在三两九钱以内者均照市价升合库平折钱完纳，以便船户携钱到关纳缴，在四两以上者著即缴银，因银数积多俾免船户易钱之亏耗。两种办法均系以船户之便利，并非欲借此从中取巧，况每日钱价均照市价升合库平逐日牌示关门使众周知，即书吏人等欲借此浮收亦无法可施。假如有船身积二十丈至二十二丈即应照章纳正税银二钱，随征耗羡、平余、饭食、积平等款照正税加二九合银须五分八厘，共正耗等银二钱五分八厘，以市价升合库平每两约计钱二千文合扣两，共应纳钱五百余文，再加缴签票号钱四百三十六文，三共须钱九百五十余文。查每船所缴之签票号钱四百三十六文，系计船每只无论大小均只收签票号钱四百三十六文，并非每税银二钱即应缴签票号钱四百三十六文，总计每收正税银一两，连各项杂款照市价升合库平约钱二千五百余文，再加签票号钱共计钱三千余文之谱，并未有五千余文之数。船照内填写税银数目，查向章仅填正税银数，而随征各项杂款概不填入。谘议局呈称，每照内填银一两连陋规约需钱五千余文，想系以二钱之数连签票号钱递加或系见照内仅填正银数目之误会也。船票十日期限原为防杜船户转卖税照之弊。查九关上游之北关、龙开河两查验口距关仅五里之遥，下游之老鹳塘、清江口两查验口距关亦仅隔五六里，而八里江乃九、姑两关下游之总查验口，相（讵）〔距〕九江亦只六十余里，即如晋省经过姑塘关、虾蟇石之白石嘴验票口亦仅（讵）〔距〕九关九十五里。再，查姑塘关完纳船税之船只前往湖北者，经过九江关上游之北关、龙开河两查验口距姑关九十五里，下游之梅家洲、八里江相距姑关亦仅三十余里，晋省费过虾蟇石之白石嘴验票口只隔姑关五里之遥，凡过关完税船只予以十日期限并不过苛，缘两关上下游各查验口距关仅数十里之遥，若遇顺风，半日即可出口；至于鄱阳湖风涛险恶，船只遇险往往有之，然亦并非因十日期限致令船户陷有危险，即省城出湖之船亦当遇此危之事。况向章凡已完税之船如遇阻风逾限，查系实情准其到关陈明情由，并准酌予展限。若竟予以一月之限，则出口之船倘遇顺风扬帆直驶之时，各验票口追留查验不及漏裁票尾，该船即可将此票寄回转卖他船，又为出口之凭照，展限一层不但窒碍甚多，尤恐流弊丛生无法防杜。查各口验票前曾每船收费钱二十四文，业经前宪文禁革在案，现在各口亦未敢复收此费，两关丈量船只每日下河三两次，向章春夏秋三季早以卯刻、午以未刻、晚以酉刻，冬季早以辰刻、晚以申刻，过此数时如有船户适遇顺风须速开行亦准其来关请快，无不随到随量。每日督丈暨关吏下河名虽三两次，实则五六次不等，并且各船到关时刻不一，如甲船到关适逢关吏下河之时，即可随时同丈量纳税放行，如乙船到关已过下河之时刻，是必又须守候二次再量。至两关书吏人等经委员等在关时时稽查并未敢巧立名目、借端需索留难，所有奉饬详查各节理合会同逐款详细查明，据实禀复。等情。据此，伏查职关征收船税向系照《时船则例》丈量纳税，每收正税银一两随收耗羡、平余、饭食、积平、监督、办公二六津贴、三六火耗七项共银二钱九分，合计正杂各款银一两二钱九分。又每船无论大小随收签票号钱四百三十六文。查从前只正、耗、平、饭、积五项为报之款，监督、办公等项均归外销，现在一律报部，此外并无别项陋规。惟税票向来只填正税银数，随正、耗羡等项照正税扣收，不填入票内，商民等不免因此误会。所有税银在三两九钱以内者向章照市价升合库平折钱完纳，四两以上者照章收银，亦系为便利商民起见，并无弊端，每日钱价均照市价升合库平逐日牌示，俾众周知。至商民船只到关，每日督丈下河丈量均有一定时刻，惟该船有到在督丈下河业已回关之后者，不得不守候第二次再量，现拟定以每日四次下河丈量，如遇过时而船户适遇顺风请快者，仍随到随量，以免羁滞。又九、姑两关相距最远之查验分口只九十五里，定章以十日为限并不为苛，若改限一月则限期过宽，难免船户将票展转朦混，售用之弊无从防杜，似未便改订，如果实因阻风逾限，准船户赴关陈明，酌予展限，似于限制之中仍寓体恤之意。各分口查票从前每船收费钱二十四文，业经文前升道任内禁止，现在各口未敢复收，职道自去冬抵任以来，督饬关员等遵照定章认真办理，不准稍有苛刻留难，总以裕课恤商、严杜弊端为宗旨，职道详加覆核该员等查复各节，尚属实在情形，理合详请察核示遵。等情到本抚院。据此，除批饬随时认真稽察，严禁关吏留难需索外，相应照会贵局，烦为查照可也。须至照会者。

抚部院第二次照覆本局呈请查照奏案画一征银十一州县丁漕征收银数由

为照会事。据布政使刘春霖详称，宣统二年十二月初十日奉札开，案准谘议局呈称，窃维丁漕为维正之供，自有划一之征收方法。江西全省征银、征钱税则不同。而所谓奏定征银之乐安、广昌、泸溪、弋阳、广丰、铅山、兴安、长宁、宁都、瑞金、石城等十一州县，其征收方法则有三七搭钱、二八搭钱之不同，且一县之中又或有东南北乡征银、西乡征钱之不同。税法之紊乱如此，何怪地方官吏利用此时机以施其抑勒、浮收、展转折算之术？以本局所得乐安等十一州县之最近征收报告三表，其丁漕二表内概据各该州县造报征收所称为和盘托出之数目。按之同治元年、七年、十二年奏案，固无一而合，而铅山县地丁每两除亩捐外实收洋银一两九钱三分，报告表则只开洋银一两八钱三分八厘二毫五丝，漕米每石除亩捐外实收洋银二两六钱三分，报告表则只开洋银二两五钱一分六厘八毫，数目亦不相符合。其附收亩捐各款一表内则有以钱数改征银数，如铅山亩捐之二百文、三百文实征银二钱、三钱者是也。若此之类，皆由民间不知确定之税率，故官吏虽有浮收亦习而相忘，莫之或觉。夫征银各州县之牧令在今日已不受银贵钱贱之影响，而其百姓所受浮收、折算之弊害，乃无以异于征钱各州县之人民。故虽名为征银解银，而每洋一元，长宁竟作钱八百五十文，其余州县亦仅作钱一千文及一千零数十文不等，该市价已短二三百文，况以银折钱、复以钱合银展转折算，至有户书收至二两五六钱者，此本局所谓“浮收计算直接为人民之害”者也。尚有间接足以为民害者，则征银各州县缺分较征钱之处为更优，上官以此为调剂而牧令亦以此为其运动之目的，更调频烦，视若传舍，地方吏治遂从此不可问矣。本局（已）〔以〕为该十一州县征收上之一切弊害皆原于征收数目之不划一，欲求改良必自划一丁漕征收定数为始。查该十一州县现收银数地丁自一两四钱四分至一两八钱八分，漕米自二两三钱至二两九钱八分九厘，兵米自二两三钱至三两。以上多寡悬殊，既无确定税率，即不得不视为违法。浮收钱粮丝毫为重，岂容各自为政，加赋无形？况丁漕之外，若粮捐、若串捐、若税契、若杂税，无一不展转折算者乎？事关本省征收方法，自应将调查该十一州县征收丁漕及附收各款实数分别列表，呈请抚部院查办，并请查照奏案，将征银十一州县地丁每两漕米每石实应完纳银数若干厘订划一税率，其附征如亩捐之类本系钱数者，应准以铜元官票交纳，以免参差而杜抑勒。呈请察核施行。等情前来。当经发交审查科公同审查，并经本部院于会议厅议决，准予照行。除照复谘议局查照外，合就札司通饬所属一体遵办，严行查禁。毋违。计黏抄调查十一州县征收报告表一件、审查科呈折一件。等因。奉此，本司伏查审查科拟请按照奏定额征银数征收，如以洋银钞票铜元折纳者，应照前议照市酌中定价办法饬地方官会绅按市酌中定议一节，与局议微有异同，且照市酌中定价一案，已据谘议局覆呈认为不可行事件，在会议厅公决，俟明年召聚临时会另案交局覆议再行核办。此议查禁十一州县浮收折内亦有酌中定价之语，应否俟明年临时会决议后并案公布施行，理合申请察核查明批示，俾得转饬遵照办理。等情到本部院。据此，除批：据申已悉。此案前经会议厅决议，准予照行。惟现在召集临时会提议监理财政官呈交丁漕议案，如果通过，则办法与此又有异同。所请俟临时会决议后并案公布施行，系为通省划一、免涉纷更起见。仰候照会谘议局知照可也。缴。印发外，相应照会贵局，烦为查照。须至照会者。

抚部院照覆本局呈报议决发交东三省移民殖边议案由

【为】照会事。宣统三年二月二十八日准东三省督院锡咨开，案准贵抚院咨开，为咨请事。案据谘议局呈称，本年九月二十五日奉抚院照会交议东三省移民殖边，案开，宣统二年九月十三日准东三省督部堂锡文电开，洪东三省逼处两强，自《日俄协约》告成，视耽欲逐，俄于西北利亚、日于南满均各移民拓殖，竭力经营，而我则地广而荒，弃沃壤争石田，边隅空虚，莫此为甚！良忝任斯土，目击艰危，前经奏请筹款兴办垦务，奉旨俞允，惟经纶草昧，非一手足所能为力。查日本北海道拓殖计划，始则对于个人直接保护，中而无效，继则从事道路之设置、水陆之扩张、舟车之特别减费，计近添户口较前十年增至十四倍而强，国家设备之周至与国民进取气象之发达，俱可崇仰此间。松花江、嫩江、乌苏里江各流域舟车可通，即气候、土壤亦较北海道为胜。锦洮铁路不日将筑，良不敏，窃愿有所规划。现值举国开省议会之日，拟请转劄各谘议局，于移民殖边一事同尽劝导筹措之责，不致以大利让之外人，不特东三省之（辛）〔幸〕，抑亦全局之福。夙纫公谊，企望荩筹示复。等因到本抚院。准此，当以盛京锡制台鉴，洪文电敬悉，移民殖边，百世之利，折冲裕国，深佩荩筹。容交谘议局广征意见，如有可采，再行汇陈。寒印。等语。电复在案。除行藩司外，相应照会贵局，烦为查照，广征意见，公同提议见复。等因。奉此，本局当经照章提议，公同讨论，佥以此案应认为抚院咨询事件。兹谨就本省地方情形，对于殖民之计画，上所应有之预备发抒意见，为抚院申复及之。东三省为国朝发祥之地，地广民稀，强邻日迫，自应由各省协力从事拓殖，固我疆圉，以免大利让之外人。本局以为劝导筹措之法所亟应先事研究者可分三项，列举如左：一、调查。本省民俗聚族而居，视谱牒、庐墓为最重，不易动其离乡去井之观念。且近年谷价昂贵，每当农忙，雇工耕作，给资较前加四五倍，尚无人满之患。今欲诱起其迁徙之心，使【之远赴东省】似须先派专员调查东省气候、土宜及各处遣送殖民之状况，时其报告编为白话，由宣讲员到处演说，使本省人民知为大利所在而趋之若骛，庶于劝导之方不无裨补。二、咨商。关于移民前往，有应与东督部堂咨商者：甲、本省移民到东后是否指定一区域或任便分往各区域？如何安置？乙、本省移民有愿承领田亩耕种者，【是否】一律免其缴价，其愿领垦荒地者，所【有】庐舍、器物、牲畜等项能否官为借助？凡（些）〔此〕端应俟咨商得覆后始能有所依据，以资劝导。三、经费。本省办理移民所有一切遣送资费自须官为提倡，应请抚院每年筹拨专款若干万定为殖民经费，其一切经理、照料、保护之责，俟届时再议定夺专章办理。以上各项业经本局会议，意见相同。等因到本抚院。准此，相应咨请。为此，合咨贵部堂，请烦查照。希将移民章程抄录寄江覆议施行。等因。准此，现经本大臣督率本省行政会议厅科员悉心讨论，拟定《移民实边章程》四十六条，于办事机关之组织、经费之担任、移民之招徙安插、荒地之查勘给授均经通盘筹画、详晰规定，札交东三省各谘议局先后议复在案。除分行外，相应刷印成帙备文咨送贵抚院，请烦查照，并请转札谘议局。查惟兹事体大，非一蹴可几，现拟章程亦不能一成不变，将来遇有应行修改之处再当随时咨明，仍俟部拨款项有着，即当立兴办以赴时机。计咨送《移民章程》四册。等因到本抚院。准此，合将章程一本照送贵局，请烦查照。须至照会者。

计发《东三省移民实边章程》一本。

东三省办理殖民事务章程

第一章　总　纲

第一条　凡属于本章程所规定之事务，概由东三省总督（下称东督）主持办理，并商同各省督抚暨各省绅民办事团体（如谘议局、教育会、农会、商会、自治会等是）请求协赞。

第二条　由东督先就奉天省城奏设东三省殖民总局（下称殖民总局），以局长一人总揽殖务上行政范围之事务，并得就各办事地方呈设分局。

第三条　由东督奏请部拨殖务经费，于该经费内酌拨款项，并电请各移民省分协济银两，兼招商股，组织一殖务公司（下称公司），公司选举一人为公司总理（说明）（该总理承受本省暨各省所拨经费，应以资本股东为重，故定为由本省暨各省凡入资于公司者公同选举，其选举之方法届时由东督与各省协商规定。）经画殖务上之营业事务，并得提用资本敷设各种营业机关。

第四条　由东督商请各移民省分设立殖民招待局（下称招待局）经理移民就东之各项事务，并得随时与殖民总局接洽办理。

第二章　筹备时间之计画

第五条　由东督督饬殖民总局调查三省官荒地段，分别核明或宜耕种或宜牧畜或宜树艺，并将该荒地坐落郡县及交通涂径绘图列说、勒为专书，报告移民各省，一面先由东督指定一处作为移垦入手地方先行筹办。

第六条　由东督督饬殖民总局查明三省大段民荒多年未垦者，严切出示限令，于一年内备资开垦，并将遵办情形于限内报局立案。其有逾限不报或限内呈明无力开垦者，由局查照第二十九条第五项办法另订章程径将该荒交由公司代垦。垦熟后仍准该荒主备具代垦价值请领原地，无力备价者由局核明垦价扣地作抵，此项扣抵之地应与官荒同时授垦，其扣余之地仍亦无人承垦者，准由公司另行授垦，并查传原主询明荒价照数发还。

第七条　由东督奏请饬下邮传部减收移民船车半价。

第八条　由东督咨明移民省分所有移民到东川资均归各省自筹开支。

第九条　由东督协商移民省分预定移民数目（每省移民以千户为假定之数），即由各省认定协济银两（以每户协济百两为假定之数），将该款先期汇东由东督列收，依第三条办法办理。

第三章　垦户东来之待遇

第十条　凡垦户由各省招待局送至到东，首站即由殖民总局派员前赴该站迎迓并核明人数发给川资口粮护送到段。

第十一条　凡垦户于到段后由殖民局分别授荒，自领荒之日起扣足三年以后分别征收荒价，第一、第二两年各征全价三分之一，第三年悉数缴清。其每等地价若干先期由局规定，至熟荒内有公司代垦资本，领户应依公司所定代垦价值将该款分年缴还公司。

第十二条　授田分上、中、下三等，上地每丁百亩，中地二百亩，下地三百

亩。（亩量由局另订画一办法）

第十三条　凡上地限令一年成熟五年升科，中地二年成熟七年升科，下地三年成熟九年升科。

第十四条　凡逾限不成熟者除先期报明该管官确因水旱变故以致误垦外，其余一律督催，如督催不力，届升科两年前仍未成熟者，该管官照章处分，荒田撤回，仍将该丁酌罚苦工示儆。（说明）（此项人民既经资遣来东授地，尚不力作升科，其为游惰之民无疑，故以罚作苦工示儆。）

第十五条　凡垦民到段后，依殖民局所规定，由公司预备房舍、井碾、牛具、籽粮并各项日用必需货物，于第一年期内准其赊用，不另取息，但必须得殖民局之许可并取具同业三户以上之保证书。（说明）（准其赊欠者以示体恤，须得殖民局许可者以防冒滥，取其同业证书者以订还期。）

第十六条　凡垦民经过之处先期由殖民总局派员开通道路安设驿站，并由公司多设客店，以便行旅。

第十七条　凡垦户安插之处，先期由殖民总局派员勘定村落基址，并由公司修造房屋，以备居住。

第十八条　凡垦户居住之处由殖民总局呈派兵警择要驻扎，常川梭巡，以资保护。

第十九条　凡垦户较多之处由殖民总局暨公司设法多招商贾前往营业，以资利用。

第二十条　凡垦户发达之处由殖民总、分局体察情形呈请设治或分设警察派出所，以资治理。

第二十一条　凡垦户于农隙时得由殖民总、分局或该管地方官查照《奉天预备巡警章程》编队教演，以资捍卫。

第二十二条　凡垦户于农隙时得由殖民总、分局给以相当之劳力金修治荒段内桥梁、道路、河渠、沟洫，以利交通。

第二十三条　凡垦户于荒段内寻常争执非成讼事件，由殖民总、分局就近处理；成讼者，由局移送该管地方官处理，以平争讼。

第二十四条　凡垦户聚居已定，由殖民总、分局倡设旅东垦民俱乐会，联络情谊，以固团体，并附设通讯处俾与乡里通信。如户口众多渐成村落者，由局呈请筹设邮政分局暨医院、学堂及其他便利垦民各机关，以谋公益。

第四章　殖民总局之责任

第二十五条　殖民总局有总揽殖民事业上之责任，对于各省招待局应遇事报告之，对于所辖各分局应指示监督之，对于各地方官吏应竭诚协商之。其应办之事项如左：

第一项　依第五条所规定，编辑殖务书籍图说，刷印成册，报告移民各省。

第二项　依第五条及第六条所规定，查办各项荒务，编定荒地字号，分别等第登记于簿，并绘具荒段区域细图，以便届时指示各分局安置垦户。

第三项　依十六条所规定，派员分勘路工，呈请酌拨兵队开通道路，并酌量请款安设驿站。

第四项　依十七条所规定，派员勘定荒段内拟建村落基址，绘图列说限期完竣。

第五项　依第四条所规定，随时与各省招待局遇事接洽。

第六项　依第十条所规定，派员于移民入境首站迎迓来东民户，妥为护送前赴荒段安置。

第七项　依第十一条、十二条所规定，详订《各垦户计丁授田章程》；依十四条所规定，详订《局员督垦功过章程》；依第六条查办民荒之规定，详订《查办民荒章程》，分别督饬各分局办理。

第八项　依第一至二十七各条所规定，凡属于该总局事务者均应详订办法，随时照办。

第二十六条　殖民总局承办一切事项应随时禀承东督指示，并须受各省招待局之忠告。

第二十七条　殖民总局应附设殖务讲习所，凡局用人员应令分起入所讲习。

第二十八条　殖民总局应于开办后将每月办理殖务情形及一切章规编为月报报告本省暨移民各省。

第五章　殖务公司之责任

第二十九条　殖务公司有维持公家殖民政策之责任，对于殖民局应具同一计画，以营业之机关作垦民之保障，公司总理得以资本股东之委任筹设营业机关如左：

第一项　设银行及分银行经理荒段内官民之借贷、汇转、存放各事。（说明）（此项银行自以操纵金融机关规画远大事业，具有独立性质为宜，开办之初资本较少、用人尤难，故由公司筹设兼理汇兑、储（畜）〔蓄〕事宜等于普通银号，以便垦民；如果垦务经费浩大，即应另订章程，令其独立经营。）

第二项　设转运行栈并客店。

第三项　设建筑工厂召募工匠、收买木材、制造砖瓦，遵照殖民局划定村落地址建筑房舍。

第四项　设粮食店运售食粮，以济民食。

第五项　设代耕厂购备火犁,以备垦户价赁开地之用,兼由殖民局呈请另订专章拨交生荒,开垦成熟,以便垦户备价请领(说明)(以火犁开垦荒地易于施工,且较之人工开垦需费尤廉,民间无力购置火犁,故由公司设厂办理。倘由殖民局拨地交厂开垦后以之授于垦民,饬令备价请领,垦民无不乐从,此项价银垦民可由银行借贷,于一年外归还。),并由局查照第六条代垦民荒办法委任该厂办理。

第六项　设牛马厂运售牛马，以济民用。

第七项　设百货店备办垦民日用必需之物运入荒段出售，惟不得将奢侈品输入。

第三十条　前条所列各种营业机关系为便利垦民起见，公司应将各种办事章程协商殖民总局呈请核定施行，如查有重利剥民情形，即由该局究明呈办。

第三十一条　公司应将对于垦户营业情形随时调查，每三个月编为报告一次，报告本省暨移民各省并分送殖民总局备查。

第六章　各省招待局之义务

第三十二条　各省招待局成立后应通信于殖民总局，并将规定移民办法随时通告。

第三十三条　招待局应查照第五条所得东省之报告担任宣布演说事宜。

第三十四条　招待局应呈请该管长官出示晓谕，劝令民户就移并担任协同劝导。

第三十五条　招待局应预计每次移户户数呈请该管长官筹画川资及协济银两，并担任就地筹款。

第三十六条　招待局应设法招徕自费移垦各户，一切比照官费移民办法办理，并奖励为首倡办之人。

第三十七条　招待局应查明就移民户以每户有壮丁一人以上带有眷属者为率，单丁不成户者每次附带十成之四，仅有老弱而家无壮丁者勿遣。

第三十八条　招待局应查明就移民人不合于下列资格者勿遣：

一、安分良民不致滋事者。

二、身无残疾不吃鸦片者。

三、身无重大讼案未结者。

第三十九条　招待局应候殖民总局于布置完备通告开办后再行派员护送移民就道，仍先期电知殖民局，以便派员前赴入境首站迎迓。

第四十条　招待局每移民一次均须造具户口细册送交殖民局，以便照册查验，并于每次移户出发之先将户口细数电知殖民局，俟殖民局查明荒段内足敷安插，再令移户就道。

第四十一条　招待局应设移民通信处，凡移户由东通信回里，由该处担任转送。

第四十二条　招待局应查照二十八条、三十一条将所得殖民局、殖务公司各项报告宣布演说，以资劝导。

第七章　附　则

第四十三条　本章程自奏咨立案之日实行。

第四十四条　本章程实行之后凡三省人民有愿赴荒就垦者均适用第十一条至十五条之规定，但须由殖民总局另订稽核章程办理。

第四十五条　本章程实行之后凡从前三省办理垦务情形有与现在办法抵牾者，得由东督查明饬令更正施行。

第四十六条　本章程如有应行修改之处，得由东督随时更正咨部。

江西谘议局第一次常年会议案目录

江西谘议局会期内已经提议、未经提议、已经议决、议而未决各议案目录

计开：

抚部院发交议案：

抚部院提出普及教育议案。

提出提倡实业议案。

提出调查公产议案。

提出规复地利议案。

提出烟害议案。

提出械斗议案。

提出赌博议案。

提出胥差议案。

提出本省税法议案。

抚部院发交布政司提出丁漕钱价议案。

布政司提出印花税则议案。

抚部院发交巡警道提出乡镇警察议案。

巡警道提出实行演说议案。

巡警道提出实行常年调查户口议案。

巡警道提出辅助禁烟议案。

巡警道提出劝化械斗议案。

巡警道提出调和民教议案。

巡警道提出治匪议案。

巡警道提出普劝埋葬议案。

巡警道提出公共卫生清洁之办法议案。

巡警道提出陆路交通议案。

巡警道提出推广邮政议案。

巡警道提出普行义图议案。

巡警道提出筹定州县公费议案。

巡警道提出筹定地方自治公费议案。

巡警道提出画一银钱纸币制度议案。

巡警道提出疏浚鄱湖议案。

抚部院发交自治筹办处提出厘正筹办城镇乡地方自治期限议案。

自治筹办处提出筹办地方自治经费议案。

以上已经提议议决案共二十九件。

抚部院发交提学司提出教育经费议案。

以上未经提议案计一件。十月十九日奉抚部院照会发交本局，二十日闭会，故未提议。合并声明。

抚部院发交布政司提出学堂经费议案。

以上已经提议未决案计一件。

谘议局自行草具议案：

议员刘景烈提出广储司法人才议案。

提出维持司法独立议案。

议员汪龙光提出禁烟项下抽捐议案。

提出拨还盐斤加价议案。

议员蔡世培、陈瀛提出酌提粤引口捐议案。

议员邱璧提出酌提粤引口捐议案。

议员聂传曾提出辟利源省烦费去壅蔽议案。

议员孙振渭提出裁并百里内税局议案。

议员黄鸿烈、张履福提出酌裁南丰查验所议案。

议员黄念鑫提出酌裁南康三江口税局议案。

议员董德渊、周述提出酌裁康邑三江口税局议案。

议员叶鑫、饶绍唐、傅学璟、张柱、刘郁、饶熙春、滕诚、杨存基提出酌裁广信税局议案。

议员李隅提出酌裁省城旱卡分局议案。

议员蔡世培等十一人提出酌裁赣州税局议案。

议员徐凤钧提出酌裁饶州税局议案。

议员段方祁提出酌裁省城七门查验所及旱子口议案。

提出请免租谷抽税议案。

议员谢济沂、杨守洛、高玉松提出请裁万载珠树潭分口议案。

议员王明德提出请裁应裁之税局议案。

议员钟子荣提出请裁昌山巡丁议案。

议员冷开运、张拜扬、叶润藜提出请裁义宁州城门旱卡税局议案。

提出请裁老鹳嘴税局议案。

议员黎思位提出请裁上高虎槛铺岸税局议案。

议员文龢、黎景淑提出请移萍乡城门税局议案。

议员陈瀛提出请厘定赣州城门税议案。

提出请裁并税局以节縻费议案。

议员孙桂芳提出请禁缉私巡丁枉报议案。

提出请禁缉私员丁私造包票议案。

提出请改缉私局员考成议案。

议员聂传曾、李耀宗、罗志清、刘芳蕃提出请饬州县罚锾准与绅民结算议案。

议员陈瀛提出请饬州县宣布罚锾数目议案。

议员李耀宗提出税契议案。

议员黄钟提出税契议案。

议员蔡允升提出税契议案。

议员黄钟、曾秀章提出税契议案。

议员黄象熙提出税契议案。

议员饶正音提出税契议案。

议员谢联珏提出税契议案。

议员江云提出慎重人命议案。

议员罗桢提出轻生命案议案。

议员杨世鼎、陈焘提出私和人命议案。

议员黄兰芳提出改良诉讼议案。

提出改良监狱议案。

提出请禁私开彩票议案。

议员文龢提出彩票应禁及办法议案。

议员黄兰芳提出优待老农议案。

议员周述、董德渊、黄念鑫提出保全农人议案。

议员黄钟提出请革勒粜禁米议案。

议员李耀宗、聂传曾提出禁止演戏议案。

议员周扬烈、董道修、饶正音、杨怀芳、黄立大、谢增龄、彭士芸、黄象熙、谢宝德、詹联芳提出严禁演剧议案。

议员谢大光提出禁演赌剧议案。

议员饶正音提出整顿学务议案。

议员江云提出维持宜春教育议案。

议员徐凤钧提出学务杂说提要议案。

议员吴士材提出整顿学务议案。

提出改良风俗议案。

提出严禁异端议案。

提出处置游民议案。

议员蔡允升提出禁止游民议案。

议员傅寿康提出改良社会议案。

议员邱璧提出请禁溺女议案。

议员黄钟、曾秀章提出拟禁淫亵书画议案。

议员黎思位提出请定缠足罚则议案。

提出请禁官吏张罗议案。

提出请发赈捐部照议案。

议员段方祁提出请立公估议案。

议员李隅提出振兴渔业议案。

议员刘景熙提出整顿林业议案。

议员罗桢提出变通铺捐议案。

议员李耀宗提出变通帖捐议案。

议员邱璧提出变通清节育婴办法议案。

提出改良《官纸专卖章程》议案。

议员孙振渭提出修改《船会章程》议案。

提出优待选民议案。

议员黎景淑提出更改《膏土牌照章程》议案。

议员谢联珏提出请设立公费局议案。

议员冷开运提出请立文钱合益会议案。

议员谢大光提出新政筹款议案。

议员周述、董德渊、黄念鑫提出请筹还挪款以维公益议案。

提出分札防营联合团练议案。

提出请严拿掠卖人口要犯议案。

议员高玉松提出自治经费及要义议案。

议员叶润藜提出自治经费宜归绅管议案。

议员蔡允升提出查荒产以推广地方经费议案。

议员李隅提出通水道以利农商议案。

议员曾秀章、黄钟提出设圩堤以防水患议案。

议员蔡允升提出筑圩堤以安民命议案。

提出整顿船埠以安行旅议案。

议员张柱提出广信舠子船埠议案。

议员蔡允升提出提浮费以襄公益议案。

提出察灾情以纾民困议案。

议员周扬烈提出本局宜先定办事次第以起民信议案。

议员孙振渭提出筹备本局闭会后事宜议案。

提出拟调查财政以为下次会期之预备议案。

议员孙桂芳提出本局议员旅费议案。

议员江云提出铁路议案。

议员孙振渭提出改良南浔铁路办法议案。

议员饶正音提出反对孙振渭改良南浔铁路办法议案。

议员黄鸿烈、张履福提出反对孙振渭改良南浔铁路办法议案。

议员徐凤钧三十七人提出反对孙振渭改良南浔铁路办法议案。

议员孙振渭提出设宣讲练习所议案。

议员饶正音提出广设宣讲所议案。

议员傅寿康提出起草宣讲所议案。

议员文龢提出限制米谷出口议案。

议员吴宝田提出反对文龢限制米谷出口议案。

以上已经提议议决案共一百零五件。

议员高玉松提出补救财政困难议案。

提出补救州县困难议案。

议员蔡世培提出扩充中学堂学额议案。

议员周述、黄念鑫、董德渊提出请以小学堂款改办中学议案。

议员欧阳勷提出拟添设工科选科大学议案。

议员周述提出请拨纸税办公议案。

议员杨怀芳提出丁漕征银十一州县改良议案。

议员王明德提出征收改良补救州县困难议案。

提出拟建谘议局于旧有之镇署议案。

议员（扬）〔杨〕世鼎、陈寯提出化私为公议案。

以上已经提议未决案共十件。

地方自治团体及人民陈请建议事件：

广丰俞乃干等请议邑令纵犯讹索案。

请议捕署教贼诬攀案。

安远唐承任等请议版石司袁锡璋劣迹案。

万安廖清湘等请议给领淮引津贴案。

龙泉梁世淮等请议给领官盐水脚案。

玉山徐士楷请议推行《救命章程》案。

教育总会会长请议筹备总会经费案。

请议统一学堂监督权限案。

请议省视学改由地方选举案。

请议调查学务公所款项案。

德化蔡公时请议无辜击毙余发程案。

泰和欧阳辅请议税局违章勒索案。

以上已经提议议决作为建议案共十二件。

木商吉顺达等请议派员稽查各卡案。

安远唐承任等请议丁漕抑勒洋价案。

请议命案相验需索案。

请议考取陆军舞弊案。

龙泉李倬云等请议县令违法虐民案。

德兴董学濂等请议会馆基地案。

贵溪詹家谟等请议严禁窝盗案。

鄱阳刘树桂等请议并劝业场归农会办理案。

请议办水业试验场案。

义宁王梦扬等请议振兴茶业案。

广昌自治会请议免房铺捐及加税契银案。

女子公学干事员请议筹款补助案。

宜黄合邑绅民请议革除征收补水案。

瑞昌朱云冕等请议裁减糜费及演戏案。

请议裁减胥差陋规案。

请议杜绝罚款中饱案。

请议邀免局卡重收案。

新建刘海龙等请议书差强索案。

贵溪徐楷请议保存乡村积谷案。

宜黄章朝乾请议张寿鼎纵兵扰民案。

丰城邬之田等请议惩办族恶案。

弋阳吴清夻请议诉讼项下弊政案。

玉山陈序球请议征收勒索案。

抚州郑权等请议委员借捐苛扰案。

安福王仁照等请议惩恶清产案。

以上已经提议议决作为废弃案共二十五件。

附呈议员各修正案意见书。

计开：

王宝光修正普及教育议案意见书。

李隅修正普及教育议案意见书。

戴书云修正普及教育议案意见书。

汪龙光修正普及教育议案意见书。

董道修修正普及教育议案意见书。

熊元锽修正普及教育议案意见书。

杨世鼎修正普及教育议案意见书。

袁宗濂修正普及教育议案意见书。

饶正音修正普及教育议案意见书。

叶润藜修正普及教育议案意见书。

谢联珏修正普及教育议案意见书。

饶熙春修正普及教育议案意见书。

陈瀛修正普及教育方案意见书。

江云修正普及教育议案意见书。

陈焘修正普及教育议案意见书。

黎思位修正普及教育议案意见书。

唐阜昌修正普及教育议案意见书。

黄念鑫修正普及教育议案意见书。

刘郁修正普及教育议案意见书。

巫占春修正普及教育议案意见书。

董德渊修正普及教育议案意见书。

黄鸿烈修正普及教育议案意见书。

古廷松修正普及教育议案意见书。

叶栋材修正普及教育议案意见书。

谢大光修正普及教育议案意见书。

王仁煦修正普及教育议案意见书。

罗桢修正普及教育议案意见书。

周述修正普及教育议案意见书。

谢联珏修正普及教育议案意见书。

吴宝田修正普及教育议案意见书。

杨世鼎修正普及教育议案意见书。

周扬烈修正普及教育议案意见书。

詹联芳修正普及教育议案意见书。

谢宝德修正普及教育议案意见书。

段方祁修正普及教育议案意见书。

黄立大修正普及教育议案意见书。

欧阳勷修正普及教育议案意见书。

杨存基修正普及教育议案意见书。

傅学璟修正普及教育议案意见书。

蔡世培修正普及教育议案意见书。

吴士材、吴树枏修正普及教育议案意见书。

叶鑫修正普及教育议案意见书。

高玉松修正普及教育议案意见书。

王仁煦修正普及教育议案意见书。

黄象熙修正普及教育议案意见书。

谢济沂修正普及教育议案意见书。

吴宝田修正普及教育议案意见书。

张履福修正普及教育议案意见书。

罗志清、李耀宗、聂传曾、刘芳蕃修正普及教育议案意见书。

黄兰芳修正普及教育议案意见书。

请印小学课本减价出售议案意见书：

周述、黄念鑫、董德渊请多购《私塾改良章程》及初等教科书以培教材议案意见书。

提祠产以助教育经费议案意见书。

黄大埙奖励兴学议案六条意见书。

高玉松推广小学办法议案意见书。

孙振渭请奖塾师议案意见书。

筹备学款议案意见书。

冷开运请奖族学议案意见书。

养成教材议案意见书。

曾秀章拟简易识字学塾之教员议案意见书。

闵荷生教育经费酌加串捐议案意见书。

刘景熙女学议案意见书。

王宝光修正提倡实业议案意见书。

冷开运请立实业公所议案意见书。

闵荷生实业注重种麻议案意见书。

高玉松修正提倡实业议案意见书。

李隅修正提倡实业议案意见书。

董道修修正提倡实业议案意见书。

熊元锽修正提倡实业议案意见书。

饶绍唐修正提倡实业议案意见书。

黄立大修正提倡实业议案意见书。

黄兰芳修正提倡实业议案意见书。

段方祁修正提倡实业议案意见书。

傅学璟修正提倡实业议案意见书。

杨存基修正提倡实业议案意见书。

吴宝田修正提倡实业议案意见书。

黄念鑫修正提倡实业议案意见书。

欧阳勷修正提倡实业议案意见书。

蔡世培、陈瀛修正提倡实业议案意见书。

谢宝德修正提倡实业议案意见书。

王宝光修正调查公产议案意见书。

刘郁修正调查公产议案意见书。

傅学璟修正调查公产议案意见书。

饶绍唐修正调查公产议案意见书。

张柱修正调查公产议案意见书。

黄钟修正调查公产议案意见书。

李隅修正调查公产议案意见书。

叶润藜修正调查公产议案意见书。

董道修修正调查公产议案意见书。

叶栋材修正调查公产议案意见书。

段方祁修正调查公产议案意见书。

杨存基修正调查公产议案意见书。

冷开运修正调查公产议案意见书。

黄兰芳、秦镜中修正调查公产议案意见书。

闵荷生公产须谋利息议案意见书。

黄兰芳修正调查公产内积谷议案意见书。

王宝光修正规复地利议案意见书。

李隅修正规复地利议案意见书。

董道修修正规复地利议案意见书。

熊元锽修正规复地利议案意见书。

饶绍唐修正规复地利议案意见书。

谢增龄修正规复地利议案意见书。

杨存基修正规复地利议案意见书。

吴宝田修正规复地利议案意见书。

江云修正规复地利议案意见书。

张拜扬修正规复地利议案意见书。

黄念鑫请开禁招垦议案意见书。

黄念鑫、周述、董道修请奖励开垦及农会以期推广议案意见书。

王宝光修正烟害议案议案意见书。

杨怀芳修正烟害议案意见书。

饶熙春修正烟害议案意见书。

谢大光修正烟害议案意见书。

叶栋材修正烟害议案意见书。

饶正音修正烟害议案意见书。

杨世鼎修正烟害议案意见书。

曾沂春修正烟害议案意见书。

谢增龄修正烟害议案意见书。

欧阳勷修正烟害议案意见书。

黄钟修正烟害议案意见书。

孙桂芳修正烟害议案意见书。

谢联珏修正烟害议案意见书。

叶润藜修正烟害议案意见书。

李隅修正烟害议案意见书。

熊元锽修正烟害议案意见书。

陈瀛、蔡世培修正烟害议案意见书。

黄鸿烈、罗桢、张履福修正烟害议案意见书。

冷开运修正烟害议案意见书。

范葆廉修正烟害议案意见书。

段方祁修正烟害议案意见书。

杨存基修正烟害议案意见书。

张柱修正烟害议案意见书。

饶绍唐修正烟害议案意见书。

吴树枏修正烟害议案意见书。

吴士材修正烟害议案意见书。

杨守洛修正烟害议案意见书。

谢济沂修正烟害议案意见书。

吴宝田修正烟害议案意见书。

蔡允升修正烟害议案意见书。

王宝光修正械斗议案意见书。

曾秀章修正械斗议案意见书。

谢大光修正械斗议案意见书。

叶栋材修正械斗议案意见书。

刘郁修正械斗议案意见书。

叶润藜修正械斗议案意见书。

饶正音修正械斗议案意见书。

李隅修正械斗议案意见书。

陈瀛、蔡世培修正械斗议案意见书。

欧阳勷修正械斗议案意见书。

冷开运修正械斗议案意见书。

段方祁修正械斗议案意见书。

杨存基修正械斗议案意见书。

钟子荣修正械斗议案意见书。

饶绍唐修正械斗议案意见书。

杨世鼎修正械斗议案意见书。

吴士材修正械斗议案意见书。

杨守洛修正械斗议案意见书。

吴宝田修正械斗议案意见书。

蔡允升修正械斗议案意见书。

董道修立乡约以息械斗议案意见书。

临江全体议员两县交界械斗地方官不得推诿袒护议案意见书。

王宝光修正赌博议案意见书。

饶熙春修正赌博议案意见书。

谢大光修正赌博议案意见书。

□□□修正赌博议案意见书。

欧阳勦修正赌博议案意见书。

叶栋材修正赌博议案意见书。

饶正音修正赌博议案意见书。

杨世鼎修正赌博议案意见书。

谢联珏修正赌博议案意见书。

叶润藜修正赌博议案意见书。

李隅修正赌博议案意见书。

熊元锽修正赌博议案意见书。

陈瀛、蔡世培修正赌博议案意见书。

冷开运修正赌博议案意见书。

范葆廉修正赌博议案意见书。

饶绍唐修正赌博议案意见书。

段方祁修正赌博议案意见书。

杨存基修正赌博议案意见书。

张柱修正赌博议案意见书。

吴树枏修正赌博议案意见书。

吴士材修正赌博议案意见书。

杨守洛修正赌博议案意见书。

吴宝田修正赌博议案意见书。

蔡允升修正赌博议案意见书。

曾秀章修正赌博议案意见书。

王宝光修正胥差议案意见书。

谢大光修正胥差议案意见书。

杨怀芳修正胥差议案意见书。

叶栋材修正胥差议案意见书。

欧阳勷修正胥差议案意见书。

戴书云修正胥差议案意见书。

刘郁修正胥差议案意见书。

叶润藜修正胥差议案意见书。

董道修修正胥差议案意见书。

李隅修正胥差议案意见书。

陈瀛、蔡世培修正胥差议案意见书。

冷开运修正胥差议案意见书。

范葆廉修正胥差议案意见书。

杨存基修正胥差议案意见书。

谢联珏修正胥差议案意见书。

唐阜昌修正胥差议案意见书。

饶绍唐修正胥差议案意见书。

黄兰芳修正胥差议案意见书。

江云修正胥差议案意见书。

吴树枏修正胥差议案意见书。

吴士材修正胥差议案意见书。

杨守洛修正胥差议案意见书。

谢济沂修正胥差议案意见书。

黄钟修正胥差议案意见书。

蔡允升修正胥差议案意见书。

傅学璟修正胥差议案意见书。

黎思位请立三费局以杜胥差骚扰议案意见书。

黄念鑫、周述、董德渊请传案不派亲兵差役宜分远近给费议案意见书。

黄立大胥差改良议案意见书。

周扬烈规定词讼胥差费用议案意见书。
高玉松胥差宜定川费议案意见书。
黄念鑫胥差内户书图差积弊议案意见书。
袁宗濂革除催差裁票苛勒议案意见书。
罗铨革胥差之弊议案意见书。
蔡世培完纳国课宜归画一议案意见书。
王宝光信丰征收抑勒洋价户书浮收议案意见书。
巫占春本省税法宜改良征收议案意见书。
黄象熙丁漕宜妥筹办法议案意见书。
周扬烈征收丁漕银钱画一议案意见书。
刘芳蕃、李耀宗、聂传曾、罗志清临江征收铜元补水银元抑价议案意见书。
饶正音征收丁漕改良方法议案意见书。
闵荷生丁漕通用铜元不得抑勒洋价议案意见书。
郭志仁收漕通用铜元官票不得抑勒洋价议案意见书。
李隅征收丁漕不得抑索洋元议案意见书。
缓征漕粮不得任意出入议案意见书。
丁漕串票不得由差垫缴议案意见书。
张柱三人丁漕请一律征钱议案意见书。
邱璧丁漕征银征钱比较表
王明德现在征解比较
刘郁修正本省税法议案意见书。
张柱修正本省税法议案意见书。
欧阳勷修正本省税法议案意见书。
叶润藜修正本省税法议案意见书。
熊元锽修正本省税法议案意见书。
黎思位修正本省税法议案意见书。
吴宝田修正本省税法议案意见书。
王仁煦修正税法议案意见书。
唐阜昌修正税法议案意见书。

孙振渭修正税法议案意见书。

罗桢修正税法议案意见书。

饶熙春修正税法议案意见书。

陈瀛修正国课议案意见书。

饶绍唐征收丁漕议案意见书。

萧辉锦修正丁漕议案意见书。

滕诚修正丁漕议案意见书。

黄钟修正丁漕议案意见书。

蔡世培修正丁漕议案意见书。

郭志仁修正丁漕议案意见书。

蔡允升修正丁漕议案意见书。

请定税章以纾民困议案意见书。

李隅修正乡镇警察议案意见书。

叶润藜修正乡镇警察议案意见书。

蔡允升修正乡镇警察议案意见书。

黄兰芳请警察归教练所专办节费以添警兵议案意见书。

王宝光城镇警察拟裁亲兵约保以补警军议案意见书。

黄兰芳实行裁撤门签稿议案意见书。

请裁撤代书议案意见书。

谢联珏请裁减门丁亲兵议案意见书。

王宝光州县收受书办陋规书办因得包揽词讼议案意见书。

门丁揽权需索传呈规礼议案意见书。

罗桢里胥架户宜严惩议案意见书。

杨守洛四人税粮书差积弊议案意见书。

戴书云请通饬各州县革除户库典规议案意见书。

黄念鑫、周述、董德渊防营补入壮丁议案意见书。

高玉松补救州县困难宜查杂款议案意见书。

孙振渭请宣布串捐数目议案意见书。

古廷松长宁积谷议案意见书。

秦镜中慈善事业内之粥厂经费议案意见书。

饶熙春慈善事业内救婴议案意见书。

黄念鑫、周述、董德渊请禁赌场烟馆并分别惩罚窃犯议案意见书。

蔡允升赌博内州县夫站议案意见书。

黄立大禁戏以清赌源议案意见书。

孙振渭修正辅助禁烟议案意见书。

谢联珏修正印花税则议案意见书。

聂传曾、刘芳蕃请缓办印花税则议案意见书。

修正乡镇警察议案意见书。

修正调查户口议案意见书。

修正治匪议案意见书。

李耀宗修正治匪议案意见书。

蔡允升修正辅助禁烟议案意见书。

修正劝化械斗议案意见书。

修正调和民教议案意见书。

修正治匪议案意见书。

修正实行演说议案意见书。

修正调查户口议案意见书。

黄兰芳自治期限及经费议案意见书。

以上共二百九十一件，均交各类审查会报告后在会议决。

吴树枏修正饶正音整顿学务议案意见书。

黄兰芳修正吴士材、吴树枏普及教育议案意见书。

饶正音修正吴士材、吴树枏普及教育议案意见书。

蔡允升修正周述等保全良农议案意见书。

修正周述等禁止掠卖人口议案意见书。

修正周述等分扎防营议案意见书。

王明德修正周述等保全良农议案意见书。

修正周述等禁止掠卖人口议案意见书。

修正周述等分扎防营议案意见书。

李隅修正周扬烈规定胥差费用议案意见书。

孙桂芳修正周扬烈规定胥差费用议案意见书。

叶栋材修正高玉松自治除弊议案意见书。

蔡允升修正黄钟禁卖淫亵书画议案意见书。

修正冷开运文钱合益会议案意见书。

修正谢联珏设公费局议案意见书。

修正李耀宗帖捐议案意见书。

修正叶润藜自治经费归绅管理议案意见书。

修正黎思位缠足罚则议案意见书。

聂传曾、刘芳蕃修正黎思位缠足罚则议案意见书。

孙振渭修正《船会章程》意见书。

修正乡镇警察意见书。

黄兰芳修正调查公产报告书安义仓地案意见书。

黄钟修正调查公产报告书万年崇文堂案意见书。

邹国璋修正法律审查会报告书禁卖赌具案意见书。

修正法律审查会报告书禁赌花会案意见书。

修正法律审查会报告书窝赌房屋充公及丁差包庇案意见书。

黄兰芳修正法律审查会报告书赌博案意见书。

饶正音修正法律审查会报告书赌博案意见书。

刘芳蕃、聂传曾修正法律审查会报告书窝赌房屋充公案意见书。

蔡允升修正法律审查会报告书赌博案意见书。

修正法律审查会报告书烟害案意见书。

修正财政审查会报告书变通税契章程案意见书。

以上共三十二件，均经在会提议议决。

江西谘议局宣统二年临时会议事录

江西谘议局第二年度临时会议事录

本届议员席次查照本局《议事细则》第九十三条临时会之议员席次依前会所签定

十月二十日午后一时开会。

到会议员九十一人。

本日应行会议之议题：

宣布抚部院函准召集文。

提议预算案分股审查并抽签定各股人数。

谢议长主席报告宣布抚部院函准召集文。

附录原函：

敬覆者。奉示祗悉。本省为预算案开临时会，应照来函办法先行召集各议员，于本月二十日开会，所有日前贵局呈报各件已催饬审查，即日答覆。专此。

敬请

台安！

主席报告提议预算案分股审查并抽签定各股人数请讨论公决。

讨论终局，公决抽签分配三股如左：

审查民政股员三十二人：

吴承志　易奋庸　曾秀章　周扬烈　贺赞元
熊元锽　孙桂芳　邹凌沅　聂传曾　唐阜昌
罗　桢　杨存基　张履福　程远大　谢增龄
傅寿康　巫寿春　吴士材　梁凤歧　廖光墀
黎景淑　郭志仁　王宝光　谢大光　邱　璧
吴宝田　董道修　叶栋材　李元复　叶润藜
朱寿慈　饶正音

审查教育股员三十二人：

郭回澜　黄以虚　傅学璟　黄　钟　杨怀芳
余仲田　古廷松　秦镜中　吴树枬　叶　鑫
修思永　黄立大　张德舆　王显谟　邹安孟
戴书云　段方祁　谢联珏　蔡世培　陈　瀛
严祖光　张　柱　徐舜举　蔡如璋　谢济沂
李耀宗　刘芳蕃　罗志清　袁宗濂　冷开运
黎思位　刘　郁

审查实业股员二十六人：

黄鸿烈　饶绍唐　陈永懋　张寄沂　郭炳谟
杨守洛　赵效献　高玉松　黄兰芳　黄念鑫
徐凤钧　孙振渭　罗　铨　饶熙春　周焕奎
蔡允升　谢宝德　李　隅　王仁煦　曾沂春
潘学明　董德渊　曾纪良　欧阳勷　陈　焘
王明德

六时三十分散会。

议　长：谢远涵
书记长：宋名璋

二十一日午后一时开预算各股审查会。

二十二日午后一时开预算各股审查会。

二十三日午后一时开预算各股审查会。

二十四日午后一时开预算各股审查会。

二十五日午后一时开预算各股审查会。

二十六日星期休会。

二十七（目）〔日〕午后一时开预算各股审查会。

二十八日午后一时开预算各股审查会。

二十九日午后一时开预算各股审查会。

三十日午后一时开预算各股审查会。

十一月初一日午后一时开会。
到会议员八十五人。
本日应行会议之议题：
宣布抚部院批覆本局呈报议决本省税法案。
宣布抚部院批覆本局呈报议决四十一厅州县征收违法案。
宣布抚部院批覆本局呈报议决删改《税契章程》案。
宣布抚部院照覆本局呈报议决胥差案。
宣布抚部院发交劝业道详请覆议裁撤兴国县农工商矿兼保甲稽查学务局案。
宣布预算实业股审查报告书。

谢议长主席报告宣布抚部院批覆本局呈报议决本省税法案暨四十一厅州县征收违法案，请讨论公决。

讨论终局，七十七号动议，一面覆议，一面呈请资政院核办，双方进行似较完密。

用起立表决法，多数起立，可决七十七号动议。并分别公推起草员起草。

主席报告宣布抚部院批覆本局呈报议决删改《税契章程》案，请讨论公决。

讨论终局，四十七号动议，税契之弊最多，应仍执前议，将全部章程增删修改为是。

用起立表决法，多数起立，可决四十七号动议。并公推起草员起草。

主席报告宣布抚部院照覆本局呈报议决胥差案，请讨论公决。

讨论终局，用起立表决法，多数起立，公决不执前议。

主席报告宣布抚部院发交劝业道详请覆议裁撤兴国县农工商矿兼保甲稽查学务局案，请讨论公决。

讨论终局，用起立表决法，多数起立，公决不执前议。

主席报告宣布预算实业股审查报告书，请讨论公决。

讨论终局，用起立表决法，多数起立，公决先开审议会公同审议，以昭慎重。

主席报告本日散会时已届，应散会，拟于初二日开审议会，请公决。

多数赞成。

六时四十分散会。

议　长：谢远涵

书记长：宋名璋

初二日午后一时开审议会。

初三日午后一时开审议会。

初四日午后一时开审议会。

初五日午后一时开审议会。

初六日午后一时开审议会。

初七日午后一时开审议会。

初八日午后一时开会。

到会议员八十三人。

本日应行会议之议题：

宣布请议审查会提出请议试办本省地方公债促成南浔路工案。

宣布起草员草定呈请资政院核办案。

宣布起草员草定覆议上届呈报税法案。

宣布起草员草定修订本省《税契章程》案。

谢议长因本日议案自愿与于讨论之列，请副议长主席。

黄副议长代理主席报告宣布请议审查会提出请议试办本省地方公债促成南浔路工案，请讨论公决。

讨论终局，用投票表决法，在场投票议员六十二人，书可字者三十八票，多数，可决本案。

主席报告本案既经可决，仍应连同《公债章程》交审查会审查，请公决。

多数赞成，交审查会。

主席报告宣布起草员草定呈请资政院核办案、草定覆议上届呈报税法案、草定修订本省《税契章程》案，请讨论公决。

讨论终局，用起立表决法，多数起立，可决起草三案。

六时四十分散会。

副议长：黄大埙

书记长：宋名璋

初九日午后一时开会。

到会议员八十二人。

本日应行会议之议题：

议决抚部院交议本省预算案。

谢议长主席报告宣布民政股审查抚部院交议本省预算案报告书，请讨论公决。

讨论终局，用起立表决法，多数起立，逐条表决如左：

经常门

第一款　公决仍照本局呈报预算表册，以免前后两歧。

第二款

第一项

第一目至第六目　公决照减。

第七目　公决应加说明。

第八目　公决照原。

第二项

第一目、第二目　公决照减。

第三项

第一目　公决照原。

第二目　公决照减。

第四项　公决照原。

第五项　公决照减。

第三款

第一项、第二项　公决注明此款并无岁入，应不列册。

第四款　公决注明查庐山警察经费在庐山地租项下拨用，元年地租有一万余两，此次岁入册内漏列，应请补列岁入册。

第五款

第一项

第一目至第三目　公决照减。

第四目　公决杂役照原，惟修械士减月薪二两。

第二项

第一目　公决照减。

第二目　公决服装银加一两，每名六两。

第三项　公决照原。

第四项　公决照减。附说取消。

第六款

第一项

第一目、第二目　公决照减。

第三目　公决照原。

第四目　公决照减。

第五目　公决照原。

第二项　公决照元年支给口粮，仍以十三月计算。

第三项　公决照原。

第七款

第一项　公决照原表全数改拨贫民习艺所。

第二项　公决照原。

第三项　公决不裁，即将此款附入养济院

第五项　公决添设收养残废所。

第六项至第八项　公决均照报告书。

第八款　公决概照元年开支。

第九款　公决均照报告书。

临时门

第一款　公决研究所长列入第二款内开支，应减去此项薪水，又科员酌减二人。

第二款　公决支销尚有余款，所长薪水无庸另拨。

第三款　公决仍照经常门第四款注明。

第四款　公决照原。

第五款　公决照原。

主席报告民政预算余款四万有奇，应如何支配，请讨论公决。

讨论终局，七十七号动议，应摊还各县补助巡警经费。

用起立表决法，多数起立，可决七十七号动议。

六时四十分休息，七时二十分续会。

谢议长主席，报告宣布教育股审查抚部院交议本省预算案报告书，请讨论公决。

讨论终局，用起立表决法，多数起立，逐条表决如左：

经常门

第一款　公决各学堂管理员薪水八折开支，教员仍旧，高等学堂连同模范中学共款四万五千余两。

第二款　因人数不满半额，未决。

九时散会。

议　长：谢远涵

书记长：宋名璋

初十日午前九时开会

到会议员七十七人

本日应行会议之议题：

续决抚部院交议本省预算案

宣布法律审查会报告书

谢议长主席报告宣布教育股审查抚部院交议本省预算案报告书，第二款以下请继续讨论公决：

第二款、第三款　公决归并。

第四款　公决既经归并，毋庸置议。

第六款　公决照原。

第七款、第八款　公决均已停办，毋庸置议。

第九款　公决照增。

第十款、第十一款　公决提高等班各生归并三堂，拨银二千两，仍由提学司办理。

第十二款　公决照原。

第十三款　公决费由各官捐廉，毋庸列册。

第十四款　公决官绅一体优待。

第十五款　公决已遵部电裁并，毋庸置议。

第十六款　公决照原。

第十七款　公决由各州县自行筹办，毋庸列册。

第十八款　公决说明内二十三府县改为二十二州县。

临时门

第一款　公决已裁，毋庸置议。

第二款　公决酌给经费一千两，归并教育会继续办理，并补助单级教授费二千六百两。

第三款　公决改为补助豫章学堂经费三千两。

第四款

第一项　公决增拨银一万两为补助费。

第二项　公决遵照部裁。

第五款　公决照原。

筹备经费第一款至第四款　公决暂缓开办。

第五款　公决开办。

主席报告教育预算余款应如何支配，请讨论公决。

讨论终局，一号动议，余款应分拨补助各州县教育经费。

用起立表决法，多数起立，可决一号动议。

主席报告实业股审查　抚部院交议本省预算案报告书，请讨论公决。

讨论终局，用起立表决法，多数起立，逐条表决如左：

第一款、第二款　公决农会独立酌拨经费六百两。

第三款　公决遵照部裁。

第四款　公决三、四两项取消。

第五款　公决遵照部裁。

第六款　公决毋庸列目。

官业类各款　公决全裁。

筹办经费

第一款　公决裁经费七千一百两，改良办法。

第二款　公决缓办。

第三款　公决取消。

第四款　公决缓办。

第五款　公决取消。

主席报告实业预算余款应如何支配，请讨论公决。

讨论终局，四号动议，余款应仿照民政、教育两股办法，分派各州县补助农务分会经费。

用起立表决法，多数起立，可决四号动议。

主席报告宣布法律审查会审查试办本省地方公债促成南浔路工案报告书，请逐条讨论公决：

第一条

讨论终局，用起立表决法，多数起立，可决审查会报告。

第二条

讨论终局，一号动议，自应将旧章作废句拟增六字，自应将“江西南浔铁路”旧章作废。

用起立表决法，多数起立，可决一号动议。

第三条、第四条、第五条

讨论终局，用起立表决法，多数起立，可决审查会报告。

第六条

讨论终局，百二号动议，拟改为自公债募到之日起，应立一限期，确定南浔铁路何时可以一律告竣，如逾期尚未竣工，即另行选举总协理。

用起立表决法，多数起立，可决百二号动议。

第七条、第八条、第九条

讨论终局，用起立表决法，多数起立，可决审查会报告。

主席报告《公债章程》应否修改，请讨论公决。

讨论终局，用起立表决法，多数起立，可决原章，毋庸修改。

投票公举假定铁路总协理如左：

总理二人：毛庆蕃　谢希铨

协理四人：邹安孟　朱　琨　彭家骐　张祖笏

七时散会。

议　长：谢远涵

书记长：宋名璋

江西谘议局各项规则

江西谘议局议事细则目录

第一章　议事时间　一条至四条
第二章　议事日表　五条至八条
第三章　议事之豫备
第一节　通则　九条至十条
第二节　审议会　十一条至二十五条
第三节　审查会　二十六条至四十八条
第四章　议事之方法
第一节　提议　四十九条至五十三条
第二节　读会　五十四条至六十三条
第三节　讨论　六十四条至七十四条

第四节　修正　七十五条至七十八条

第五节　表决　七十九条至八十六条

第五章　议事录及速记录

第一节　议事录　八十七条至八十九条

第二节　速记录　九十条至九十二条

第六章　议场秩序　九十三条至一百三条

第七章　警察　一百四条至一百十条

第八章　常驻议员之协议　一百十一条至一百二十二条

江西谘议局议事细则

第一章　议事时间

第一条　凡议事每日以午后一时起，议长临席报告一切，然后宣告开议。

第二条　议事日表所载议事毕，由议长宣告散会，议事虽未毕，如已过午后六时，议长非认为紧急议事必应展延会议时刻者，亦得宣告散会。

第三条　到会议员不满《谘议局章程》第三十五条之定数时，议长得使展延其开议时刻，如延至两次仍不满定数者，可宣告散会。

第四条　议长未宣告开议以前及既宣告开会以后，议员均不得就议题发言。

第二章　议事日表

第五条　凡谘议局应议事件，应由议长将其次序及开议时日编定议事日表，登载于官报，并先期通知各议员。

第六条　议事日表所豫定某议案之会议时刻已至，而他项议尚未能即时终结者，议长得暂时中止他项议事，使就该议案而先议之。

第七条　虽议事日表载有应议事件之日，因其他紧急事件，经议员五人以上提议或议长自认为应尽先开议者，得由议员公决变更议事日表。

第八条　就议事日表所预定本日应议件不能开议或议事未能终结者，议长当重定日表，通知各议员并登载于官报。

第三章　议事之豫备

第一节　通　则

第九条　谘议局为议事实际上慎重详密起见，得组织审议会及各类审查会，以为开议之豫备。

第十条　议员在审议会、审查员在审查会时，对于同一事件，得数次发言。

第二节　审议会

第十一条　审议会以全局议员之会议行之。

第十二条　审议会应举审议长一人，于谘议局每会期开会之始，由议员用无记名投票法互选之，得过半数者为当选人，但经谘议局之议决，亦得以最多数者当选。议长、副议长不在前项被选之列。

第十三条　审议会由议长或议员十人以上提议，经谘议局之议决，当即时开会，如议决后未即开会者，应由议长预定开会日期载入议事日表。

第十四条　审议会非有议员三分之一以上到会不得开议。

第十五条　审议会之议事以到会议员之过半数决之可否，同数则从审议长所决定之。

第十六条　开审议会时，议长应退席就议员席次。

审议长之席以书记长之席充之。书记长之职务由书记代行之。

第十七条　审议长整理审议会之议事，保持秩序。

第十八条　审议长有事故时，以第一类审查长代行其职务，第一类审查长亦有事故时，顺次以第二类审查长代行之。

第十九条　审议会临时之提议有二人以上之赞成者，即可作为议题。

第二十条　审议会开议时禁止旁听。

第二十一条　审议会如欲自与于发议之列，应指定代理者一人，使临审议长之席，而自退入议员席次，未经表决以前不得复席。

第二十二条　审议会议事毕，审议长应请议长复席以审议之，结果报告于谘议局。

第二十三条　审议会之议事尚未终结而已过午后六时，审议长不得自行宣告散会，应请议长复席，以当日审议之情形报告于谘议局。

前项报告发生之时，议长应重定开审议会日期，载入议事日表。

第二十四条　审议会如有不能议决之事件，审议长应退席而请议长复席，以其事件报告于谘议局。

第二十五条　审议会如有违背《谘议局章程》及本细则，紊乱议场之秩序者，议长得不待审议长之请，自行就席以停止审议会。

第三节　审查会

第二十六条　谘议局于每次会期之始，应组织各类审查会。凡本省督抚提出之议案及谘议局发生必要之事项，应先交审查会审查之。

第二十七条　审查会之分类如左：

第一类　财政审查会，掌审查本省之预算、决算案及与本省预算、决算有关系之财政案。

第二类　法律审查会，掌审查本省督抚提出之法律案及谘议局提出之法律案。

第三类　请议审查会，掌关于本省自治团体或人民陈请建议事件，审查其格式及内容分别应行提议与否，报告于谘议局，如审查会已决为无须提议者，一星期内无议员十人以上之异议，其报告即应为确定。凡自治团体非由代表者署名盖用该会图记，人民非有议员介绍并载明陈请人之姓名、年岁、籍贯、住址，盖用图章者，其陈请建议之事件概不交于审查会。

第四类　议员资格审查会，掌审查关于议员资格之事件。凡议员对于他议员之资格有异议时，应具声明书二通叙述原委及证据，署名盖章，提出于议长。议长以其一通交于审查会，以一通送交被告之议员，使于一定日期内作答辩书，经由议长付之审查会，限以时日，使审查之。如被告议员无故逾期不答者，审查会得自以审查之结果报告议长。

第五类　惩罚审查会，掌关于惩罚事犯发生时，受议长之委任从事审查，经由谘议局议决而宣告之。

第二十八条　各类审查会应设审查员额如左：

一、财政审查员：十九人。

二、法律审查员：九人。

三、请议审查员：十三人。

四、议员资格审查员：七人。

五、惩罚审查员：五人。

第二十九条　前条审查员由议员以无名连记法互选之，得票最多数者为当选人。议长、副议长、审议长不在本条被选之列。

第三十条　审查员之一人，得同时被选为两类审查员，但不得充任两类之审查长及理事。

第三十一条　凡被选为审查员者非有正当之事由，不得辞职。

第三十二条　各类审查会应各设审查长一人，整理审查会之议事，保持其秩序。

第三十三条　各类审查会应各设理事一人，掌审查会议事录及其他文件。审查长有事故时并代行其职务。

第三十四条　审查长及理事由各类审查员用无名投票法互选之，得票最多数者为当选人。

第三十五条　各类审查会之审查员为常任审查员，如谘议局公认为必须审查之特种事件发生时，得视其审查事件之繁简，酌设特别审查员若干人，开特别审查会，本细则第二十九条及前条之规定，特别审查会亦适用之。

第三十六条　关于两类以上应行协议审查之事件，得开特别联合审查会，以审议长为临时主席。

第三十七条　凡审查会开会日期未经谘议局指定者，由审查长定之。

第三十八条　审查会不得于谘议局会议时间内开之，但得谘议局之许可则不在此限。

第三十九条　审查会非有审查员半数以上到会不得开议。

第四十条　审查会开议时，除议员外，禁止旁听。但由审查会之议决认为必须秘密者，亦得谢绝议员之旁听。

第四十一条　审查会之议事，以到会审查员之过半数决之可否，同数从审查长所决。在特别联合审查会时，则审议长决之。

第四十二条　审查会为审查确实起见，得请议长向各官署调取关于审查事件之文件。

第四十三条　审查会开会时，议员对于审查事件如有意见者，得谘议局之许可亦可到会陈述。

第四十四条　议员有求阅审查会之议事录及其他文件者，限于不生审查上之障碍得许可之，但不得携出谘议局外。

第四十五条　每一审查事件毕时，审查会当作报告书送交与议长。

第四十六条　审查会之报告书除议长特认为秘密者外，应以印刷分送通知各议员。

第四十七条　谘议局得酌定期限，使审查会为审查之报告书。如审查会无故迟延，谘议局得另行选任该类审查员。

第四十八条　审查会议事录由审查长及理事署名，于其职务完毕后，连同各种应用文件，除应行送还官署及原有主者外，悉交由办事处保存之。

第四章　议事之方法

第一节　提　议

第四十九条　议员提议事件，应草具议案说明理由，并须有五人以上之赞成者连同署名，交由议长印送通知各议员。

第五十条　议员于请议审查会报告应行提议之事件以外提出建议案，或提议谘议局之章程第二十六条之事件者，均照前条办理。

第五十一条　议员提议《谘议局章程》第二十七条之事件，须有二十人以上之赞成者，方可列为议题。

第五十二条　议员提议《谘议局章程》第二十八条之事件，须有十人以上赞成者，方可列为议题。

第五十三条　议员在议场上临时提出意见者，除本细则特定赞成人数之事项外，须有一人以上之赞成者，方列可列为议题。

第二节　读　会

第五十四条　凡关于法律之议案，必经三读会以议决之。

第五十五条　第一读会于议长将议案分送各议员后隔二日行之。

第五十六条　第一读会由书记将议案朗读后，凡提出该议案之议员及督抚或督抚所派员，得辩明其意旨，如议员对于该议案有疑义者，得要求提出该议案之议员及督抚或督抚所派员说明之。议长得以便宜省略议案之朗读。

第五十七条　凡督抚提出之议案，谘议局按照前条办理后，应交审查会审查之，待其报告就该议案之大体付之讨论，议决应否开第二读会。

凡议员提出之议案，照前条办理后，由到会议员就该议案讨论，议决应否开第二读会。如有议员二人以上提议，经到会议员公决应交审查会者，照前项办理。已经谘议局议决不开第二读会者，该议案即以废弃论。

第五十八条　第二读会于第一读会完毕后隔二日行之。但议长得询诸到会议员公决，缩短日期或与第一读会同日举行。

第五十九条　第二读会由书记将议案逐条朗读，公决可否。

议长得以便宜省略议案之朗读，或变更逐条决议之顺序。

第六十条　第二读会之终，谘议局得以便宜将议案交由审查会，整理关于修正之条项及字句。

第六十一条　第三读会于第二读会完毕后隔二日开之。但议长得询诸到会议员公决，缩短日期或与第二读会同日举行。

第六十二条　第三读会当将议案全体之可否议决之。

第六十三条　第三读会除更正文字外，不得提议修正，但发现议案中前后窒碍之处及与现行法窒碍事项提议必须修正者，不在此限。

第三节　讨　论

第六十四条　议员欲就议事日表所载之议题发表意见者，得于会议开始之前，预以自己姓名及反对或赞成之意通告书记。

第六十五条　书记受前条之通告时，当依其先后之次序，编列发言表送之议长。议长于讨论之始，按照发言表先反对者，次赞成者，交互指名令其发言。已被指名而不应者，失通告之效。

第六十六条　未经通告之议员，非俟发言表上所列议员发言已毕，不得请求发言。

第六十七条　已通告赞成者之议员，虽发言未毕，而反对者发言已毕时，未经通告之反对者，得临时起立，告议长以自己之姓名，得其许可而后发言。其赞成者发言已毕，而未通告之赞成者，欲求发言时亦如之。

第六十八条　二人以上起立请发言时，议长以认为先起立者使之发言。同时起立则依议长所指定之。

第六十九条　凡发言必登演坛，但极简短之发言及得议长之特许者，不在此限。

第七十条　凡讨论不得涉于议题以外。

第七十一条　讨论时不得以一人对于同一议题发言至二次以上，但左列各项不在此限：

一、质疑或应答者。

二、辩明自己所提议之案之意旨者。

三、审查会之报告人为辩明其报告之意旨者。

四、督抚或督抚所派员辩明交议或批答事件之意旨者。

五、议员被人对其资格生异议时，或被人告有惩罚事犯时，为辩明其事实及缘由者。

第七十二条　议长对于某议题欲自与于讨论之列，应于讨论开始之前预为通告，使副议长届时入议长席，而自退居议员席次，以待发言。

第七十三条　议长既与于讨论，非至该议题表决以后，不得复归议长席。

第七十四条　议长确认发言之人已尽，即宣告讨论完毕。虽发言之人尚未尽，而有议员五人以上要求议长宣告讨论完毕者，议长得询诸到会议员公决之。

第四节　修　正

第七十五条　议员对于应议之议案提议修正者，应适用四十九条之规定。

第七十六条　修正案议决之顺序应先于原案。议员提出之修正案，应先于审查会提出之修正案而议决之。

第七十七条　议员已经提议之修正案，非得谘议局允许不得撤回。如谘议局已允许撤回，而同时有他议员欲使该修正案继续成立者，依于四十九条之规定，得仍向议长提出之。

第七十八条　修正案、原案俱不得过半数之赞成时，经谘议局议决为不可废弃者，得设特别审查员，使就于该案审查而会议之。

第五节　表　决

第七十九条　凡表决之际，由议长先将应行取决可否之问题宣告，议员经议长宣告以后，无论何人不得再就议题发言。

第八十条　凡表决之际，非现在议场之议员不得预于表决之数。

第八十一条　凡表决之际，应将议场出入之处暂行关闭。

第八十二条　表决之际，议长应令赞成者起立，计算其多少之数，宣告可否之结果。如多少数不能明确，或三人以上之议员对于议长之宣告提出异议者，议长即命书记按照议员席顺次唱名，再令赞成者起立，登记其数，以决可否。

第八十三条　议长认为必要之时，或有议员五人以上之要求，得不用起立表决法，而以记名投票法行表决。

第八十四条　行记名投票时，赞成者用红色票，反对者用白色票，各书自己姓名，由议长命书记按照议员席顺次唱名，令本人投入投票匭。

第八十五条　投票表决之结果经议长宣告认为并无错误者，议员不得提出异议。

第八十六条　议员自己已行之表决，不得请求更正。

第五章　议事录及速记录

第一节　议事录

第八十七条　议事录应载左列各事项：

一、关于谘议局成立及开会、闭会之事项，并其年月时日。

二、开议展延、中止及散会之月日时。

三、每会议员到会人数。

四、督抚及所派员到会者之姓名。

五、议长或审议长及审查会报告之件。

六、应行会议之议题。

七、临时提议之议题并提议及赞成者之姓名。

八、决议之事件。

九、表决可否之数。

十、谘议局认为必要之事项。

第八十八条　议员对于议事录所载事实有异议时，议长可使书记长答辩。如议员仍有异议，或不服议长之处置，议长得令谘议局公决之。

第八十九条　议事录应由议长或代理之副议长并书记长或代理之书记署名盖章。

第二节　速记录

第九十条　速记录将议事时一切言论悉速记之。

第九十一条　发言之议员得于速记录通告之当日午后八时以前要求订正字句，但以议长所许可者为限，且不得变更发言时之意旨。

第九十二条　依《谘议局章程》第四十二条，认为应行秘密之议事，其速记录不得为通告，当由书记长保存之。

第六章　议事秩序

第九十三条　谘议局每会期开会之始，由议长命书记长以抽签法定各议员之席次，并附以号数。议员入议场时，应按照签定之号次入席。临时会之议员席次，依前会所签定。

第九十四条　议员入议场，除行开会式、闭会式应冠服外，一律便服马褂，不得作奇异服装及一切不整洁、不雅观之衣履。

第九十五条　凡雨具、洋伞、茶壶及冬天之风帽、斗篷等物，不得携入议场。

第九十六条　议场内勿吸烟，勿食果点，勿阅读不关于参考需用之书籍及报纸。

第九十七条　议事时无论何人不得哗笑或发赞成、反对之声妨碍他人之演说及议案之朗读。

第九十八条　凡议场上有紊乱秩序者，议员得随时声请议长注意。

第九十九条　议长鸣警铃时，无论何人皆宜静默。

第一百条　谘议局开议后，凡到会议员非俟宣告散会时，不得任意退出议场。

第一百一条　议员会议时，如有违背《谘议局章程》及本细则，或紊乱议场秩序者，议长除照《谘议局章程》第四十三条执行外，得依据本细则第二十七条五项之规定，交由谘议局议决其应否照《谘议局章程》第五十八条至六十条办理。

第一百二条　凡议员因有事故不能于会议时到会者，应具理由书定日数，向议长请假。其因疾病或其他不得已事故，未经请假而不到会者，应补具理由书报告议长得其承认。如请假时未经议长许可，或事后未得议长之承认而阙席于谘议局者，以无故不到会论。

关于议员请假及会议时到会时刻，得于《谘议局章程》及本细则范围以内另行公订规约互守之。

第一百三条　凡关于秩序问题，由议长决之，但议长得询诸谘议局公决之。

第七章　警　察

第一百四条　谘议局应设守卫及巡警，受议长之指挥，执行谘议局内部之警察权。

第一百五条　谘议局除自行雇用守卫外，得于每会期开会之始，先期酌定巡警名数，呈请抚院饬派，由谘议局编制之。

第一百六条　谘议局因事务之必要，得设置守卫长一人，受议长之指挥，统率守卫及巡警。

第一百七条　守卫掌议场内之警察事务，巡警掌议场外之警察事务，但受议长临时命令，巡警亦得入议场以内。

第一百八条　谘议局内之灯火、扫除等事，由守卫督率之。

第一百九条　谘议局开会时，凡纠察旁听席、查验旁听券、指导旁听人等职务，统由守卫掌理。

第一百十条　谘议局闭会后，一切关于巡警职务均归守卫掌理。

第八章　常驻议员之协议

第一百十一条　常驻议员依谘议局章程第十二条之规定，得开协议会。

第一百十二条　协议会开会时，除由议长主席外，副议长同列于议决之数，议长有事故时，副议长代之。

第一百十三条　协议会非常驻议员三分之二以上到会，不得开议。

第一百十四条　常驻议员在协议会对于同一事件，得数次发言。

第一百十五条　本细则第七十二条、七十三条之规定，协议会得适用之。

第一百十六条　协议会之议事禁止旁听，但经协议会认许者，不在此限。

第一百十七条　协议会之议事，以到会常驻议员之过半数决之可否，同数则取决于议长。

第一百十八条　协议会得为议决之事件，限于左之各项：

一、不列于应由谘议局议决之事件。

二、谘议局议决事件之范围内一切细则及疑问。

三、应由谘议局议决之事件，而因临时急施不及召集临时会者。

第一百十九条　协议会认为关系重要当召集开会议决者，依《谘议局章程》第三十三条之规定，得联名陈请召集临时会而议决之。

第一百二十条　协议会得为决议之结果，应照谘议局章程第十二条办理。

第一百二十一条　谘议局议决可行及不可行事件，已经呈候督抚公布施行或请更正，督抚于会期内并未交令覆议者，常驻议员于认为必要时，得以协议会之议决，分别呈请照章施行或更正。

第一百二十二条　协议会之议事录及速记录由议长署名、盖章，并其他文件交由办事处保存之。

江西谘议局办事细则

第一章　总　则

第一条　本处照章设置书记长一人、书记四人，选请抚院委派。

第二条　本处办事人员照章均受议长、副议长之监理。

第三条　本处应办各事，除按照议事细则准备外，悉以本细则规定之。

第四条　本处办事分五课：一、总务课；二、议事课；三、文牍课；四、庶务课；五、会计课。

第五条　本处办事人员各分职守，其遇特别事件发生须共同办理者，听议长、副议长临时酌定。

第六条　书记长、书记主任各课之职务，由议长、副议长分配之。

第七条　书记长任保管本局关防之责。

第八条　书记长除受议长、副议长之指挥监督主任其事外，有稽察其他各课之责。

第九条　书记除受议长、副议长之指挥监督分任各课事务外，须受书记长之稽察。

第十条　书记长如有事故暂离职守，应请由议长指定某课书记兼代。各课书记如有事故暂离职守，由书记长商定他课书记兼代。

第十一条　书记以下需用员役，得由书记长商请议长、副议长酌量委用。

第十二条　书记长、书记对于本处应办各事，有每日按照定时会同核议之责。

第十三条　议会特别文件，不由议会另举起草员者，统由书记长撰拟，或由书记长指交某课书记撰拟，稿成后经书记长审定，呈议长、副议长核用。

第十四条　本处设书到簿，各员亲自签名，并注明到处、离处钟点。

第十五条　本处办事人员除例假外，有不得已事故请假者，须由议长、副议长酌量允行。

第十六条　闭会后本处照常办事，即逢例假日，亦须轮值到处。

第十七条　本处例假如左列日期：

甲、星期。

乙、节假。端午、中秋各一日。

丙、暑假及年假。期限视办事经验随时酌定。

丁、万寿日。

第十八条　本处如有重要事件须继续办理者，得临时停止休假。

第二章　总务课

第十九条　总务课以书记长任之，职掌如左列事务：

甲、关于议员之缺席、请假、辞职及请求补缺、选举之事项。

乙、关于编制议事日表之事项。

丙、关于建议书及议决议案类之配送事项。

丁、编制议员名籍及谘议局要览之事项。

戊、谘议局内部选举之事项。

己、各种报告之事项。

庚、其他不属于他课掌管之事项。

第三章　议事课

第二十条　议事课以书记一人任之，有准备审实保存之责，职掌如左列事务：

甲、关于常年会及临时会会议之事项。

乙、关于应议事件预行通知各议员之事项。

丙、关于议案提出读会之事项。

丁、关于议员发言列表之事项。

戊、关于编制议事录及速记录之事项。速记尚无专门人员，只能记录简单之语。至长篇演说，由各演说员自录副稿，交本课汇集编成议事录及速记录。

己、关于编制议会先例汇纂及各省会议记事摘要之事项。

庚、关于议事时应行回避之事项。

第四章　文牍课

第二十一条　文牍课以书记一人任之，有分别收发保存之责，职掌如左列事务：

甲、关于一切文件、函牍起草及各种记录之事项。

乙、关于议员资格异议告发书、答辩书收受、交付之事项。

丙、关于编制谘议局日志之事项。

丁、关于惩罚记录之事项。

第五章　庶务课

第二十二条　庶务课以书记一人任之，职掌如左列事务：

甲、关于公文书类接收、配送之事项。

乙、关于各课所需物品先时供给之事项。

丙、保管图书、记录及新闻杂志之事项。

丁、关于员役雇用、进退赏罚之事项。

戊、关于印刷文件及投票纸、旁听券等制备、分付之事项。

己、关于本局应行各种礼式预先布置之事项。

庚、掌管本局人员名簿、书到簿、请假簿。

第六章　会计课

第二十三条　会计课以书记一人任之，主收支款项，整理保存帐籍，职掌如左列事务：

甲、具领谘议局经费之事项。

乙、关于议员旅费、公费、薪金支送之事项。

丙、关于购办应用器物之事项。

丁、预备编制本局豫算、决算之事项。

戊、关于保管谘议局房屋器具之事项。

第七章　附　则

第二十四条　本处办事人员如有不能遵守规则者，得由议长、副议长辞退，另选人员请抚院委派。

第二十五条　本细则未尽事宜，视办事经验随时由书记长酌改，具草请议会核定。在闭会时则由议长核定，俟次期开会时报告。

江西谘议局旁听规则

第一条　旁听席分官员席、外宾席、报馆记者席及公众席四种。

第二条　凡官员旁听，应由各该官厅知会本局，书记长承议长之指挥，限其员数，照送旁听券。凡受本国聘用之洋员，不经领事介绍，由所隶属之官厅知会者，一律入官员旁听席。

第三条　凡外宾旁听，应由督抚或本省外交官知会本局，书记长承议长之指挥，限其员数，照送旁听券。

第四条　公众旁听，由议员介绍之。

书记长承议长之指挥，预定公众旁听之员数，分送旁听券于各议员。凡由议员介绍之来宾，一律入公众旁听席。

第五条　凡开设本省各埠之日报馆，应由书记长承议长之指挥，分送报馆记者旁听券。每报馆以一人为限，其不在本省之报馆，亦欲派人旁听者，应俟该报馆之通知，照送旁听券。

第六条　本局暂赁民房，舍宇狭隘，旁听座限于地小，除行政长官、行政委员外，仅能设官员旁听席座、外宾席座、报馆记者席座、公众席座，无外宾时承议长之指挥，可借外宾席为公众席。

第七条　凡议事开始之后过一小时，各旁听席仍有空位者，书记长得因议员之介绍，承议长之指挥，临时发给旁听券。

第八条　旁听人应以旁听券交守卫验明，依守卫指示之所入席。

第九条　凡入旁听席者应遵左列各项之规定：

一、不得携带雨具、洋伞或风帽、斗篷、水旱烟具等物入席。

二、不得在旁听席饮食、吸烟。

三、不得对于议员之言论表示可否。

四、不得谈笑妨碍议事。

第十条　凡携带凶器及酒醉者，不得入旁听席。

第十一条　凡旁听人，无论何等事由，不得阑入议场。

第十二条　旁听人已经入席以后，如经谘议局按照《谘议局章程》决议禁旁听时，应由议长宣告，即令全体旁听人退出。

第十三条　凡旁听人有妨害议场秩序者，议长得令其退出，遇有必须送交巡警者，得令守卫执行之。旁听席如有骚扰情事，守卫不能禁止时，议长得令全体旁听人一律退出旁听席。

江西谘议局议员请假规约

第一条　本规约以全体议员之同意定之，凡关于到会时刻及请假手续悉订明之。

第二条　凡会议及审议会、各类审查会开会之日，议员、审查员应于开会前十分钟一律齐集本会。

第三条　议员在会期内，除停会及休会日期外，不得无故缺席。

第【四】条　议员非有左列事由不得缺席：

一、请假。

二、被交于资格审查会之议员。

三、被交于惩罚审查会之议员。

四、照《谘议局章程》第三十八条，应行回避之议员。

第五条　前条二、三、四项应行回避之议员，为辩明及答问时，亦可到会，但不得列于议决之数。

第六条　议员因公务或疾病及其他不得已事故，三日内不能到会者，当具请假书叙述理由，注明日数，报告于议长。

第七条　因前条之事故一星期内不能到会者，当具请假书叙述理由，注明日数，请求议长之许可，未受许可者不得缺席。

第八条　请假至一星期以上者，议长应以所受请假书之理由及日数，询诸谘议局而许可之。

第九条　议员不得以无关紧要之事项为请假之要求。

第十条　请假书不叙明理由及无期限者，谘议局不得许可之。

第十一条　谘议局如认为无须请假之事项，其请假书应为无效，无效之请假不得继续提出。

第十二条　已满请假之日数而仍有事故或疾病不能到会者，须再以理由及日数，具续假书于谘议局，得其许可。

第十三条　议员不以正当之理由具请假或续假书于议长或谘议局者，当会议或审议会或各类审查会开会时，不得缺席。

第十四条　因临时事变，不及具请假书或续假书者，当于三日内以其日数及理由补具之，请议长或谘议局之承认。

第十五条　得请假之许可离谘议局所在地者，当以其出发及返归之日期报告于议长。

第十六条　议员离谘议局所在地而假期已满者，其续假书之有效期间，应以议员所在地酌定之。

第十七条　未得请假之许可及事后之承认而缺席于谘议局者，以无故不到会论。

第十八条　凡无故不到会引续至十日以上者，应查照《谘议局章程》第五十九条办理。

第十九条　议员在一会期内，除大故、重病及谘议局公认为特别紧要事件外，请假毋得逾十日。

第二十条　已得请假许可之议员，在请假期限内如仍到会者，则失请假之效力。

江西谘议局惩罚细则

第一条　本细则依于《谘议局章程》第十一条范围内定之。

第二条　依《谘议局章程》所规定之罚则，分为二种：

一、停止到会。以十日为限，以议长、副议长之同意行之。

二、除名。以到会议员全体之决议行之。

第三条　应行停止到会之惩罚事件：

甲、屡违局章被止发议者。

乙、语言行止谬妄者。

丙、以谘议局之名义干预局外之事者。

第四条　应行除名之惩罚事件：

甲、议员无故不赴常年会之召集者。

乙、在会期内无故不到会，引续至十日以上者。

丙、前条之事件而情节重者。

第五条　议员在会中有惩罚事犯时，除应照《谘议局章程》第四十三条先行处分外，议长当付惩罚审查会使审查之。

第六条　议员以十人以上之赞成得为惩罚之提议，但当于惩罚事犯发生后三日为之。

第七条　审议会及各类审查会有惩罚事犯时，审议长或审查长得报告于议长，请其处分。

第八条　审议长及各类审查长不认为惩罚事犯时，议员、审查员有十人以上之同意，仍可向谘议局为惩罚之提议。

第九条　关于惩罚之议事用秘密会议。

第十条　议员对于自己惩罚事件之会议，不得列席，但经议长之许可得自行辩明，或托他议员代为辩明。

第十一条　惩罚审查会因审查之必要，得请由议长召问本人或有关系之议员。

第十二条　被停止到会者如系审查员，即作为已经解职者。

第十三条　被停止到会者在停止期内，如入议场，议长得立命其退出。不从命者，除行必要之处分外，可再付之惩罚审查会。

第十四条　谘议局既议决惩罚，议长当在公开议场宣告之。

江西谘议局支发公费、旅费细则

第一条　本局公费经抚部院定明数目于左：

议长每月一百五十两。

副议长每人每月一百二十两。

常驻议员每人每月五十两。

第二条　议长、副议长、常驻议员之公费，自当选之日起支发。

第三条　副议长递补为议长者，其副议长公费支发至补议长之前一日止。

第四条　常驻议员互选补为副议长者，其常驻议员公费支发至补副议长之前一日止。

第五条　递补为常驻议员者，其常驻议员公费自其补缺到局之日起支发。

第六条　议长、副议长、常驻议员退职或辞职及被除名者，其公费支发至该事件确定之日止。

第七条　奏请解散谘议局时，其议长、副议长、常驻议员公费支发至解散之日止，并得受归里之旅费。

第八条　被选为资政院议员者，其公费或旅居费支发至当选确定之日止。

第九条　议员旅费，应分别旅行费、旅居费而支发之。

第十条　旅行费不问当选区在何地，从其本籍县城所在地起，每次按《通志》里数，百里银一两五钱，五十里七钱五分，五十里以内者以五十里计，五十里以外者以百里计，百里以外者以此递推。

第十一条　住居于谘议局所在地者，无论为何处议员，不支旅行费，但已赴复选区投票而当选者，仍得支给之。

第十二条　来省旅行费，于开会后二十日内支发。归里旅行费，于闭会后二日以内支发。

第十三条　议长、副议长于一任期内，得支来省及归里旅行费一次。

第十四条　常驻议员于本会期得支来省旅行费一次。任满后，于次会期得支归里旅行费。

第十五条　旅居费从各召集之日后，以实在到省之日起算。

第十六条　旅居费之计算法，以每日银二两四钱之数支发之，但未开会以前，得减半支发。

第十七条　议长、副议长、常驻议员，不支旅居费。

第十八条　旅居费分二次，其前半额于开会后二十日内支发，后半额于闭会后二日以内支发。

第十九条　依《谘议局请假规约》所定，以无故不到会论者，除照《谘议局章程》第五十九条办理外，应计其日数扣除旅居费或公费。

第二十条　议长、副议长、常驻议员无故不到局引续至三十日以上者，应计其日数扣除公费。

第二十一条　不赴召集之议员，不问其事故如何，不得受旅行费及旅居费。

第二十二条　临时会之旅行费、旅居费，得照本细则计算支发。

江西谘议局守卫简章

第一章　守卫之组织

第一条　本局照章应设守卫一部，以执行本局内部之警察权。

第二条　本局设置守卫长一人，以外国警察毕业及本国高等巡警毕业生充之。

第三条　本局现设置守卫【部】长一人、守卫四人，以巡警教练所毕业生充之，认为不足时再行推广。

第二章　守卫人员之委任

第四条　守卫长由议长委任。

第五条　守卫部长及守卫由守卫长承议长之命令选择派充。

第三章　守卫职权之规定

第六条　守卫长承议长、副议长之命令，有指挥监督其下之守卫部长及守卫之权。

第七条　守卫长承议长、副议长之命令，于本局内部，有指挥督率其下，实行左记各项之职务：

一、对于清洁保持上，守卫有督率本局杂役勤于打扫之职务。

二、对于火灾豫防上，守卫有督率本局杂役人等随时小心谨慎之职务。

三、对于卫生保持上，守卫有暗行查察厨丁茶水夫人等情状作为报告之职务，但不准当面诘责。

四、对于盗窃豫防上，守卫有随时查察防患未然之职务。

五、对于秩序维持上，守卫有禁止泥醉者、疯癫者及一切闲杂人等无故闯入本局及不准携带凶器、戎器者入局之职务。

六、于开会时间内，守卫有纠察旁听席、查验旁听券、指导旁听人等职务。

七、本局闭会后，一切关于巡警之事，守卫有全部掌理之职务。

第八条　守卫部长除关于第七条所列职务受守卫长之指挥督率外，遇守卫有事故或请假时，应兼充守卫一部分之职务。

第九条　守卫除在会场执行职务外，应在本局门首轮流值班。

第四章　守卫薪饷之规定

第十条　守卫长一人月支薪水、伙食库平银拾五两正。

第十一条　守卫部长一人月支薪饷库平银六两正。

第十二条　守卫四人薪饷分三等：上等库平银五两贰钱；中等库平银四两八钱；三等库平银四两四钱。

第五章　赏　罚

第十三条　关于左记各项者，酌量给赏：

一、当差满三月毫无过犯者记常功一次，满六月者记大功一次。记常功一次赏银六钱，记常过一次罚饷六钱，记大功一次赏银一两二钱，记大过一次罚饷亦如之。

一、当差满一年毫无过犯者，酌量给奖或拔升。

一、当差满二年毫无过犯者，酌量加倍给奖或拔升。

一、拿获会场豫备犯或现行犯确有证据者，酌量加重给奖或即行拔升。

一、遇有火警先行扑灭或已发而极力救灭者，临时酌量奖赏。

一、拿获窃盗（诬）〔证〕据确凭者，临时酌量奖赏。

第十四条　关于左记各项者，酌量处罚：

一、当差疲玩者，酌量记过。

一、私出局不请假者，酌量记过。

一、行为不正有污损名誉者，革除或重罚。

一、屡诫不悛者，降等或革除。

第十五条　本章赏罚除年终考成及遇异常之功另行给奖外，其余记常功、大功、常过、大过，皆须两相抵消，不另支公款。

江西谘议局互选资政院议员详细规则

第一节　互选日期

第一条　照章应以十月十一日为互选之期。今届，本省因会期延长，呈请抚部院电咨资政院得覆遵改于十月二十三日举行。

第二节　互选资格

第二条　互选选举人及被选举人，照章均以本局议员为限。

第三节　互选额数

第三条　本省资政院议员定额六人，照章应加一倍选举，互选额数当定为十二人。

第四节　互选场所

第四条　照章应在本局内，即就议场布置一切。

第五节　办理互选人员

第五条　互选监督，照章以抚部院任之。

第六条　互选监察员，照章由互选监督亲莅监察。

第七条　互选管理员，照章由本局办事处职员任之，应定员额如左：

投票签名处：二员。

管匭：一员。

开票唱名：二员。

开票记数：四员。

第六节　投　票

第八条　投票纸由本局制备，盖用关防，先期一日发给，各互选人亲自领取，每人以一纸为限。

第九条　互选投票照章用记名连记法，每票连书十二人姓名于上，并于票尾由互选人自署姓名。

第十条　互选人照章应亲赴投票所，自行投票。

第十一条　互选人因疾病或其他事故，照章得就互选人内委托一人代行投票，惟仍须由本人如式亲书票纸，再行密封，另于封面署名画押，连同委托凭证送至受托人。该受托人将密封及委托凭证，临时向互选监督呈验讫，然后代投。受托人代投者，每人以一票为限。

第十二条　投票所应预设互选人投票簿，载明互选人姓名、年岁。

第十三条　互选人应于二十三日午前九时，齐集本局，鱼贯由投票入口入投票所，签名于投票簿后，当互选监督前投票毕，由投票出口至休憩处。受托代投者除照第十一条办理外，应先以委托凭证示签名处，一律签名于投票簿。

第十四条　互选监督认为投票完毕之时，得将投票匦加封标记，暂时休憩。

第七节　开　票

第十五条　当日午后一时，互选监督亲莅开票所，互选人均入参观席。

第十六条　坐定后，由管理员当互选监督前揭封启匦，取出票纸，点对签名之投票簿无误，报明实到投票人数，折半规定当选票额，然后唱名。

第十七条　唱名时，由记数员于黑板及记数簿上各自登记，其计数之式，满五票即书一“正”字。

第十八条　开票完毕后，记数员将黑板上之数与计数簿核对，取其及额者，以票数多寡排列先后，报告当选人名。票数相同者，以年岁之长幼定先后，年同则抽签定之。

第八节　决　选

第十九条　报告当选人名毕，如未足额，当于次日行决选法。

第二十条　决选法应就未足额之人数，取得票次多数者，加倍开列于决选榜，并当场发决选票，交参观之互选人亲领。未列参观者，应尽于次日投票时限以前报明补发。

第二十一条　决选票每票照未足额之人数，就决选榜所开列人名内选举之。

第二十二条　决选时，投票、开票方法均照互选时办理。

第二十三条　一次决选仍不足额，则照前式数次决选，以足额为止。

第九节　候补当选

第二十四条　得票及格以额满见遗者，仍依其票数之多寡排列先后，一律作为候补当选人。票数同者，照第十八条第二项办理。

第十节　选　定

第二十五条　互选管理员，照章应于十日以内造具当选人名册及候补当选人名册，连同票纸呈送互选监督覆加选定。

第二十六条　互选监督，照章将前列当选人覆加选定为资政院议员，榜示投票所。

第二十七条　列名在后之当选人，遇本省选出之资政院议员缺额时，应开列在候补当选人之先，由互选监督按照前列姓名覆加选定补充。

第十一节　辞　选

第二十八条　不愿应选者，照章得于榜示后三日以内，呈明互选监督，自行辞退。

江西谘议局宣统二年临时会呈报议决案

呈覆议决本省岁出入预算事件议案由

为呈覆事。宣统二年七月十一日奉抚部院照会发交财政门甲项提议本省岁出入预算事件议案，当经遵照局章第三十四条，刷印原件预行通知各议员在案。查议案内开，本省试办宣统三年预算，入款共六百六十余万，出款共九百六十余万，就已有之款、已办之事核计，不敷银二百七十余万。其宣统三年应行筹办各事，据各署局表（删）〔册〕尚须另筹银二百九十余万两，大部虽饬令出入相权，收支适合，奈本省入款短少，其原因略有数端。本省赋税均系征钱，近年银贵钱贱，各处易银解库，亏耗无形，此入款短少之原因一。州县以征不敷解，行政费更须赔贴，因之亏短交代，此入款短少之原因二。湖北岁拨土药税七十万，自实行禁烟后，前已逐年减拨，今竟全停，此入款短少之原因三。各项捐输岁收数十万，自本年捐项加成，捐生裹足，预计恐岁入不及十万，此入款短少之原因四。至出款如派解陵工经费、海军经费、军咨处经费等项，为新增解款，万不容缓，即筹办各项新政经费，亦年有增加。查奉颁预算册式，于出款分列国家行政经费、地方行政经费两门，综计本省现在地方行政经费之支用库款者共六十七万余金。查《清理财政章程》第二十条，各省预算属于地方行政经费者，由部奏交督抚送谘议局议决，并将预算全册送供参考；又查第十五条，谘议局于地方行政经费范围内，视为应增新税时，呈请督抚核定奏咨办理。等语。本省预算自应遵照定章公同核议，诸君子廑念梓桑，同膺担负，必能兼筹并顾，以裨时艰，闳论谠议，固本部院所乐闻焉。预算册候大部核覆后补送。等因。奉此，嗣于本年常年会期内，叠由清理财政局移到地方行政经费表册及养、东各电，布政使司移到藩、粮两库试办宣统三年预算报告分册，抚部院发交清理财政局呈送预算比较表册、总册等项到局。惟事体重大，条目纷繁，计各项表册齐全到局之日，已届常年会闭会之期，是以本局于十月十八日援照局章第三十三条之规定，呈请抚部院召集临时会，自十月二十日起至十一月初十日止，以便议决预算。旋奉批准在案。当将奉交各表册于临时会期内提议，分股审查，遵照资政院咸电答复各节，就地方行政经费经常、临时两门内，逐款公同决议。其筹备经费册内所开各款，皆属应办要政，除将中等工业学堂、女子蚕业讲习所等项，分别移入经常、临时两门外，其余事繁费巨无可腾挪，能否于岁出总册内移缓就急，应请抚部院统合筹画，以期收支适合，非本局所敢擅议。总计民政费经常门，议决应支银壹拾捌万伍千陆百贰拾壹两捌钱捌分壹厘，较原册减银肆万贰千一百一十两零一钱零二厘。民政费临时门，议决应支银一万零三百四十两零四钱四分陆厘，较原册减银一万三千三百三十九两八钱。教育费经常门，议决应支银一十陆万八千九百三十一两八钱零二厘，较原册减银七万八千四百九十四两九钱。教育费临时门，议决应支银一十万零四千四百七十四两，较原册减银五千零〈零〉四两陆钱。实业费经常门，议决应支银一万八千二百五十八两七钱五分八厘，较原册减银九千零二十一两零四分二厘，连官业支出项下减银四万三千三百五十四两，共减银五万二千三百七十五两零四分二厘。查资政院咸电内开，各省本年预算岁入既未画分，则议决岁出宜以督抚现交预算案之数为准，此中移缓就急，酌盈剂虚，自属谘议局分内之事。等语。本局为全省代表舆论机关，缓急盈虚，自应就全省而通计，所有此次议减各款，民政类经常、临时两门，所减之五万五千四百四十九两九钱零二厘，应匀拨各属为补助巡警教练所及改良巡警经费，教育类经常、临时两门，所减之八万三千四百九十九两五钱，应匀拨各属为补助教育经费，实业经常门及官业支出项下，所减之五万二千三百七十五两零四分二厘，应匀拨各属为补助农务分会经费，统由司库动支。各属得此补助，以之经营地方要政，于宪政前途裨益实非浅鲜。所有本届临时会期内议决本省岁出入预算缘由，除将议决款目仍分民政、教育、实业三类，经常、临时两门，另册开呈，并呈报资政院外，理合备文呈请抚部院察核施行。须至呈者。

计呈江西谘议局议决试办宣统三年地方行政经费预算清（删）〔册〕一本。

谨将江西谘议局议决试办宣统三年地方行政经费预算开具清册呈请鉴核。

计开：

地方行政经费经常门

第一类　民政费　一八五六二一．八八一。

第一款　谘议局经费　四五四九四．一。（说明）系照本局议决之数。

第二款　省城各区巡警经费　七六二一八．〇四四。

第一项　薪工　二三六〇〇．四〇八。

第一目　区官薪水　一〇二七〇。（说明）查元年正区官六员，每员月七十两；副区官十员，每员月三十两。三年正区官每员月加十两，副区官每员月加二十两。兹当经费支绌，议从缓加，仍照元年支给。潮王各洲仍添设正区官一员。

第二目　书记官薪水　一八二〇。（说明）查书记官七员，仍照元年每员月二十两开支，原表拟三年月加四两，应毋庸议。

第三目　巡官薪（永）〔水〕　三〇一六。（说明）查七正区二等巡官七员，每员月十六两，十副区三年加设三等巡官各一员，每员月十二两，自可照办。潮王洲一正区内，又加设三等巡官一员，应行裁去。

第四目　查户绅薪水　全删。（说明）已奉部咨裁撤，应毋庸议。

第五目　司书薪水　一一四四。（说明）查元年正区各三等司书生二人，每人月三两；副区各二等司书生一人，每人月五两。三年正区改用一人，月六两；副区各一人，每人月八两。兹定为正区各一人，月四两；副区各一人，月六两。潮王洲正区拟设二人，仍应减为一人，以从一律。

第六目　夫役工食　二二八八．五二。（说明）查原表每正区区官、书记、巡官各一员，而用区役、火夫各四名，未免太多，应减为区役、火夫各二名；潮王洲区役、火夫各六名，应减为各三名；副区各区役二名、火夫三名，应减为区役一名、火夫二名。役月三两，夫月二两八钱八分。

第七目　清道夫工食　仍照原册。（说明）查清道是自治范围以内之事，现在暂由巡警局经理，将来仍应责成自治会接办。

第八目　划丁工食　仍照原册。

第二项　饷乾　四四二二四．一二八。

第一目　饷银，四三五八七．六四八。（说明）查各区有巡长、巡警各分三等：一等巡长，月八两零六分四厘；二等巡长，月六两九钱一分二厘，正副区各一名；三等巡长，月五两七钱六分，正各二名，副各一名；一等巡警，月四两八钱九分六厘，正各四名，副各三名；三等巡警，月四两零三分二厘，正各三十四名，副各二十八名，均照原表；二等巡警，月四两三钱二分，原拟每区九名，可仍照元年，正副区（名）〔各〕设八名。潮王各洲新设警区，自属应办，但各洲民简易稽，可照正区例酌设巡长、巡警共五十人，所拟各区备补巡警月二两八钱八分，仍照元年例，不必设额。

第二目　马乾　六三六．四八。（说明）查原表每区设马一匹，月二两八钱八分，自应照办，惟潮王洲一区设马二匹，宜减一匹。

第三项　分遣所费　三三三八．四。

第一目　巡官薪水　仍照原册。

第二目　巡警饷银　二二四六．四。（说明）查旧设七城门分遣所，每门三等巡警四名，每名月四两零三分二厘，仍应照办。新设顺化、永和二城门外各一分遣所。原表顺化外三等巡长一名，一等巡警二名、二等二名、三等十名；永和外三等巡长一名，三等巡警八名。兹定为三等巡长顺化、永和各一名，三等巡警顺化八名、永和四名，足敷稽查。又新设抚院分遣所，原表三等巡长一名、三等巡警十名，查元年系由警卫队拨充，三年该队既增一百十七员名，仍应照旧拨用，毋庸另设。又新设工艺院、习艺所、法文学堂三分遣所，查元年系由该管区拨充，仍应照旧办理，不必另设。

第四项　路灯费　仍照原册。

第五项　杂费　二三二五．一〇八。

第一目　房租　一〇二〇．八一。（说明）查房租较元年多二百三十三两有奇，因原拟增潮王洲正区六分遣所计算，今定顺化、永和二门外各一分遣所，可以节减。然各区多设在公共房屋，似可毋庸租金。

第二目　杂用　一三〇四．二九八。（说明）查元年杂用一一六八．二七九，以十六区及七城门分遣所（七所约当一区）计之，每区匀支银六八．七二〇。三年加潮王洲一区，并设顺化、永和两门外分（遗）〔遣〕所（二所约当一区），酌加杂费一百三十六两，便可敷用。

第三款　外府州县警察经费　全删。

第一项　九江警察经费　全删。

第一目　警察经费　全删。（说明）查九江警务公所元年十二月报告册，多立名目，糜费不赀。嗣后应照本省新订《各府州县巡警章程》办理，凡定章所无之副所长、交涉员、医官、清道、稽查员、巡查、代长、差役等，应一律裁撤，约省千余两。

第二目　改拨经费　全删。（说明）此款查系九江善举项下改拨，岁入册无此收数，应不列册。

第二项　浮梁警察经费　全删。（说明）查各府州县警察均系就地筹款，似浮梁未便开支库款，且此项查系瓷捐充拨，岁入册无此收数，应不列册。

第四款　庐山警察经费　仍照原册。（说明）查庐山警察经费，在庐山地租项下拨用，元年地租有一万余两，此次岁册内漏列，应请补入。

第五款　高等巡警学堂经费　一二〇五一。

第一项　薪工　八七八八。

第一目　职员薪水　二二一〇。（说明）查该堂改正表，提调薪水月支银一百两，文案月薪六十两，庶务官月薪四十两，医官月薪四十两，以十三个月算，共银三三一〇，已照原表节减银三九〇，今拟提调减二〇，文案月薪太优，拟减三〇，庶务官减一〇，全堂学生一百二十名，不必专设医官，应与他学堂公订一名，每月给薪一〇，可减月薪三〇。总计以上各员，全年可再减银一一七〇，合该堂改正表，共减全年薪水一五六〇。

第二目　教员薪水　四六八〇。（说明）查该堂改正表，教员薪水共银五三三〇，较原表超过五二〇，今将各教员比较元年增加之薪水一概删除，可减银六五〇，除超过之数五二〇，实在减银一三〇。

第三目　司事薪水　六五〇。（说明）该堂（腾）〔誊〕印生四名，每名月薪八两，查系兼理检字刷印等事，学堂急需讲义之时，往往趋事不止四人，只领四名之工食，应照原表开支。惟司书生四名可减一名，月薪八两可减二两，以三名计，全年实支银二三四，可减银一八二。

第四目　各项薪工　一二四八。（说明）查该堂改正表，已将差弁护勇名目全裁，节省银二六〇。惟修械士月薪一二，可减二，全年共减二六。合该堂改正表，共减全年薪工二八六。

第二项　学生费　七二〇。

第一目，火食　全删。（说明）查该堂改正表，识要每学生一名缴膳银二〇，此目可不开支。

第二目，服装　七二〇。（说明）查该堂改正表，识要学生操衣从俭，改用竹布，节减银五〇八。兹拟略为限制，每学生一名约服装银六两，共银七二〇。合该堂改正表，共减银一〇四九。

第三项　购置　仍照原册。

第四项　杂费　二三二六。（说明）该堂杂费项下据改正表，共银二五二六，已节省银一〇八。惟查元年该堂报销册杂费项下，午、秋、年三节，门差、夫役节赏费六十千零七百零五文，此项节赏似不宜由公家开销，其余各目果能力求节省，可减银二〇〇。合该堂改正表，共减银三〇八。

第六款　巡警教练所经费　五五七七．四二。

第一项　薪工　二〇六二．二二。

第一目　职员薪水　六五〇。

第二目　教员薪水　一〇四〇。（说明）查该所职教各员，月薪均照原章加十两、二十两不等。虽添招学生二十名（原额一百名，现额一百二十名），究与另开一班有别，当此库储支绌，所有各员薪水似应照元年开支。计所长一名，警察正、副教员各一名，体操教员一名，可共减银七八〇。又体操副教员月薪二〇（查该所比较宣统元年，加班长月薪八两，则副教员可以不设），此项月薪拟全裁，可减二六〇。通共可减银一〇四〇。

第三目　班长薪水　仍照原册。

第四目　司书生（辛）〔薪〕工七八。（说明）查照各区二等司书生薪水，一律支给。

第五目　夫役工食　仍照原册。

第二项　学生费　二九九五．二。（说明）查该所元年表，学生口粮每名实银一．九二，拟仍照原章支给，月支银二三〇．四，全年十三月共银二九九五．二。

第三项　杂费　仍照原册。

第七款　善举经费　四〇七九八．〇二。

第一项　隆冬煮粥　仍照原册。（说明）查上年本局呈报调查公产案内，拟将此款移办贫民习艺所，奉抚部院批答，以所议系自治范围以内之事，现南、新城自治会已经成立，应移此款八八二〇，归该会照本局原议办理。

第二项　孤贫粮布　仍照原册。

第三项　收养残废　仍照原册。（说明）此款一一〇〇，应加入养济院经费内，饬该院添设一收养残废所。

第四、五、六、七项　均照原册。

第八项　救生渡船　五〇一四．三八。（说明）查此项细目及各处报销清册，共银五千零十四两三钱八分，则总数内浮开八百一十两，自应删去。

第八款　施医院经费　二四七八．二〇八。（说明）遵部电，照元年开支之数。

第九款　民政杂支　八五．五三七。

第一项　水龙经费　全删。（说明）查此项第一目臬司水龙二四四．四，此项已奉部电裁撤。第二目省三营水龙七八〇，似应归国家行政开支，且系消防队范围内事，可不另设。

第二项　冬防经费　全删

第三项　稽查经费　全删。（说明）查第二项六目、第三项二目，为数均不甚巨，但前奉部电开，警察成立无须另设，冬防、稽察名目二项，尽可全裁。

第四项　铜塘山巡费　全删。（说明）查此山自前抚部院刘奏请开垦后，田已升科，无须巡查，且各员除上饶巡检外，均住县治，而广信营间或派兵一二名前往巡山，亦皆领有饷糈，似可全数裁撤。

第五、六项　均照原册。

地方行政经费临时门

第一类　民政费　一〇三四〇．四四六。

第一款　地方自治筹办处经费　五七二〇．二。

第一项　薪工　四六二四．九四八。

第一目　委员薪水　三八三七．八。（说明）查自治筹办处内原设总办三员，不支薪水；会办二员，年共支银二九九五．二；研究所长、法制科长、文牍科长各一员，共支银二二四六．四；法制、文牍两科科员各三名，年共支银二八〇八；庶务科一名，年支银四六八。兹拟会办二员全裁，研究所长薪水应归自治研究所经费内，法制、文牍两科各裁科员一人，可共减银四六七九．八。

第二目至第四目　均照原册。

第二项　均照原册。

第三项　原表未列数。

第二款　自治研究所经费　二〇〇〇。（说明）查研究所经费，现经度支部酌裁七千六百两，自应照办。惟该所明年上学期毕业后撤销，兹复酌裁八百两，仍留二千两，尽可敷用。

第三款　九江庐山清丈局经费　一一八四．四八。

第一项　薪工　九七六．四八。

第一目　委员夫马　四四二。（说明）查坐办、帮办可并归一人，文案兼收支文案亦可归并，可节银二百六十两。

第二目、第三目　均照原册。

第二项　仍照原册。查庐山地租元年收入一万零三百余两，可作经常费。三年岁入自应列入册内，乃检查总册并无此款，应请补入。

第四款　防疫经费　仍照原册。

第五款　临时补助善举经费

第一项　拨上海防疫医院费　仍照原册。

地方行政经费经常门

第二类　教育费　一六八九三一．八〇二。

第一款　高等学堂经费　四五〇〇〇。（说明）查第一项第一目职员薪水，共七一七六，兹拟以八折支给，可减银一四三五．二；第二项第一目书籍、彝器，可减银一〇〇〇；第二目添置用器，可减银三〇〇；第三项第二目油烛茶炭，可减银二〇〇；第四目营建修缮，可减银四〇〇；第六目杂用，可减银三〇〇。惟三年拟添学生两班，应增银千余，再加预备费三〇〇〇，共计应支银四五〇〇〇。其表列模范中学经费，计银一三六六五，理应全删。至预备经费，非有必要之急需，不能动用，各学堂仿此。

第二款　优级师范学堂经费　二〇八七九．四。（说明）查第一项第一目职员薪水，以八折计算，可减银八九九．六。第二项第一目书籍、彝器，元年已置办银四千两，此目拟减二千两，另增预备费一千两。

第三款　初级师范学堂经费　四〇〇〇。（说明）初级师范学堂拟归并优级师范，为两级师范学堂，就初级师范学堂经费内提拨四千两，以为两级师范学堂预备费。

第四款　模范中学堂经费　全删。（说明）已并高等学堂款已敷用。

第五款　高等农业学堂经费　一八九一二。（说明）遵部电，照元年额支，另增预备费二〇〇〇。除第一项第一目职员薪水，监督停给，其余概作八折；又第二项第一目书籍、彝器，可减银八〇〇，第二目添置用器，可减银二〇〇；第三项第二目油烛茶炭，可减银一〇〇，第三目纸张油红，可减银二〇〇外，其余应减之数，由该堂自行核定，以符元年支额。

第六款　农业中等学堂经费　仍照原册。

第七款　医学堂经费　全删。（说明）已停办。

第八款　区学总汇处经费　全删。（说明）已裁撤。

第九款　模范两等小学堂经费　三九二〇。（说明）各项目均照原册，惟校长薪水向由区学总汇处开支，今区学总汇处裁撤，应添入此项薪水五二〇。又第三项第一目房租，原表只有门房租金七．五六，其斋舍房租亦向由区学总汇处开支，应添入此项房租五二〇，较原册共增银一〇四〇。

第十款　省城各区小学堂经费　二〇〇〇。（说明）区学本地方自治应办之事，惟现在南新城自治会力恐不任，拟暂时仍旧办理，将各区学归并三处，补助经费银二〇〇〇，俟毕业后不再招生，由南新城自治会另行开办。

第十一款　省城各区半日学堂经费　全删。（说明）并入各区学办理。

第十二款　女子师范学堂经费　仍照原册。

第十三款　客籍学堂经费　全删。（说明）经费既由官捐廉，不必列入册内。

第十四款　法政学堂经费　二二六〇二。（说明）部电，该堂杂费太冗，拟减五千两，自应遵电办理。除管理员薪水八折外，其余应减之数，由该堂自行核定，以符部电。又查原表说明栏内开，法政学堂经费由各官所捐例差费拨用，实在国家地方行政之外。据布政司答覆，又谓例差已详准免提，何时免提亦未详示，设动支库款，则学生缴费，官绅宜一体优待。

第十五款　司法讲习所经费　全删。（说明）遵部电归并法政学堂，可节三千两，尚余三百三十九两，亦应全裁。

第十六款　补助私立各学堂经费　仍照原册。

第十七款　宣讲费　全删。（说明）各州县宣讲费皆自办，不动库款，应删。

第十八款　府厅州县教育费　四二八六八．四〇二。

第一项　存留串捐　四二八六八．四〇二。（说明）查宣统元年各学堂上下学期一览表，串捐列入，实数计共库平银三六七六八．零。较元年比较表所列，超过七六四六．零。即核与三年预算数目三〇一一〇，亦超过六六五八。其一览表未列入者，尚有新建等二十二州县，已列而与他款混合者，又有义宁等四州县。如照增六分之一，约可加收银六一〇〇。合之一览表，所赢六六五八，实共余银一二七五八。此项串捐系各州县留存之款，应每年会绅清算一次，尽数办学，他项不得挪用。

地方行政经费临时门

第二类　教育费　一〇四四七四。

第一款　教育官练习所经费　全删。（说明）该所现已裁撤。

第二款　私塾改良会经费　一〇〇〇。（说明）该会归并教育总会接办，酌补助银一〇〇〇。

第三款　临时补助教育费　一八三〇〇。

第一项　旅京学生津贴　全删。（说明）已奉部电裁去。

第二项　上海实业学堂学生学费　仍照原册。

第三项　协助上海中国公学费　仍照原册。

第四项　译学馆三校生津贴　全删。（说明）已奉部电裁去。

第五项　两江师范学堂经费　仍照原册。

第六项　两江法政学堂经费　仍照原册。

第七项　九江师范学堂房租　全删。（说明）应由九江自筹。

第八项　增。补助单级教授练习所经费　二六〇〇。（说明）教育总会附设单级教授练习所，原在区学总汇处，每月拨银二百两为补助，现区学总汇处已经裁撤，此款应另行开列。

第九项　增。补助北京江西公立中学堂经费　三〇〇〇。（说明）北京江西公立中学堂即豫章学堂，向由本省补助银三千两，应补列册内。

第四款　遣派出洋学生经费　五三七一九。

第一项　西洋留学费　一〇〇〇〇。（说明）西洋留学人数太少，酌增为一万两，庶可多选派数人。

第二项　日本留学费　四三七一九。（说明）原册六三七一九，奉部电裁二万两，应照部裁之数。

第五款　日本五校经费　仍照原册。

第六款　增。省城中等工业学堂经费　一二〇〇〇。（说明）此项列在筹备经费内第五款，计开办费五千两、常年费七千两。查筹备经费册自第一款至第四款，虽皆属新政要图，惟现在经济困难，势难同时并举，不妨暂缓。惟中等工业不立工艺专门，终无合格之选，故拟提前于明年春间开办，因内有开办经费，暂列临时经费门内。

地方行政经费经常门

第三类　实业费　一八二五八．七五八。

第一款　农事试验场经费　仍照原册。（说明）第一项薪工，裁去弹压委员薪水，加增工人薪工，两抵可减银五一．一；第三项原料，查原册秧种并无（住）〔佳〕品，肥料亦少新法，可减银四八〇；第五项杂费，既裁去委员，则跟随亲兵、闲杂、工役、火食俱可节省，可减银一六〇。惟试验成迹欲使遍及全省，必须报告传播，应添此项经费银六九一．一。总数仍符原册三六六四之数。

第二款　农务总会经费　六〇〇。（说明）此项虽奉养电归并农事试验场，惟农务总会亦奉部章设立，仍应独立办理，拟补助经费六〇〇。

第三款　农报馆经费　全删。（说明）遵养电全裁。

第四款　工艺厂经费　五五六一。（说明）第一项薪工，委员原二人，今裁一人，以总监工兼文案，并司事二人为一人，并监工三四人为二人，可减银五八三。第二项杂费，因员司既减，火食自节，可减银六〇。

第五款　商品陈列所经费　全删。（说明）遵养电由劝业公所兼管，全裁经费。

第六款　庐山开办森林经费　一九三三．七五八。（说明）遵养电照元年支额。

第七款　增。女子蚕业讲习所经费，六五〇〇。（说明）此款列在筹备经费册内，查该所业已开办，自应继续办理，应改列经常门内，至该所办法尚宜酌量改良，方为完备。

官业类

第一款　余干煤局经费　全删。（说明）遵养电应由该矿出产撙节，支用经费全裁。

第二款　赣州铜矿局经费　全删。（说明）查该局縻费最巨，铜质不佳，宜即全停经费。

呈【报】覆【议】本省税法议案仍执前议由

为呈覆事。谨案《奏定谘议局章程》第二十二条内开，谘议局呈候施行事件，若督抚不以为然，应说明原委事由，交局覆议；又按《宪政编查馆咨行各省督抚厘订谘议局议决各项清单》第二项内开，督抚对于谘议局既无不答复之理，则答复文中系非批准者，无论有无“交局覆议”字样，谘议局得依据章程，照督抚不以为然之件按章覆议再行呈请。各等语。本年十月二十四日，奉抚部院发交会议厅审查科覆本局呈催批答上届议决本省税法一案，本局会议对于审查科所议各节不允不平，徒为州县解释违法之原因，不负整顿征收划一之责任，恐抑勒之害日甚一日。本局代表舆论，决难承认，请缕析言之。按照会内称，从前银低钱贵，州县除办公外尚有盈余，近年银价日高、钱价日落，征钱州县皆受钱之累，率皆征不敷解。等语。本局查同治十二年前抚部院刘奏定地丁一两征收钱二千六百八十二文，漕米一石折收钱三千四百二十文。其时钱价每银一两，易足钱一千八百文。今每银一两，易足钱一千九百文，所差不甚相远。从前除办公外尚有盈余，今除办公外虽无盈余，断无征不敷解之理。“赔累”二字多为官场借口，实因无甚盈余，借为拖欠交代地步。此不能承认州县有赔累之理由一。又按照会内称，抑勒洋价之案层见迭出，在州县明知违背法律而顾出此，且屡严禁令并经撤参示惩在案而仍不免阳奉阴违，则事实上之困难即为法律上之阻碍。等语。本局查丁漕奏案云，除定价外，如有丝毫浮收，立即从严参处。今州县于每银元抑价二三百文不等，比较丝毫几千百倍，是朝廷虽严加赋之禁，而官吏暗收加赋之实。审查科既认州县明知违法而顾出此，又认州县阳奉阴违，而复以事实困难为之解脱，则从前之屡严禁令尽属空文，旧案之撤参示惩俱归无效。若云事实上确有困难，即宜澈底清查，使人人尽知其事实。行政长官自可据此奏陈，以俟朝廷新更法律，如新法尚未颁定，便可违法径行，则凡违法者皆可以事实困难为借口，不特与法治主义相背而驰，抑且无以昭国家之信用。此不能承认假事实而背法律之理由二。又按照会内称，现奉部示照市酌中定价自为事实上之参酌，惟市价无定准，随时随地各有高下，势不能执一府一县一时之市价为规定，即各州县征、解不敷之数，亦复错杂参差，尤未便为执一之规画以生种种障碍。等语。本局查度支部原奏，系请饬下各省督抚于未开征之前，就该省市面现银铜元酌中定价，一面明白晓谕，使群黎百姓咸知银钱有一定之价，无扣折之亏，其零碎小户以铜元官票完纳者，不准不收。等语。寻绎奏语，原以各属征收之价未能适中，乃暂定因时制宜之计，以省会为居中地址。正供藩库征收，故请旨饬令督抚酌定省会市面价值，为各属征收之标准，显系整齐各属不中之价胥纳于范围，并非于“酌中”二（孛）〔字〕内含有丝毫抑勒之意义。然犹恐附会者，或有争执，故复申明其说，零碎小户以铜元官票完纳者不准不收，此谓不需一元完纳者仍用钱，需一元完纳者可用银，是为百姓银钱两便起见，并非谓不需一元完纳者不准抑勒，需一元完纳者仍准抑勒也。再玩上文使群黎百姓咸知银钱有一定之价，无扣折之亏数语，其计虑之周、文法之详，不烦言而解矣，是酌中之权明明付于督抚，酌中之义明明化除抑勒。审查科误会其意，几若以部示酌中之旨，为州县别开浮收之门，乃竟云未便为执一之规画以生种种障碍。试问昔年奏定征银折钱之价，是执一乎非执一乎？系依据何府何州县之市价而规画乎？抑按照省城之市价而规画乎？昔无障碍，今胡不然？此不能承认执一规画有障碍之理由三。又案照会内称，分饬各州县及自治各会士绅各按各县市价并参酌征不敷解之实数，其价由官绅会同酌商禀定立案，仍随市价为长落。等语。本局查赣省征收丁漕定章，除十一州县征银外，只有征钱之规定，并无征洋元之明文，嗣有一二属按该市钱价折兑洋元，亦一时权宜便民之计，并无抑价厉民之事，乃行之既久，不觉成为该属一种单行法，审查科以分饬州县会绅酌价，从表面观之似属公允，然就实际上观之，非惟于法律有障碍，即于事实仍多困难。夫市价之长落无定程，则征解之敷欠无准则，势必于开征之日，将市价与解款互相比较，总以规定敷解为标准，无论绅曰敷、官曰不敷，必有争执。绅于敷解内为限制，官于敷解外求盈余，争执既多，冲突必起。即幸免斯患，然外属州县离省动逾千数百里，或立案时适足敷解，立案后又有盈亏，势必复须酌定，恐前次之批回未到，后次之案牍频来。查各属银钱市价，时有长落，则月月立案亦有日不暇给之势，如此尚复成何政体？此不能承认州县会绅酌价之理由四。总之，税法一案，民生国计关系非轻，本局审慎再三，只有谨遵《宪法大纲》臣民权利义务项下第八条，臣民现完之赋税，非经新法律更改，悉仍照旧输纳。所有本届临时会内覆议本省税法议案仍执前议缘由，除呈报资政院外，遵章再行呈请抚部院察核施行。须至呈者。

【呈】【报】【覆】议〈覆〉抚部院删改《税契章程》议案由

为呈覆事。谨案《奏定谘议局章程》第二十一条第六项内开，议决本省单行章程规则之增删修改事件；又第四十二条，凡议决事件，除议长、副议长同意，认为应行秘密者外，均公布之，并应随时报告督抚及资政院；又《宪政编查馆咨行各省督抚厘订谘议局议决各项清单》第二项内开，督抚对于谘议局议案，既无不答覆之理，则答覆文中系非批准者，无论有无“交局”字样，谘议局得依据章程，照督抚不以为然之件按章覆议，再行呈请。各等语。查本省《税契章程》，本局于宣统元年常年会期内呈请删除州县照收数极旺年分为比较，及无论何人首告给赏六成，又各属按照都、图、区，分上、中、下三则各条。宣统二年十月二十四日奉抚部院照会内开，本年九月十九日准谘议局呈请查复司局会议上届删改《税契章程》一案，昨据司局详复办法到院，一并发交审查科悉心核议。兹据该科呈称，窃税契本维正之供，税数之多寡原视价值为规定，价无定值，故税无定数，于是匿契漏税与短价轻税之弊混因之丛生。地方官以短征无关处分，遂视此正供与丁漕有间，积弊之深，官与民实尸其咎也。原章所订功过，用以察牧令之勤惰，其不准骚扰抑勒，则法律之原文，经征官吏或背法而苛扰出之，实为法律上所不许。今谘议局呈议，以比较功过亟宜删改，如谓比较重州县不能如额或虑骚扰，请改定比较之适中宜也，乃谓比较为骚扰之政策，则过当。其所称办理多年，匿契渐少，当属近情，是此项比较应以近三年征收之数，酌中定比，在州县非难释之重负，在上官得尽其课督之责任。此则原章之应稍改订者也。局呈又以新章无论何人首告，漫无限制，地方官利用告讦，不肯实行反坐，请仍原章，派查之人举发，派查果力自有效果，足稍祛匿契之弊，而六成充赏应亦仍原章所订，以资奖劝。此则新章之可予取销而原章仍宜遵守者也。至短价积弊，自非规定上、中、下则，无以定应税之率。局呈谓原章补价流弊滋多，系就正则之未规定而言，其所云土质之肥硗、水源之有无，实即上、中、下则之区别。官吏不悉地方情形，规定自非易易，原赖士绅协同审定，现在举办自治不数年，机关完备，官绅共担责任，无难酌壤定则，按则定价，按价定税，自无所容其短补，则非原章之不善，不过现时有待变通耳。现时查究短价之弊，应仍就法律规定，或被出业首告，或派员复查得实，应照匿契不税例文究办，无庸令其补价。此则原章可备行于自治成立以后而应暂予变通者也。等语。经本部院于本月十六日在会议厅公议，并照所议办理。除将司局会详另行照复外，相应照会谘议局查照施行。又于十月二十五日奉抚部院照会内开，案据田赋税契局、布政使会详案奉札开，据谘议局呈请删改《税契章程》等情一案，除批：来牍阅悉。税契为国家维正之供，律载不税契者治罪之外，并以原价之半入官。赣省积习不税者多，是以近年节次整顿、首告给赏、短价饬补，皆为力挽积弊起见，设立经征功过意实主于课吏，应视税收旺衰再行斟酌改定。典买田宅价值，各处情形不同，时价长落无常，殊难核定规则，垂为通章。惟责派查之人举发，以杜挟嫌攻讦，与删除六成给赏，不准任意苛加契价，希候札行司局会同核议详复，再行宣布。地方自治成立之后，助官监察有人，匿契短价之风渐戢，自可毋庸多设防闲。合达理由，以备覆议。此复。等因。印发并行藩司外，合就札行，札到该局，即便遵照，会同核议详复。毋违。此札计发抄呈文一件。等因。奉此，并准藩司移同前由。查奉发抄呈内开，请删减州县征收税契比较功过章程一节，本总局查税契为无额钱粮，向系尽征尽解，江省税收素称疲玩，乡曲小民竟有不知税契为何事者，各牧令因杂项钱粮无关处分，亦多不甚经意。光绪三十二年，奉前宪台札饬厘订新章，切实整顿，经本总局委员会同地方官竭力劝办，设法搜罗，积弊似稍祛除，收数终难畅旺。是以三十四年秋间，比较案内拟令通省八十厅州县全年买卖产业，约以六百万两契价计算，应征正税平余共银三十万两，量其地方之肥瘠、丁漕之多寡，并参以历年收数之衰旺，酌中分派。虽按数拟以功过，不过预示劝惩，而试办予以限期，更非永为定额。原冀一年之后，视其盈绌，核实更正。上年九月底，截数比较全省共征契价三百八十余万两，查照原派数目统计，已及六成以上，其中不及派数者固多，而逾越派数者亦有多处。故于详报文内应记功过，概从宽简，并未遵照原详实行比较，且原派全年契价六百万两之数并未续请施行，但不曾明为取销，实已与删除无异。细译该局议案，系为派数较多，各牧令勉求足数，恐启骚扰抑勒之渐，现既不限成数，自可无虑苛求。况核计功过，重在考察各官之勤惰，若并此删除，非特无可劝惩抑且易生玩愒。设或各牧令复萌故态，任听隐瞒，恐转如该绅等所谓税收因而日微，经济上将蒙非常之恶果矣。此比较功过不改而改、不删而删之实在情形也。又呈请删改首告一条，查本总局原定章程，各业户如有未税白契逾限不税者，一经派人查出，调契传讯得实，照例罚半充公，以四成给赏。等语。嗣因减价限满，访闻民间未税旧契仍复不少，地方官耳目难周，派查一条几同虚设。复经酌予变通，无论何人能赴地方官衙门首告，查讯属实，立予罚办，将充公之款提给六成充赏。倘敢挟私诬讦，应予反坐，分别罚锾苦工，从严惩办。盖积习深锢，自非动以利害不能使之挽回。新章六成充赏，既足以鼓励首告之人，亦借以警告匿税之户。第访闻各牧令矫枉过正，凡罚办漏税，虽有不及例定一半之数，而惩治诬告，从无恪遵定章反坐之严，该绅等所谓地方官利用告讦恐阻将来，实亦在所不免。应请如议，仍用原章，由派查之人举发，视其查出之虚实、多寡，另定功过章程，以示惩劝。此六成给赏一条可以准予删除之理由也。又呈请删改田房区分等则，短价补收一条，本总局查短价投税，其罪甚于白契。管业良以白契，尚有查出之日，短价终无举发之期。前据委办税契委员王故令及前安远县陈故令禀陈区分等则办法，至公且当。本总局当以一省之大，田地房屋美恶不同，即一邑之间肥硗亦多互异，是以饬由各地方官将本管各乡田房产业区分等则，按照时价酌中拟定数目，预行榜示，原期民间知所畏惧，不敢任意短填。该绅等所称卖买原理应视供给需要之如何，百金之物或且值不及半，亦属事所恒有。然价值之盈亏，或视供需之情形为断，而纳税之原则，必以正当之交易为衡，似未便以一人一时之所遭，视为全体之通例。惟各属曾否遵章预为核定，及所定之等则、价值是否毫无遗议，亦难代为剖辩。查现在各处自治机关次第成立，应请通行各厅州县将管辖境内田房山地，查照前颁成式，分乡分村造具空白表格送由自治局绅，按照等则之高下、时值之贵贱，并参以寻常需要之利钝，公议适中数目填入表内，转交官署存案，一面榜示大堂。以后遇有投税，即按契载坐落乡村，将该局预定之数切实比较，如有短绌，即令补足，否则从宽邀免。盖官或拘执条文，吏或混淆黑白，自治局绅以土著之熟习，益以公正之评议，断不致毫无标准。此短价饬补一条酌量变通之办法也。本司职道等公同商酌以上三端，虽皆整顿税契之要素，亦当勉从习俗为转移，故一则虽未裁革而已属改良，一则事等烦苛而径从删削，一则法虽美善而尚待变通，亟应分别照议俾臻完善。特是立法之初，原为矫弊起见，虽或稍从严密，苟以正直之道行之，亦尚利多害少。倘地方官吏办理失宜，则弊即因之而起，诚有如该绅等所言者，拟请再加通饬，务令恪遵定章，切实办理。如有借公殃民情事，查出即予严参，俾示惩儆，而杜指谪。是否有当，理合将会同核议缘由，详请察核批示，以便移饬遵照。等情到院。据此，除批：据详已悉。仰候据情照复谘议局，仍由司查照。另行宪政编查馆厘订经局议决各项办法酌定实行期限报查印发外，相应照会贵局，烦为查照施行。各等因。奉此，本局于本年十一月初四日呈请，查照定章更正答覆办法案内声明抚部院答覆本局上届呈请删改《税契章程》一案，以同一机关之命令对于同一案件而前后两日之间办法歧异在案，本局于临时会期内，专就抚部院十月二十四日照会内开各节公同覆议。窃以州县比较一条，抚部院既据会议厅审查科所称，此项比较应以近三年征收之数酌中定比，原章应稍改订。是抚部院于删除比较一事，固非绝对不以为然，惟酌中定比，究恐室碍难行。查原章初定比较之时，南安府属税契委员王承佐等即已禀称，民俗贫富非一朝一夕之故，不能因整顿税契富庶骤增，故买契价始终只有此数。近者旧契税数颇见畅旺，新旧剔除计算，新契之必短征可以预言，拟请宽免比较。王令当更章伊始之时，身为税契委员，所言业已如是。矧今清理多年旧契，只有逐年减少，新契断难逐年递加。近年新淦、新喻、高安、万年等属人民，因比较严急，往往并无买卖，虚设地名造作假契投税充数。若必按照三年内收数酌中定比，诚恐民间典卖各契新旧相减，州县收税必有绌而无赢，比较章程则刻舟以求剑，巧黠者顾重考成，难保不迫胁乡民多印假契，长厚者悃愊无华，或反因公获咎，在闾阎固不堪此无艺之诛求，即揆诸课吏之规模，似亦难昭平允。此比较章程不能不全行取消之理由也。首告给赏一条，抚部院据审查科所议，取消无论何人首告之新章，仍用派查之原章，惟谓六成充赏，亦应仍原章，以资奖劝。不知派查之人既为公吏，举发漏税乃其应尽之职务，地方官对于一切办事不误之公吏，不闻事事给赏，独赏查契之公吏，彼小民何知将谓。立宪前途惟以清厘税契为唯一之政策，官民易生恶感，牧令处此，将何以宣上德而达下情乎？此给赏章程不能不删改之理由也。至规定上、中、下三则一条，抚部院既据审查科所议，官吏不悉地方情形，原赖士绅协同审定，自治机关完备，无难酌壤定则，按则定价，按价定税，自无所容其短补。现时查究短价之弊，或被出业首告，或派员复查得实，为照匿契不税例文究办，无庸令其补价。此则原章可备行于自治成立以后而应暂予变通。等语。是则抚部院之意，固谓各属上、中、下三则，田房现在无从确定，应俟城镇乡自治会一律成立之后，由各该会按照各都图时价，详报官厅以为定则征税之标准。现当城镇乡自治会尚未一律成立之时，此项章程应即作为无效，而各州县之任意加增契价者，应请抚部院通饬禁止，庶使民间一概周知。以上三条，系本局于删改《税契章程》议案仍执前议之理由，至新旧章程条文复杂，自非重加删订，呈请公布，不足以遍喻闾阎。谨据局章第二十一条第六项之权限，另行删订，开具清册。既经公同议决，除呈报资政院外，理合备文呈请抚部院察核施行。须至呈者。

附呈删改本省《税契章程》清册一扣。

谨将本局删改本省《税契章程》开具清册呈请鉴核。

一、置买田房价银，遵照部章每两收税九分，此外丝毫不准多收。价钱一千文，银洋一元，均照银七钱计算。

二、典当田房，遵照部章一律征收典税。典价银每两收税六分，此外丝毫不准多收，钱洋照买价例。

三、部章第六条内开，民间置买田房，所有从前白契，如遵章补税概不追究既往，以杜讼端。倘旧契未经投税之时，遽已被人指控，地方官应即调契查验，果系旧契，应即遵照部章责令补税，不必追究既往。

四、遵照部章，民间置买田房于立契之后，限六个月内呈明纳税。

五、官板契纸应由部定，未经颁到之时，民间典买田房仍用本省官契纸。凡领用空白官契纸，每张缴库平纹银一钱，投税印契时再缴银二钱。

六、人民间有未及购买官契纸，先已立契成交，投税时由官饬书，按照原契誊入官契纸内，不准遗漏一字，并将原契黏贴官契之旁，加盖地方官印于骑缝，以杜影射。该誊契书吏，不得索取丝毫规费。

七、各处田房价值，恒视供求之多寡为低昂，应俟城镇乡自治会一律成立之后，即由各该会按照各都图情形，详细列表，分为上、中、下三则，以为征税之标准。所有从前规定之上、中、下三则，现在概不实行。各厅州县经收税契时，即不得任意添加契价。

八、契价银一两，征税若干，扣钱若干。官契纸每张售银三钱，扣足钱若干。地方官按照市价明白榜示，俾民间有所适从。如敢浮收滥取，以及意外需索，或绕算图利，一经告发即予追赃参办。

九、州县署内设立税契处，即以征友或士绅充当司事，俾专责成，不准假手书役，致滋扰累。人民持契投税，交由厅州县自治会（现在暂由自治事务所）经收，税项缴清后，即由该会给发收条，立簿挂号，令于五日内凭条取契。该会汇齐据税项及应行补购官契纸者，即日送交税契处掣取该处收条，限三日内印送自治会，俾人民得以如期领取。

十、自此次定章之后，各业户如敢仍前隐匿漏税，以及未税白契逾限延不补税者，一经地方官派人查出，调契传讯得实，即将该产业照例罚半充公，派查之人无庸请赏。嗣后如有控告田土官司，必须饬令呈验契据，方予准理。如查系未税白契，即先照例罚半充公，再行审理。凡非奉派查契之人，不准挟仇指控，以杜讼端。

十一、各属田房上、中、下三则，既无确定之标准，从前所定州县之比较，现在暂予宽免，俟城镇乡自治会成立后，查有典卖确实数目，再行核定。各州县倘因此玩泄因循，以致税收短绌，仍予记过撤参。

十二、凡典契遵章投税后，如赎限届满，原主备价取赎，所有典主完纳六分税银，即由原主如数算还，不准短少。

十三、凡遵章完税之典业，如原主不能取赎，愿向典主找价绝卖者，应于找绝立契后，查照定章投税管业，并将原立典契呈官请销，所纳税银准于应纳全税内照数扣除作抵。倘原主不愿取赎，而典主又无力找价承买者，例由原主另觅买主，于成交后先将典价如数清偿，余归原主收受，其典主所纳税银，即由买主付还掣取，典契于投税时附呈，查销按数作抵。若典主另有急需转典与人，亦应照章投税，原典主所纳税银即不作算。

十四、典当田房立契后限六个月内投税，逾限不税或故意隐匿，一经查出，照契价四分之一折罚充公，仍令照章补税。倘有争控案件，先令检契呈验，查系白契，均予先罚后办。

十五、凡实系借贷银钱，除立借字外，又将田房写一典契为质以昭信用者，此种典契应予宽免纳税，俟该业归债主收管时，查明是典是卖，再令分别完纳税银，以示体恤。

十六、自此次修改章程之后，除部颁章程及本省原定教堂官契纸章程仍照旧遵守外，其余一切作为无效。

呈报〈议〉覆【议】本年常【年】会期内议覆胥差议案请抚部院公布施行由

为呈覆事。案查本届常年会期内呈报覆议上届常年会期内胥差议案仍执前议一案，十月二十四日，奉抚部院照会内开，九月二十七日准贵局呈报覆议上年会期内胥差议案仍执前议一案。兹据审查科开具说帖前来，经本部院于本月十六日会议厅公议，应照该科所议办理，相应抄送照会贵局，烦为查照施行。计抄送胥差说帖一纸。等因。奉此，本局于临时会期内公同提议，佥以本局拟订《胥差讼费章程》十条，原为救目前扰累起见。今案审查科说帖内开各节，对于第五条核定差传票费，原案以里计算，兹改为以日计算，并声明原告在十里以内，被告在五十里以内，仍各依其住址分别半数给发，其余类推，均于票上标明。以上理由，虽与原案稍有不同，而于杜绝差票需索之方法，无甚歧异。至第六条核定讼费数目，原案仅四千文，兹改为自到案至结案共钱六千文，并声明推呈、传呈概不收费，虽较原案加二千文，而理由亦甚完足。其余各条均照原案办理。本局以为既经抚部院核准，与原案严禁胥差扰累宗旨亦复相同，自无庸再执前议，应请抚部院公布，限文到后各属行政官吏即日宣示，实力奉行。此项章程虽系暂时法律之（假）〔规〕定，但未奉国家颁布民事、刑事诉讼律等法典到各地方之前，应即认为法律之规定，毋许出入，以重议案。本局业于临时会期内会议，意见相同。（余）〔除〕呈报资政院外，理合备文呈请抚部院察核施行。须至呈者。

为照复事。案准贵局呈覆胥差议案一案，当经发交审查科公同审查。兹据该科员呈称，查审定胥差讼费一案，前奉发交审查据拟答复，今谘议局覆呈请照批准折拟办理，并请公布饬属于奉文后实力奉行，自应照准。等语。经本部院于本月十五日会议厅议决，准予公布施行。除查照前呈章程，并审查科审定各条一并抄录，札行提法司通饬各属一体遵照办理外，相应照复贵局，烦为查照施行。须至照会者。

呈请札饬南浔铁路公司妥议本局发起公债促成南浔路工议案由

为呈请事。谨案《奏定谘议局章程》第二十一条第十二款内开，收受本省自治会或人民陈请建议事件；第四款内开，议决本省税法及公债事件；又第四十二条内开，凡议决事件，除议长、副议长同意，认为应行秘密者外，均公布之，并应随时报告督抚及资政院。各等语。兹据同乡京官朱益藩等四人陈请案称，江西铁路以商办开各省之先，而南浔一段办理困难，迄无成期。都人士奔走研究，虽持论不一，而所抱维持商办之主旨则同。近顷邮部借款尚未成议，闻诸道路乃有收归部办之风声。此言如确或且见诸事实，则不特赣人在实业界上蒙非常之不名誉，而现在已经投赀数十万之股东，且将最先受直接之损失。旅京同人彷徨集议，且鉴于股款之不可恃，而敷衍罗掘之无济于事，思有以规画全局，于本省地方财政上及工事上，斟酌一两利之策。查《谘议局章程》第二十一条第四项，议决本省税法及公债事件；又第七项，议决本省权利之存废事件。等语。本省铁路商办部办之关系，自属本省权利存废问题，谘议局应负解决保存之责。公债之事他省行之，大率投之于销耗之用途，或为一般舆论所攻击，故在信用未坚固之时，尤宜力矫其弊，监督其用途，投之地方兴业之事。且地方团体为其地方永久利益之事业，本有可以起债之理由，拟请由谘议局提议试办本省地方公债。以三百万两为定额，自宣统二年腊月起分三期，每三个月募集一百万为一期，以铁路银钱号为委托募集机关，债票每张定额十两，编明号数，呈由劝业道盖用印信，按年以六厘计息。此项公债募集银两，悉数投充南浔铁路工事之用，妥定章程，划分商股公债界限，认为全省公共营业，督促进行，限两年内工事告成，一切监督考察之责，应由谘议局任之。此项公债偿还期限，应自第一期募集之日起，五年以内按期付息，暂不还本。自第六年起至第十五年以内，按年连带本息摊还债票若干号，以抽签定应受偿还之号数。其未经募集足额以前，应于工事之必需，得以债票同一之利率，向本国官商银钱行号为一时借入金，即以所募集之公债银两随时偿还之。路成之后必有余利及公积金，除按照预定摊还之计划办理外，可略用外国所谓减债基金法，以每年应拨公债项下之款按照时价买收债票，自行销却，以其号数表示，公众其所有买销之债票上应付之息金，仍可按年加入公积，逐渐买回，以减债务。过此以往，公共营业之收入益多，亦可以补地方财政之不足，保公债之信用，促路工之进行，一举两得，莫此为便。应请提议议呈抚部院迅予批准、公布施行，并恳奏咨立案以全公益。等情。并附《试办江西铁路兴业地方公债章程》二十三条前来。本局当经于本年临时会期内提议。查南浔铁路公司现在款项十分支绌，既有收回部办之风声，自属本省权利存废问题，本局应有维持之责。既据同乡京官等请议试办地方公债以促路工之成，自属维持善法。惟公债由地方发起，自应以之办理地方公益事件，该公司既赖此公债为路工基本，则暂时不得仍用商办之名。本局为全省议事最高机关，则地方公债即为本局所发起，此项公债既用之于南浔铁路公司，本局对于该公司尤应有一种之监督权，庶公债目前不至于浪掷，而日后可期以偿还。是本局所有一切对于该公司之权限，与本局对于该公司现在股东权限之畛域，皆不可不详为规定。是以公同议决，即由本局发起地方公债，募集三百万两，以促该路之进行，并草定办法九条连同公债章程，另册开呈。应请抚部院札饬江西南浔铁路公司，将此项办法、章程迅速招集股东妥议具覆，以重路政而维公益。理合备文呈请抚部院察核施行。须至呈者。

计呈《江西谘议局发起地方公债促成南浔铁路办法》清册一本、《试办江西铁路兴业地方公债章程》清册一本。

谨将《江西谘议局发起地方公债促成南浔铁路办法》开具清册，呈请鉴核。

一、名称　江西全省公有铁路公司。

南浔铁路公司向系民有性质，现因股款困难，由本局发起公债，以促进行。该债票发行之日，即为公有铁路成立之时，应即改称江西公有铁路公司，从前原有各商股照旧附入。

二、立案　呈请抚部院奏咨立案。

既改为公有名称，自应将江西南浔铁路旧章作废，由本局另立新章咨部立案，以为本局对于该公司享有完全监督特权之依据。

三、机关　公举总协理及董事。

从前公司之办法既议废弃，则总协理及董事均为执行机关，自应由全体议员公举。现在公债票尚未发行之时，所举总协理及议员中举出之董事数人，均暂作为假定，俟公司开股东会时公同认可，再为确定。

四、权限　监督路工、稽核账目。

本局既负发生公债之重任，自应有督察路事之特权。凡该路进行事项经董事会议决后，尤须经本局全体议决乃可执行。总协理有更易时，必经本局公举。每月收支须送本局查核，再由本局公推查账员按月调查，不支薪水，逐月易人，以均劳逸。

五、清理　股款材料之核计。

旧有股款若干，现存材料若干，尚有存欠若干，一一盘核。现成路若干里，每里合银若干，以为将来办事优绌之比较。

六、交代　接续进行之规画。

原办铁路职员、司事去留之权，概付新定总协理。或一时公债难以募到，暂向何项银行借用，亦归总协理商妥施行。除成路外，尚需路工若干、资本若干、时日若干，亦归总协理估计报告。自公债募到之日起，应立一限期，确定南浔铁路何时可以一律告竣，如逾限尚未竣工，即另行选举总协理。

七、界线　债票、股票之区分。

债票头息，按公债章程分限偿还，至从前及以后股票，于偿还公债十五年内，所有股东应得之年息一概停给，但按照应得年息数目给与股票。

八、权利　年息、红利之处分。

十五年后公债全行偿还，所有股东各股票即行给息，其红利则应按年酌提数成，仿现在张绥铁路办法接筑他处路线，该路成后即应作为江西纯然公有铁道，以为本省募集公债促成铁路之酬报。

九、附则　以上所拟各条为改良本省铁路公司入手大纲，至新公司内部办事细则，应俟新总协理及董事举妥，再由本局会同规定。

谨将《试办江西铁路兴业地方公债章程》开具清册，呈请鉴核。

一、江西谘议局为谋赶紧修筑本省南浔铁路速便交通起见，试办地方公债，定名为“江西省铁路兴业地方公债”。

二、此项公债共募集银三百万两，悉数投充南浔铁路工事之用，由谘议局议定章程，并任其监督考察之责。

三、此项公债募集之期，应自宣统二年十二月起，分三期，每三个月募集一百万两为一期，每期募额届满由经理募集处登报布告。

四、此项公债票每张定额银十两，编列号数，呈由江西劝业道盖用印信。

五、此项公债票系用无记名式，准其转售转兑，认票不认人，凡持有此项债票者均一律看待，并须遵守本章程所定办法。

六、此项公债应以江西铁路银钱号为委托总经理募集处，其各处银行有愿代为募集者，亦得由总经理募集处认为分经理处。

七、此项公债定平价发行，票面上载明银十两，仍以十两出售，将来即照票面之数偿还。

八、此项公债按周年六厘计息，每年在九江、南昌铁路银钱号及上海、汉口铁路银钱分号付息，此项息票另张付给，到期凭票支取。

九、前条息银到期均可随时取领，惟第一期付息，因交款前后不齐，应按日计算。

十、凡债主交到之债款，但已经过开收日期，虽未到截止之限者，均即于交款之次日起息。

十一、此项公债以十五年为期，自起债之日起至五年止，只付利息不还债本。自第六年起至第十五年止，全数还清，每年应还若干临时酌定，但须先六个月报告，俾众周知。

十一、公债还本之期，用抽签法定之。其抽出之号签，即为是年应受偿还者。

十三、得签之号码，次日登报声明。到期持票向各经理处收取银两。其时须将债票及未到期之息票于付银之后，先行涂抹，汇寄缴销。

十四、得签之票，若经过三年不向各经理处收取债本银两者，该票作废。

十五、此项公债所有备还本息的款分为三项：甲、南浔铁路进款；乙、湖口货捐；丙、南浔铁路材料机器。

十六、收存公债票在五十万两以上者，准其赴南浔铁路公司查验备付款项。如收存不及五十万两，可约集各票主，凑成五十万两，公举一人验票后赴查。

十七、各经理处代售公债票：一万两以上者交九九五扣；十万两以上者准交九九扣；五十万两以上者九八扣；一百万以上九七扣；二百万以上九六扣，以为酬劳。

十八、凡愿代售此项公债债票者，须先向各经理处挂号。

十九、挂号截止时，若应募者之数适如所募之数或在所募之数以下，则照应募者所请求之数付给债票；若应募者之数溢于所募之数，则以比例法分配债票，其如何分配之法，俟截止后视总额之多少临时酌定。

二十、凡有遗失或烧毁此项公债债票者，应照银行失票章程办理。

二十一、此项公债票如有毁烂涂改字迹，即行作废。

二十二、此项公债未经募集足额之前，应于本章程第一条工事之必需，得酌定期限向本国官商银钱行号为一时借入金，但其利息不得逾于此项债票利息之定率。

前项之一时借入金，应以此项公债募集银两按照所定期限，随时偿还之。

二十三、本章程如有应行增删修改之处，须经由谘议局议决办理。

为照会事。案据铁路公司总协理陈三立等呈称，查本公司宣统二年十二月举行第二次股东会，据江西谘议局将该局决议试办地方公债促成路工议案一通及《公债章程》一件送交前来，系由江西京官提议该局决议之案，当经排印分发各股东详加研究，以期于开会日公同决议后，请谘议局即日施行。是月初二开会，到会股东共计一百数十人，合四百五十余权，虽权数不及四分之一，然各股东以本公司经费支绌，不能稍缓须臾，故对于此次公债议案及《公债章程》详加研究，以期无负谘议局维持路政之盛意。当经议得此项公债极力赞成，其议案中惟第一条公有名称及第七条停息十五年，未能满意，佥谓应与谘议局磋商改订，俾臻妥协。此事一方系谘议局公同议决之成案，一方为股东保守自有之权利，本总协理等绝无丝毫成见。前项议案章程究竟应否重为改订之处，尚祈宪台俯赐察核，批行谘议局重加修正，呈请奏咨立案。再，该局议案之第三条总协理应由全体议员公举；第六条职员之去留、公债之成立及银行之借用，概付新总协理。等因。伏查本公司支绌万端，不可终日，俱在洞鉴之中，是铁路非公债不能完工，公债非新总协理不能举办。转瞬三月，发给股息清偿欠款之期，决非空手可以支拄，除由本总协理等一面设法筹办外，所有谘议局举定之新总协理，并请饬即赶紧来省，准于三月以前将公司一切事宜克期移交，并将公债要举组织完备，俾促路工进行，免滋延误。合将谘议局提议公债议案及章程一并缮折具文，呈请批行谘议局查照妥议办理。等情到本部院。据此，除批：来牍阅悉。希候照会谘议局查照妥议办理。此复。印发外，相应照会贵局，烦为查照妥议办理可也。须至照会者。

呈覆发交劝业道详请覆议裁（撒）〔撤〕兴国县农工商矿兼保甲稽查学务局由

为呈覆事。本年十月二十四日接奉抚部院照会内开，据劝业道详称，宣统二年十月初九日，据兴国县在籍江苏候补道李文涛、湖南候补知州邹凤岗、训导谢升瀛、举人授职布库大使李元复、附生陈寿谦等呈称，九月十二日接到县署照会内开，九月初九日奉巡警道宪陆札开，六月二十七日奉宪台札开，宣统二年六月初十日据江西谘议局呈称，据兴国县生员黄兆一等共四人陈请案称，兴国自光绪三十年设立农工商矿兼保甲稽查学务一局，每年用款玖百余两，凡地方一切应办事宜，均视此局为执行之总机关。近来百废俱举，虽前日有断不能不设者，在今日似可消灭，请将农工局停止，以节糜费而补他项之不足。由谘议局转呈抚宪批准裁撤，札行到县照会停办。等因。窃思农工商矿局于光绪三十年组织成立，其时经费全无，经职等将子店私收盐厘陋规拨充济用，各该子店坚抗不允，又经禀奉委员提讯追出，划分十成，以五成归农工商矿局开支，以二成五拨开工艺院，以二成五拨作学堂经费。嗣后开办商会、统计处、选举事务所，均在局用项下拨款济用。开办七年，劝各乡设立分局七十三处，（裁）〔栽〕种松杉不下百数十万株，山地几无旷隙，煞费经营始得成效昭著。职等伏查宪政编查馆《奏定京师地方自治章程》，凡官绅从前已办之公益著有成绩者，均应照旧办理，并应仿照一体遵行；又查《城镇乡地方自治章程》第五条内，农工商矿均在自治范围之内。等因。仰见朝廷讲求自治，注重农工商矿之意诚，以农工商矿为地方兴利之举，不令坐废。若议裁（撤）〔撤〕，不但有妨公益，全功尽弃，而与奏定章程亦相反背。爰集绅商学界开会公议，均有难色。职等忝居桑梓，利害相关，不敢缄默不言，除电达谘议局并具草案撰具说帖陈请覆议详办外，合将设立农工局始末情由以及实在成绩，开具五条，呈乞俯赐察核，据情转详抚宪查照奏定章程，俯准照旧办理，以兴地利而全公益，绅民幸甚，地方幸甚。计黏说帖一纸。等情到道。据此，理合据情详请察核，仍交谘议局覆议呈核饬遵。等情到本部院。据此，相应照会贵局，烦为查照，希再提议见覆。计抄说帖一纸。等因。奉此，案查本局于本年六月间，经常驻议员协议呈请饬裁兴国县农工商矿兼保甲稽查学务局并通饬遵照一案，奉抚部院批：来牍阅悉。该兴国县仍留有旧立局所，应令即行裁去，以节糜费。将每年共节省银若干附报查考，希候札行布学按三司、巡劝两道转饬遵照，并通饬各属一体遵照办理。如有宪政外另立名目之局所，均应一律裁撤，以省款项。此复。等因在案。查本年六月间，兴国县生员黄兆一等陈请案开各节，原为节省縻费起见，本局自应照案呈请。兹奉前因，适届本局临时会期内，遵即公同提议，佥以该县绅士李文涛等，既经在本局陈请建议，开具说帖，历叙该局有裨公益未便裁撤之理由，复奉抚部院照会再议，本局自无庸仍执前议。理合备文呈覆抚部院察核施行。须至呈者。

江西谘议局第二次常年会议事录

江西谘议局第二次常年会议事录

本局开会前一日以抽签法定各议员席次如左：

第一号	饶正音	第二号	董德渊
第三号	戴书云	第四号	王明德
第五号	欧阳勷	第六号	杨存基
第七号	谢联珏	第八号	曾沂春
第九号	张　柱	第十号	李元复
第十一号	饶绍唐	第十二号	叶栋材
第十三号	刘景熙	第十四号	冷开运
第十五号	陈　焘	第十六号	谢大光
第十七号	唐阜昌	第十八号	张履福

第十九号	古廷松	第二十号	吴承志
第廿一号	王宝光	第廿二号	袁宗濂
第廿三号	邱和鸣	第廿四号	江　云
第廿五号	严祖光	第廿六号	张德舆
第廿七号	郭回澜	第廿八号	邱　璧
第廿九号	高玉松	第三十号	廖光墀
第三一号	陈　瀛	第三二号	余纯震
第三三号	程运熙	第三四号	徐凤钧
第三五号	易奋庸	第三六号	李　隅
第三七号	巫占春	第三八号	黎思位
第三九号	杨守洛	第四十号	王仁煦
第四一号	秦镜中	第四二号	程远大
第四三号	曾秀章	第四四号	刘裔祺
第四五号	刘芳蕃	第四六号	吴宝田
第四七号	贺赞元	第四八号	杨怀芳
第四九号	饶熙春	第五十号	黄念鑫
第五一号	刘　郁	第五二号	熊元锽
第五三号	段方祁	第五四号	潘学明
第五五号	黄　钟	第五六号	郭炳谟
第五七号	谢济沂	第五八号	孙桂芳
第五九号	赵效献	第六十号	范保廉
第六一号	吴士材	第六二号	王显谟
第六三号	叶润藜	第六四号	叶先圻
第六五号	詹联芳	第六六号	吴树枬
第六七号	邹凌沅	第六八号	蔡允升
第六九号	黄兰芳	第七十号	郭赓平
第七一号	黄以虚	第七二号	傅寿康
第七三号	郭志仁	第七四号	李耀宗
第七五号	曾纪良	第七六号	黄大埙

第七七号	孙振渭	第七八号	陈永懋
第七九号	黎景淑	第八十号	钟子荣
第八一号	叶　鑫	第八二号	蔡如璋
第八三号	邹安孟	第八四号	梁凤岐
第八五号	罗　桢	第八六号	黄鸿烈
第八七号	余仲田	第八八号	董道修
第八九号	周扬烈	第九十号	欧阳霖
第九一号	谢增龄	第九二号	聂传曾
第九三号	张拜扬	第九四号	罗　铨
第九五号	谢远涵	第九六号	周　述
第九七号	谢宝德	第九八号	蔡世培
第九九号	周焕奎	第一百号	朱寿慈
第百零一号	徐士信	第百零二号	彭士芸
第百零三号	萧辉锦	第百零四号	罗志清
第百零五号	傅学璟	第百零六号	黄立天

九月初一日午后一时行开会礼式。

到会议员八十四人。

本省行政长、次官抚台冯汝骙、藩台刘春霖、学台王同愈、臬台张检、巡道庆宽、南昌府武玉润、新建县韩兆鸿均莅局。

开会礼式如左：

一、行政长、次官衣冠莅局入行政官憩息室。

二、议员衣冠齐集本局。

三、摇铃开会。

四、行政长、次官、议员行相见礼（三揖），毕，抚台入就监督席，行政官以次入席，议长、议员各就席次。

五、抚台宣诵开会词。

六、议长代表议员致答词。

七、摇铃散会。

附录：

抚台开会词

今日为谘议局第二年常会之期，回溯此一年中诸君担荷代议之责任，热心规画，不遗余力，邦人士庶翕然称之，顾本部院希望于斯局则尤有进焉者。夫议会者，立宪国家专有之物。凡国家立宪，无论何种行政必有一议会焉，以为各项政务取决之地。中央行政取决于国会，地方行政取决于地方议会。吾国谘议局乃一省行政取决之地，地位甚重，责任亦甚重，局中议员能否尽其天职，匪特其议决之政务良否所由分，即全国之安危、地方之荣悴亦系此焉。议员代表舆论之责，少数人之思虑必简单，多数人之思虑必周密，当此开会之时，极宜与各地方之公共团体互相联络、互相研究，有弊者谋所以革除之，有利者谋所以兴办之，利弊参半者谋所以更张之。如财政之紊乱、铜元之充斥，均与国计民生有莫大之关系，极应详细调查妥筹方法；又如筹画地方自治之经费，敦促地方自治之进行，均为目前至急之务，亦应征集大众意见，折衷至当；又如教育、警察、实业等办法均未完备，教育应求实行普及之方，警察应议切实改良之法，实业应如何力谋扩充，此皆为应兴应革更张之重大问题。诸君苟能认定宗旨，详加讨论，斟酌推行尽利之法，则裨益于全省之政治，造福于全省之人民，实非浅鲜。且吾国立宪以九年为预备之期，自此以往七年之中，按照清单应行筹办之事项，若何计画，若何施行，亦宜早为取决。宪政之良否视之，国家之强弱亦视之，责任之重无以过此。深愿诸君振刷精神，和衷共济，毋逞私见，力谋公益，以其国民同蒙宪政之利，日进于文明。本部院虽不敏，窃愿贡其愚忱，为诸君子望，并为斯局之前途祝。

议长议员答词

宣统二年九月朔日，各行省谘议局之设，实始一岁。重届开会之期，江西各议员奉抚部院之召集，百舍重趼，赢粮而趣之，固将宣上德而尽忠孝，抒下情而通讽谕者也。夫前此之所言既已采择而见诸施行矣，则后此之所行者又必为今兹之所言可知也。自顷筹备立宪，畀人民以与闻政事之权，诚以中国幅员辽阔，广谷大川异制，民生其间者，刚柔轻重迟速异宜，上之人虑不能遍观而尽识也，则设立言论机关，对于国家而图富强，对于闾阎而谋乐利，甚盛事也。即以江西一省而论，南连五岭，北界长江，统八十厅州县而计之，地利之肥瘠既殊，五方之风气亦异。自去岁谘议局开会以来，地方利弊经各议员议决暨人民请愿建议之事，不下数百件，一经呈请，大者檄行，小者立变，黄童白叟阖省胪欢虑，莫不引颈延踵以观德化之成。于是向之闭塞者今渐开通，而政治思想益富，士民之讲求公益者日众，则利害之发见者必愈多。而任舆论之枢机者，学识不加长，以无具之窾暗而应进化至赜且速之事变，诚知其难也。远涵暨各议员等承乏其间，深以不克负荷是惧，敢不早夜孜孜，各举所知，以期无忝祝辞之贶?

本日改选审议长。

谢议长主席报告照本局《议事细则》用投票法互选审议长一人。

互选之结果，得当选人如左：

徐凤钧　四十八票。

议　长：谢远涵

书记长：宋名璋

初二日午后一时开会。

到会议员八十三人。

本日互选各类审查员，预定顺序如左：。

一、财政审查员。

二、法律审查员。

三、请议审查员。

四、议员资格审查员。

五、惩罚审查员。

谢议长主席报告照本局《议事细则》第二十八条、二十九条用连记投票法互选财政审查员十九人、法律审查员九人、请议审查员十三人、资格审查员七人、惩罚审查员五人。

七十七号动议，法律审查会事务稍繁，请添举数人，以免迟滞之弊。主席请讨论公决。

讨论终局，三十六号动议，请加额四人，共十三人。

用起立表决法，多数起立，可决三十六号动议。

互选之结果，得当选人如左：

财政审查员十九人：

孙振渭六十一票　罗志清五十七票　邹安孟五十三票　郭回澜四十九票

秦镜中四十九票　陈永懋四十八票　饶熙春四十七票　陈　瀛四十六票

詹联芳四十五票　王明德四十四票　李　隅四十四票　邹凌沅四十二票

袁宗濂四十票　邱　璧三十八票　黄鸿烈三十五票　郭志仁三十五票

熊元锽三十一票　李元复三十票　段方祁二十九票

法律审查员原九人，议加四人，共十三人：

傅寿康六十二票　吴宝田五十一票　贺赞元四十八票　饶正音三十五票

吴士材三十二票　古廷松三十一票　余仲田二十九票　叶润藜十九票

李　隅十九票　黄兰芳十七票　郭志仁十七票　郭回澜十六票

周扬烈十五票

请议审查员十三人：

张履福四十二票　杨存基四十一票　冷开运三十七票　周扬烈三十七票

杨怀芳三十二票　刘芳蕃三十票　曾秀章二十八票　戴书云二十六票

谢增龄二十六票　张　柱二十三票　王显谟二十三票　吴士材二十二票

蔡世培二十二票

资格审查员七人：

王仁煦二十三票　张　柱二十一票　黄　钟十八票　董德渊十七票

杨守洛十六票　段方祁十二票　黎思位十二票

惩罚审查员五人：

邱　璧十七票　罗　桢十五票　张　柱十五票　王仁熙十三票

饶绍唐十三票

按投票后，法律审查员李隅辞，聂传曾补；郭志仁辞，秦镜中补。请议审查员张柱辞，黎思位补；吴士材辞，巫占春补。资格审查员张柱辞，孙桂芳补。惩罚审查员王仁煦辞，陈泰补。

主席报告本日散会时已过，应散会，日表所定本日各类审查员互选审查长及理事，拟改至初五日开各类审查会时互选。请公决。

全体赞成。

六时散会。

议　长：谢远涵

书记长：宋名璋

初三日午后一时开会。

到会议员八十三人。

本日应行会议之议题：

报告常驻议员协议事件。

报告本局第一年度经费事件。

宣布抚部院交议案：

一、财政

甲、提议本省岁出入预算事件。

乙、提议本省税法及公债事件。

丙、提议本省担任义务之增加事件。

二、学务

甲、提议本省教育经费。

三、司法

甲、提议各厅州县设立地方审判厅。

四、民政

甲、提议统筹全省巡警经费。

乙、提议划分巡警区域。

丙、提议限制钱店妄出钱钞。

丁、提议调查地方财政办法。

五、实业

甲、提议筑堤开塘以兴水利。

谢议长主席报告常驻议员协议事件，自上年十一月初七日起，至本年八月二十二日止，共开协议三十三次，代呈人民请议事件一百起，业经刷印通告无庸逐件宣布，但中有数件应先提出讨论：

一、建筑本局议事厅，协议派员调查招匠估工，呈报抚台请拨建筑诸费，奉抚照会须开具承修员衔名，详造估册，请公决。

讨论终局，四十七号动议，此事如本局不担任，由官场委员承修，恐浮费多而工程坏，将来呈覆只说议决由局饬匠承修，本局常驻议员共负监工之责。

用起立表决法，多数起立，可决四十七号动议。

二、代表团及联合会《国民公报》认摊公费并代表汪君旅行旅居各费均经协议公决，在正副议长常驻议员公费项下自四月起照扣一成，以资应用，现仍不〈不〉敷银五百余两，请决议弥补之法。

讨论终局，三号动议，以后仍应照旧办理，于公费项下减支一成备用。

用起立表决法，多数起立，可决三号动议。

主席报告本局第一年度经费事件，兹将按月报销清册宣布，已另印总表，俟印出后分送定期审查，至常驻议员公费有久不到局者应否支给，亦请公决。

讨论终局，三十六号动议，请假逾两月以外，旷职过久，应扣除公费。

用起立表决法，多数起立，可决三十六号动议。

主席报告宣布抚台发交议案，请讨论公决。

一、本省岁出入豫算事件。

讨论终局，六十四号动议，应呈请抚台奏催部交并电请资政院代催。

用起立表决法，多数起立，可决六十四号动议。

主席报告本日散会时已过，应散会，日表所定宣布抚台交议全案，业经印送，拟即作为已行宣布，应否交审查会，请公决。

全体赞成交审查会。

六时散会。

议　长：谢远涵

书记长：宋名璋

初四日午后一时开会。

到会议员八十六人。

本日应行会议之议题：

宣布抚部院交议会议政务处咨行各省酌量筹办工抚、平粜、当田三事案。

覆议抚批本局上届呈请裁并厘卡案。

覆议抚批本局上届呈请改良《官纸专卖章程》案。

覆议抚批本局上届呈请通饬各府厅州县宣告决算罚款案。

覆议抚部院照复本局上届呈请咨商督部堂盐斤加价分拨销盐省分案。

谢议长主席报告宣布抚台交议会议政处咨行各省酌量筹办工抚、平粜、当田三事案，请讨论公决。

讨论终局，四十一号动议，应交审查会。

用起立表决法，多数起立，可决四十一号动议。

主席报告覆议抚批本局上届呈请裁并厘卡案，请讨论公决。

讨论终局，一号动议，此案须由各府议员中公推一二人组织特别审查会，各就地方情形详细审查。

用起立表决法，多数起立，可决一号动议。

七十七号动议，鄙人与三十六号对于厘税案各一件，可否附入覆议厘卡案归并审查，主席请讨论公决。

讨论终局，六十四号动议，应照本局《议事细则》第七条变更议事日表，再行提议归并。

九十二号动议，鄙人与四十六号对于统税改征洋码案各一件，事关紧要，应提前开议，主席请讨论公决。

讨论终局，六十四号动议，仍应照章，变更初六日以后议事日表再行提出。

用起立表决法，多数起立，可决六十四号动议。

七十三号动议，鄙人提出请抚台订定答覆公布期限案一件，事关局权，亦应提前开议，主席请讨论公决。

讨论终局，六十四号动议，请变更日表，初六日提出。

用起立表决法，多数起立，可决六十四号动议。

主席报告覆议抚批本局上届呈请改良《官纸专卖章程》案，请讨论公决。

讨论终局，七十七号动议，应交审查会。

用起立表决法，多数起立，可决七十七号动议。

主席报告覆议抚批本局上届呈请通饬各府厅州县宣告决算罚款案，请讨论公决。

讨论终局，六十四号动议，仍应呈请通饬实行榜示。

用起立表决法，多数起立，可决六十四号动议。

主席报告覆议抚台照复本局上届呈请咨商制台盐觔加价分拨销盐省分案，请讨论公决。

讨论终局，七十六号动议，仍应就制台原批驳诘。

用起立表决法，多数起立，可决七十六号动议。

六时散会。

议　长：谢远涵

书记长：宋名璋

初五日午后一时开各类审查会，用投票法互选审查长及理事。

互选之结果，得当选人如左：

财政审查会：

审查长　詹联芳

理　事　孙振渭

法律审查会：

审查长　傅寿康

理　事　饶正音

请议审查会：

审查长　张履福

理　事　戴书云

资格审查会：

审查长　王仁煦

理　事　黎思位

惩罚审查会：

审查长　张　柱

理　事　饶绍唐

初六日午后一时开会。

到会议员八十八人。

本日应议之议题：

覆议抚部院照复本局上届呈请饬查各县仓基地租案。

覆议抚部院照复本局上届呈请增删土牌照捐章程已据巡警道禁烟公所逐条议覆案。

覆议抚批本局上届呈请删改税契章程案。

覆议抚批本局上届呈报议决发交巡警道陆路交通案。

提议吴宝田君质问统税改收洋码案。

提议聂传曾君请统税暂缓改收洋码案。

提议孙振渭君裁并厘卡宜再呈请实行案。

提议李隅君改良厘税案。

提议郭志仁君请抚部院订定答覆公布期限案。

谢议长主席报告覆议抚台照复本局上届呈请饬查各县仓基地租案，请讨论公决。

讨论终局，一号动议，应交审查会。

用起立表决法，多数起立，可决一号动议。

主席报告覆议抚台照复本局上届呈请增删膏土牌照捐章程案，请讨论公决。

讨论终局，七十七号动议，应交审查会。

用起立表决法，多数起立，可决七十七号动议。

主席报告覆议抚批本局上届呈请删改税契章程案，请讨论公决。

讨论终局，六十四号动议，备文质问司局议详之结果，请抚台确实答覆，俟答覆后再行审查。

用起立表决法，多数起立，可决六十四号动议。

主席报告覆议抚批本局上届呈报议决发交巡警道陆路交通案，请讨论公决。

讨论终局，七十七号动议，本局早经催取章程图说，俟取到后，须交审查会审查。

用起立表决法，多数起立，可决七十七号动议。

主席报告提议吴宝田君质问统税改收洋码案、聂传曾君请统税暂缓改收洋码案，事关紧要，似应开审议会详加讨论，请公决。

全体赞成，即时开审议会讨论。

开审议会，议长退就议员席次。

审议长主席提议吴、聂两君议案，请讨论公决。

讨论终局，审议长请议长复席。

议长主席报告审议之结果，请公决。

甲、径呈资政院。

乙、质问抚台。

用投票表决法在场投票，议员七十七人，从甲说者五十七票，多数可决。

主席报告本日散会时已过，应散会，日表所定提议孙振渭君裁并厘卡宜再呈请实行案、李隅君改良厘税案、郭志仁君请抚部院订定答覆公布期限案，业经印送，拟即作为已经提议，应否交审查会，请公决。

全体赞成交审查会。

六时四十分散会。

议　长：谢远涵

书记长：宋名璋

初七日星期休会。

初八日午后一时开会。

到会议员八十八人。

本日应行会议之议题：

覆议抚批本局上届呈报议决发交布政司提出印花税则案。

覆议抚批本局上届呈报议决胥差讼费案。

覆议抚部院照复本局上届呈请核减运商岸价及官贴盐厘拨归地方公用案。

覆议抚批本局上届呈请通饬严禁各乡村勒粜禁米案。

提议孙振渭君修正本局旧订规则案。

提议王仁煦君州县公文应予民与知案。

提议黄钟君谘议局议决案件宜实行以取民信案。

提议杨怀芳君改良禁烟分所办法案。

提议罗桢君改良禁烟办法案。

谢议长主席报告覆议抚批本局上届呈报议决发交布政使提出印花税则案，请讨论公决。

讨论终局，六十四号动议，抚批有“单行章程取决众论”之语，此项章程上届并未交议，何从修改增删，仍应要求交议。

用起立表决法，多数起立，可决六十四号动议。

主席报告覆议抚批本局上届呈报议决胥差讼费案，请讨论公决。

讨论终局，六十四号动议，赣、皖情形虽异，人民受害则同，且新律颁行照筹备单尚须迟至宣统五年，正宜暂定一种单行章程以救目前弊害，应仍执前议。

用起立表决法，多数起立，可决六十四号动议。

主席报告覆议抚台照复本局上届呈请核减运商岸价及官贴盐厘拨归地方公用案，请讨论公决。

讨论终局，七十三号动议，应交审查会拟定进行手续。

用起立表决法，多数起立，可决七十三号动议。

主席报告覆议抚批本局上届呈请通饬严禁各乡村勒粜禁米案，请讨论公决。

讨论终局，三号动议，应照批再请严饬实行。

用起立表决法，多数起立，可决三号动议。

主席报告提议孙振渭君修正本局旧订规则案，请讨论公决。

讨论终局，六十四号动议，此案内容全系本局内部事件，似不必作为议案。

用起立表决法，多数起立，可决六十四号动议。

主席报告提议王仁煦君州县公文应予民与知案、黄钟君谘议局议决案宜实行以取民信案，请讨论公决。

讨论终局，六十四号动议，直省谘议局联合会有《法令公布规则》草案，可连同王、黄两君案并交审查会。

用起立表决法，多数起立，可决六十四号动议。

主席报告提议杨怀芳君改良禁烟分所办法案、罗桢君改良禁烟办法案，此两案均系法律问题，应否交审查会，请公决。

全体赞成交审查会。

六时散会。

议　长：谢远涵

书记长：宋名璋

初九日午后一时开会

到会议员八十一人

本日应行会议之议题：

覆议抚批本局上届呈请维持司法独立案。

覆议抚批本局上届呈请续开绅班司法讲习科案。

覆议抚部院照复本局上届呈请饬将捐照发交各厅州县以便领换案。

覆议抚批饬布政司照复本局上届呈报议决建昌县迭遭水患请饬地方官查明办理案。

提议孙振渭君议呈请代奏恳求速开国会以救危亡案。

提议吴宝田君请求抚部院奏开国会案。

提议李隅君征收地方税办法案。

提议段方祁君请裁革丁漕卷尾以祛积弊案。

谢议长假黄副议长代理主席报告，法律审查员额议增四名，照章以票数次多者递补，高玉松九票，刘芳蕃九票，王明德八票，巫占春八票，均当选。

主席报告覆议抚批本局上届呈请维持司法独立案，请讨论公决。

讨论终局，六十四号动议，现在《法院编制法》已经颁布，考试法官亦将分发来省，首县兼充之问题当然消灭，本局自可不执前议。

用起立表决法，多数起立，可决六十四号动议。

主席报告覆议抚批本局上届呈请续开绅班司法讲习科案，请讨论公决。

讨论终局，六十四号动议，推广别科于学问深造及毕业资格两方面均能顾到，办法甚是，毋庸再执前议。

用起立表决法，多数起立，可决六十四号动议。

主席报告覆议抚批本局上届呈请饬将捐照发交各厅州县以便领换案，请讨论公决。

讨论终局，三号动议，应请照批实行，不执前议。

用起立表决法，多数起立，可决三号动议。

主席报告覆议抚批饬布政司照复本局上届呈请议决建昌县迭遭水患请饬地方官查照办理案，请讨论公决。

讨论终局，六十四号动议，事隔经年，情形变更，自无前议可执。

用起立表决法，多数起立，可决六十四号动议。

主席报告提议孙振渭君议呈请代奏恳求速开国会以救危亡案、吴宝田君请求抚部院奏开国会案，请讨论公决。

讨论终局，六十四号动议，应即作为本局议员建议案，公推孙、吴二君起草。

用起立表决法，多数起立，可决六十四号动议。

主席报告提议李隅君征收地方税办法案，请讨论公决。

讨论终局，三号动议，应交审查会。

用起立表决法，多数起立，可决三号动议。

主席报告提议段方祁君请裁革丁漕卷尾以祛积弊案，请讨论公决。

讨论终局，七十四号动议，应呈请通饬各属一律严禁。

用起立表决法，多数起立，可决七十四号动议。

六时散会。

副议长：黄大埙

书记长：宋名璋

初十日午后一时开各类审查会。

十一日午后一时开会。

到会议员八十五人。

本日应行会议之议题：

宣布财政审查会报告书，讨论公决。

提议王仁煦君对于抚部院交议税法公债事件修正案。

提议孙振渭君改良本省税法修正案。

提议王仁煦君对于抚部院交议本省担任义务增加事件修正案。

提议饶熙春君本省经费当从大者远者设法预筹案。

提议谢联珏君教育经费修正案。

提议唐阜昌君本省教育经费修正案。

提议李隅君教育经费修正案。

提议李隅君各厅州县设立地方审判厅修正案。

提议李隅君统筹全省巡警经费修正案。

提议唐阜昌君全省巡警经费修正案。

提议王仁煦君统筹全省巡警经费修正案。

提议冷开运君请饬地方官会绅平粜以靖民心案。

谢议长主席报告宣布财政审查会报告书，请讨论公决。

讨论终局，六十二号动议，应呈明预算册未交本局，对于交议各案无从置议，并催请速交预算案。

用起立表决法，多数起立，可决六十二号动议。

主席报告提议王仁煦君对于抚部院交议税法公债事件修正案、孙振渭君改良本省税法修正案、王仁煦君对于抚部院交议本省担任义务增加事件修正案，请讨论公决。

讨论终局，用起立表决法，多数起立，公决改为意见书，交审查会归并原案审查，以省手续。

主席报告提议饶熙春君本省经费当从远者大者设法预筹案，请讨论公决。

讨论终局，用起立表决法，少数起立，本案经否决。

主席报告提议谢联珏君教育经费修正案、唐阜昌君本省教育经费修正案、李隅君教育经费修正案、李隅君各厅州县设立地方审判厅修正案、李隅君统筹全省巡警经费修正案、唐阜昌君全省巡警经费修正案、王仁煦君统筹全省巡警经费修正案共七件，仍应一律改为意见书，分别交各类审查会归并原案审查，请公决。

多数赞成。

主席报告提议冷开运君请饬地方官会绅平粜以靖民心案，请讨论公决。

讨论终局，用起立表决法，多数起立，公决交审查会附入抚台交议工抚、平粜、当田三事案归并审查。

五时散会。

议　长：谢远涵

书记长：宋名璋

十二日午后一时开会。

到会议员八十二人。

本日应行会议之议题：

提议李隅君划分巡警区域修正案。

提议李隅君调查地方财政修正案。

提议孙振渭君改良《日日官报》案。

提议李隅君自治会应附设禁烟会、拒赌会、平和会案。

提议吴宝田君疏浚水道案。

提议邱和鸣君高等小学教授专用学部审定本不必刷印讲义以节縻费案。

提议陈瀛君推广初等小学案。

提议孙振渭君归并官纸印刷所以维持图书馆案。

谢议长主席报告提议李隅君划分巡警区域修正案、调查地方财政修正案，仍应一律改为意见书，交审查会归并原案审查，请公决。

多数赞成。

主席报告提议孙振渭君改良《日日官报》案，请讨论公决。

讨论终局，六十四号动议，本案应注重官报为公布机关，不能专就私人营业上干涉，应附公布案交审查会归并审查。

用起立表决法，多数起立，可决六十四号动议。

主席报告提议李隅君自治会应附设禁烟会、拒赌会、平和会案，请讨论公决。

讨论终局，用起立表决法，多数起立，可决本案。

主席报告提议吴宝田君疏浚水道案，请讨论公决。

讨论终局，一号动议，请作为意见书，附筑堤开塘以兴水利案交审查会归并审查。

用起立表决法，多数起立，可决一号动议。

主席报告提议邱和鸣君高等小学教授专用学部审定本不必印刷讲义以节縻费案，请讨论公决。

讨论终局，四十一号动议，提学司早经通饬，且各小学堂除离省最远各属外均已实行，似可无庸呈请。

用起立表决法，多数起立，可决四十一号动议。

主席报告提议陈瀛君推广初等小学案，请讨论公决。

讨论终局，三十六号动议，此案注重在经费，似应附教育经费案交审查会归并审查。

用起立表决法，多数起立，可决三十六号动议。

主席报告提议孙振渭君归并官纸刷印所以维持图书馆案，请讨论公决。

讨论未决。

六时四十分散会。

议　长：谢远涵

书记长：宋名璋

十三日午后一时开会

到会议员八十三人

本日应行会议之议题：

宣布财政审查会报告覆议改良官纸专卖案，讨论公决。

宣布财政审查会报告覆议请拨运商岸价及官贴盐厘案，讨论公决。

提议谢增龄君请实行裁撤门丁以除民蠹案。

提议陈瀛君保护农业推广试验场案。

提议段方祁君请移莠民以实边地案。

提议杨存基君请停花捐案。

提议蔡允升君禁止盗伐森林案。

提议程远大君议绝烟赌根株必严惩泛守委员及各衙役（循）〔徇〕私包庇案。

提议张柱君清理广信合府船埠案。

提议谢宝德、饶正音君续请实行饬遵部咨整顿丁漕案。

提议李元复君统筹财政经费案。

提议陈瀛君推广工艺院案。

谢议长主席报告宣布财政审查会审查覆议改良官纸专卖案报告书，请讨论公决。

讨论终局，六十四号动议，应就抚批官业及成本二理由申辨，并将审查报告中所有縻费各节证明之，仍执前议。

用起立表决法，多数起立，可决六十四号动议。

主席报告宣布财政审查会审查覆议请拨运商岸价及官贴盐厘案报告书，请讨论公决。

讨论终局，用起立表决法，多数起立，可决审查会报告，改电为函。

主席报告提议谢增龄君请实行裁撤门丁以除民蠹案，请讨论公决。

讨论终局，用起立表决法，多数起立，可决本案。

主席报告提议陈瀛君保护农业推广试验场案，请讨论公决。

讨论终局，用起立表决法，多数起立，公决交审查会审查。

四十一号临时动议，本日日表蔡允升君禁止盗伐森林案，似应附前案交审查会归并审查，九十二号赞成。

用起立表决法，多数起立，可决四十一号动议。

主席报告提议段方祁君请移莠民以实边地案，请讨论公决。

讨论终局，用起立表决法，少数起立，本案经否决。

主席报告提议杨存基君请停花捐案，请讨论公决。

讨论终局，用起立表决法，少数起立，本案经否决。

主席报告提议程远大君议绝烟赌根株必严惩泛守委员及各衙役徇私包庇案，请讨论公决。

讨论终局，用起立表决法，多数起立，公决请查照上届烟赌案内所陈各种弊端，严饬实行。

主席报告提议张柱君清理广信合府船埠案，请讨论公决。

讨论终局，六十四号动议，既系广信合府公产，可援馆覆于大臣折解释权利存废一条，照案呈请秉公断结。

用起立表决法，多数起立，可决六十四号动议。

主席报告提议谢宝德、饶正音君续请实行饬遵部咨整顿丁漕案，请讨论公决。

讨论终局，四十七号动议，应质问上届丁漕案行司协议之结果。

用起立表决法，多数起立，可决四十七号动议。

主席报告提议李元复君统筹财政经费案，似应一律改为意见书，附抚交财政案交审查会归并审查。

全体赞成。

主席报告提议陈瀛君推广工艺院案，请讨论公决。

讨论终局，多数起立，公决由本人拟定章程再交审查。

六时散会。

议　长：谢远涵

书记长：宋名璋

十四日星期休会

十五日下午一时开会

到会议员八十八人

本日应行会议之议题：

宣布法律审查会报告订定答覆公布期限案，讨论应否开第二读会。

宣布法律审查会报告公文予民预知案，讨论应否开第二读会。

宣布法律审查会报告本局议决案宜实行以取民信案，讨论应否开第二读会。

提议高玉松君税契质疑案。

提议欧阳勷君江西（账）〔赈〕捐请仍旧减成以广招徕案。

提议黎思位君请缓建筑议场以节縻费案。

提议蔡世培君请拨赣州五城门税归南、赣、宁师范学堂经费案。

提议饶正音君请革除借征契税浮收扰民积弊案。

提议李隅君禁止州县官给发灾民路票案。

提议黄兰芳君改安义县就近隶南昌府属以便行政案。

提议段方祁君请改铜元局为大工厂案。

提议程远大君整顿学堂案。

谢议长主席报告宣布法律审查会审查议案三件报告书，应否即开第二读会，请公决：

一、郭志仁君订定答覆公布期限案。

一、王仁熙君州县公文予民与知案。

一、黄钟君本局议决案宜实行以取民信案。

多数赞成，即开第二读会，主席请讨论公决。

讨论终局，六十四号动议，似应仍交审查会连同改良官报案及联合会规则合并审查，拟定完备条文再开第三读会。

用起立表决法，多数起立，可决六十四号动议。

主席报告提议高玉松君税契质疑案，请讨论公决。

讨论终局，三十六号动议，应交审查会。

用起立表决法，多数起立，可决三十六号动议。

主席报告提议欧阳勦君江西赈捐请仍旧减成以广招徕案，请讨论公决。

讨论终局，用起立表决法，少数起立，本案经否决。

主席报告提议黎思位君请缓建筑议场以节縻费案，请讨论公决。

讨论终局，用起立表决法，少数起立，本案经否决。

主席报告提议蔡世培君请拨赣州五城门税归南、赣、宁师范学堂经费案，请讨论公决。

讨论终局，三十一号动议，似宜质问上届抚台照会所称札饬张守查复之结果，再议对付方法。

用起立表决法，多数起立，可决三十一号动议。

主席报告提议饶正音君请革除借征契税浮收扰民积弊案，似应归并税契质疑案交审查会，请公决。

多数赞成。

主席报告提议李隅君禁止州县官给发灾民路票案，请讨论公决。

讨论终局，十三号（提）〔动〕议，应绝对禁止。

用起立表决法，多数起立，可决十三号动议。

主席报告提议黄兰芳君改安义县就近隶南昌府属以便行政案，请讨论公决。

讨论终局，用起立表决法，少数起立，本案经否决。

主席报告提议段方祁君请改铜元局为大工厂案，请讨论公决。

讨论终局，用起立表决法，少数起立，本案经否决。

主席报告提议程远大君整顿学堂案，本人自请取消。

多数认可。

六时散会。

议　长：谢远涵

书记长：宋名璋

十六日午后一时开各类审查会。

十七日午后一时开会。

到会议员八十一人。

本日应行会议之议题：

宣布法律审查会报告审查抚部院交议各厅州县设立地方审判厅案，讨论应否开第二读会。

提议秦镜中君改良全省巡警宜注重教育案。

提议王宝光君实行惩办拐卖案。

提议黄念鑫、周述君续请提南安府沿用军需名目所抽纸捐归作自治经费案。

宣布请议审查会报告提议杨承熙等请议裁王家渡子口案。

宣布请议审查会报告提议李文涛等请议遵旨改屯为民借筹自治经费案。

宣布请议审查会报告提议颜承烈等请议萍乡县城议事会议长文治熙被县剥夺辩诬案。

提议古廷松君推行新政当加严州县功过案。

提议陈瀛君推广乡镇警察案。

谢议长主席报告宣布法律审查会审查抚部院交议各厅州县设立地方审判厅案报告书，应否即开第二读会，请公决。

多数赞成，即开第二读会，主席请讨论公决。

讨论终局，六十四号动议，既无办法或即认为咨询事件，惟原案注重筹款一层，现在一切组织设备之法尚未筹拟预算，本局只好以从缓置议申覆之。

用起立表决法，多数起立，可决六十四号动议。

主席报告提议秦镜中君改良全省巡警宜注重教育案，请讨论公决。

讨论终局，用起立表决法，少数起立，本案经否决。

主席报告提议王宝光君实行惩办拐卖案，请讨论公决。

讨论终局，用起立表决法，少数起立，本案经否决。

主席报告提议黄念鑫、周述君续请提南安府沿用军需名目所抽纸捐归作自治经费案，请讨论公决。

讨论终局，六十四号动议，应质问上届议案奉批饬查之结果。

用起立表决法，多数起立，可决六十四号动议。

主席报告宣布请议审查会提出杨承熙等请议裁王家渡子口案，请讨论公决。

讨论终局，用起立表决法，多数起立，可决本案。

主席报告宣布请议审查会提出李文涛等请议遵旨改屯为民借筹自治经费案，请讨论公决。

讨论终局，用起立表决法，多数起立，可决本案。

主席报告宣布请议审查会提出颜承烈等请议萍乡县城议事会议长文治熙被县剥夺辩诬案，请讨论公决。六十四号、四十七号、七十九号均请照局章三十八条回避。

讨论终局，用起立表决法，多数起立，可决本案。

主席报告提议古廷松君推行新政当加严州县功过案，请讨论公决。

讨论终局，用起立表决法，少数起立，本案经否决。

主席报告提议陈瀛君推广乡镇警察案，请讨论公决。

讨论终局，用起立表决法，少数起立，本案经否决。

六时散会。

议　长：谢远涵

书记长：宋名璋

十八日午后一时开会。

到会议员七十九人。

本日应行会议之议题：

宣布特别审查会报告书，讨论公决。

提议谢增龄君请清厘税契积弊改为官督绅办案。

提议叶润藜君《城镇乡地方自治章程》质疑案。

提议蔡允升君推广乡镇商会案。

提议傅学璟君商巡苛扰谨拟减价敌私兼筹并顾案。

提议王宝光君修缮道路桥梁办法案。

提议张柱君速行改良监狱案。

提议蔡允升君改良建昌县渔业案。

提议杨存基君请立放足会案。

提议蔡允升君平工价案。

谢议长主席报告宣布特别审查会审查议案三件报告书，请讨论公决：

一、抚交筑堤开塘以兴水利案。

一、李隅君改良厘税案。

一、孙振渭君呈请裁并厘卡实行案。

讨论终局，用起立表决法，多数起立，可决审查会报告。

主席报告提议谢增龄君请清厘税契积弊改为官督绅办案，请讨论公决。

讨论终局，六十一号动议，应交审查会酌定办法。

用起立表决法，多数起立，可决六十一号动议。

主席报告提议叶润藜君《城镇乡地方自治章程》质疑案，请讨论公决。

讨论终局，三号动议，应交审查会。

用起立表决法，多数起立，可决三号动议。

主席报告提议蔡允升君推广乡镇商会案，请讨论公决。

讨论终局，用起立表决法，少数起立，本案经否决。

主席报告提议傅学璟君商巡苛扰谨拟减价敌私兼筹并顾案，请讨论公决。

讨论终局，用起立表决法，少数起立，本案经否决。

主席报告提议王宝光君修缮路道桥梁办法案，请讨论公决。

讨论终局，用起立表决法，少数起立，本案经否决。

主席报告提议张柱君速行改良监狱案，请讨论公决。

讨论终局，用起立表决法，多数起立，可决全案。

主席报告提议蔡允升君改良建昌【县】渔业案，请讨论公决。

讨论终局，用起立表决法，少数起立，本案经否决。

主席报告提议杨存基君请立放足会案，请讨论公决。

讨论终局，用起立表决法，少数起立，本案经否决。

主席报告提议蔡允升君平工价案，请讨论公决。

讨论终局，用起立表决法，少数起立，本案经否决。

六时三十分散会。

议　长：谢远涵

书记长：宋名璋

十九日午后一时开各类审查会。

二十日午后一时开会。

到会议员八十七人。

本日应行会议之议题：

宣布法律审查会报告抚部院交议工抚、平粜、当田三事案，讨论公决应否开第二读会。

提议吴承志君请速于征收漕米限内电致各府饬令州县不准抑勒洋价以苏民命案。

提议孙振渭君漕米浮收应呈请严禁案。

提议饶熙春君再提铅山县丁漕亩捐浮收案。

提议饶绍唐君续请丁漕税契实行通饬不准抑勒加增案。

提议谢宝德君宜分别缓急以定议事之先后案。

提议谢联珏君续请裁撤门丁亲兵案。

提议谢大光君裁革差役改用巡兵实行新政以苏民困案。

提议孙桂芳、曾沂春君盐务员丁舞弊殃民应请行政长官实行整顿案。

提议周焕奎、罗铨君请核实州县财政册报以为预算基础案。

提议黎思位君指陈地方利弊请抚部院通饬兴革以培元气案。

谢议长主席报告宣布法律审查会审查抚交工抚、平粜、当田三事案，并拟修改本省仓谷新章报告书，应否即开第二读会，请公决。

多数赞成，即开第二读会，主席请逐条讨论公决审查会修改条项：

原章第一条

讨论终局，用起立表决法，少数起立，否决审查会报告。

原章第二条

讨论终局，用起立表决法，多数起立，可决审查会报告。

原章第三条

讨论终局，用起立表决法，多数起立，可决审查会报告。

原章第四条

讨论终局，用起立表决法，多数起立，可决审查会报告。删去先期由经管查明造册以便至期借放一层，改为第二条。

新增第三条

讨论终局，用起立表决法，多数起立，可决审查会报告。并须加入抵押一层。

新增第四条

讨论终局，用起立表决法，多数起立，可决审查会报告。

原章第五条

讨论终局，用起立表决法，多数起立，可决审查会报告。

原章第六条

讨论终局，用起立表决法，多数起立，可决审查会报告。修改作为第五条。

新增第六条

讨论终局，用起立表决法，少数起立，否决审查会报告。

七十六号动议，应另立一条：地方官盘查仓谷时必须自备夫马，不得有胥差需索等弊。云云。

用起立表决法，多数起立，可决七十六号动议。

原章第七条至第十二条

讨论终局，用起立表决法，多数起立，可决审查会报告。均照原章。

主席请公决应否作为第三读会同日举行。

多数赞成。

主席报告提议吴承志君请速于征收漕米限内电致各府饬令州县不准抑勒洋价以苏民命案、饶绍唐君续请丁漕税契实行通饬不准抑勒加增案、饶熙春君再提铅山县丁漕【亩捐】浮收案，请讨论公决。

讨论终局，三十六号动议，应交审查会。

用起立表决法，多数起立，可决三十六号动议。

主席报告提议孙振渭君漕米浮收应呈请严禁案，请讨论公决。

讨论终局，用起立表决法，多数起立，可决本案。

主席报告提议谢宝德君请分别缓急定议事之先后案，此系本局内部之事，惟办法一层拟汇齐质问以省手续，请公决。

多数赞成。

主席报告提议谢联珏君续请裁撤门丁亲兵案、谢大光君裁革（胥）〔差〕役改用巡兵实行新政以苏民困案，请讨论公决。

讨论终局，用起立表决法，少数起立，否决两案。

主席报告提议孙桂芳、曾沂春君盐务员丁舞弊殃民应请行政长官实行整顿案，请讨论公决。

讨论终局，一号动议，应交审查会。

用起立表决法，多数起立，可决一号动议。

主席报告提议周焕奎、罗铨君【请】核实州县财政册报以为预算基础案，请讨论公决。

讨论终局，一号动议，应作为意见书交财政审查会，以为审查预算参考之用。

用起立表决法，多数起立，可决一号动议。

主席报告提议黎思位君指陈地方利弊请抚部院通饬兴革以培元气案，请讨论公决。

讨论终局，用起立表决法，少数起立，本案经否决。

六时三十分散会。

议　长：谢远涵

书记长：宋名璋

二十一日星期休会。

二十二日下午一时开会。

到会议员九十二人。

谢议长报告公议用投票法选举会议厅审查员。

选举之结果，得当选人如左：

郭回澜	六十五票	孙振渭	五十四票
欧阳溥存	四十七票	龙钟洢	四十三票
孔绍尧	三十七票	谢佩贤	三十六票
魏斯炅	三十三票	谢溥荫	三十票
刘凤起	二十四票	段方祁	二十四票

二十三日下午一时开各类审查会。

二十四日下午一时开会。

到会议员八十八人。

本日应行会议之议题：

提议邱和鸣君改良乡市赛会旧习为实行禁赌之一端案。

提议蔡允升君画一度量权衡案。

宣布请议审查会报告提议饶师孟等请议禁止山下渡卡于统税完纳外别立名目勒索钱文案。

宣布请议审查会报告提议罗之言等请议广昌县典史诬良殃民案。

宣布请议审查会报告提议龙审言等请议裁撤珠树潭分口旱卡案。

宣布请议审查会报告提议李翊灼请议保存本省承恩寺古迹案。

宣布请议审查会报告提议刘裕谦等请议照旧裁撤东新两处子口及查验所案。

宣布请议审查会报告提议斐颂墀等请议饬拨万年县崇文堂公款以充公用案。

谢议长主席报告提议邱和鸣君改良乡市赛会旧习为实行禁赌之一端案，请讨论公决。

讨论终局，用起立表决法，少数起立，本案经否决。

主席报告提议蔡允升君画一度量权衡案，请讨论公决。

讨论终局，用起立表决法，少数起立，本案经否决。

主席报告宣布请议审查会提出饶师孟等请议禁止山下渡卡于统税完纳外别立名目勒索钱文案，请讨论公决。

讨论终局，用起立表决法，少数起立，本案经否决。

主席报告宣布请议审查会提出罗之言等请议广昌县典史诬良殃民案，请讨论公决。

讨论终局，用起立表决法，少数起立，本案经否决。

主席报告宣布请议审查会提出龙审言等请议裁撤珠树潭分口旱卡案，请讨论公决。

讨论终局，二十九号动议，应交审查会归并裁厘各案审查。

用起立表决法，多数起立，可决二十九号动议。

主席报告宣布请议审查会提出李翊灼等请议保存本省承恩寺古迹案，请讨论公决。

讨论终局，八十九号动议，案经抚【部】院批准，本局暂无庸议。

用起立表决法，多数起立，可决八十九号动议。

主席报告宣布请议审查会提出刘裕谦等请议照旧裁撤东新两处子口及查验所案，请讨论公决。

讨论终局，四十七号动议，应交审查会。

用起立表决法，多数起立，可决四十七号动议。

主席报告宣布请议审查会提出斐颂墀等请议饬拨万年县崇文堂公款以充公用案，请讨论公决。

讨论终局，用起立表决法，多数起立，可决本案。

六时二十分散会。

议　长：谢远涵

书记长：宋名璋

二十五日午后一时开各类审查会。

二十六日午后一时开会。

到会议员八十九人。

本日应行会议之议题：

宣布特别审查会第二次报告书，讨论公决。

宣布法律审查会报告审查抚部院交议调查地方财政办法案，讨论应否开第二读会。

宣布法律审查会报告审查〈部〉抚【部】院交议划分巡警区域案，讨论应否开第二读会。

宣布法律审查会报告杨怀芳、罗桢君改良禁烟分所办法、禁烟办法案，讨论应否开第二读会。

宣布法律审查会报告审查李隅君征收地方税办法案，讨论公决。

提议戴书云君地方公益捐款责成自治正绅直接经理不可任衙署收存案。

提议高玉松君《城镇乡自治章程》拟请增订附则案。

提议高玉松君城镇乡自治经费拟请酌筹通则案。

提议程远大君提漕米浮收及粮串捐洋价赢余归地方自治经费案。

提议徐凤钧、孙桂芳、曾沂春君拟请呈改乐平、万安漕米每石加收之二百十六文归地方自治经费案。

谢议长主席报告宣布特别审查会第二次报告书，请逐条讨论公决：

第一条

讨论终局，一号动议，应先电商各省。

用起立表决法，多数起立，可决一号动议。

第二条

讨论终局，六十四号动议，五省疏江事务所尚未成立，且本条办法亦多系空言，难即见诸事实，不如暂从缓议。

用起立表决法，多数起立，可决六十四号动议。

第三条、第四条

讨论终局，一号动议，删去“停止薪水，申请撤消”数语；又七十七号动议，漕米加价之款原奏专指修堤，似可加入数语。

用起立表决法，多数起立，可决一号及七十七号动议。

主席报告宣布法律审查会审查抚部院交议划分巡警区域案报告书，应否即开第二读会，请公决。

多数赞成，即开第二读会，主席请讨论公决。

讨论终局，用起立表决法，多数起立，可决审查会报告。

主席请公决应否作为第三读会同日举行。

多数赞成。

主席报告宣布法律审查会审查抚部院交议调查地方财政办法案报告书，应否开第二读会，请公决。

多数赞成，即开第二读会，主席请讨论公决。

讨论终局，用起立表决法，多数起立，可决审查会报告。

主席请公决应否作为第三读会同日举行。

多数赞成。

主席报告宣布法律审查会审查杨怀芳君改良禁烟分所办法案、罗桢君改良禁烟办法案报告书，应否即开第二读会，请公决。

多数赞成，即开第二读会，主席请讨论公决。

讨论终局，一号动议，应俟审查牌照捐案二次报告加入杨、罗二君议案以为确证。

用起立表决法，多数起立，可决一号动议。

主席报告宣布法律审查会审查李隅君征收地方税办法案报告书，请讨论公决。

讨论终局，用起立表决法，多数起立，可决审查会报告。

主席报告提议戴书云君地方公益捐款责成自治正绅直接经理不可任衙署收存案，请讨论公决。

讨论终局，用起立表决法，多数起立，公决交审查会。

主席报告提议高玉松君城镇乡自治经费拟请酌筹通则案，请讨论公决。

讨论终局，用起立表决法，少数起立，本案经否决。

主席报告提议高玉松君《城镇乡自治章程》拟请增订附则案，请讨论公决。

讨论终局，三号动议，应交审查会附李隅君议案归并审查。

用起立表决法，多数起立，可决三号动议。

主席报告提议程远大君提漕米浮收及粮串捐洋价赢余归地方自治经费案，徐凤钧、孙桂芳、曾沂春【君】拟请呈改乐平、万安漕米每石加收之二百十六文归地方自治经费案。

讨论终局，三十四号动议，两案事同，一律均应交审查会合并审查。

用起立表决法，多数起立，可决三十四号动议。

六时四十分散会。

议　长：谢远涵

书记长：宋名璋

二十七日午后一时开各类审查会。

二十八日星期休会。

二十九日午后一时开会。

到会议员九十四人。

本日应行会议之议题：

宣布财政审查会报告审查饶正音等六君整顿丁漕抑勒洋价案，请讨论公决。

宣布法律审查会报告审查各厅州县设立地方审判厅案开，第三读会议决。

提议谢增龄、杨怀芳君请募集公债补助南浔铁路案。

提议巫占春、郭炳谟君妥筹铁路办法案。

提议黄以虚君本省铁路注重派股稍为酌改旧章案。

宣布请议审查会报告提议留东代表朱念祖、文群君妥议铁路办法案。

宣布请议审查会报告提议刘宝寿请议维持商办铁路案。

谢议长主席报告宣布法律审查会审查饶正音等六君整顿丁漕抑勒洋价案报告书，请讨论公决。

讨论终局，六十四号动议，应援《宪法大纲》载明臣民权利义务第八项应照旧输纳等语，将现在抑勒洋价之四十余州县按照局章第二十八条提出官吏违法案。

用起立表决法，多数起立，可决六十四号动议。

主席报告宣布特别审查会审查各厅州县设立地方审判厅案报告书，开第三读会，请讨论公决。

讨论终局，用起立表决法，多数起立，可决审查会报告。

主席报告散会时已届，本日日表所载未议之铁路案数件应重定日表通知，四十七号动议，铁路问题可开一审议会细加研究。

全体赞成，公决三十日即开审议会。

六时散会。

议　长：谢远涵

书记长：宋名璋

三十日午后一时开审议会审议铁路各案。

按本日审议之议事尚未终结，公决初二日续开审议会。

十月初一日午后一时开会。

到会议员九十三人。

本日应行会议之议题：

宣布法律审查会报告审查高玉松、谢增龄、饶正音、饶绍唐四君关于税契除弊案，讨论应否开第二读会。

宣布特别审查会报告审查孙桂芳、曾沂春君盐务员丁舞弊殃民案，讨论公决。

宣布抚部院交议东三省移民殖边案。

宣布抚部院交议抚州徐济东请辟新河以畅出口案。

提议王显谟君另开小河以浚鄱湖实有害无利案。

提议杨怀芳君等征银十一州县画一丁漕征收银价案。

提议饶正音君请饬各属速遵部章设立农会以维农业案。

提议张履福、罗桢君改良巡警宜撤换警官案。

提议王宝光君改良仓谷出陈入新以防霉蠹案。

提议谢济沂君省垣官立公立各学堂招生宽定限期通饬公布案。

提议王仁煦君请组织速记传习所案。

提议王宝光君实行设立师范传习所仿照私塾改良兴办初等小学堂案。

谢议长主席报告宣布法律审查会审查高玉松、谢增龄、饶正音、饶绍唐四君关于税契除弊案报告书，应否开第二读会，请公决。

多数赞成，即开第二读会，主席请讨论公决。

讨论终局，三十八号动议，请公推起草员另行起草。

用起立表决法，多数起立，可决三十八号动议。

主席报告宣布特别审查会审查孙桂芳、曾沂春君盐务员丁舞弊殃民案报告书，请讨论公决。

讨论终局，一号动议，只能呈请通饬严加整顿。

用起立表决法，多数起立，可决一号动议。

主席报告宣布抚部院交议东三省移民殖边案，请讨论公决。

讨论终局，六十四号动议，应认为咨询事件，分别应行调查及咨商并筹定经费各端，详叙理由具文申覆。

用起立表决法，多数起立，可决六十四号动议。

主席报告宣布抚部院交议徐济东请辟新河以畅出口案，请讨论公决。

讨论终局，一号动议，应交审查会。

用起立表决法，多数起立，可决一号动议。

主席报告提议王显谟君另开小河以浚鄱湖实有害无利案，请讨论公决。

讨论终局，用起立表决法，多数起立，公决归并抚交开河案审查。

主席报告提议杨怀芳君等征银十一州县画一丁漕征收银价案附报告表，请讨论公决。

讨论终局，用起立表决法，多数起立，可决全案。

主席报告提议饶正音君请饬各属速遵部章设立农会以维持农业案，请讨论公决。

讨论终局，二十八号动议，应交审查会。

用起立表决法，多数起立，可决二十八号动议。

主席报告提议张履福、罗桢君改良巡警宜撤换警官案，请讨论公决。

讨论终局，六十四号动议，应指明警官腐败实迹，请换用警察毕业生充当方是正办，似尚应交审查会。

用起立表决法，多数起立，可决六十四号动议。

主席报告提议王宝光君改良仓谷出陈入新以防霉蠹案，请讨论公决。

讨论终局，用起立表决法，少数起立，本案经否决。

主席报告提议谢济沂君省垣官立公立各学堂招生宽定限期通饬公布案，请讨论公决。

讨论终局，用起立表决法，少数起立，本案经否决。

主席报告提议王仁煦君请组织速记传习所案，请讨论公决。

讨论终局，用起立表决法，少数起立，本案经否决。

主席报告提议王宝光君实行设立师范传习所仿照私塾改良兴办初等小学堂案，请讨论公决。

讨论终局，用起立表决法，少数起立，本案经否决。

六时三十分散会。

议　长：谢远涵

书记长：宋名璋

初二日午后一时开审议会继续审议铁路各案。

按本日审议之议事仍未终结，公决初四日续开审议会。

初三日午后一时开会。

到会议员八十三人。

本日应行会议之议题：

提议王明德君建局于空出总镇衙门以便交通案。

提议刘芳蕃君请通饬各电局约束巡丁不准诬索乡民案。

提议饶熙春君河口镇帮办警察委员曹葆箴违章欺宪纵警虐民案。

提议傅学璟君浙省边匪充斥扰及玉、广应严行剿办以遏乱源案。

提议黎思位君县主违法勒结缩议员权限名誉案。

宣布请议审查会报告赖登瀛等请议龙南县门丁舞弊索贿案。

宣布请议审查会报告周春茂请议监工委员勒赔冤抑案。

宣布请议审查会报告符国璋请议玉山商务分会总理易兼才受诬被逮案。

宣布请议审查会报告本省区学总校长文景清请议周稽查减少经学钟点违法案。

宣布请议审查会报告晏旭升等请议上高县罚款提归地方公用案。

宣布请议审查会报告涂保庶等请议丰城令纵丁违法案。

谢议长假黄副议长代理主席报告提议王明德君建局于空出总镇衙门以便交通案，请讨论公决。

讨论终局，用投票表决法，在场投票议员七十一人，主迁者四十票，多数，可决本案。

主席报告提议刘芳蕃君请通饬各电局约束巡丁不准诬索乡民案，请讨论公决。

讨论终局，用起立表决法，多数起立，可决本案。

主席报告提议饶熙春君河口镇帮办警察委员曹葆箴违法欺宪纵警虐民案，请讨论公决。

讨论终局，用起立表决法，少数起立，本案经否决。

主席报告提议傅学璟君浙省边匪充斥扰及玉、广应严行剿办以遏乱源案，请讨论公决。

讨论终局，用起立表决法，少数起立，本案经否决。

主席报告提议黎思位君县主违法勒结缩议员权限名誉案，请讨论公决。

讨论终局，用起立表决法，少数起立，本案经否决。

主席报告宣布请议审查会提出赖登瀛等请议龙南县门丁舞弊索贿案，请讨论公决。

讨论终局，用起立表决法，多数起立，可决本案。

主席报告请议审查会提出周春茂请议监工委员勒赔冤抑案，请讨论公决。

讨论终局，三号动议，应交审查会。

用起立表决法，多数起立，可决三号动议。

主席报告宣布请议审查会提出符国璋等请议玉山县商会总理易兼才受诬被逮案，请讨论公决。

讨论终局，六十四号动议，请交审查会。

用起立表决法，多数起立，可决六十四号动议。

主席报告宣布请议审查会提出本省区学总校长文景清请议周稽查减少经学钟点违法案，请讨论公决。

讨论终局，用起立表决法，少数起立，本案经否决。

主席报告宣布请议审查会提出晏旭升等请议上高县罚款提归地方公用案，请讨论公决。

讨论终局，用起立表决法，多数起立，可决本案。

主席报告宣布请议审查会提出涂保庶等请议丰城令纵丁违法案，请讨论公决。

讨论终局，用起立表决法，多数起立，可决本案。

六时散会。

副议长：黄大埙

书记长：宋名璋

初四日午后一时开审议会，继续审议铁路各案。

审议会讨论终局，审议长请议长复席。

谢议长主席报告审议之结果，请公决。

六十四号动议，请公推起草员就审议五案之结果整理贯串，起草维持铁路议案，以便提出公决。

用起立表决法，多数起立，可决六十四号动议。旋推定徐凤钧君为起草员。

六时四十分散会。

议　长：谢远涵

书记长：宋名璋

初五日星期休会。

初六日午后一时开会。

到会议员八十八人。

本日应行会议之议题：

宣布法律审查会修正答覆《公布规则》并改良官报案，开第三读会议决。

提议黎思位君委员骚扰请抚部院饬属以后勿轻下札案。

提议邱和鸣君请实行限制派销书报案。

提议李隅君谘议局议案请照价发售案。

提议罗桢君严杜豢贼诬攀弊窦案。

提议叶栋材君请严禁赣州制造纸牌案。

提议冷开运君请实行禁止演戏将会产拨（兴）〔充〕学务案。

提议黄钟君请实行禁止演戏案。

提议黄兰芳君续请严禁演戏案。

提议谢增龄君请再通饬实行禁绝演戏案。

提议王仁煦君人民对于官府称谓宜加改良案。

谢议长假黄副议长代理主席报告宣布法律审查会修正答覆《公布规则》并改良官报案报告书，开第三读会，请逐条公决。

《公布规则》第一条、第二条

讨论终局，用起立表决法，多数起立，可决审查会报告。

第三条、第四条

讨论终局，九十二号动议，既经电问各省，应俟回电后再行决议。

用起立表决法，多数起立，可决九十二号动议。

第五条至第七条

讨论终局，用起立表决法，多数起立，可决审查会报告。

《改良官报办法》共十二条

讨论终局，四十七号动议，官报格式应仿照《北京政治官报》办法，至各条文中自治事务所均应改为自治公所，十一条各厅州县自治事务所对于官报应尽代派之义务，应改为各厅州县自治公所认为分销官报之机关。其余各条无庸修改。

用起立表决法，多数起立，可决四十七号动议。

主席报告提议黎思位君委员骚扰请抚部院饬属勿轻下札案，请讨论公决。

讨论终局，四十七号动议，应交审查会。

用起立表决法，多数起立，可决四十七号动议。

主席报告提议邱和鸣君请实行限制派销书报案，请讨论公决。

讨论终局，三十六号动议，应交审查会。

用起立表决法，多数起立，可决三十六号动议。

主席报告提议李隅君谘议局议案请照价发售案，请讨论公决。

讨论终局，用起立表决法，少数起立，本案经否决。

主席报告提议罗桢君严杜豢贼诬攀弊窦案，请讨论公决。

讨论终局，用起立表决法，多数起立，可决本案。

主席报告提议叶栋材君请严禁赣州制造纸牌案，请讨论公决。

讨论终局，用起立表决法，少数起立，本案经否决。

主席报告提议提议冷开运君请实行严禁止演戏将会产拨充学务案、黄钟君请实行禁止演戏案、黄兰芳君续请严禁演戏案、谢增龄君请再通饬实行禁绝演戏案，请讨论公决。

讨论终局，用起立表决法，多数起立，可决本案。

主席报告提议王仁煦君人民对于官府称谓宜加改良案，请讨论公决。

讨论终局，用起立表决法，少数起立，本案经否决。

六时散会。

副议长：黄大埙

书记长：宋名璋

初七日午后一时开各类审查会。

初八日午后一时开会。

到会议员九十二人。

本日应行会议之议题：

提议蔡允升君禁止抗阻客业田灌荫案。

提议蔡允升君禁止霸田抗租案。

提议古廷松君禁止迷信风水案。

提议陈焘君请实行严禁邪教以杜后患案。

提议蔡允升君禁止假人命案。

提议黄钟君请严拿讼棍包揽命案借尸诬控案。

提议程远大君请惩公证以清讼源案。

宣布财政审查会报告审查覆议改良官纸专卖案，讨论公决。

宣布财政审查会报告审查抚部院交议本省教育经费案，讨论公决。

宣布财政审查会报告审查抚部院交议统筹全省巡警经费案，讨论公决。

谢议长假黄副议长代理主席报告提议蔡允升君禁止抗阻客业田灌荫案，请讨论公决。

讨论终局，用起立表决法，少数起立，本案经否决。

主席报告提议蔡允升君禁止霸田抗租案，请讨论公决。

讨论终局，用起立表决法，少数起立，本案经否决。

主席报告提议古廷松君禁止迷信风水案，请讨论公决。

讨论终局，用起立表决法，少数起立，本案经否决。

主席报告提议陈焘君请实行严禁邪教以杜后患案，请讨论公决。

讨论终局，六十四号动议，应援馆咨清单第四款，准予公布施行之件逾限未经实行者，照局章二十八条呈请查办。

用起立表决法，多数起立，可决六十四号动议。

主席报告提议蔡允升君禁止假人命案，请讨论公决。

讨论终局，用起立表决法，少数起立，本案经否决。

主席报告提议黄钟君请严拿讼棍包揽命案借尸诬控案，请讨论公决。

讨论终局，用起立表决法，少数起立，本案经否决。

主席报告提议程远大君请惩公证以清讼源案，请讨论公决。

讨论终局，用起立表决法，少数起立，本案经否决。

主席报告宣布财政审查会审查抚部院交议统筹全省巡警经费案报告书，请讨论公决。

讨论终局，用起立表决法，多数起立，可决审查会报告。

主席报告宣布财政审查会审查覆议改良官纸专卖案报告书，请讨论公决。

讨论终局，用起立表决法，多数起立，公决审查会报告除第三条取消外，参用前二条答覆以补足前案理由。

主席报告宣布财政审查会审查抚部院交议本省教育经费案报告书，请逐条讨论公决：

第一条

讨论终局，六十四号动议，请改为以学堂人数与学堂经费为比例以定学堂优劣。

用起立表决法，多数起立，可决六十四号动议。

第二条

讨论终局，用起立表决法，多数起立，可决审查会报告。

第三条

讨论终局，用起立表决法，少数起立，否决审查会报告。

第四条至第六条

讨论终局，用起立表决法，多数起立，可决审查会报告。

六时散会。

副议长：黄大埙

书记长：宋名璋

初九日午后一时开会。

到会议员八十七人。

本日应行会议之议题：

提议刘芳蕃君本省自治筹办处提解各属带收亩捐案。

提议修思永君议请札行九江【关】道宣布船钞税则并革除陋规改订验照期限案。

提议王明德君稽察财政保赋清源以为裕国之本案。

提议廖光墀、古廷松君请办存古学堂案。

提议黄立大君请饬各属征收丁漕每户给予收条案。

宣布请议审查会报告黄启先等请议蠹书违例浮收案。

谢议长主席报告刘芳蕃君本省自治筹办处提解各属带收亩捐案，请讨论公决。

讨论终局，用起立表决法，多数起立，可决本案。认为不能提解。

主席报告提议修思永君【议】请札行九江关道宣布船钞税则并革除陋规改订验照期限案，请讨论公决。

讨论终局，四号动议，应交审查会。

用起立表决法，多数起立，可决四号动议。

主席报告提议王明德君稽察财政保赋清源以为裕国之本案，请讨论公决。

讨论终局，百二号动议，应交审查会。

用起立表决法，多数起立，可决百二号动议。

主席报告提议廖光墀、古廷松【君】请办存古学堂案，请讨论公决。

讨论终局，用起立表决法，少数起立，本案经否决。

主席报告提议黄立大君请饬各属征收丁漕每户给予收条以除中饱案，请讨论公决。

讨论终局，四号动议，应交审查会。

用起立表决法，多数起立，可决四号动议。

主席报告宣布请议审查会提出黄启先等请议蠹书违（法）〔例〕浮收案，请讨论公决。

讨论终局，用起立表决法，少数起立，本案经否决。

六时四十分散会。

议　长：谢远涵

书记长：宋名璋

初十日午后一时开各类审查会。

十一日午后一时开会。

到会议员九十人。

本日应行会议之议题：

宣布法律审查会报告审查冷开运君请饬地方官会绅平粜案，讨论应否开第二读会同日议决。

宣布法律审查会报告审查抚部院交议限制钱店妄出钱钞案，讨论应否开第二读会同日议决。

宣布财政审查会报告审查程远大君提漕米浮收洋价盈余为地方自治经费案，请讨论公决。

宣布财政审查会报告审查调查地方财政事件等案，讨论公决。

宣布特别审查会报告审查抚部院交议辟新河以畅出口案并王显谟君另开小河有害无利案，讨论公决。

宣布抚部院交议奉新监生余家义建议担任义务增加事件案。

宣布请议审查会报告邹建章等请议崇仁县官吏浮收革除积弊案。

宣布请议审查会报告潘士举等请议徐济东请辟新河湖口受害最先案。

宣布请议审查会报告黄儒材、徐信成等请议寨湖桥工妨害行商居民案。

谢议长、黄副议长均假叶副议长代理主席报告宣布法律审查会审查冷开运君请饬地方官会绅平粜案报告书，请讨论公决。

讨论终局，用起立表决法，多数起立，可决审查会报告。

主席报告宣布法律审查会审查抚部院交议限制钱店妄出钱钞案报告书，应否开第二读会，请公决。

二十一号动议，本案既已改交财政审查会，俟财政审查会报告再议。

多数赞成。

主席报告宣布财政审查会审查程远大君提漕米浮收洋价盈余为地方自治经费案报告书，请讨论公决。

讨论终局，二十八号动议，应【请】归并四十一州县违法案，不必另提。

用起立表决法，多数起立，可决二十八号动【议】。

主席报告宣布财政审查会审查调查地方财政事件等案报告书，请逐件讨论公决：

一、关于调查地方财政事件。

讨论终局，一号动议，此案无确定办法，应作为咨询事件，以报告理由呈覆。

用起立表决法，多数起立，可决一号动议。

一、关于税法事件。

丁漕一件

讨论终局，二十八号动议，窒碍甚多，应暂缓议。

用起立表决法，多数起立，可决二十八号动议。

税契一件

讨论终局，用起立表决法，多数起立，可决审查会报告。

统税第一件

讨论终局，七十七号动议，应暂缓议。

用起立表决法，多数起立，可决七十七号动议。

统税第二件

讨论终局，用起立表决法，多数起立，可决审查会报告。

一、关于公债事件。

主席报告现又奉抚台另提公债案照会到局，拟俟提出时合并议决。

多数赞成。

一、关于义务增加事件。

讨论终局，用起立表决法，多数起立，可决审查会报告。

一、关于巡警事件。

讨论终局，用起立表决法，少数起立，否决审查会报告。

一、关于盐政事件。

第一条

讨论终局，用起立表决法，多数起立，可决审查会报告。

第二条

讨论终局，百二号动议，暂从缓议。

用起立表决法，多数起立，可决百二号动议。

一、关于交议预算问题。

讨论终局，一号动议，先将庐陵表册请抄交局核对。

用起立表决法，多数起立，可决一号动议。

一、关于答覆财政出入不敷事件。

讨论终局，用起立表决法，多数起立，可决审查会报告。

主席报告宣布特别审查会审查抚部院交议辟新河以畅出口案并王显谟君另开小河有害无利案报告书，请讨论公决。

讨论终局，用起立表决法，多数起立，可决审查会报告。

主席报告宣布抚部院交议奉新监生余家义建议担任义务增加事件案，请讨论公决。

讨论终局，用起立表决法，少数起立，本案经否决。

主席报告宣布请议审查会提出邹建章等请议崇仁县官吏浮收革除积弊案，请讨论公决。

讨论终局，用起立表决法，多数起立，可决本案。

主席报告宣布请议审查会提出潘士举等请议徐济东请辟新河湖口受害最先案，此案业于抚交开河案内否决，似可无庸再议，请公决。

多数赞成。

主席报告宣布请议审查会提出黄儒材等请议寨湖桥工妨害行商居民案，请讨论公决。

讨论终局，六十号动议，应呈请札饬地方官会同铁路公司查明，妥商善后办法。

用起立表决法，多数起立，可决六十号动议。

六时十分散会。

副议长：叶先圻

书记长：宋名璋

十二日星期休会。

十三日午前九时开会。

到会议员九十八人。

本日应行会议之议题：

宣布抚部院交议募集公债三百万两案，讨论公决。

宣布抚部院交议本省地方行政经费预算案。

宣布法律审查会报告审查叶润黎君《自治章程》质疑案，同日议决。

宣布法律审查会报告【审】【查】戴书云君地方公益捐款责成自治正绅直接经理不可任衙署收存案，同日议决。

宣布特别审查会报告审查覆议裁并厘卡案，讨论公决。

宣布特别审查会报告审查杨承熙、刘裕谦、龙审言等请议裁子口三案，讨论公决。

宣布法律审查会报告审查陈瀛君推广试验场并蔡允升君禁止盗伐森林案、饶正音君请饬各属遵章设立农会议案，同日议决。

宣布法律审查会报告审查黎思位君委员骚扰请饬各属勿轻下札案，同日议决。

宣布法律审查会报告审查修思永君请宣布船关税则并革除陋规改订验照期限案，同日议决。

宣布法律审查会报告审查周春茂请议监工委员勒赔冤抑案，同日议决。

宣布法律审查会报告审查符国璋请议易兼才受诬被逮案，同日议决。

宣布法律审查会报告审查邱和鸣君实行限制派销书报案，同日议决。

宣布特别审查会报告审查张履福、罗桢君改良巡警宜撤换警官案，讨论公决。

宣布特别审查会报告审查王明德君建局于总镇衙门以便交通案，请讨论公决。

宣布特别审查会报告审查覆议饬查仓基地租案，讨论公决。

宣布财政审查会报告审查限制钱店妄出钱钞案，讨论公决。

宣布财政审查会报告审查王明德君稽察财政清赋保源案，讨论公决。

宣布财政审查会报告审查黄立大君饬属征收丁漕给予收条以杜中饱案，讨论公决。

宣布起草员徐凤钧君妥筹本省铁路办法案，讨论公决。

宣布特别审查会报告审查本局决算案，讨论公决。

提议邱璧君革除烟害应请实行禁卖案。

提议杨守洛君振兴工业以厚民生案。

提议王明德君改良征收弊革政举利国利官利民案。

提议王明德君解释馆章纠正议案划清界线保守权限案。

谢议长假黄副议长代理主席报告宣布抚部院交议募集公债三百万两案，请讨论公决。

讨论终局，用起立表决法，少数起立，本案经否决。

主席报告提议抚部院交议本省地方行政经费预算案，请讨论公决。

讨论终局，百二号动议，应呈请交到完全预算案再议。

用起立表决法，多数起立，可决百二号动议。

主席报告宣布法律审查会审查叶润黎君《自治章程》质疑案报告书，请讨论公决。

讨论终局，用起立表决法，多数起立，可决审查会报告。

主席报告宣布法律审查会审查戴书云君地方公益捐款责成自治正绅【直】【接】经理不可任衙署收存案，请讨论公决。

讨论终局，用起立表决法，多数起立，可决审查会报告。

主席报告宣布特别审查会审查覆议裁并厘卡案报告书，请讨论公决。

讨论终局，七十三号动议，照报告书请分三期，以六个月为一期，十八个月内全数裁并。

用起立表决法，多数起立，可决七十三号动议。

主席报告宣布特别审查会审查杨承熙、刘裕谦、龙审言等请裁子口三案报告书，此三案均在裁并厘卡案内，业经表决，似可无庸另议，请公决。

多数赞成。

主席报告宣布法律审查会审查陈瀛君推广试验场（案）〔并〕蔡允升君禁止盗伐森林案、饶正音君请饬各属遵章设立农会案报告书并办法十条，请讨论公决。

讨论终局，百二号动议，第三条应改为分会分所经费照章酌提公款拨助，如该县乡村无款可拨，或由自治会酌量代筹亦可。

用起立表决法，多数起立，可决百二号动议。

二十八号动议，第十条整顿总会意思应叙入呈文内，不必列入条文。

用起立表决法，多数起立，可决二十八号动议。

主席报告宣布法律审查会审查黎思位君委员骚扰请饬【各】属勿轻下札案报告书，请讨论公决。

讨论终局，用起立表决法，多数起立，可决审查会报告。

主席报告宣布法律审查会审查修思永君请宣布船关税则并革除陋规改订验照期限案报告书，请讨论公决。

讨论终局，百二号动议，应照报告书再加入官吏查船每日必须四次。

用起立表决法，多数起立，可决百二号动议。

主席报告宣布法律审查会审查周春茂请议监工委员勒赔冤抑案报告书，请讨论公决。

讨论终局，用起立表决法，多数起立，可决本案。

一时休息，一时三十分续会。

谢议长主席报告法律审查会审查符国璋请议一案，因本日印送报告，故议事日表未经列入，今拟提前决议，请公决。

多数赞成。

主席报告宣布法律审查会审查符国璋请议玉山商会总理易兼才受诬被逮案报告书，请讨论公决。

讨论终局，用起立表决法，多数起立，可决审查会报告。

主席报告宣布法律审查会审查邱和鸣君实行限制派销书报案报告书，请讨论公决。

讨论终局，一号动议，应仍执前议。

用起立表决法，多数起立，可决一号动议。

主席报告宣布特别审查会审查张履福、罗桢二君改良巡警宜撤换警官案报告书，请讨论公决。

讨论终局，七十三号动议，报告书所列诸君报告实据，请各具切实报告书交办事处，以便根据办文。

用起立表决法，多数起立，可决七十三号动议。

主席报告宣布特别审查会审查王明德君建局于总镇衙门以便交通案报告书，请讨论公决。

讨论终局，用起立表决法，多数起立，可决审查会报告。

主席报告宣布特别审查会审查覆议饬查仓基地租案报告书，请讨论公决。

讨论终局，用起立表决法，多数起立，可决审查会报告。

主席报告宣布财政审查会审查限制钱店妄出钱钞案报告书，请讨论公决。

讨论终局，百二号动议，应请遵照部章办理。

用起立表决法，多数起立，可决百二号动议。

主席报告宣布财政审查会审查王明德君稽察财政清赋保源案报告书，请讨论公决。

讨论终局，七十七号动议，此案命意在责成常驻议员先行调查案卷，研究办法，为将来决议预算案之预备。

用起立表决法，多数起立，可决七十七号动议。

主席报告宣布财政审查会审查黄立大君饬属征收丁漕给予收条以（除）〔杜〕中饱案报告书，请讨论公决。

讨论终局，用起立表决法，多数起立，可决审查会报告。

主席报告宣布起草员徐凤钧君妥筹本省铁路案，请逐条讨论公决：

第一条

讨论终局，用起立表决法，多数起立，可决本条。

第二条

讨论终局，用起立表决法，多数起立，可决本条。

第三条

第一项　讨论终局，四十七号动议，应改为："铁路公司从前呈请抚台所派之股，除未收足者由议员会同地方官实力劝招外，其已缴而未交公司者由本局呈请抚台札饬各州县切实清理。"

用起立表决法，多数起立，可决四十七号动议。

第二项　讨论终局，用起立表决法，多数起立，可决本项。

第三项、第四项　讨论终局，六十四号动议，三、四两项可删。

用起立表决法，多数起立，可决六十四号动议。

第四条

讨论终局，用投票表决法，在场投票议员八十三人，主张可加者四十五票，多数，可决本条。

主席报告本条子目又分五项，请讨论公决。

讨论终局，六十四号动议，本条第二项应删，余均可用。

用起立表决法，多数起立，可决六十四号动议。

第五条

讨论终局，六十四号动议，应由全体委任常驻议员调查。

用起立表决法，多数起立，可决六十四号动议。

七十六号临时动议，前次表决，答覆《公布规则》案三、四两条尚未通过，应请提出议决，多数赞成，主席请讨论公决。

讨论终局，三十一号动议，第三条“现在尚有效力者”句应加四字，改为“现在认为必要尚有效力者”，第四条无庸修改。

用起立表决法，多数起立，可决三十一号动议。

主席报告提议邱璧君革除烟害应请实行禁卖案，请讨论公决。

讨论终局，用起立表决法，多数起立，可决本案。

主席报告提议杨守洛君振兴工业以厚民生案，请讨论公决。

讨论终局，用起立表决法，多数起立，可决本案。

主席报告提议王明德君改良征收弊革政举利国利官利民案，此案仍应作为留局参考之件，请讨论公决。

多数赞成。

主席报告提议王明德君解释馆章纠正议案划清界线保守权限案，请讨论公决。

讨论终局，六十四号动议，本案均系本局内部改良事件，似可无庸另提议案。

用起立表决法，多数起立，可决六十四号动议。

六时三十分散会。

议　长：谢远涵
副议长：黄大埙
书记长：宋名璋

十四日午前九时开会，互选常驻议员，额定二十一名。

抚台冯、藩台刘、学台王、臬台张、巡警道陆、劝业道傅、巡道杨、南昌府武、南昌县梁、新建县韩均莅局。

投票议员九十九人，照章以五十票为当选。

互选之结果，得当选人如左：

黄兰芳　　　　七十票

谢济沂　　七十票

董德渊　　六十五票

黎思位　　六十票

罗　铨　　六十票

曾纪良　　五十九票

郭志仁　　五十九票

孙振渭　　五十八票

黄鸿烈　　五十七票

段方祁　　五十七票

冷开运　　五十六票

曾秀章　　五十六票

杨怀芳　　五十五票

唐阜昌　　五十二票

傅学璟　　五十一票

江　云　　五十票

黄立大　　五十票

计十七名，仍缺额四名，照章以票数次多者加倍开列决选。

投票议员九十二人，照章以四十七票为当选。

决选之结果，得当选人如左：

黄　钟　　五十票

孙桂芳　　四十九票

王显谟　　四十九票

连前共二十名，仍缺额一名，照章以票数次多者加倍开列决选。因已过午后六时，散会。

十五日午前九时开会，第二次决选常驻议员。

抚台冯、藩台刘、学台王、臬台张、巡警道陆、劝业道傅、巡道杨、南昌府武、南昌县梁、新建县韩均莅局。

投票议员八十三人，照章以四十二票为当选。

第二次决选之结果，得当选人如左：

刘芳蕃　　　　四十五票

连前共二十一名如额。

互选候补常驻议员，额定十一名。

投票议员八十三人，照章以四十二票为当选。

互选之结果，得当选人如左：

陈　桼　　　　六十二票

余仲田　　　　四十二票

计二名，仍缺额九名，照章以票数次多者加倍开列决选。

投票议员七十三人，照章以三十七票为当选。

决选之结果，得当选人如左：

饶正音　　　　四十七票　掣签在前

陈　瀛　　　　四十七票　年长

罗　桢　　　　四十七票

郭炳谟　　　　四十四票

程远大　　　　四十一票

谢联珏　　　　四十票

连前共八名，仍缺额三名，照章以票数次多者加倍开列决选，第二次决选投票人数不满三分之二，改为十六日上午补投后再行开票。

午后六时三十分休息，七时续会。

谢议长主席报告宣布特别审查会审查本局决算报告书，请讨论公决。

讨论终局，用起立表决法，多数起立，可决审查会报告。

主席报告宣布本局宣统二年九月至十二月特别豫算、宣统三年全年豫算，请讨论公决。

讨论终局，用起立表决法，多数起立，公决如左：

宣统二年九月至十二月特别豫算

旅费　　　　　　　一万四千两

议长公费　　　　　六百两

副议长公费　　　　九百六十两

常驻议员公费	四千二百两
书记长、书记薪金津贴	七百二十两
速记薪水	一百九十二两
课员薪水	一百二十八两
写生薪水	一百六十两
守卫长薪金	六十两
守卫薪工	九十六两
火　食	五百九十一两六钱
刷印材料	二百两
刷印工资	二百六十三两二钱
笔墨纸张	一百两
丁役工资	一百一十八两
邮　电	一百两
书籍报章	五十两
油　烛	一百二十两
添置器具	六百两
修　整	一千两
茶　点	八十两
一切杂用	二百三十两
豫备费	五千两

大共二万九千五百六十八两八钱。

宣统三年全年豫算

旅费	一万四千两
议长公费	一千九百五十两
副议长公费	三千一百二十两
常驻议员公费	一万三千六百五十两
书记长、书记薪金津贴	二千三百四十两
速记薪水	六百二十四两
课员薪水	四百一十六两

写生薪水	三百零四两
守卫长薪水	一百九十五两
守卫薪工	三百一十二两
火　食	一千七百七十五两七钱
刷印材料	四百两
刷印工资	八百五十五两四钱
笔墨纸张	二百两
丁役工资	三百五十二两
邮　电	二百两
书籍报章	一百二十两
油　烛	二百六十两
添置器具	四百两
修　整	三百两
茶　点	八十两
一切杂用	六百四十两
预备费	三千两

大共四万五千四百九十四两一钱。

九时散会。

议　长：谢远涵
书记长：宋名璋

十六日午前九时开会，第二次决选候补常驻议员。

抚台冯、藩台刘、学台王、臬台张、巡警道陆、劝业道傅、巡道杨、南昌府武、南昌县梁、新建县韩均莅局。

投票议员七十四人，照章以三十八票为当选。

第二次决选之结果，得当选人如左：

郭回澜	四十四票	
周扬烈	三十八票	年长
黄以虚	三十八票	

连前共当选十一名如额。

行闭会式。

附录：闭会词及答词

闭会词

今日为江西谘议局第二届常年会闭会之期。兹局成立以来，诸君负代表全省人民之任，因以考求乡闾利病、古今法治，亦既一载于兹，而时局之艰、民生之敝，将有与岁俱深之恐。本部院莅临兹土，朝夕筹思，常顾与此邦人士研求政本，以仰副我皇上殷殷求治之心。故去年会期中，议案凡与国计民生深有裨益而于事实初无窒碍者，无不立见施行，当为诸君所共喻。自会议厅之设立，审查议案别置专科，舆论有所汇归，政见征诸合议，庶几集思广益，其裨补于本部院者，将更有进于从前。顾政体之蜕变必经一定之秩序，斯问题之解决亦必经一定之时期，以至民间之生计、风俗之同异、交通之便否，皆于政治上蒙最大之影响，以诸君同心所研究与本部院曩日所咨询，或有一时遽未易得最良之改决者，此则事势所制限而不能不有待于将来者也。迩者，我皇上俯顺臣民之请，召集国会期以五年，诸君经验日富，实储他日国民之选。尤愿广求民隐，益宏伟识，为全省人民谋幸福，即为我大清帝国计安危，本部院有厚望焉。

答　词

今日为江西谘议局第二届会期闭会之日，即预备立宪之第三年，我大清帝国召集国会之前三年也。会期之内，恭读十月初三日明诏，议员等既感既泣，思我圣天子望治之殷，与薄海臣民忧时之亟，三载以往，所期望于国会议员将有更大于今日诸大公祖与全省人民所期望于本局议员者。顾国家大计与民生利病分之则为各省，合之仍属国家，故国家行政与地方行政，各国分析之界限已樊然而不同。地方行政自国家委任之意义观之，则属于执行机关一方面之意多，而属于议决机关一方面之意少，盖章程规则之效力不及国家法律之巩固，是故今日属于各省谘议局之问题者，他日亦大半为国会之问题，斯固较然易睹之势也。议员等以是益自悚惧，依据权限，凡所呈请，冀诸大公祖俯纳刍言，将以见诸施行者以速观其果，庶几就已结之果以验议员等。今兹政见之趋向与他日国会议员政见之趋向而慎造其因，则前此三年，诸大公祖所昕夕焦劳为宪政之筹备者，后此三年，议员等以对于各省谘议局及将来国会之关系，实与诸大公祖共肩斯任焉。

议　长：谢远涵

书记长：宋名璋

《申报》有关江西谘议局的报道

《申报》1909年1—2月资料[①]

《谘议局章程笺释》附《议员选举章程笺释》出版[②] 乙6170[③]

戊申十二月十二日

阳湖孟森、山阴杜亚泉著，长乐高凤谦、秀水陶宝霖参订。

谘议局章程及议院选举章程条文细密，头绪繁多，现在办理选举被选举调查，而选举被选举资格已多疑义，各员之咨向宪政编查馆者电文、咨文凡数十通，将来实行之后，如权限职任诉讼罚则之类，疑义正多，亟宜研究明确，以免

① 《申报》第98册，上海书店1984年影印本。
② 《申报》，戊申十二月十二日，第三张第一版，第35页。
③ 辑者按："乙6170"为该书出版的编号。

误会。是书就条文案语之范围内比较参考，证之以谕折文牍、佐之以旧律新章，经同人之讨论亘数回之删削，历四阅月而成，都十余万言，二百余页。虽不敢谓尽合于法律解释之规则，而推勘必求其细密，立说务取其明通，决非率尔操瓠之作，尚望当事诸君及各省选举人浏览一过，当足以增诸君研究章程之材料、助诸君解释法律之兴趣焉。洋装，每册定价四角，商务印书馆发行。

专件　江西谘议局筹办处编辑《复选事务所章程》①

己酉正月初六日

第一章　总　纲

第一条　本所设在本府或本州衙门之内。

第二条　本所遵照省城谘议局筹办处定章筹办本府或本州复选举事宜，并核定所属州县初选事宜。

第三条　本所遵照省城谘议局筹办处日期表开办，俟省城谘议局召集议员后即行裁撤。

第二章　职　员

第四条　本所职员如左

（一）复选举监督（府以知府、直隶州以知州为监督）；

（二）书记；

（三）庶务兼会计；

（四）投票开票管理员（不论官绅）；

（五）投票开票监察员（专用绅士）。

① 《申报》，己酉正月初六日，第三张第二至三版，第249页，“各省筹办谘议局”。

书记、庶务兼会计员、监察员均由复选举监督派定。

第三章　职　务

第五条　复选举监督主持本所一切事务。

第六条　书记掌管拟撰本所一切公文函件事及选举人名册。

第七条　庶务兼会计掌理本所出入经费账簿及一切杂务。

第八条　管理员、监察员职掌另有办事细则。

第九条　本所筹办复选举事宜顺序如左：

（一）专差颁发省城谘议局筹办处所颁各项章程方式于所属各初选举区（奉到之日即专差分送）。

（二）核定所属各初选举区、投票区、投票所、开票所地址（接到各属申报之日即行核定并即申报省城谘议局筹办处）。

（三）汇申各初选举区选举人名册（各属送齐之日即专差送省城谘议局筹办处）。

（四）判定不服者呈诉（日期表列定之日为限）。

（五）札知初选举当选额数及当选票额于所属各初选区（奉到省城筹办处电知核定分配当选额数及当选票额之日即专差分别札知各属）。

（六）核定所属各初选举区投票开票管理员及监察员。

（七）择定复选举投票所、开票所地址。

（八）选派复选举投票开票管理员、监察员依期选定，将其衔名申报省城谘议局筹办处。

（九）会同司选员指导管理员、监察员练习应行方法。

（十）实行复选举。

（十一）执行开票。

（十二）行再选举。

（十三）榜示当选人姓名。

（十四）知会当选人。自榜示当选人姓名后，即于次日知会当选人，限十日以内为各当选人呈明之期。

（十五）给与当选人执照。自接到当选人呈明书后，即日照章给与当选人执照。

（十六）宣示当选人衔名，并申报省城谘议局筹办处。

以上各项均按照省城谘议局筹办处期限清单并筹办处纲要办理，不得逾限。

第四章　经　费

第十条　复选举监督不支薪水，其余各员酌给公费。

第十一条　本所各员公费及各项用款均由复选举监督会商绅士于本府各项公款内先行拨用，报明省城谘议局筹办处备查。

第五章　附　则

第十二条　本章程所有未尽事宜均按照《谘议局章程》《议员选举章程》办理。

官长设立[①]

己酉正月廿三日

赣抚近日致谘议局筹办处函件条议各项办法，兹特择要录下：

一、厅州县选举事务所以调查为起点，非官绅合力必无效果，应请贺尔翌主政约同在省参议诸君各函告其本籍绅商学界出而帮助，赶紧成立，此地方自治之始基，不可不慎。设老成持重者皆畏葸不前，则年少气盛者必激论横出，益难措手。惟违犯局章第六条情事者，必不准与闻。倘各属有人意存破坏，轻则干涉，重则惩办。

一、贵处办事须文函并行，急则用电，奖励则煦如冬日，诘责则震若巨霆，明示劝惩，毋稍敷衍。中兴时胡、曾诸公均亦只用此法，万勿于一般新政造成无

① 《申报》，己酉正月廿三日，第三张第二版，第473页，“各省筹办谘议局”。

是无非、无黑无白之世界。

一、刷印文件颁发后，须随时检查，随时催询，总不准片刻停搁。

一、省城南、新二县即由贵处另催设立事务所，邀集绅商学界举行调查，限正月二十日前具报首县，为外属观听所系，不准任其延缓草率，希传谕知之。

一、省会及各属绅商学界如商会、教育会、劝学所各团体暨江右京官、旅沪旅汉等各埠绅商均应分寄印刷文件俾资研究。

一、《地方自治章程》奉旨颁布，不日可到，省城应设立自治研究所以为之倡，然后通行各属划一办法。鄙意拟俟研究所司选员出发后即改为自治研究所，希先期组织办法或与法政学堂会商呈核。昨已电京请寄章程矣。

一、浙江绅士现拟设谘议局议案预备会，启与简章业经登报，此亦本省议员应行预备事件，所望参议诸君留意及此。倘江右士民权利思想、义务能力日加发达，则鄙人所乐闻也。

官长设立[①]

己酉正月廿五日

赣抚冯中丞日前通饬各属赶办初选举电云：本省谘议局限本年九月朔成立，业由筹办处拟呈章程规则等共十八种，经本部院核定，饬即于正初通行，各属设立选举事务所，赶紧开办。计自正月廿一起六月初四止，该厅州县身任初选举监督均有应办事宜，务即恪遵期限清单细按章程规则依限办理。如遇新旧交代，亦不得借词推诿。倘有迟逾，即由该守牧等随时详请撤参，断非记过所能了事。近年驿务废弛，排递文件均极玩延，所有筹办处通行文件尤关紧要，以后奉到该处四百里排递各件，立刻飞递，无任刻延致误钦限。各属禀报照此办理。遇有紧要事件或电或函，均听其便，不拘公椟格式，以资便捷。再，宁都州本管地方照章

① 《申报》，己酉正月廿五日，第三张第二版，第499页，“各省筹办谘议局”。

由该牧派教佐员为初选监督，仰即通饬凛遵。

官长设立①

己酉正月廿八日

江西巡抚冯汝骙具奏云：窃查接管卷内，前抚臣瑞良遵奉上谕，先于省城设立谘议局创办所，遴派藩学臬三司暨绅士吏部主事陈三立、礼部主事刘昌熙为总协理，嗣由前护抚臣沈瑜庆遵照宪政编查馆通咨，就原设之创办所改为谘议局筹办处，饬令原派官绅次第办理，业经奏明在案。伏念谘议局为议院之始基，筹办处又为谘议局之豫备，前奉谕旨既限以明年九月为谘议局成立之期，则此一年中预备事宜非先为之统筹全局、挈领提纲，借官吏督促之实权收士绅辅助之能力，而又破除一切吏胥、文牍濡滞拘牵之旧习，必不能急起直追、克期竣事。臣八月到任后，查悉原派绅士吏部主事陈三立已赴江宁，礼部主事刘昌熙现在九江总理铁路事宜，均未能驻省办理。藩学臬三司亦皆各有职任，未遑专司其事，是非另派专办员绅驻处任事不足以赴期限而专责成。当经臣悉心参酌手订筹办处简明章程，派委藩学臬三司为总办，候补道吴庆焘、在籍前浙江宁绍台道喻兆蕃为会办，分选举、文牍、庶务三科，派在籍邮传部主事贺赞元，江西候补知府王以慜、席业为三科科长，各委科员实行筹办，并照会吏部主事陈三立等为各属名誉参议，以备随时咨询。现已拟定选举调查规则条文，通饬各属赶设选举事务所、划分选举区、查造选举人名册，其初复选举日期应请援照苏浙办法稍为展宽，仍遵于宣统元年九月初一日成立谘议局。一面设立司选员研究所广选员绅，先将奏定章程悉心讲习，所备派往各属帮同教导、切实调查。又虑民智未开，或多阻滞，由臣饬处剀切示谕编纂白话演说，分布城乡，使人无智愚皆晓然于朝廷咸与维新之至意。其余一切应行事宜均经臣体察地方情形，酌定筹办次序，分别月日

① 《申报》，己酉正月廿八日，第三张第二版，第535页，“各省筹办谘议局”。

按期催办，不敢稍涉因循。臣更当随时督率员绅振刷精神，切实研究，务集众思而广忠益，以宣上德而通下情，其一切筹办经费力从撙节，酌量核定，饬由藩司拨放济用，应请作正开销。

官长设立①

己酉二月初二日

江西谘议局筹办处总办陈少石方柏、林贻书学使、庆小山廉访、会办吴宽仲观察督率选举科长贺主政赞元、文牍科长余太守长春、庶务科长席太守于上月二十二日开办研究所，各府属司选员数十人均到局研究办法，以便即日讲演。

专件 《江西谘议局筹办处司选员规则》②

己酉二月初二日

第一章 总 纲

第一条 司选员系由省城筹办处派往各属司理选举事宜，应作为筹办处选举科委员，选举科有督催办事、考核成绩之责，各司选员均宜商承选举科办理应行事宜。

第二条 司选员于未赴各属之前，须入研究所研究章程办法，俟研究完竣，

① 《申报》，己酉二月初二日，第三张第二版，第 597 页，“各省筹办谘议局”。
② 《申报》，己酉二月初二日，第三张第二版，第 597 页，“各省筹办谘议局”。

再由筹办处给以司选之证据。

第二章　名数及区域分配

第三条　司选员设额四十名，每员司两县，与江西八十厅州县之数适等、

第四条　各府司选员即以各该府之士绅充之，取具熟习地方情形、言语易于交通。但遇单县之府州，则以邻府邻县配合之，以期员额相符。（司选员分配区域另有细单）

第三章　职务及权限

第五条　司选员宜督催所属照依筹办处所定期限办理选举事务。

第六条　司选员宜稽查所属办理各事之内容，如遇不合办法之处，即宜商同初选监督改正。

第七条　司选员至所派地方，应将章程办法定期演说，各属于章程办法如有疑义，可向司选员询问，司选员宜详细说明。

第八条　司选员分赴各属之时，各属正办选举人名正册，所有关于选举事宜，司选员宜帮同办理。

第九条　投票开票方法司选员宜会同各属派定之管理员、监察员先行研习。

第十条　司选员各立日记簿一册，按日记事，凡所到时间、所办事项，均宜一一记载，以各事竣后缴呈筹办处考核。

第十一条　司选员已到该司选地方，即应查明办法，详细函报筹办处备查，如遇办理迟延之地方，除一面赶紧督办外，务即迅速电禀，以凭转催。

第十二条　司选员不得干预无关选举之事。

第四章　经　费

第十三条　司选员公费、旅费由筹办处支发，其数目另单定之。

第十四条　司选员费用已由处照数支发，此外一切杂用概不开支。

第十五条　司选员遇有要事电禀筹办处者，其电费由筹备处补发。

第十六条　司选员已到司选地方，即住于选举事务所内，其伙食由地方官供给。如由此县至彼县，或由彼县回此县，所有夫马归该两县筹办。

第十七条　司选员回省，该县无庸另发夫马费。

第五章　办事期限及规则

第十八条　自闰二月初一起，各司选员概行首途，至初选举事务办竣即行返省。

第十九条　司选员不得中途稽延或私往他处致旷职务。

第二十条　司选员到各厅州县不得私受一切馈送，不得有需索情事。

专件　江西谘议局筹办处编纂《选举调查员办事细则》[①]

己酉二月初四日

第一章　总　纲

第一条　本细则遵照《选举章程》第十八条内开，《选举调查员办事细则》由初选监督拟订呈请复选监督核定施行。今由筹办处先行编纂，呈奉抚宪核准，分行各厅州县初选举区以归划一，而免参差。

第二章　调查事务所

第二条　调查事务所即附设于初选区选举事务所中，他省间有分为二者，其实选举以调查为始，调查为选举之根，合并一处，用费即可节省，事权亦归一致。

第三章　调查分区

第三条　每初选区治地方宽者数百里，狭者亦百余里，初选监督照章程应划

① 《申报》，己酉二月初四日，第三张第二至三版，第611页，“各省筹办谘议局”。

分初选投票区，即可于调查分区时，为之预定。赣省风俗，每县治地悉以都堡乡里图团诸名目分配全县境土（即如南昌一县内分东西南北省中六大乡），因此分区最为妥协，各县分境名目不必尽同，均可本此意而推行之。但至多不得过十区，此种分区法一则可以求速，一则免致纷漏。

第四章　调查员资格及委任名数

第四条　调查员选用法以本地方公正绅商为限，就本地公举，呈请初选监督授以执照方足为凭。

第五条　调查员必年过二十五岁，具左列资格之一者：

一、热习本区情形；

一、品行端正；

一、具有法政知识；

一、不染嗜好。

第六条　调查员名数筹办处不能悬揣而定，由初选监督酌量区域大小、户口疏密，因地而分配之，城厢调查较乡镇为难，可酌量多派。

第五章　调查员职任及权限

第七条　调查时须随身携带笔砚、图表及人名册、记事薄等物。

第八条　调查时须将筹办处刊发各项章程、条告携带多份，以资公览。

第九条　调查时须照表式详细填注，不得舛误遗漏。

第十条　调查时须会同该区保甲董事人等，请其协助指导。

第十一条　调查时宜有先开演说之区，须将筹办处刊发白话演说等编高音演解，以释群疑而开民智。

第十二条　调查员于章程内应行之事，均得听其自便，筹办处虑事周密，预防流弊，先划清其权限，分举各节如下：

一、调查时需用车马船轿均照民间常例给费，不得借言办公仅给差价，或并不给分文；

一、调查时非遇暴雨大雪不得托词稽延而误期限；

一、调查时宜和平访问，不得肆口呼叱、稍加凌辱；

一、调查时但问章程表格所及之事，不得干预他事；

一、调查时不得携带亲兵书吏人等；

一、调查员不得倩人私代；

一、调查员不得受人嘱托贿赂冒滥填注；

一、调查员不得挟据私嫌，有意遗漏致遭指控；

一、调查员不得向被调查之该村该需索夫役赏犒费、食宿酒茶费、笔墨纸张费，致兹扰累。（未完）

江西谘议局筹办处编纂《选举调查员办事细则》（续）[①]

己酉二月初五日

第六章　被调查人应受调查之规定

第十三条　被调查人与调查员实有紧要之关系，兹分条规定如下：

一、对调查员宜恭谨和亲，不得肆意侮慢；

一、对调查员宜随问随答，据实以告，不得有意稽延时刻，或前后支离其词；

一、对调查员不得行贿嘱托；

一、对调查员不得恃势或恃强逼勒，捏词妄报；

一、对调查员宜挨户询答、顺序守候，不得聚众拥挤、喧哗言笑、淆乱听闻。

第十四条　此项经费由初选监督临时酌定，由地方公款中筹拨。

---

① 《申报》，己酉二月初五日，第三张第二至三版，第611页，“各省筹办谘议局”。

第七章　调查时期

第十五条　依照筹办处预定选举期限清单，自调查员首途之日算起，至多限一个月完竣，非有意外阻碍，不得展限一天。

第八章　调查表式

第十六条　每区调查均应依照表式。

江西谘议局筹办处编纂《调查注意事项八则》[1]

己酉二月初八日

一、此次办法先饬各属督书造具分类调查底册，底册造成即按照区域分缮选举人名原册，各调查员为认查何区即带何区原册覆加详查，兹将应行注意之端列下：

甲、有选举资格而原册未开列者，径行补入原册之后；

乙、原册开列姓名有误或其人已故者，于原册内粘条注明原由，并改正或删除字样；

丙、原册开列资格有错误遗漏者于原册内粘条注明；

丁、原册内开列人名，而其人适犯失选举人之条，或在应停止其选举权者，于原册内粘条注明，如原册内已声明者，即应查明确否；

戊、未详住址人名册内，现已确知其住址者，宜从实填入。

以上五项除在原册粘条外，仍宜将其事由另书于记事簿中。

一、调查时遇有住址未详之人，无从查其详细，宜另册记载，将来设投票区时即酌定一适中之区，将未详住址人名附入此区投票名簿。

---

① 《申报》，己酉二月初八日，第三张第二版，第649页，“各省筹办谘议局”。

一、调查员可于该区造底册时，将筹办处所议章程办法各件预先研究，以免临时失措。

一、调查员应与邻区调查员接洽，以免交界之处脱漏重复。

一、选举权即国民公权，决不可轻易放弃，调查员遇有选举资格之人而暂时他出者，应劝其家属函催回里。

一、具有选举资格而又可以被选举者，其人未必家居，调查员于调查之便，令其家属函询本人是否回籍投票，将来被选为初选当选人是否情愿应选，务于未开票之前得本人回函，以免将来知会当选人时致有往返辗转时日稽延之事。

一、江西风气初开，鲜知国民之权利，家拥巨资及乡间殷实之户，尤以闭门自守、不预外事为宗旨。此次调查务以浅近之词解彼大惑，俾知朝廷订立《选举章程》原采用各国限制主义，注重财产资格，以示奖励实业之风，洗古来重本抑末、贵士贱商之制。筹办处深知资产一类估计数目甚难著手，惟默度地方情形，将来必自愿以多报少、不愿署名者，故愿调查员和平演说，广劝乡间有资产之户乐于从事。五千元之家一邑中必多，询其邻右，无不知者。调查员询明即可填入，无论本人家产若干，止填五千元以上，谅亦无所用其掩饰。

一、调查员责任甚重，决不可徇情滥填，致受诉讼，如犯局章第六条所开各项者，其中以吸食鸦片一项为最易含混，现当实行禁烟之时，必须切实办理，方足以昭炯戒。乡间禁令颇宽，吸食之人无处无之，万不可因其人与有私交遂饰称已经戒断，或竟不为填入，倘有此等情弊，一经告发，定惟该调查员是问。

官长设立[①]

己酉二月廿九日

赣省筹办处札饬所属各府厅州县略云：各属办理选举事宜所需经费，定章于

① 《申报》，己酉二月廿九日，第三张第二版，第281页，“各省筹办谘议局”。

地方公款内拨用，如无公款，由官会绅就地妥筹。现闻各属拨有公款筹及经费者甚少，本处恐各地方因款项无著，有误选举期限，拟仿照直隶、湖南办法，由司酌予经费，其初选区用分大中小县三等，大县给钱五百串，中县四百五十串，小县四百串，复选举区用较少，每处给钱五十串。此项钱文准各属于应解亩捐项下截留扣用，复选举区用由各该首县扣支解府，仍有不敷，即由各地方公款筹拨。业经本处禀奉抚宪照准，合札饬各属遵照办理。

《申报》1909年3—4月资料[①]

赣抚致筹办处选举、文牍、庶务三科长函[②]

己酉闰二月初五日

启者。司选员先由公举，复经研究，于章程规则既已了然，自能恪守。该员等以本省之人办本省之事，尤当屏除官气，俾所至之处信服欢迎。现当出发在即，鄙人所期待该员等甚重，责望益不得不严。此行关系新政人才全体名誉，对于长官宜恭敬，对于绅民宜和平。地方长官绅民对于该员等不得有酬应谦会馈赠等事。该员等无论在城在乡不得需索、供张舆马食宿及干涉范围以外之事，所有应办事宜随时禀承监督会同就地事务所办事员相助为理，勿得使气任性、遇事冲突，致阻进步。江右新政以谘议局为第一件事，该员等奉派司选当为第一等人，倘该员等此行办事妥速，官绅交口称道，则鄙人所乐闻。设或被人指摘，或经诉讼以致名誉失败，则大失鄙人之所望也。希将此函交与司选员公阅，毋负郑重委任之意，仍录函通行各属知之，是为至要。

① 《申报》第99册，上海书店1984年影印本。

② 《申报》，己酉闰二月初五日，第三张第三版，第366页，“各省筹办谘议局”。

官长设立①

己酉闰二月初九日

赣省谘议局筹办处以初选区计八十区，以四十员分配，每员司选两区，于闰二月初一日起程分赴各属办理选举事务。兹将派定名单录下：

南昌府　南昌进贤王廷献　新建丰城熊熙缵　义宁武宁黄光庭　奉新高安胡献玙　靖安建昌吴大畴

瑞州府　上高新昌胡赓虞

南康府　星子安义刘璜　都昌德安杨士亮

宁都州　宁都瑞金陈焘

吉安府　庐陵安福王植楠　永新莲花彭熙龙　吉水永丰贺乃钊　泰和万安周镇西　永宁龙泉萧绍唐

抚州府　临川宜黄周继昌　金溪东乡程寿祺　崇仁乐安陈炳荣

建昌府　南丰新城刘孚恭　南城泸溪吴士材　广昌石城吴树楠

赣州府　赣县兴国张周垣　雩都会昌黄镒　龙南定南赖兆经　长宁安远方巽山　信丰虔【南】邱廷瑞

南安府　南安大庾董福开　上犹崇义董厚暄

九江府　湖口彭泽高祖贤　德化瑞昌高巨屏

袁州府　宜春万载张开沂　萍乡分宜李任庚

广信府　上饶铅山张宗杰　弋阳兴安童燮和　玉山广丰凌大暲　贵溪安仁邵致祺

临江府　峡江新淦杨济溥　新喻清江孔宪章

饶州府　鄱阳余干王慈　浮梁万年程豹　乐平德兴邹恩瀚

① 《申报》，己酉闰二月初九日，第三张第三版，第422页，“各省筹办谘议局”。

官长设立[①]

己酉闰二月十五日

赣抚冯中丞札谘议局筹办处文云：照得选举一事钦限綦严，倘有一邑愆期，必致牵动全局。前经该处详定办事期限清单，业已通饬遵办在案。惟恐各属积习相沿，未能一律上紧，应由该处另立考核之法，逐月汇齐各属禀报，按照期限清单查明本月应办事宜，何县已办、何县未办，分别详晰造具考核表一次，即下月初十日以前呈送到院。如有观望迁延或敷衍搪塞，准即指名详请撤参以示惩儆。又查各厅州县或以事故或期满，时有更调，每至新旧交替之时，不免互相推诿，遗误匪轻，嗣后各属凡遇交替，所有一切选举事宜，应由前后任查明期限清单，已办竣者何事，未办齐者何事，是否未逾期限，据实会禀该处查核，列入每月考核表内，以专责成而杜推诿。合亟札饬。为此札仰该处立即遵照飞饬各属一体遵办，以副本部院慎重宪政之至意。

官长设立[②]

己酉闰二月二十日

萍乡县致筹办处电

南昌谘议局宪鉴：现在宪局办事人在本籍有被选当选资格否？办义仓、育

① 《申报》，己酉闰二月十五日，第三张第二版，第513页，“各省筹办谘议局”。
② 《申报》，己酉闰二月二十日，第三张第二版，第585页，“各省筹办谘议局”。

婴、保甲能合公益资格否？均乞电示。焜文印。

筹办处覆电

萍乡县杨令：文电悉。本局办事人员及办义仓、育婴、保甲均合格。谘议局元印。

江西进贤县沙令禀遵饬设立初选事务编造底册并分区设匦情形。奉抚宪批云：该县系首府所属，距省不过一百二十里，钦限新政关系重要，乃迟至二月二十九日始到申报，玩延已极，并未将绅士衔名开报，如何分区亦未声叙，所称宣讲员每日一句钟在所讲习，又云以四小时为度，似为钟点时刻亦未甚清楚。现在省派司选员不日到境，仰谘议局筹办处饬即切实督同办理，速将办事衔名、分区调查办法先行具报，毋得假手幕吏更以一申模糊了事。

江西临江府李守详报参议裴绅固辞改选丁忧在籍之聂绅充当。奉冯中丞批：据详：裴绅汝钦固辞参议，赴闽清理捐务，改选清江县丁忧在籍湖北即用知县聂绅传曾为该府驻籍参议，以备咨询。等情。应行照准立案，仰谘议局筹办处转饬知照，务使与议各事恪守规则，依限办理，是为至要。

官长设立①

己酉闰二月廿一日

赣抚据新昌县章令禀称：调查员赵文伟临期托故辞职，有碍全局，应请不准再行干预，并停考优一次，以示薄惩。昨奉赣抚批示云：本部院去年实行谘议局筹办事宜，深喜官绅合力，急起直追，成绩尚优，未尝落后，不料乃有新昌县廪生赵文伟既经选定为第七区调查员，饰词辞职，非但自甘放弃，亦且意存破坏，深堪痛恨。恭读上谕：朝廷轸念民依，将使国民与闻政事，以示大公。等因。钦

① 《申报》，己酉闰二月廿一日，第三张第二版，第601页，“各省筹办谘议局”。

此。凡我臣庶，无不感激鼓舞，勉为国民。该生曾经食饩，岂于此二字尚不能解释耶？本应准如该县章令所禀，扣除考优，并不准干预选举事宜，以为放弃国民义务权利者戒。姑念其以母病为词，当不敢捏造，自蹈不孝之罪。著夺去初复选举权及被选举权一次，俟后察看，再于下届回复，仍准其报名考优勿误进取。惟第七区现已另派刘生梅先前往，应饬令遵章照办。倘该区太平乡调查员到境有阻挠纷扰情事，定惟赵文伟是问，不能再邀宽与。其余各属如有效尤，定将公权尽行剥夺。本部院对于我江右士民爱如子弟，不能不互用劝惩，绅商学界各团体当知此意。仰谘议局筹办处传谕该令知之，并用真笔板写印多张，加函分寄各属事务所阅看，俾众周知。仍移提学司查照。

江西谘议局筹办处批：武宁县何大令岳禀云：调查员执照不敷应用。该县照式抚写盖印发给，以免补领周折，应即照准。投票手续拟仿科举弥封之法，于纸与簿编列暗码，抑或另加符号，以便辨别而杜弊端一节，具见办事邃密。惟理想无止境，法制有穷时，东西各国办理选举曾于记名、无记名投票法迭次更用相形，以求适当，盖有年矣。欲无辨别则棼乱之害生，欲有辨别则诱胁之害起，棼乱不过失人，诱胁即至祸人，两害取其轻，定章所以用无记名法。若于无记名之中仍藏有记名之术，与用记名似仍无甚大异。且科举弥封之法在防阅卷者作弊，其时暂，时遇即揭，选举无记名之法在防投票者生弊，其时久，时遇仍秘，性质既殊，办理即判，所拟应毋庸议。经费一节早经本处会同藩司衙门呈请按大中小县分别酌给，上月初五电府转行，十五另札饬知，何至日久尚未到县？是否驿站迟误，抑或别有延搁？仰即克日查明具覆，以凭照案详请核办。

官长设立[①]

己酉闰二月廿三日

建昌县昨以初选举设立公所出示晓谕等情申复谘议局筹办处，当奉批示云：该县另撰告示，遍贴乡村，自属劝导要务。惟查示稿语意于章程多未明晰。各省谘议局之设并非议院，该县举办初选举，所举之人为初选当选人，复选举时再由初选当选人选举议员，并非由县取定议员送府也。至所列选举资格限曾任实缺职官文七品、武五品以上，曾在外出仕，数字包括不住有业产盈千一语亦未说明五千元以上，种种语病不胜枚举。本属创办章程条理烦复，非悉心研究，将来实行选举时恐多舛误，仰将本处刊发馆章及各项条文说明赶紧遴选明白公正绅士设立事务所，会同悉心考究，妥为办理。至前项告示业经发贴，无从更正，仍将本处前发白话派人广为讲演，多多散布，以免误会。

按：初选监督尚且糊涂，若此何怪乡民之初选当选者俨然以议员自命乎？

官长设立[②]

己酉闰二月廿六日

筹办处据靖安县具禀：初选当选人章程意义两歧，申请示遵。即奉批示：查《谘议局章程》选举权与被选举权均分两级：有选举权者，一为有选举初选当选

① 《申报》，己酉闰二月廿三日，第三张第二版，第631页，“各省筹办谘议局”。
② 《申报》，己酉闰二月廿六日，第三张第二版，第675页，“各省筹办谘议局”。

人之权，一为有选举谘议局议员之权；有被选举权者，一为有被选举为初选当选人之资格，一为有被选举为谘议局议员之资格。其有选举初选当选人之权及有被选举为初选当选人之资格者，年岁但须二十五岁即为合格。惟被选举为谘议局议员，则其年岁须在三十以上，此其别也。局章第三条，年二十五岁有选举咨议（员）〔局〕议员之权，系指初选当选之人，第五条，年三十岁以上者得被选举为谘议局议员，系指被选举为议员之人。盖初选区所选举者为选举议员之人，复选区所选举者始为议员，二者各别，不得牵合为一。由前而论是为初选，由后而论是为复选，意义并不两歧，何得谓复选无选举议员之程度，初选少选举选出选举议员之资格？该县系初选举区，应即遵照局章第三条办理，但须年在二十五岁以上，在调查确实后之人名正册内者，即可令其选举初选当选人，亦即可为初选当选人。至由初选当选人选举议员，则为复选区应办之事，其初选当选人年在三十岁以上者，固皆有被选举为议员之资格，惟必须被选举之后乃得为议员，并非于得选举为初选人之时即得为被选举之议员也。

官长设立[①]

己酉闰二月廿七日

筹办处致八十厅州县函云：选举事宜即为本年九月初一日谘议局成立之准备，钦限攸关，非若别项行政可谓来日方长也。五月初一日即为全省初选区投票之期，必须全省初选区宜早将选举人名册依限送由本处呈请府宪核定分配当选人额数一律通行，然后各初选区投票乃可著手。苟一邑未齐，则七十九邑遂垂手而候，非如别项行政可以分道扬镳也。有二者绝大关键，故于驿站排递文件，抚宪早发毋得迟延之令，于各地方交卸，抚宪早发毋得推诿之文。此外，各按大中小县酌给经费，设绅董派司选员帮同办理，饬本处别表考核，种种绸缪不胜枚举，

① 《申报》，己酉闰二月廿七日，第三张第二版，第689页，“各省筹办谘议局”。

节经电牍并行，谅在洞鉴之中。凡我同寮既负责任，应如何振刷精神以襄盛举？兹查各处申报详明办理就绪者固居多数，而观望周章尚未急起直追者亦复不少，用特开诚布达，重渎聪听。尚祈照章刻日实力奉行，免误严限。其已游刃有余者益加精进，且尚补牢有待者上紧维持。不胜祷跂盼切之至。

官长设立①

己酉闰二月廿八日

鄱阳司选员致筹办处电

南昌谘议局筹办处鉴：鄱阳调查员皆程运熙一人引用，内有程体元实有嗜好，且熙籍端挟制，霸册不缴，请电饬遵办。司选员慈叩号。

鄱阳绅士致筹办处电

南昌筹办处总办鉴：选举总理程运熙在所内鼓众干涉小学，声言暴动，乞电饬止。鄱阳举人黄裳吉等叩。

筹办处致吉安府电

吉安府鉴：选举经费按府县酌给，不准派捐，业经前日电饬并牍详。兹莲花厅禀，仍筹捐，何以前电未转，速查复。筹办处号。

吉安府致筹办处电

南昌谘议局宪钧鉴：号电敬悉。派费一电并牍详，久已转行无误。但闻各属

① 《申报》，己酉闰二月廿八日，第三张第二版，第703页，“各省筹办谘议局”。

费多不敷，仍会绅就地筹补，即如府中奉发五十串，制匭十二具，将已去半，余亦恐难敷用。谨覆。润叩箇。

官长设立[①]

己酉三月初一日

南安府裕太守以各属筹办选举须依限赶办，若遇新旧交代不得籍词推诿等情详。奉冯中丞批云：据详，所见极是，应准照行，仰谘议局筹办处会同布政使司通饬各属，凡在初选举限内，除现已牌示檄委外，其余无论署代，暂不更易。惟该牧令等如有一、二膜视钦限要政，或另有重大事件案件，则仍随时详请撤参。其各凛遵。

官长设立[②]

己酉三月初二日

代理德化县邱令禀报设立初选举事务所情形。奉筹办处批云：查调查区域即为投票区之根据，二者不得分为两歧，缘将来按区造册、按册投票，自始至终免致纷淆也。该县即禀报照向分十七乡分为五区，每设投票所一处，切实调查，绘

① 《申报》，己酉三月初一日，第三张第二版至第三版，第731—732页，“各省筹办谘议局”。

② 《申报》，己酉三月初二日，第三张第二版，第745页，“各省筹办谘议局”。

图签明，而查表格所列又分为八区，派调查员八人，两相比较，殊不符合，将来造册投票各事恐多纷淆，应照表中所列调查区域分为投票八处，庶归一律。若只分投票五处，则调查区域亦应只分为五，可将调查员八人分配其中，或每区酌派两人亦可，由该县体察情形，择善而从，总以不致岐误为要。再表中所列调查八区，查只十三乡，与禀中所声叙十七乡数目亦复不合，应一并查明，将分区情形详细厘订，绘图列表，刻日具报。仍将一切事务宜依限办理，毋稍违误。

官长设立[①]

己酉三月初四日

抚州府鉴：宜黄县选举事未据只字具报详，记该令大过一次，仰饬知，并催传专差详复。谘议局宥印。

赣州府鉴：虔南厅已记大过一次，现仍未据报，仰饬催据实详细电复。谘议局宥印。

官长设立[②]

己酉三月初六日

赣抚冯中丞复谘议局筹办处函云：前准两次来函并江省学额清册核计谘议局议员额数各节，当经电请宪政编查馆示遵。兹据复电内开：咨查礼部复称：江西

① 《申报》，己酉三月初四日，第三张第二版，第773页，“各省筹办谘议局”。
② 《申报》，己酉三月初六日，第三张第二版，第801页，“各省筹办谘议局”。

原设及永远加额共二千一百三十名，查与所报尚无歧异，应即定为一百零六名。等语。查本省议员原定九十七名，今得一百零六名，甚为喜慰。惟我在事诸君子暨各属初复选举监督及司选、调查各员自应慎重将事依限办理，毋误毋遗，以增进江西一省国民幸福。除另文分咨并通行外，先将往来电文抄送公鉴，希即用真笔板克日写寄各属，并送登日报，俾众周知，是为至要。

江西谘议局筹办处致吉安庐陵县彭令电云：沁电悉。举贡生员应填科分年分，学务公益应逐件指明自某年至某年止。投票人以列名本属投票所之投票簿者为限，载《选举章程》四十一条。又致电赣州道俞观察电云：南赣宁各属选举调查申报多不切实，虔南竟未申报，请通饬赶办。

赣县汪令都良禀谘议局筹办处电云：现造正册，资格合而年至七十并保甲绅甚多，能入册否，乞电示。

专件　江西复选举办理纲要[①]

己酉三月初六日

一、稽核初选举事务。初选举章程办法已由筹办处分类编订，颁发施行。惟各项事务有宜归复选监督稽核者分别如后：

（甲）核定各初选举区投票区、投票所、开票所地址。一、初选区宜就城乡分划投票区；一、投票区内宜择适中地方设立投票所，其分配之法是否妥协，初选监督宜绘图附说详报复选监督核定。

（乙）汇造初选举区选举人名册。筹办处前订《复选举事务所章程》第九条之三汇申各初选举区选举人名册一项，原拟各属正册造齐，饬令呈由复选监督汇送筹办处。嗣以各属正册办理恐有岐误，特札令将申报督抚名册概行径送筹办处，以取迅还而便核对。其呈送复选监督册一分，由复选监督详加考核汇集

① 《申报》，己酉三月初六日，第二张第三版，第801页，“各省筹办谘议局”。

保存。

（丙）判定不服者呈诉。各属正册造齐，即须宣示，如有选举人资格错误，或竟有遗漏情事，准有选举权之本人呈诉。其呈诉之期自宣示日起，以二十日为限，在此限内如遇选举人不服初选监督之批判，即可禀请复选监督核定，复选监督宜于收到呈诉后从速判断。

（丁）分配初选举当选额数及当选票额。筹办处前发之初选举纲要，饬令各属于正册造齐时一面将该初选举区选举人数电禀筹办处汇呈抚院核定。各府州议员额数、各厅州县当选额数及初复选举当选票额，仍由筹办处电知复选监督，届时由复选监督专差札知各属。

（戊）核定各初选举区投票开票管理员监察员。此项员绅由初选监督委派，惟所委之人是否干犯《谘议局章程》第六条各项之一，复选监督宜即详加察核，札知各属。

（己）征集初选监督之报告。初选监督对于投票开票及一切事项，宜于初选举事竣后编成初选举事务报告书，由复选监督核定。复选监督负初复选举区之责任，对于此事宜详悉考核，汇呈筹办处。

（庚）督催各属执行一切事务。初选监督专掌初选事务，复选监督除实行复选事务外，兼有督催考核初选事务之责，如所属之区有办理错误或时日稽延等事，复选监督均任其咎。（未完）

江西复选举办理纲要（续）①

己酉三月初七日

二、设立复选举事务所。事务所设于署内，上开各款均为执行文牍之事，无

① 《申报》，己酉三月初七日，第三张第二版至第三版，第815—816页，“各省筹办谘议局”。

须预派多员，以节经费。至初选举人名册呈报后，所内员绅即宜实行分派，以便办理复选事宜。兹将该所宜办事务分列如后：

（甲）择定复选举投票所、开票所地址。投票所、开票所分别设立，可择公地屋宇之宽敞者，以便布置一切，其详细办法另具《投票所办事细则》、《开票所办事细则》。

（乙）派定投票、开票管理员、监察员。每所管理员酌派一员或二员，监察员每所酌派二四员，其衔名先行申报筹办处备查。

（丙）汇造复选人名册。初选举事务办竣，初选监督应将初选当选人姓名、籍贯、资格、年龄及当选票数造具初选当选人名册，申报复选监督，复选监督将所属各册汇齐，按照各属先后依次编列，造为复选人名册。

（丁）制造投票匭。筹办处以选举事务时期迫促，凡关选举应用品物均行制就，以期便捷而昭划一。惟投票匭一项，全省八十属需用之数合计数百具，运送诸多不便。前经照宪政编查馆颁发图样制成十四具分发各府州，再由各府州按照所属各制造一具，俾各初选举区照式仿造，已另文札饬遵办矣。

（戊）颁发选举告示。复选监督应于选举期一个月以前颁发选举告示，应载事项如下：

（一）复选日期照期限单六月二十一日投票，二十四日开票；

（二）复选投票所及开票所地址；

（三）投票办法。

（己）会集监察员、管理员练习选举应行方法。筹办处所派司选员业已分往各属，所有赴府州首邑之司选员饬令先期会集复选管理、监察各员练习投票开票各规则。

三、执行复选举。初选当选人齐集复选举区，复选监督即查照筹办处所定复选日期实行复选举事务。

（甲）投票开票。先于投票所内布置妥当，届时初选当选人亲至投票所，先令在投票簿内签字，投票管理、监察各员验明初选当选执照确系本人，然后给予票纸如法投票，以一日竣事，次日投票所以管理各员将投票匭、投票簿、复选人名册移交开票所，复选监督亲自到所会同监察、管理各员开票，开票既毕，将得票计数单汇齐，查明被选举人所得票数是否足额，如不足额，用重行选举法照

《议员选举章程》第十节第五十七条办理。

（乙）决定复选当选人。《议员选举章程》第三节第七条之七决定复选当选人一项，系言复选开票后，被选举者得票既满额数，再由复选监督决定之。此决定之意义凡有数端：

子、复选当选人名次一以得票多寡为先后；

丑、当选人额数已满，当选人如遇溢额之时，仍以得票多寡为次。除得票最多数之当选人外，其余为复选候补当选人。

寅、当选人额数不足，须再行选举，说详前。

四、选出之人不合被选举资格。查《议员选举章程》第九节检票方法内第五十五条之五云，选出之人不合被选举资格者，此谓选举票应行作废之一种，复选监督于开票后如查得复选被选举之人有不合被选举资格，管理员、监察员均以同意决定，得将其票作废。惟复选决定较初选决定为难，初选举有人名册可稽，倘所举之人出乎名册之外，即可决定其票作废。若复选所举之人本不限在初选当选人之内，又不限在初选举人名册之内，其人之合资格与否，一时无从稽核，复选监督对于决定复选当选人一条，当以票额符合为准，若其人既被选而又满当选票额，即可作为决定。间有不合被选资格，如年龄不满三十岁，或犯局章第六条之一，或在停止被选举权之列，总以确有证据为断，如证据不确，不能以一二人之闻见而剥落公权，致启诉讼。

五、决定后之手续。复选当选人决定后，应即榜示，并由复选监督知会各当选人。惟各当选人遇有宦游京外或营业他方者，应由复选监督分别用邮信或电报告知本人，以本人覆电、覆函为准。各当选人呈明后，如有不愿应选者，即以复选候补当选人充补。复选事务完竣，复选监督应申报复选当选人姓名、职衔、票数，并将全区选举情形撰为报告书详报督抚及筹办处。

官长调查[①]

己酉三月初九日

赣南道致筹办处电

南昌谘议局鉴：艳电敬悉。各属选举调查率有不申报道署者，顷已通饬严催切实赶办，虔南厅值新旧交替，故更迟缓。明震东印。

乐平县致筹办处电

南昌谘议局筹办处宪钧鉴：乐平人名册现宣示共五百三十名，有无增减，俟判定后依限申送。知县石守谦禀印。

瑞金县致筹办处电

南昌谘议局宪钧鉴：瑞金县选举人共五百五十五名。邓邦达谨禀印。

筹办处致赣县电

赣州赣县旺令：电悉。资合年老及绅办保甲继续三年可入册。谘议局东印。

① 《申报》，己酉三月初九日，第三张第二版，第843页，“各省筹办谘议局”。

琐　闻[1]

己酉三月初十日

江西谘议局筹办处会办绅士前宁绍台道喻庶三观察兆蕃现由萍乡原籍起程，于三月初四日抵省，寓官巷蔚泰客栈，拟于初六日一句钟赴局会议，举办一切要政云。

官长调查[2]

己酉三月十一日

泸溪县致筹办处电

南昌谘议局宪钧鉴：泸溪县选举正册办竣，吴司选员到。知县兆麒东禀。

新喻县司选（司）〔员〕致筹办处电

南昌谘议局宪鉴：新喻选举人五百二名，清江一千四十一名。司选员章禀。

① 《申报》，己酉三月初十日，第三张第二版，第857页，“各省筹办谘议局”。
② 《申报》，己酉三月十一日，第三张第二版，第871页，“各省筹办谘议局”。

《申报》1909年5—6月资料[①]

官长设立[②]

己酉三月十五日

南昌谘议局筹办处宪钧鉴：奉发选举人名正册式白话演说，查包封驿递未到，以逐站严查外，期迫，乞补发应用。知县闰月二十日接篆。查调查员尚未出发，即经催令迅速切实调查，除禀报外，先此电闻。信丰县知县桂芬禀。

琐　闻[③]

己酉三月十五日

广信府禀司选员沾染习气办事不遵章程一案。兹奉中丞批云：据禀，于严核之中仍寓曲成之意，所见甚是。本省筹办处规定《调查员办事细则》，资格、权限何等严明。本部院前因司选员出发，特撰训词，何等婉切。正为求实效、防流弊起见。果如该守所称上饶附生张宗杰、弋阳贡生童夑和平日得之亲见亲闻，殊失国民资格。张生至令家人备大座公馆尤可骇怪，现在期限迫近，司选员业经出发，应查明张、童两生系何人保送，责成出具切结，务保该生等回籍办事恪守定章，尽除积习，明于官民分际、法律范围，得以依限竣事，人无间言，始不深求。倘仍生事作威，溢出权限，是不遵章程、不记训词，以个人而害全体，本部

---

① 《申报》第100册，上海书店1984年影印本。

② 《申报》，己酉三月十五日，第三张第二版，第51页，“各省筹办谘议局”。

③ 《申报》，己酉三月十五日，第三张第二版，第51页，“各省筹办谘议局”。

院新政为重，不能为该生宽也。夫子有云“能补过者君子也”，华歆同席废书，张升归里班草，在该生自择之而已。况当立宪时代，尤以名誉为生命乎！仰谘议局筹办处查议详夺，传谕该生等知之。

官长设立[①]

己酉三月十六日

筹办处致俞道电

赣州道台俞观察鉴：赣属选举事宜除赣县外多未实报，吴守（增翰）亦无只字到处，督率不力已可概见。应详请将吴守记大过一次，并限日内督属认真赶办，一面申报，希转饬知照。谘议局真印。

会昌县致筹办处电

南昌谘议局宪钧鉴：前送选举人名原册人数太少，实因风气未开，今司选员到县下乡演说，大约添得二三百人，俟确定后将实数电报补送正册。会昌知县策隽禀。

① 《申报》，己酉三月十六日，第三张第二版，第65页，“各省筹办谘议局”。

官长设立[①]

己酉三月廿三日

饶州府致筹办处电

南昌谘议局宪鉴：生员以上褫革人有一五项资格，应否照宪政馆覆南京电办理，乞电示。饶州知府祐身寒印。

筹办处覆电

饶州府许太守鉴：寒电悉。生员以上褫革人有五项资格，如不犯局章第六条八项之一可入册。谘议局删印。

办理初选举成绩[②]

己酉三月廿五日

谘议局筹办处将三月初十日以前考核各厅州县之禀报办理初选举成绩分为四等，开列如下：

① 《申报》，己酉三月廿三日，第三张第二版，第163页，“各省筹办谘议局”。
② 《申报》，己酉三月廿五日，第三张第二版，第191页，“各省筹办谘议局”。

第一等　武宁、临川、新昌、鄱阳、安仁、瑞昌，以上六属系办理认真、禀报最详，并得法者。

第二等　南昌县、靖安、奉新、崇仁、新城、南丰、上高、萍乡、清江、峡江、贵溪、兴安、余干、乐平、彭泽、德化、星子、万安、吉水、赣县，以上二十属系依限办理，如期禀报，尚无误会者。

第三等　丰城县、新建、进贤、义宁、东（经）〔乡〕、金溪、南城、广昌、泸溪、高安、分宜、宜春、万载、新淦、新喻、玉山、万年、湖口、德安、都昌、永丰、庐陵、泰和、安福、永宁、永新、建昌，以上二十七属系办理稍迟，禀报欠详者。

第四等　宜黄县、乐安、上饶、弋阳、铅山、广丰、浮梁、德兴、安义、龙泉、莲花、安远、长宁、兴国、虔南、会昌、雩都、信丰、定南、龙南、宁都、瑞金、石城、大庾、南康、崇义、上犹，以上二十七属系办理太迟，禀报太空者。

初选举析疑[①]

己酉三月廿五日

谘议局筹办处复鄱阳县函云：三月十四日接阅司选员王慈来函。据询：生员以上出身曾被褫革尚未开复，适有局章第一节第五项资格，能否援照馆覆南京藩台电开参革职官具有他项资格准予入册之例，此褫革生员人等亦应准其入册。等语。查职官参革与生员褫革名虽同类，而考其事实则大有区别，盖职官被处有公罪私罪之分，举贡生员属个人出身，平日果能洁身自好，不犯《谘议局章程》第六条载品行悖谬营私武断营业不正各节，自不致干褫革之咎。今以一言决之，凡生员以上出身已被褫革，如系犯章程第六条八项之一，虽有他项资格，仍不得

① 《申报》，己酉三月廿五日，第三张第二版，第191页，“各省筹办谘议局”。

有选举权。该令遇有此项人员，应查明本人褫革原案所犯情节与局章第六条有无违犯，调查确实，分别去取，本处实不能一臆断。此复。

琐　闻[①]

己酉三月廿五日

赣省临江府朱君邀请同志拟办谘议新闻报章，禀恳立案。当由冯中丞札饬巡警道张观察会同筹办处会详核办。闻当道颇为赞成，不日即可具详请饬实行。

琐　闻[②]

己酉三月廿六日

赣省筹办处选举科于三月十九日致各属司选员函略云：司选一职关系选举前途甚重且大，现值宣示名册之期，公等实行司选近月余矣，本处迭接公等报告，满拟同守规则成效可期。不意两日之间，德兴县函称某司选员到所后，以该所火食不合口味，向该县索伙食钱每日六百文，并为他人关托讼事。又峡江县禀称司选员每日索伙食钱一千二百文。似此需索火食违背定章，本应即行撤差追缴公费，惟念中涂折回，易人司选，颇费周折，爰即行电饬将所收火食钱文全数缴县，仍责令切实办事，以观后效。倘再违背规则，定当照章办理。弟等职司法制，对于诸公均有同乡之谊，龚定庵诗云“一发不可牵，牵之动全身”，公等达

① 《申报》，己酉三月廿五日，第三张第二版，第191页，“各省筹办谘议局”。
② 《申报》，己酉三月廿六日，第三张第二版，第205页，“各省筹办谘议局”。

人也，披阅此函，叹息又当何如？

官长设立[1]

己酉三月廿九日

筹办处通饬十四府州电云：吉安、南安、赣州、临江、九江、南康、抚州、建昌、饶州、广信、袁州、南昌、瑞州各府州鉴：选举人数确定，统限四月初十前电禀到处，以凭分配额数，一面汇造正册申送，违者详办，仰饬所属一体遵照。谘议局漾印。

官长调查[2]

己酉四月初五日

石城县禀筹办处电

南昌谘议局宪钧鉴：石城选举人五百三名。知县恽金堂禀。

庐陵县禀筹办处电

南昌谘议局宪钧鉴：高等小学毕业，奉部覆以前，应否与生员一律有选举权？俟示。庐陵知县蕃叩。

① 《申报》，己酉三月廿九日，第三张第二版，第247页，“各省筹办谘议局”。
② 《申报》，己酉四月初五日，第三张第二版，第317页，“各省筹办谘议局”。

湖口县禀筹办处电

南昌谘议局宪钧鉴：湖口县选举人名业已更正确定共计四百三十八名，现汇造正册申送。知县冯由禀沁。

定南县禀筹办处电

南昌谘议局筹办处宪鉴：定南司选员十九到，调查已竣，选举人三百十五名，正册另送。林年禀马。

官长设立[①]

己酉四月初七日

筹办处昨接各属来电如下：

东乡　南昌谘议局公鉴：初选举正册确定七百三十一名。东乡知县叩。

萍乡　南昌谘议局宪鉴：萍乡初选人名册确定一千六百七十四名。焜禀。

长宁　南昌抚宪、谘议局筹办处宪钧鉴：长宁选举当选人六百七十六名，除依限册报外，合先电禀。知县廷弼艳。

① 《申报》，己酉四月初七日，第三张第二版，第345页，“各省筹办谘议局”。

官长调查[①]

己酉四月初八日

南昌县选举事务所以速成师范、振东师范、普育师范各学堂毕业生年限均与谘议局章不符，应不得有选举及被选举权。方言预备学堂，南昌人在该堂毕业者，除罗纲一人外，余均修业文凭，亦与定章不符。民立心远中学堂现尚未办毕业，亦不得有选举资格。前项人名均不得誊入正册，以符定章而示限制。昨已分别表示。

又（新建）新建县选举事务所员绅前次赴乡调查，所有各毕业生迄今尚未赴所切实详告，以致无从查填。该县王大令以调查选举一事最重资格，造报正册尤须详细，断不容草率疏漏，致干驳诘。无论在城在乡统限于五日内将毕业文凭持赴事务所，即由该所员绅查照填注册内，以凭编入正册而免稽延。昨已示谕周知。

又筹办处近接各属电告选举人数分录如下：

崇仁　南昌谘议局筹办处宪鉴：崇仁选举人数确定一千二十八名，请分配当选，饬遵册另详送。知县罗焕垣禀。

清江　南昌谘议局宪鉴：清江正册中区七十八、东四百九二、南百三九、西百八六、北百五三，共千零四人，即解。知县刘采年禀先。

安福　南昌谘议局宪钧鉴：安福选举人名更正确定共六百二十五名，正册后申。澜冬印。

庐陵　南昌谘议局筹办处宪鉴：庐陵选举人名确定一千一百五十八名。锡蕃叩禀。

南康　南昌谘议局筹办处宪钧鉴：南康初选举合格人数确定七百十二名。王

① 《申报》，己酉四月初八日，第三张第二版，第359页，“各省筹办谘议局”。

鸿寿禀。

乐安　南昌谘议局宪鉴：乐安县选举一千五十九名，现造正册申送。景星禀冬印。

德安　南昌谘议局筹办处宪钧鉴：县辖选举人名宣示告竣，确数三百十七名，册遵即另详。德安知县柴正衡东。

官长调查[①]

己酉四月初十日

赣省筹办处与各属往来原电汇录如下：

新淦　南昌谘议局宪钧鉴：选举人确定四百另二名。新淦事务所禀江。

铅山　南昌谘议局宪鉴：铅山县选举人数共四百十八名。知县宋尊望叩。

泸溪　南昌谘议局宪鉴：泸溪县确定选举人二百六十七名。知县兆麟禀。

兴安　南昌谘议局宪鉴：兴安选举确定二百三十人。知县文丙禀。

永新　南昌谘议局筹办处宪鉴：县属选举人名册现已确定九百五十八名，除将正册申送外。永新知县谦禀冬印。

广丰　南昌谘议局筹办处宪鉴：广丰选举人名册共九百九十名，已宣示。知县超叩禀。

莲花　南昌谘议局筹办处宪鉴：莲花厅选举人数共四百十五人，已造册呈核。萧渭叩范。

建昌　南昌谘议局筹办处宪钧鉴：府属初选举人数南城八百二十七、南丰八百二十九、新城四百十六、广昌五百十七、泸溪二百六十七，共二千八百五十六名，正册由各属专差径呈，合先电禀。励忠禀冬印。

九江　南昌谘议局宪鉴：九江全属选举告成，共计二千四百十六名。知府有

① 《申报》，己酉四月初十日，第三张第二版，第387页，“各省筹办谘议局”。

基支印。

筹办处　赣州赣县汪令鉴：人名册廪附均应载明年分。谘议局江印。

筹办处　衢州转上饶县郭令：奉抚宪谕，准宪政编查馆覆电内开：选举议员限制断自本身，如改业后其子孙即不在章程第六条第七款之列。等因。仰即遵照办理。谘议局支印。

官长设立[①]

己酉四月初十日

赣抚冯致筹办处函略谓：前承面询，馆覆山东电身家不清白一项，当电宪政馆请示。兹准馆覆冬电规定正当办法，详细紬绎，乃与前定初选举事务补说解释局章第六条文适相符合。今将往来电照抄送览，即由贵处遵照电开各节，或函或电，立刻通饬各属知照，仍用印文通行，饬令恪遵馆电并本处初选举事务补说办理，并严饬上饶郭令前禀应无庸议。再阅三月二十四日《申报》登载督部堂批驳上饶教育分会请革学生之荒谬尤为严切痛快，有"兴念立宪前途能无深惧"等语，足与此次馆电互相发明。并希另录来往电，并检抄报登督批，函知上饶县司选员、调查员遵章详确调查，毋稍瞻徇蒙混，多做实事，少说大话，依限投票竣事，设有事故，该令该员等不能辞其责也。此函用印不再另札，以资捷速，仍由处照录函电申报督部堂备案。云云。现闻筹办处已于初四日饬知各属矣。电稿附录如左：

致宪政馆电

北京宪政编查馆宪钧鉴：据谘议局筹办处面称，馆覆山东电身家不清白一项，以向例不准考试出仕者为断，惟既经改业，例有宽典。此次事系创办，自改

① 《申报》，己酉四月初十日，第三张第二版，第387页，"各省筹办谘议局"。

业之人始，应下逮几世方可有选举、被选举权，谨请示复。冯汝骙有。

宪政馆覆电

南昌抚台：洪。有电悉。身家不清白系指倡优隶卒旧例不准考试出仕者而言，至改业以后，旧例虽有报捐应试之限制，然选举议员则非报捐应试，实无旧例可循。且不用三代履历，自可无庸援引比附于报捐应试之外更剥其选举权。除报捐应试自应仍照旧定世次限制外，至选举议员之限制应断自本身，如改业后其子孙即不在章程第六条第七款限制之列，希转饬遵照。此覆。宪政编查馆冬印。

预备初选举投票[①]

己酉四月十一日

赣省谘议局筹办处复兴国县司选员函云：兴国县治分划十区，调查已占最多之数，据称一区之中其狭长每有至百余里者，积而计之，兴邑地面将及千里以外，恐未足信。至投票日期规定五月初一日限本日竣事，通省一律，岂容任意延长，擅自更改？希即查照。

初选举诉讼[②]

己酉四月十二日

江西湖口县初选举事务所职绅监察员吴润书等以劣生王观等藐法纠众等情具

① 《申报》，己酉四月十一日，第三张第二版，第401页，“各省筹办谘议局”。

② 《申报》，己酉四月十二日，第三张第二版，第417页，“各省筹办谘议局”。

报抚辕。现奉冯中丞批云：查《谘议局章程》，凡犯第六条情事之一者，即剥夺选举权及被选举权。现在禁烟王大臣颁发禁令日严一日，凡吸食鸦片者并不得为乡董，何况选举议员关系重大，岂容滥厕？所禀如果属实，王观等实犯第六条一与五消极资格，胆敢意存破坏，尤属可恶。仰谘议局筹办处饬县查明，并由处函嘱司选员密查禀复，毋稍徇隐，致滋流弊。

官长调查[①]

己酉四月十三日

赣省各属电告选举人名数于南昌谘议局筹办处续录如下：

金溪选举人数一百十七名。知县绍熙歌。

上犹选举正册三百九十一名。元议禀歌。

雩都人名正册初五已交驿递。知县道坦禀歌。

德兴选举人总数共二百四十五名，特此禀知。家栋叩鱼。

崇义选举人名确定五百名。知县刘昌言叩。

分宜选举人名数六百六十三名。知县家桢禀歌。

浮梁宣示约八百人，现办正册申送。树森禀鱼。

① 《申报》，己酉四月十三日，第三张第二版，第431页，“各省筹办谘议局”。

确定选举人名数[①]

己酉四月十六日

赣省各属初选举确定人数照录如下：

南昌府　南昌县二千一百二十一名，新建县一千一百三十六名，丰城县一千一百九十二名，进贤县一千零十八名，奉新县六百六十九名，靖安县四百十二名，武宁县六百零五名，义宁州一千二百二十八名。

瑞州府　高安县七百六十八名，新昌县八百三十二名，上高县四百五十三名。

抚州府　临川县一千二百八十九名，崇仁县一千零二十八名，乐安县一千零五十九名，东乡县七百三十一名，金溪县一千零五十七名，宜黄县六百八十三名。

建昌府　南城县八百二十七名，南丰县八百二十九名，新城县四百四十九名，广昌县五百十七名，泸溪县二百六十七名。

袁州府　宜春县二千零零四名，分宜县六百六十三名，萍乡县一千六百七十四名，万载县四千零九十九名。

临江府　清江县一千零四十八名，新淦县四百零二名，新喻县五百十四名，峡江县三百二十三名。

九江府　德化县七百余名，德安县三百十七名，瑞昌县四百十七名，湖口县四百三十八名，彭泽县四百四十九名。

南安府　大庾县三百十五名，南康县七百十二名，上犹县三百九十一名，崇义县五百名。

广信府　上饶县尚未报到，铅山县四百十八名，贵溪县五百零六名，兴安县

---

① 《申报》，己酉四月十六日，第三张第二版，第473页，“各省筹办谘议局”。

二百三十名，广丰县九百九十名，弋阳县八百十一名，玉山县七百七十五名。

南康府　星子县四百零一名，建昌县四百五十九名，安义县四百十二名，都昌县七百零五名。

饶州府　鄱阳县一千零三十七名，余干县九百八十九名，乐平县五百三十六名，浮梁县八百余名，德兴县二百四十五名，万年县四百二十七名，安仁县四百三十名。

吉安府　莲花厅四百十五名，庐陵县一千一百五十八名，吉水县九百十九名，泰和县一千零三十名，万安县一千零六十六名，龙泉县尚未报到，永新县九百五十八名，永宁县一百五十六名，永丰县四百三十九名，安福县六百二十五名。

赣州府　赣县一千四百四十名，雩都县六百六十八名，信丰县尚未报到，兴国县尚未报到，龙南县五百八十八名，虔南厅二百零六名，定南厅三百十五名，安远县一千六百三十名，长宁县六百七十六名，会昌县三百二十六名。

宁都州　宁都州尚未报到，瑞金县五百五十五名，石城县五百零三名。

确定选举人名数[①]

己酉四月十七日

江西选举人名数已据各属电报筹办处汇录前报，兹又有续报到省者，照录如下：

浮梁宣示毕，约八百人，现造正册申送。树森禀鱼。

景镇寄属事繁，司选员拟留浮开票请示。宗澄谨禀。

信丰选举名册确定，计五百五十名，正册驿送先此电闻。知县桂芬禀。

瑞金县选举人宣示后，确定九百廿七名，邦达谨禀。

---

① 《申报》，己酉四月十七日，第三张第二版，第489页，“各省筹办谘议局”。

龙泉初选举人数确定一千二百四十名。知府玉润叩阳印。

进贤初选举人名现已宣示更正确定人数一千一百十一名，即赶缮人名册另文申送，不敢稍延。知县昌寿禀真印。

兴国县选举人数一千一百二十二名。汪时谟禀。

赣州前奉漾电饬属依限遵办，现查赣、雩、信、会、安、龙、长、定、虔九属报府，均于限内电禀确定人数。并据雩、信、会、龙、长、定、虔七属已造正册到府声明径送。惟兴国迫催，尚未报到，请将该县记过，容再严催赶办，电禀。赣州府增翰禀灰印。

预备举行初选举①

己酉四月十九日

谘议局筹办处详定于五月初一日为初选举投票日期，所有当选票额计算法自应查照前发开票须知办理。兹该处复有补告者两事：

一、当选既有额数，则所选举之人足额与不足额势难预料，第一次投票如有不能足额之事，则须重行投票，倘重选复不足额，即行三次投票，总期足额而止。本处前订之期限清单已定五月初八为重行选举之期，如各属有两次投票不能足额者，仍即挨次举行，是为至要。此关于投票次数应行补告者一。

一、票额计数法，第一次投票应遵馆电，将该属派定初选当选人额除投票人实数以得数之半为票额。第二次投票计数法本处前发条文未及声明，兹查馆覆江宁电开：以每次重行投票实到人数核算，并不必将原选所得票数一并计算。等因。合即遵照。各属如遇重行投票，应即将每次所举人数除每次投票人实数，仍以得数之半为票额，其第一次原有之票不能并算（如该县初选当选人派额十名，初次投票以十【五】名之数除投票人实数，开票后如足额者五名，尚有五名不

① 《申报》，己酉四月十九日，第三张第二版，第519页，“各省筹办谘议局”。

能足额，即将得票较多者按缺额五名加倍开列十名，令第二次投票人就此开列之十名内投票，仍以十名除投票实数，其得数之半即票额也。三次、四次均照此办理。又如第一次投票以二十票为票额，其得十九票以下者即为不足额，至第二次投票应照二次所得票数计算，所有原得之十九票均不能并算。）此关于重行投票计算票额应行补告者二。

琐　闻①

己酉四月十九日

赣省八十厅州县初选举人数以万载县为最多，计有四千多人，其中多有办理各乡图会平常善举之人，未能尽合资格。兹经筹办处禀知赣抚冯中丞，奉谕切实驳饬，以昭核实，闻该处已指驳一千余人矣。

配定全省议员额数②

己酉四月廿一日

赣省谘议局筹办处以初选举人数共计六万二千六百八十一名，以议员定额一百零六名分配之：南昌府十四名，抚州府十名，建昌府五名，瑞州府四名，九江府四名，吉安府十四名，赣州府十三名，袁州府十二名，临江府四名，广信府八名，饶州府八名，南康府三名，南安府三名，宁都州四名。

---

① 《申报》，己酉四月十九日，第三张第二版，第 519 页，“各省筹办谘议局”。
② 《申报》，己酉四月廿一日，第三张第二版，第 547 页，“各省筹办谘议局”。

分配全省议员额数[①]

己酉四月廿五日

赣省谘议局筹办处分饬十四府州电照录下：

南昌府议员十四名，初选当选人一百四十名：南昌三十四，新建十九，进贤十八，奉新十一，靖安七，武宁十，义宁二十一，丰城二十一，投票纸面盖印，希专差星夜饬知。谘议局谏印。

瑞州府议员四名，初选当选人四十名：高安十五，新昌十六，上高九。

广信府议员八名，初选当选人八十名：上饶十五，玉山十四，广丰十七，铅山七，弋阳十四，贵溪九，兴安四。

南安府议员三名，初选当选人三十名：大庾五，南康十一，上犹六，崇义八。

吉安府议员十四名，初选当选人一百四十名：庐陵二十，莲花七，吉水十六，泰和十八，万安十八，龙泉二十二，永新十七，永宁三，永丰八，安福十一。

赣州府议员十三名，初选当选人一百三十名：赣县二十五，雩都十二，信丰十，兴国十九，龙南十，虔南三，定南五，安远二十八，长宁十二，会昌六。

南康府议员三名，初选当选人三十名：星子六，都昌十一，建昌七，安义六。

袁州府议员十二名，初选当选人一百二十名：宜春三十三，分宜十一，萍乡二十七，万载四十九。

建昌府议员五名，初选当选人五十名：南城十四，南丰十四，新城八，广昌九，泸溪五。

---

① 《申报》，己酉四月廿五日，第三张第二版，第605页，“各省筹办谘议局”。

临江府议员四名，初选当选人四十名：清江十八，新淦七，新喻九，峡江六。

饶州府议员八名，初选当选人八十名：鄱阳十七，余干十七，乐平九，浮梁十六，德兴四，万年七，安仁十。

九江府议员四名，初选当选人四十名：德化十三，德安五，瑞昌七，湖口七，彭泽八。

抚州府议员十名，初选当选人一百名：临川二十二，崇仁十八，乐安十八，东乡十二，金溪十八，宜黄十二。

宁都州议员四名，初选当选人四十名：本州十七，瑞金十五，石城八。

分配选举议员名额[①]

己酉五月初六日

赣抚冯中丞复筹办处函略称：顷展来函，为禀复乐安杨令禀王辅行等上控选举事务所绅董案。兹批云：据禀已悉。既据查明邹令国、詹祖芬挟嫌捏名冒禀属实，应将该两生夺去选举权及被选权，以示薄惩，仰即电知抚州府飞饬杨令遵办。缴。等因。除即发外，先此函达，以免稽延。再另缄核覆更正分配选举议员名额并来单等件具悉一一，兹已查照确定额数电达民政部备案。抄电稿一纸仍送上，希照更正额数存卷可也。电稿录下：北京民政部钧鉴：洪。江西谘议局选举议员，遵照宪政编查馆电示增定额数一百零六名。兹计十四府州选举人共六万二千四百八十四名，分配议员：南昌十四，抚州十，建昌五，瑞州四，袁州十三，临江四，广信八，饶州八，九江四，南康三，吉安十四，南安三，赣州十三，宁都州四。现定五月初一初选，六月二十一复选，除造册咨送外，谨闻。汝骙印。

① 《申报》，己酉五月初六日，第三张第二版，第771页，“各省筹办谘议局”。

释解选举章程[①]

己酉五月初六日

南安府陈太守：沁电悉。封套非票纸可比，无碍秘密，如确有选举资格，应为有效。谘议局勘印。

南昌谘议局宪鉴：奉示重选得票算法，细绎系以每项缺额加倍数除每处投票人数折半。据三月初二《神州报》漓县只以缺额名数不加倍除之折半，是函设例以十名除此十名，未知是原额十名抑缺额加倍三十名。乞示遵。萍分司选员李禀。

南昌谘议局宪鉴：勘电敬悉。其人确有选举资格，初选当选与否？知府裕艳印。

南安府陈太守：艳电悉。册既无名，不能当选。谘议局艳印。

初选举投票[②]

己酉五月初九日

五月初一日为初选举投票之期，因是日大雨如注，南、新两首县省区投票到者寥寥，闻南昌第六区共投一百五十八票，新建第九区共投一百二十一票。

---

① 《申报》，己酉五月初六日，第三张第二版，第771页，“各省筹办谘议局”。

② 《申报》，己酉五月初九日，第三张第二版，第815页，“各省筹办谘议局”。

官长设立[①]

己酉五月十二日

萍乡　赣省筹办处于五月初三日致萍乡县司选员李任庚函云：顷奉抚宪函谕：司选员李任庚至萍乡县，始欲假寓县署，继索事务所备四人大轿拜客，此等举动真堪耻笑。查司选员名单，该生系高等学堂卒业，当亦志趣高尚，何竟思想庸陋如此，应由处专函严行申斥。等因。查此次所派司选员均系以本地方人办本地方之事，原冀屏除习气，奋勉从公。该员萍乡人也，对于官长及地方父老绅士自宜恭敬尽礼、和平襄办，若因司选之歧，辄以委员自命，殊非砺行之道，亦非本处所期望于该员也。

宜春　南昌谘议局宪鉴：宜春五月初一日投票、初五日开票。善录禀。

赣县　南昌谘议局宪鉴：据章程初选被选作为无效，有更章否？乞电复。赣县良禀。

赣县汪令电悉。教员初选被选有效，已详初选告示。谘议局江印。

① 《申报》，己酉五月十二日，第三张第二版，第861页，“各省筹办谘议局”。

《申报》1909 年 7—8 月资料[①]

赣抚勒求民隐之一般[②]

己酉五月十四日

赣省谘议局筹办处会办绅士前宁绍台道喻庶三观察前与冯抚同官浙省，为冯所重，在籍时，凡遇地方关系之事，无不切实讲求公益，故中丞近日每遇地方政事必请喻上院会商，以求民隐。

选举问答要电[③]

己酉五月十四日

南昌谘议局宪钧鉴：袁州郡属宜春八区票匭办理违章，于开票时公议照章无效，封禁不开，已经张令电禀请示恩全。兹据面禀并各区监察员禀府坚称系属疏忽，并非舞弊。初选尚有缺额，请将八区票匭查明补投，所选九票各姓名掣去，于十一日汇同重选票匭照章开检，知府查系确实情形，仰乞宪恩可否照办？乞速电示。周邦翰谨禀鱼印。

萍乡转宜春县：支电悉。八区三百余票自未便因九票概作无效，惟监察员疏忽已甚，如被举为当选人，即应剥夺。谘议局阳印。

萍乡转袁州府周太守：鱼电悉。准将九票姓名掣去，余票先开，归初次票数

① 《申报》第 101 册，上海书店 1984 年影印本。
② 《申报》，己酉五月十四日，第二张第四版，第 6 页，分类新闻·东记，“各省筹办谘议局”。
③ 《申报》，己酉五月十四日，第三张第二版，第 9 页，“各省筹办谘议局”。

核算，不得与重选票相混。谘议局庚印。

萍乡县杨：速将投票人数及当选人名电复。谘议局阳印。

饶州转安仁县：速将选举人名正册申送。谘议局庚印。

赣州转瑞金县：速将选举人名正册申送。谘议局庚印。

南昌谘议局宪鉴：当选人业已如额选定，现造册申报。知县冯由禀阳。

初选举开票[①]

己酉五月十五日

江西初选举一律于五月初一日投票、初四日开票，曾记前报。兹闻附省之南昌县届期由初选监督及各委员绅在各区开票。查初选当选人定额三十四名，照章以十二票为及格，是日及格者计：省城区蔡如璋、蔡嘉猷、胡廷校，一区左维熙、胡球、罗璆、万明坤、王明、杨中和、邹安孟、胡品兰、李寿韶，二区熊家璜、傅登龙、吴舒蕙、杨汝梅，三区蔡钦、刘秉机，四区、五区均无及格者。以上共选定十八名，应补选十六名。新建县亦届期由初选监督及各委员绅在各区开票。查初选当选人定额十九名，照章以十二票为及格，是日及格者计：省城区魏镇唐，一区叶祖望，三区罗馨，四区魏光谟、李隅、左源，五区王述祖，二区、六区、七区、八区均无及格者。以上共选定七名，应补选十二名，南、新二首县均于初八日补选。

又（九江德化）九江德化县初选举于上月三十、本月初一日投票。德化初选议员共十三名，当选只有五人：张益葆三十五票，罗大经五十二票，罗纲乾二十七票，张正鼎十三票，黄锡畴十五票。

又（九江湖口）九江府属湖口县初选举已于初一日开票。当选二十七人：洪泽梗、王显谟、高巨屏、潘士举、洪宝笙、邹昭文、段本初，余未详。

① 《申报》，己酉五月十五日，第三张第二版，第25页，“各省筹办谘议局”。

解释《选举章程》[①]

己酉五月十六日

筹办处致临川县电云：抚州临川县左令：郑文奎正册无名，照章只准投票，不能当选。谘议局佳印。

筹办处致陆军学堂总办吴观察函云：接阅贵学堂学生公函。据本处上月二十八日复南昌初选举事务所函称，各节辩论甚为详晰，惟南昌所致本处原函贵学堂学生想未获见，此中不无误会。查闰二月二十二日本处复南昌事务所函第三条内称，实业、测绘、医学均以得有普通中学毕业文凭为定，是贵学堂毕业生本与中学同等，得有选举公权，本处早已知之。上月二十四日南昌来函忽称测绘二年毕业是否有合选举资格，本处谨照陆军部《奏定测绘学堂章程》第六条，三年期满举行毕业考试咨部会考发给毕业执照条文核办，所称测绘二年毕业实为不符定章，至不必填入正册云者亦指此时年限不足，测绘并无二年毕业章程而言，不必入册与不得有选举权大有分别。豫科二字南昌原函并未载出，本处未便添注。又江西高等豫科毕业有选举权者，查高等预科毕业准照中学毕业□奖优拔岁贡，山西、浙江、广东、福建各省奏准历办在案。本省去年举行高等豫科毕业，邀准中学奖励亦不乏人。本处以高等豫科为中学同等毕业，得有选举权，确有依据，并无畸轻畸重之见。豫计贵学堂学生毕业期迩，下届选举均系选举中人。查《馆章》、《议员选举章程》第二十二条，宣示人名册如有错误遗漏均得呈请更正。细阅贵学堂学生来函，保守公权、慎重选举，良用钦慰。爰将上月二十四日南昌来函抄出，详细裁复，希即传知，俾供众览。

陆军学堂吴总办复函云：敝堂各生擅自出函，实干犯本堂学生不得干预国政规则，业已照章惩罚，并将台函宣布各生。惟测绘学堂当时《部章》无大中小

① 《申报》，己酉五月十六日，第三张第二版，第39页，“各省筹办谘议局”。

学之别，各省章程均由部颁，仿照中央测绘学堂办法，照章豫科一年毕业，复入专科再学两年毕业。现调查京师测绘学堂专科，功课繁多，已延长至三年毕业，合豫科年数共需四年方能毕业。按其功课程度而论，豫科毕业已与中学毕业相等，升入专科即与高等专门学堂相等。敝堂从前均照外办章程，并无豫科、专科之别，自去年夏季奉到《部章》后，方仿照办理，所以豫科卒业尚迟，旧年腊月方行毕业，已经多习一年。自今年开学已照《部章》专科办法，其程度实在中学以上、高等同等，计至专科毕业时期需四年有奇。《部章》第六条，三年毕业即指咨部会考发给专科毕业执照而言也。查农业学堂系专门实业学校，可与相仿。本堂豫科卒业已经两载，与南昌初级师范学堂学期亦能相符，照章应否有选举权及被选举权，或暂停选举权，事同一律，恳即仿照办理。

筹办处覆陆军测绘学堂函云：贵学堂学生自应援照农业学堂预科毕业办理，惟查《馆章》、《谘议局章程》第七条第五款各学堂肄业生须停止选举权，亦应遵照办理，俾归划一。

初选举开票[①]

己酉五月十七日

萍乡县初四开票，投票实数一千三百三十一人。当选者：喻兆蕃、黎景淑、张明毅、张鹏霄、贺培藻。尚缺二十五名，业经重选。

---

① 《申报》，己酉五月十七日，第三张第二版，第53页，“各省筹办谘议局”。

初选举开票[①]

己酉五月十八日

临川县应出初选当选人十四名。兹将各区开票当选人姓名列下：五区黄象熙四十票，二区聂希璜二十九票，四区汪炽昌二十四票，八区桂汝章二十四票，一区饶经培二十三票，一区李京庚二十一票，一区邱麟书二十一票，六区徐恂二十一票，一区伍致中十九票，九区章义钧十九票，一区何春魁十八票，五区花丞十八票，三区罗廷栋十五票，郑文奎被控除。候补十六名：饶耀祥、吴道达、邓培心、饶士勤、吴明志、彭士芸、聂亭祥、郑权、李联华、黄秉渊、黄辉、饶呈松、朱士伟、喻怀佑、黄作梅、李龙文。

彭泽县应出当选人八名。兹将当选人姓名列下：周光信二十票，许振采十四票，欧阳霖十三票，欧阳荣十三票，欧阳源十二票，高镇东十一票，刘洪震十一票，汪心沂九票。候补七名：方涤源、刘天麟、程允麟、刘毓珍、黄德中、曹而康、丁士矩。

初选举开票[②]

己酉五月十九日

南昌、新建两首县于初八日重行投票，十一日开票。南昌当选十六人：王思

① 《申报》，己酉五月十八日，第三张第二版，第69页，“各省筹办谘议局”。
② 《申报》，己酉五月十九日，第三张第二版，第83页，“各省筹办谘议局”。

卫、熊元□、段方祁、胡炳烜、熊育锡、邱璜、刘朝銮、梅台源、雷钟壬、蔡岘、龚士材、李文铎、李景昉、胡士苹、蔡绍经、燕善达。候补当选八人：刘述志、胡雪、余用宜、李人杰、万绍廷、邓镠、谌福谦、曾秉钰。新建当选十人：邹景宣、朱梦兰、熊蟠、张启先、梁炎、胡铎、陶福履、刘树青、叶体元、李朝璧。候补当选四人：聂时琦、熊嵘、唐昆、胡存。

初选举开票①

己酉五月廿二日

万载县初选当选人：章怀之、高玉松、曾大方、黎炤明、凌敷德、冯鼎辰、汤其森、辛铭恭、龙达泉、龙鹤言、闻宗汉、辛师稼、辛清鉴、龙怀官、宋焕奎、杨守洛、黄辰清、郭善南、陈心田、谢协寅、龙起涛、汪凤郊、郭安澜、陈宝瑛、郭应辰、叶南英、张安素、周永清、袁浩、韩凤修、易子鑫、郭赓平、许纯仁、黄以虚、廖如宾、张沄、赖汝臧、郭秉黎、张兆元、吴延厘、汪玉海、郭回澜、高旺金、卢乃燊、彭大元、谢济沂、龙审言、宋湛陶、刘仙瀛、钟照离、汤兆槐、谢世功、王海泉、辛容光。

义宁州初选当选人：冷开运、余登甲、张拜扬、傅振寰、朱祖庵、（重选）陈浩瀚、徐舒华、杨春华、曹汝芳、张一经、陈三立、朱涛、朱祖荫、黄祖荫、卢以恕、黄子俊、荣修凤、黄懋麟、余乘龙、张家齐、张文光、詹世杰、王席珍、龚溥庆、樊汝翼、帅寿坤、（备数）陈希蕃、樊家骥、郑政雍、匡世英、胡岐穗、王梦杨、朱步青、杨宗震、李兆阳。

奉新县初选当选人：罗襄、刘书田、（初四重选）刘昆、赖及万、甘棠宪、周遇芳、彭颐、赵成渠、徐士信、胡寿龄、吴阳荣、（候补当选人）陈策治、廖基江、邓在钧、徐步衢、宋树德、邱衡。

① 《申报》，己酉五月廿二日，第三张第二版，第129页，“各省筹办谘议局”。

弋阳县初选当选人：姚崇谦、童燮和、张金鉴、张拱辰、汪斌、叶增荣。

预备举行初选举[①]

己酉五月廿六日

筹办处电

樟树（专）〔转〕新淦县：禀悉。该县票额据投票人数应以二十八票当选，分作二十四不合，速即加倍开列重选。谘议局筹办处啸印。

初选举诉讼[②]

己酉五月廿六日

鄱阳绅士电

南昌谘议局筹办处宪鉴：敝邑司选员廪生王慈学册无名，委系王金粟冒充。此次来鄱把持，败坏声言，全县无效，严惩伪替，应请并究。鄱阳举人黄祥云、职举李鼎元等叩。五月二十日。

---

① 《申报》，己酉五月廿六日，第三张第二版，第187页，“各省筹办谘议局”。
② 《申报》，己酉五月廿六日，第三张第二版，第187页，“各省筹办谘议局”。

初选举开票[①]

己酉五月廿七日

赣省各属初选当选人名现已更正确实，兹特汇录如下：

（南昌）卅四名：熊家璜、左维熙、胡球、万以坤、罗镠、蔡如璋、蔡钦、傅登龙、刘秉机、吴舒蕙、邹安孟、王明、揭汝梅、胡廷校、胡品兰、杨中和、蔡嘉猷、李寿韶、王思卫、熊元锽、叚方祁、胡炳煊、熊育锡、邱璜、刘朝銮、梅台源、雷钟壬、蔡岘、龚士材、李文铎、李景昉、胡士苹、蔡绍经、燕善达。候补当选人八名：刘述志、胡雪、余用宜、李人杰、万绍廷、郑镠、谌福谦、曾秉钰。

（新建）十九名：魏镇唐、叶祖望、李隅、魏光□、王述祖、罗馨、左源、戴云章、程耀南、邹景宣、朱梦兰、熊嵘、张启先、梁炎、胡铎、陶福履、刘树青、叶体元、李朝璧。候补当选人四名：夏时琦、熊礵、唐昆、胡存。

（南城）十四名：饶士端、谢佩贤、吴士材、李嘉谷、郭乃恢、程逢清、颜宝仁、李嘉端、饶蔚祥、赵为霖、邱凤辰、郑元、廖荃、梅为霖。候补当选人五名：李之韶、黄经藩、吴兰芳、吴嘉麟、罗炳垣。

（新喻）九名：钱选青、李耀宗、胡锡朋、彭从龙、胡绍箕、林舒翘、胡济川、胡有泰、刘青海。

（瑞昌）七名：胡良策、范葆廉、王烈、谈经济、余嘉勋、张抚辰、曹衍澄。

（湖口）七名：王显谟、洪泽梗、叚本初、洪宾笙、邓文昭、潘士举、高巨屏。

（上饶）十五名，第一次开票仅有当选者九名：张绍江、毛涂、余鼐、李秉

① 《申报》，己酉五月廿七日，第三张第二版，第203页，“各省筹办谘议局”。

彝、张学华、汪良法、余纯震、刘德昭、周毓贞。

（弋阳）十四名：姚崇谦、童爕和、汪斌、张金鉴、张拱辰、叶增荣、刘芬、吴清春、江上青、舒鹏翼、刘郁、罗镇西、汪玉森、刘绍宽。候补当选人五名：李焴秋、张文炳、胡受苏、吴玉光、张霆癸。

（泰和）十七名：峄贤、朱鼎瑶、李颂功、张殿元、郭志仁、彭用世、孙振渭、旷子椿、刘栻、严荣、欧阳辅、王春华、汤霖、匡瑚、孙振灏、郑沂曾、欧阳申。候补当选人一名：陈鸿宾。

（建昌）七名：吴世仁、邓伟、吴让、涂长荀、蔡允升、张家鼐、蔡型。候补当选人四名：陈锦屏、陈世蕃、杨学苏、蔡以时。

（安义）六名：黄兰芳、余起光、王德英、高步云、周承、余承志。候补当选人二名：刘映青、杨胜玉。

专件　赣省筹办处议设议案预备会及附设公报启[①]

己酉五月廿七日

预备立宪期以九年，乃我孝钦显皇后、德宗景皇帝破二千余年之专制，予四百兆人民以公权，自秦汉以来垂之史册有一无二之诏旨也。两宫升遐遗兹恺泽，圣皇嗣位永奠宏基，薄海臣民且歌且泣。我江西父老兄弟亦知今日之纷纷选举为何用耶，亦知谘议局之克期成立果何益也？牖我聪明，保我种族，裕我生计，通我隐情，相恤相维于患难之交，以期进于大同之治。果维新乎？亦复古而已矣。《洪范》云“谋及庶人”，即谘议局也；《周礼》“月吉。读法。象魏”，即宪典也；《孟子》谓“诸侯恶其害己而去其籍”，即废公权而逞专制之渐也。灵荄久堙，一朝萌达，造端宏大，雷雨满盈。然则立宪以谘议局为初基，而谘议局即与立宪相终始。考其宗旨所注重者，曰国计、曰民生，挈其宏纲所苞孕者，曰法

① 《申报》，己酉五月廿七日，第三张第二版，第203页，“各省筹办谘议局”。

律、曰财政，原夫议案之所由起者，曰兴利、曰除弊，千条万绪如一部《十七史》，从何说起？况聚日十，未尝经验、未明法理之人骤督以议国家之行政，相顾错愕，口欲吐而嗫嚅，心有思而惝恍，欲其发言盈庭动中肯要，不颜之赭而舌之结也，不綦难哉？虽然治丝者抽其绪，导流者溯其源，耳有所闻，目有所见，不虞其渺而难稽也，于是有调查之事。悬鹄以求中，陈鉴以辨形，高下自知，妍媸毕现，不虞其棼而犯纪也，于是而有编辑之事。病迫于求艾，灾切于剥肤，何者当兴，何者当革，有知觉即有是思想也，于是而有建议之事。虽然事豫则立，有开必先，若调查、若编辑、若建议必俟取办于临时，曷若备资于先导？东南各省已先后组织议案预备会，举详举要，分任其劳，非为越俎代庖之谋，实免临渴掘井之诮。况吾江西交通未便、风气未开，习尚固朴而无华，性质亦约而有守。然语夫团体则囿于方域而不知合大群也，语夫智识则狃于目前而未能规全局也。处此竞争剧烈之世，相聚而谋以求免于弱昧涣散，上不负朝廷，下不负桑梓，卓然使吾江西成一文明优胜之部分，对于立宪时代而无惭，即百六名额之议员担负责任，仰何其重且大也！议员者，吾江西人民之代表，非议员者，悉吾江西公推代表之人民。亭林顾氏有言"天下安危，匹夫与有责焉"，是无间议员与非议员，而议案之例得与闻与议案之不嫌于预备，洵哉为全球公理所深许矣。兹集同人创为此会，并附议案预备公报，凡有关于吾江西利弊兴革之故调查编辑之条，皆系于此。来日方长，从容研究，去昏昏之故习，发昭昭之远谟。则谓此会为谘议局之前提，可也；谓此会为谘议局之后盾，亦可也。谓此会会报，为谘议局之陈列所，可也；谓此会会报为谘议局之补助品，均无不可也。愿吾江西父老兄弟共垂览焉。

初选举开票[1]

己酉六月初二日

贵溪县初选当选人九名录下：饶绍唐、汪庆澜、汪宝琛、黄家骥、丁象明、汪寅、邵致祺、江琛、徐楷。

峡江县当选人六名：宋尔艾、陈鸿春、陈至谦、陈有棻、刘耀奎、陈兴仁。

琐　闻[2]

己酉六月初二日

永新县陈大令守谦禀报办理初选举情形，奉赣抚冯中丞批云：禀折均悉。所陈事理详明、规则严正，到任未久有此成绩，具征实心新政。乃以筹办处考核列入三等，引为愧悚，立宪时代正宜竞争名誉，人谓负气，我谓要好。筹办处禀承本部院办理选举事宜，考察各属不稍假借，将来自有公道，该令何必过虑耶！闻初选已终，及额，甚以为慰。地方自治业已通饬举办，该令应即遵照饬知事件，首先预备本年八月当覆奏第二届筹办事宜。凡我僚吏有志之士，岂容落后？该令自称勇敢性成，从无推诿迁延之习，当此百端待举，自须急进手假方能成事。惟当养此沈毅不浮之气，出以至诚恻怛之心，庶几古之仁勇、今之循良。牧令为世诟病多矣，愿该令一雪斯耻。仰谘议局筹办处传谕知之。

① 《申报》，己酉六月初二日，第三张第二版，第263页，“各省筹办谘议局”。
② 《申报》，己酉六月初二日，第三张第二版，第263页，“各省筹办谘议局”。

初选举开票[1]

己酉六月十二日

靖安县初选当选人七名：熊符梦、舒宽慧、陈永懋、陈大昌、项书谚、项书锦、黄颖见。

兴国县当选人十一名：邱蕴生、邹云章、谢远涵、李文涛、曾辉、吴薰、钟树声、李元复、曾纪衡、吴熙春、温蕃锜。

宜黄县当选人十二名：邹时棠、周（杨）〔扬〕烈、邹学纯、吴国章、吴瑞昌、吴铣、戴龙光、吴孝展、罗登澜、邱壑、余士炜、李光祖。

乐安县当选人十八名：姜衍图、杨树铧、曾景贤、李梦蓉、丁步瀛、五廷桢、董道修、游家彦、萧彦璠、谭道、戴成彰、张耀廷、邹奎璧、杨立程、易从周、游锦云、詹建忠、廖焯勋。

初选举诉讼[2]

己酉六月十七日

德化当选人廖桂贤被控情形已见前报。讵廖桂贤日前复串通书记员史秉信，将签名簿带回家中，私将簿内到字改挖，以图狡赖。事为附生周斯孚等查知，复即具禀府宪请究。奉批云：昨据该生等暨举人廖桂贤先后来府控诉，均经批县确

① 《申报》，己酉六月十二日，第三张第二版，第413页，“各省筹办谘议局”。
② 《申报》，己酉六月十七日，第三张第二版，第485页，“各省筹办谘议局”。

查及调验在案。今称：廖桂贤与伊戚黄心竹并无选举资格，混以贡生注入册内及投票簿内，黄心竹等十六票所签到字均出一手，已凭庶务员阅看，现已涂改五字，黄文体名下到字又忽挖补，系书记史秉信携归生弊。等情。如果属实，殊属有干惩罚。且所控各节均有事实证佐可案，一经查讯，不难廉得真情。仰德化县立即查照前后控情及批饬事理，并案确查，依限具覆廖桂贤。倘经查验，该生等仍应分值监察，不得诿卸。

初选举开票[①]

己酉六月十九日

吉水十二名：郭星汉、李彬、杨应峨、萧之柄、张开林、彭德莹、徐元训、胡玉爵、曾承熙、张培之、刘学汉、王以选。

万安十八名：严安仁、萧熊飞、罗景福、孙桂芳、刘学渊、廖廷隆、王子香、萧炳煌、林珍、张四维、陈文膏、曾沂春、郭锦城、朱静安、严湛恩、邱翠芳、梁员祖、廖清湘、（候补四名）许炳煌、胡承恩、萧点鳌、许家騋。

永丰七名：杨士衡、刘仁寿、罗廷杰、刘毓荫、刘彩庚、徐文炳、陈玉书。

星子六名：陈宝林、张廷魁、潘善滋、罗允煜、陈友松、陈式藩。

都昌十一名：曹逸仙、邵伯棠、周凤山、方瑞元、方千里、石奠磐、秦镜中、沈逢甲、黄河澄、袁爆、余建寅。

乐平九名：朱文英、彭良骢、张家澍、徐宝田、石光玉、杨尚芬、袁希祖、蔡兆煌、李应奎、（候补四名）詹拜飙、徐士诰、张景贤、叚会芳。

德兴四名：徐舞举、舒家骏、李长庚、张先济。

万年七名：刘金诰、黄钟、程一鹏、张朝辉、方之屏、饶育钟、饶商棠。

---

① 《申报》，己酉六月十九日，第三张第二版，第513页，“各省筹办谘议局”。

初选举开票[1]

己酉六月廿一日

信丰二十一名：傅午桥、谢锡鸿、王宝光、刘相春、王逊志、郭锦章、刘乙燃、张赓煌、赖作舟、李炳元、郭本城。

进贤十八名：陶桢、张德舆、曾绍续、熊冕群、余仲田、赵会礽、朱焕新、吴杰伦、曾厚堃、樊荣祖、傅寅、涂德元、姜正芳、陶步墀、饶廷显、陈开第、黄应泰、樊秉厚。

高安十五名：姚赓荣、金保世、黄宗铭、傅寿康、周炳麟、胡汝弼、魏连城、郭梅春、蓝保泰、湛祖武、陈宝鼎、李挺生、刘兆璠、吴焕奎、朱文瀚。

新昌十六名：黎思位、任宿、彭绍基、胡映梅、熊文谟、熊殿贵、袁烱、邬乐泉、邹如玉、彭依言、刘树南、刘书田、熊福坚、漆喻梓、胡相宜、邹焱烇。

崇仁十八名：李添华、李春华、黄立大、陈家声、王维诚、陈心溥、黄桢、陈简青、陈汝霖、谢增龄、黄树森、黎云、黎士英、彭祖寿、傅春霖、邹国华、黄祖培、甘绍先。

金溪十八名：王题柱、汪树德、双鸾、丁笔雷、李安澜、吴鸿蔚、陈冠群、陈应宿、赵汝谐、谢天桂、詹联芳、谢宝德、吴恩、修思永、蔡彬、艾朝鼎、江上翔、周寻源。

广昌九名：杨翚、罗桢、赖天衢、黄瑞辉、赖树藩、饶孟赓、符民法、何清莹、关树枏。

泸溪五名：林景员、邱钟杰、傅景岩、曾甘澍、刘松。

---

① 《申报》，己酉六月廿一日，第三张第二版，第543页，“各省筹办谘议局”。

预备举行复选举[1]

己酉六月廿一日

江西南昌府办理复选，业经择定府学朋伦堂内为复选投票之区，现由兼理南昌府仓司马尔桢派委张教授伯勋为管理员会同办理复选所内一切事宜，以备复选。

预备举行复选举[2]

己酉六月廿三日

兼理南昌府篆仓司马昨以复选期近，特择定府学正斋为事务所、明伦堂为投票场，派张广文为监理员会同各员绅预备一切。遵章于二十一日投票、二十二日开票，如不足额，二十四日补选。惟调署首府正任吉安府武太守履任在即，投票、开票未知是否以武太守为监督云。

① 《申报》，己酉六月廿一日，第三张第二版，第543页，“各省筹办谘议局”。
② 《申报》，己酉六月廿三日，第三张第二版，第575页，“各省筹办谘议局”。

复选举开票[①]

己酉六月廿四日

赣省九江府复选已于二十二日开票。兹将当选议员姓名录下：（德化）刘裔祺、（彭泽）欧阳霖、（瑞昌）范保廉、（湖口）王显谟。

复选举开票[②]

己酉六月廿八日

南昌府复选于六月二十日在府学明伦堂内投票，于廿二日在南昌府署经武太守监督开票，计得足额议员十四名，已录前报专电。兹再将县分票数及候补人姓名录下：（进贤）余仲田八票，张德舆八票，（义宁州）张拜扬八票，陈三立七票，冷开运六票，（武宁）叶润黎七票，（奉新）徐士新七票，闵荷生六票，（南昌）艮方祁七票，熊元锽七票，邹安孟五票，（新建）李隅七票，（靖安）陈永懋六票，（丰城）王明德六票。候补七名：（丰城）袁宗濂五票，（南昌）蔡如璋五票，（新建）陶福履五票。惟候补议员尚缺四名，定于廿四日重行在府署投票，至一点钟开票。

① 《申报》，己酉六月廿四日，第三张第二版，第591页，“各省筹办谘议局”。

② 《申报》，己酉六月廿八日，第三张第二版，第655页，“各省筹办谘议局”。

选举诉讼[①]

己酉六月廿八日

鄱阳县上筹办处电

南昌谘议局筹办处宪鉴：鄱邑初当选之程体元前因被人攻讦嗜好，遵章取有保结，声明业已戒断，始行确定。惟李儒修等现在赴府呈控，奉饬调验。兹已验明程体元确已戒断，而原禀之人谓其近始戒除，仍求令其当选无效。奉本府以复选投票在即，应如何办理，饬电请宪示，乞迅赐电复。鄱阳知县沈善谦号。

筹办处复鄱阳县电

号电悉。程体元嗜好既已验明戒净，应当选，照章由县决定。谘议局个印。

司选员上筹办处电

南昌筹办处宪鉴：程体元调验虽未发瘾，然据体元向复选监督自供于本月八日领执照后始行遵戒，前充调查员登名册，及初选当选并具保结，时皆实有嗜好，本日（二十一）应否准其投票及如何罚则，请即示府遵办。县电讹误。司选员王慈叩马。

监察员上筹办处电

南昌筹办处宪鉴：县电禀程体元事不实，恳饬府查复。鄱阳开票监察副贡李儒修等叩。

① 《申报》，己酉六月廿八日，第三张第二版，第655页，“各省筹办谘议局”。

饶州府上谘议局宪电

程体元被控嗜好，饬县同管理、监察员查验三日未发隐，据伊面称六月初八后始行戒断，若追究既往，初选时不应入册，若宽将来，复选前实已戒断。昨县电请示，未复。本日（六月二十一日）投票，公愤，将程票另存。如何办理，专候核示。饶州知府王祖同禀马叩。

复选举开票[①]

己酉六月廿九日

袁郡复选二十二日开票。议员姓名如下：郭赓平、喻兆（番）〔蕃〕、易子猷、杨守洛、赵效献、谢济沂、曾纪良、江（霿）〔云〕、叶先圻、郭回澜、高玉松、钟子荣、文龢，候补黎景淑，尚缺六名。二十三日重选，即日开票。

复选举重开票[②]

己酉七月初二日

南昌府复选议员人名已纪昨报。惟候补缺额四名，经武太守于廿四日监督投票、开票，兹已足额。候补议员四名照录如下：余乘龙、胡廷校、周文弼、朱梦兰。

---

① 《申报》，己酉六月廿九日，第三张第二版，第669页，“各省筹办谘议局”。
② 《申报》，己酉七月初二日，第三张第二版，第717页，“各省筹办谘议局”。

又（袁州）袁州于廿三日重选候补议员，监督周太守监视投票、开票，得六人，姓名列左：宋焕奎、黄以虚、易奋庸、张寄沂、潘瑞梅、张鹏霄。

琐　闻[①]

己酉七月初二日

南昌谘议局鉴：复选范葆廉（九江复选当选）初选剥夺作废，黄瓒应补未补，求核示。初选当选郭连泰等叩。

南昌谘议局筹办处宪鉴：复选投票讫，查贵溪黄家骥忘带执照，经同县当选人全体出具保结，并无顶替情弊，所投之票应否作数，乞示遵。广信知府关榕祚禀个。

安仁转广信府鉴：个电悉。黄家骥投票应作数。谘议局有印。

复选举重开票[②]

己酉七月初三日

江西抚州府办理复选事务，经该府范太守于六月二十一日监督初选当选人投票，二十二日当堂开票，当得足额议员十名：周扬烈九票、谢增龄八票、黄立大六票、饶正音七票、董道修八票、杨怀芳七票、谢宝德八票、詹联芳六票、彭士芸七票、黄象熙七票。

① 《申报》，己酉七月初二日，第三张第二版，第717页，“各省筹办谘议局”。

② 《申报》，己酉七月初三日，第三张第二版，第731页，“各省筹办谘议局”。

复选举开票[①]

己酉七月初四日

瑞州府于六月二十一日投票，二十二日开票。议员四名：傅寿康、邹凌沅、严祖光、黎思位。候补二名：姚赓荣、彭依言。

南康府于六月二十一日投票，二十二日开票。议员三名：秦镜中、黄兰芳、蔡允升。

复选议员开票[②]

己酉七月初六日

江西建昌府举行复选，于上月二十一日投票，二十二日开票。计得议员五名：谢佩贤（南城），吴士材、张履福（南丰），黄鸿烈、罗桢（广昌）。候补议员三名：吴树枬（广昌）、刘凤起（南城）、刘昌洪（新城）。

又（抚州）：抚州府额定议员十名，已纪前报。兹将候补议员五名调查于下：吴承志、修思永、游锦云、陈家声、饶士勤。

① 《申报》，己酉七月初四日，第三张第二版，第745页，“各省筹办谘议局”。
② 《申报》，己酉七月初六日，第三张第二版，第777页，“各省筹办谘议局”。

复选举开票[1]

己酉七月初七日

吉安府复选，于六月廿一日投票，廿二日开票。当得额定议员十三名：王仁煦（安福），贺赞元（永新），萧辉锦、孙桂芳（万安），曾沂春、郭炳谟（龙泉），巫占春、孙振渭（泰和），郭志仁、罗铨（庐陵），梁凤岐、周焕奎、朱寿慈（莲花厅）。（候补议员七名）张培之（吉水）、谢迪昌（龙泉）、张开林（吉水）、杨士衡（永丰）、龙钟洢（永新）、郭聚奎（龙泉）、欧阳辅（泰和）。

琐　闻[2]

己酉七月初七日

赣省谘议局筹办处致赣州道俞观察电云：宁都、石城初选当选人与该州复选议员姓名希转饬分别速报，并祈先电覆。

① 《申报》，己酉七月初七日，第三张第二版，第793页，“各省筹办谘议局”。

② 《申报》，己酉七月初七日，第三张第二版，第793页，“各省筹办谘议局”。

复选举开票[①]

己酉七月初十日

江西广信府复选，于六月二十一日投票，二十二日开票。计得额定议员八名：巫祥（玉山）、刘郁（弋阳）、吴清旾（弋阳）、傅学璟（广丰）、饶熙春（广丰）、张柱（上饶）、杨存基（上饶）、饶绍唐（贵溪）。候补议员四名：叶鑫（广丰）、滕诚（兴安）、余纯震（上饶）、张学华（上饶）。

复选举开票[②]

己酉七月十四日

临江府复选，于六月二十一日投票，二十二日开票。计得额定议员四名：李耀宗（新喻）、罗志清（清江）、聂传曾（清江）、刘芳藩（新淦）。候补议员二名：刘翘奎（峡江）、沈锡林（清江）。

又赣州府复选，于六月二十一日投票，二十二日开票。计得额定议员十三名：（赣县四名）刘景烈、蔡世培、陈瀛、刘景熙，（（云）〔雩〕都一名）谢大光，（安远四名）唐阜昌、欧阳勷、谢联珏、叶栋材，（龙南一名）廖光墀，（兴国一名）谢远涵，（信丰一名）王宝光，（长宁一名）古廷松。候补议员七名：（会昌）欧阳莘，（兴国）李文涛、李元复，（（云）〔雩〕都）洪奎，（定南厅）

① 《申报》，己酉七月初十日，第三张第二版，第841页，“各省筹办谘议局”。
② 《申报》，己酉七月十四日，第三张第二版，第901页，“各省筹办谘议局”。

李国龄，尚缺二名另行重选。

复选当选名单[①]

己酉七月十六日

江西饶州府王太守祖同办理复选，当众开票，计得额定议员八名，即电禀谘议局云：南昌谘议局宪鉴：复选报告已专送。兹将议员姓名列后计开：邹国玮、程运熙、汪龙光、戴书云、□钟、吴宝田、曾秀章、徐凤钧。知府祖同禀。

复选举诉讼[②]

己酉七月十六日

江西新昌人袁烔经瑞州府办理复选当选议员，嗣由局高安绅士以其年龄不合，禀府剔除，以邹凌沅递补。兹闻袁烔实年三十岁，因前月调查户口，伊正来省，实被邻人写误，现袁回里，颇为不平，即将族谱送县察看，章大令批阅后即行呈府转禀省台核示办理。

又（建昌）江西建昌府当选议员（南丰）张履福经江鹭田等控其充当教员，亟应撤销议员。等情。由该府袁幼铨太守饬据南丰县，查得该教员已于正月力辞，因未得代，暂留一学期，议定下学期决不受聘。等语。随即由府电复筹办处，谓复选正在暑假期内，应否以退教员论准当议员，请示核办。现奉谘议局筹

① 《申报》，己酉七月十六日，第三张第二版，第931页，“各省筹办谘议局”。

② 《申报》，己酉七月十六日，第三张第二版，第931页，“各省筹办谘议局”。

办处电饬，张履福既辞教员，自应准充议员。

《申报》1909年9—10月资料[①]

预备召集议员[②]

己酉七月二十日

赣省谘议局筹办处致抚州、袁州、临江、广信、饶州、九江、南康、建昌、吉安、赣州、南安、宁都各府州电云：复选人名册、议员名册载明籍贯、年龄、资格、票数，限十日内速送到处。谘议局文印。

赣省复选告竣，其召集议员之期，现经筹办处仿照浙江办法，于八月初一日以前一律齐集省垣，尽一月之中从容讨论各项事宜。惟谘议局议事厅建筑需时，拟由该处暂行筹借公所租赁市房妥为接待，至九月初一日以后应将旅费公费等项照章由局会议呈请核令再行致送。

赣省谘议局筹办处兼地方自治研究所原设上谕亭宗圣祠，前议本月迁入书院街旧有豫章书院内，以便开办研究所并接待议员。现因高等学堂尚未移出，遂以宗圣祠后进洋房为议员招待所，由刘猛将军庙地方开门，以示区别而清界限。

① 《申报》第102册，上海书店1984年影印本。

② 《申报》，己酉七月二十日，第三张第二版，第53页，“各省筹办咨议局”。

琐　闻[①]

己酉七月二十日

江西上饶县复选议员杨存基之当选也，据人传说系得神佑之故。上饶初选举分十区，杨为第九区人，其同区初选当选者并杨共六人，此六人于复选前一日开会，一本区鸡应祠议推举一人，久就不能决，乃焚香神前，作阄投筒中，群相默祷，拈得者五人，同举之杨遂邀神眷得为议员，具鸡黍酬愿焉。闻之左氏曰："国将兴听于民，将已听于神。"今中国实行宪政，方兴未艾，而有此等神命之议员出现于世，讵不可怪？且闻杨君之运动初选当选煞费苦心，五月初十日重行选举，合十区之人同赴城投票，杨乃预先亲赴某乡遍邀同姓及其亲友数十人肆筵设席，下逮佃户亦叨酒食之惠，至日殷勤招待，导至投票所，一哄而入，致管理、监察员不及检查，顶冒遂多，甚至本人赶到而名下到字已被人签过者指不胜屈，迨开票查对到名簿与票数又不相符，司选员不敢承认，经监督从权办理，而杨君遂一跃高标矣。

筹备谘议局开办事宜[②]

己酉七月廿六日

江西筹办处以赣省复选现已告竣，各府议员行将到省，尚有应行筹办事宜五

① 《申报》，己酉七月二十日，第三张第二版，第53页，"各省筹办谘议局"。
② 《申报》，己酉七月廿六日，第三张第二版，第137页，"各省筹办谘议局"。

项禀请抚院电询宪政编查馆核定示遵，照录如下：

（一）常驻议员江西照章二十一名，议长、副议长是否在此二十一名之外？

（二）议长、副议长、常驻议员照章均以得票过半数者为当选，如一次不足额，是否照初复选办法，以得票多者加倍开列再行投票？

（三）《谘议局章程》第十六条第二项，常驻议员因事出缺时以候补常驻议员名次表之列前者递补之。等语。如无候补常驻议员，如何办理？

（四）查《资政院章程》第十四条，各省谘议局议员以各省定额总数十分之一为选出资政院议员之足额。等语。江西议员一百零六名应以十名咨送，但未知是否常川驻京及以常驻议员挑送，如系常川驻京及以常驻议员挑选，则本省常驻议员计少十名，应否以候补常驻议员补足原额？

（五）议长、副议长均系互选得票多数，其名望自在常驻议员之上，选送资政院时是否即在十名之内？

以上五项应行先事筹办，为此禀乞县台俯赐察核，电询示遵。

复选举开票[①]

己酉七月廿九日

赣省南安府应选出议员三名，前日复选开票。人名列下：黄念鑫（崇义）、董德渊（大庾）、周述（大庾）。

又（宁都）宁都州复选竣事。当选议员四名：董大埙、杨世鼎、陈焘、邱璧。候补议员二名：邱和鸣、伊伦。

---

① 《申报》，己酉七月廿九日，第三张第二版，第181页，“各省筹办谘议局”。

召集议员[①]

己酉八月初八日

赣省举定议员一百五名，于八月初一日齐集省城预备开局，并以谘议局后进暂为各议员办公之地，即将后门辟开以便出入。

琐　闻[②]

己酉八月十八日

江西广信府议员巫祥充当陆军小学堂教员办理学务，素为同乡人士所推重，现因患病在籍身故，同志颇为悲悼，所遗员缺将以候补之叶鑫顶补。

议员开预备会[③]

己酉八月三十日

赣省议员一百零六名已于中秋前后陆续到省，二十一日在谘议局开会欢迎，

① 《申报》，己酉八月初八日，第三张第二版，第 303 页，“各省筹办谘议局”。
② 《申报》，己酉八月十八日，第三张第二版，第 457 页，“各省筹办谘议局”。
③ 《申报》，己酉八月三十日，第三张第二版，第 633 页，“各省筹办谘议局”。

先集各府州之接待室，旋摇铃开会。先由贺君赞元演说：一、宣布开会宗旨；二、报告筹备事宜；三、定于九月初二日选举议长，初三日选举副议长，初四日选举常驻议员；四、筹备会议事件。继由贺君自抒意见，谓议员代表舆论，必须注重全省舆论，惟现在民智未开，尚望诸议员研究法政制造舆论。次段君方祈演说，谓宜以改良各界为宗旨。后有以举议长太迟、宜早举定为言者，而闵君荷生仍执初二日选举之议，众乃赞成。又有孙君振渭请速举代表草定规则，以免秩序紊乱，众亦赞成。后由叶君先圻演说，举会长事并征引日本办法。贺君因复说明初一后选举之理由。(未)〔末〕由黄君大埙请定临时主席，众遂推定汪君龙光，并由黄君代表分散章程报告及议员分配表，乃摇铃散会。

派定监视互选职员[①]

己酉九月初三日

赣抚冯汝骙以谘议局筹办处禀称：九月初一日以前应办会场布置及派人管理、监察投票、开票各事，均推临时议长主持。等语。又由黄太史大埙面请，拟派王守渭滨、易令顺豫、杜令履中、章令翰彬、王令珍为互选管理员，燕绅善达、陈绅增、胡绅廷校为互选监察员，自应照准。除届期照章宪节亲自莅局行开会式，一面函嘱以上各员于九月初一日以前帮同黄太史料理一切并届时分充管理、监察各员。

① 《申报》，己酉九月初三日，第三张第二版，第681页，“各省开办谘议局”。

欢迎议员之大会[①]

己酉九月初四日

赣省教育总会、商务总会、农务总会、自治研究会、铁路股东会于八月二十七日假商务总会之逍遥别馆开会欢迎全省议员，于上午十一句钟时由教育总会副长欧阳笠斋观察摇铃开会，到者二百余人，设音乐队于台后。欧阳君宣布开会宗旨，议员谢远涵演说议员应尽之义务，喻庶三、刘云桥先后演说议员之职任、自治之方针须一秉至公之意，在坐者鼓掌不绝。后由黄太史大埙登台演说办事须化除意见，其意影射路事，颇足动人。至三句钟时摇铃散会。

谘议局行开幕礼之预备[②]

己酉九月初六日

赣省谘议局于九月初一日为成立之期，经冯中丞函请高等学堂监督黄太史大埙督同派定职员，预备是日在江南会馆行正式开会典礼，初二日在局互选议长，初三选举副议长，初四选举常驻议员。闻冯中丞此四日内督同司道各官绅按日照章举行选举事宜，以昭郑重。

① 《申报》，己酉九月初四日，第三张第二版，第697页，“各省筹办谘议局”。
② 《申报》，己酉九月初六日，第三张第二版，第727页，“各省筹办谘议局”。

赣省谘议局开幕纪详[1]

己酉九月初八日

赣省谘议局遵于九月初一日为成立之期，由冯中丞函请高等学堂监督黄棣斋太史为临时主席督率执事各员在江南会馆布置会场。会场中设演坛、演说台，左设新闻记者席及优级小学生唱歌处，右设书记席、军乐队处，左右两边设抚司道宪坐位，横第一排议员坐位，第二排来宾坐位。到者共二百余人，于下午二句钟各宪到齐，临场安坐，由黄棣斋太史摇铃开会，左右奏风琴、唱欢迎歌，军乐齐舞，经章大令翰彬读冯中丞祝词毕，奏琴乐，继由黄太史读答词毕，时已四句钟，摇铃散会。定期初二日开会投票互选议长，仍在江南会馆举行。翌日冯中丞于下午一句钟时督率司道先后到场，经监察、管理各员将票箱安在船厅上首，各宪监察投票颇为慎重，不准闲人参观。议员每三人一进，书票投箱后，入荷花池厅内就坐。俟投票完毕，将票箱移置下首，各宪分坐两旁，各议员横排坐下，由冯中丞监察当众开票，计：兴国议员谢远涵（乙未翰林前四川道监察御史）得五十四票，萍乡县议员喻兆蕃（己丑翰林前浙江宁绍台道）得四十九票，德化县议员刘裔祺（丁未举人前署浙江盐运使）得一票，黄大埙（戊戌进士翰林院编修）得一票。

① 《申报》，己酉九月初八日，第二张第二版，第755页，紧要新闻二，“各省筹办谘议局”。

赣省谘议局选举副议长[①]

己酉九月初九日

赣省谘议局全体议员于九月初三日在江西会馆互选副议长，经冯中丞督同司道监视议员分班投票，各议员投毕之后，当众开票，计：石城议员黄大埙（戊戌进士前翰林院编修）得五十七票，德化议员刘裔祺三十五票，萍乡议员喻兆蕃三票，万载议员郭庚平三票。复行第二次投票，开票，计：郭赓平（翰林湖南候补道）得七十二票，刘裔祺七票，上饶议员张柱七票，喻兆蕃六票，永新议员贺赞元二票，萍乡议员叶先圻二票，靖安议员刘永懋二票，浮梁议员汪龙光一票。当经执事各员当众宣布黄大埙、郭赓平均为当选副议长云。

赣省谘议局连日开会情形[②]

己酉九月十四日

赣省谘议局议于九月初四、五两日在江南会馆互选常驻议员二十一名，由冯中丞督同司道监视议员分班投票，颇为慎重，惟缺额三名，定于初七日复选。兹将当选十八名姓名录下：新建李隅，靖安陈永懋，临川黄象熙，金溪詹联芳，南

---

① 《申报》，己酉九月初九日，第二张第二版，第771页，紧要新闻二，“各省筹办谘议局”。

② 《申报》，己酉九月十四日，第二张第二版，第849页，紧要新闻二，“各省筹办谘议局”。

丰张履福，高安傅寿康，萍乡叶先圻、文龢，清江聂传曾，上饶张柱，浮梁汪龙光，余干吴宝田，德化刘裔祺，都昌秦镜中，崇义黄念鑫，赣县刘景烈、蔡世培，宁都邱璧。

初七日谘议局因互选常驻议员尚未足额，即于是日开会重选，复经冯中丞监视投票，补选丰城袁宗濂、武宁叶润黎、南城吴士材以足二十一名定额。其候补常驻议员十一名，由冯中丞于初八监视各议员选定朱寿慈、王显谟、郭回澜、王仁煦、罗志清、欧阳勷、邹国璋、孙振渭、周扬烈、黄兰芳、饶熙春等为当选。复由议长谢敬虚侍御提议，请推举起草员暂拟《谘议局办事细则》，当经公推叶太史先圻为起草员兼拟《议事细则》，吴孝廉宝田担任起草《办事细则》，公议限十二日交草公决。

《申报》1909年11—12月资料[①]

赣省谘议局议定月俸[②]

己酉九月廿四日

赣省谘议局应给月俸现经各议员议决呈由冯抚核定。议长月银一百五十两，副议长月银一百二十两，常驻议员十九员月各五十两，书记长月五十两，书记四员议事李国梁、文牍曹九畴、会计谢溥荫、庶务郭掞春月各二十两。

① 《申报》第103册，上海书店1984年影印本。
② 《申报》，己酉九月廿四日，第二张第二版，第325页，紧要新闻二。

江西谘议局腐败之一斑[①]

己酉十月初九日

赣省谘议局成立后，连日选举议长及常驻议员，直至初九日完毕，入局办事。而议员条陈意见堆积如山，尚未提出分别发议，现正清理，颇形忙碌。而连日会场速记人材甚少，至速记录一事已付缺如，以致书记长宋礼部名璋将速记录改为议事录，发表既缓，记事多错，各议员纷纷致书辨正者络绎不绝。即会场各议员发言亦不先报号数，口操乡音，听者茫然莫辩，记者亦无从着笔，且会场各种议事问题亦未先为布置、按日发表云。

赣省谘议局会场纪事[②]

己酉十月十四日

赣省谘议局初五日开会，提议辟利源、省繁费、去壅蔽议题，先由发起聂传曾君演说理由，多数赞成议定交审查会。续议汪龙光君盐斤加价并蔡世培君等粤盐口捐议题，由汪君说明理由，亦多数赞成交审查会。又提议邱璧君禁止溺女议题，孙振渭君言宜附入慈善事业，邱璧君言宜独立办理，萧辉锦君请议长示表决，叶先圻君言只能先定独立与附设，俟修正后方能表决，议案当经议长谢远涵君言主张附入慈善事业者起立，起立者居多数。又提议孙振渭君地方自治宜优待

① 《申报》，己酉十月初九日，第二张第二版，第325页，紧要新闻二。

② 《申报》，己酉十月十四日，第二张第二版，第405页，紧要新闻二。

选民议题，众均赞成交审查会。又经议长宣布请议审查会报告书：

第一号广丰士民请议：（一）县主听从监犯讹索，（一）捕署交贼诬攀，各议员以此案属革弊，理宜提议，俟整顿胥差议案决定，应将种种情弊附载，一并议革，众赞成；

第二号广昌县自治会公函请议：（一）请免房铺捐，（一）请免加税契银数，四十六号议员言税契加征已奉奏准乃国家税，暂可毋庸议，房铺捐系本省单行法，似可提议；

第三号木商吉顺达等请议木筏过卡浮量留难，惟已禀请省宪委员查究，应毋庸议。

第四号安远县绅唐承任等十三人请议：（一）抑勒洋价不收铜元，（二）陆军学生冒籍入堂，（三）命案积弊，（四）附述阪石司劣迹请止回任，第一、第三两项合并办理，第二项系一小部分之事，未便代请根究，第四项容再提议，众赞成；

第五号万安高小学堂堂长廖清湘等四人请议安盐津贴学堂经费，众赞成；

第六号江西女子公学干事员戴秉清、徐薰请议维持善后办法，交学务审查会，众赞成；

第七号龙泉县绅李卓云等十四人请议龙泉令违法九条，容缓提议。

又宣布议决聂传曾君等勒销学堂书报议案，当议决除官立学堂不准勒销书报，官学堂所销书报亦须订定数目，以示限制，众咸起立表决。

是日议毕，无时尚早，议长宣言暂时休息，再开审议会。

初六日开会，提议黄兰芳君诉讼中证概令立封并改良监狱议题，陈瀛君罚钱议题，又裁并厘卡议题并附提黄鸿烈君等裁南丰查验所、黄念鑫等裁南康三江口分卡议题，又厘定赣州城门税议题，孙振渭君调取船会章程议题。

赣省谘议局议场纪事[①]

己酉十月十五日

江西谘议局初八日开会，由议长谢敬虚侍御宣布提议事件，节要录下：周述、黄念鑫、董德渊、黄兰芳等保全农人及除胥差之害议题，多数赞成前题归并实业议案后题归并法律议案。周述等请严办掠卖人口议题，由陈瀛赞成呈请冯抚台通饬严禁贩卖人口，大众亦相继赞成。又周述等请联合团练以免赣粤交界三点会匪窜入大庾县境滋事议题，多数赞成归入治匪案。又周述等为前年南康教案拨用宾兴公款议请于振项下拨还，五号言交财政审查会，多不赞成，惟多数表决由议长函询冯中丞查明酌办。孙振渭陈请修正禁烟案，多数决议归并巡警道呈由冯中丞交议禁烟案内并议。黄立大等请禁戏以除赌害，饶正音登台宣言关于赌博种种名目，以麻雀花会、滩宝为害最巨，而巡警禁拿不免流弊，宜从官幕书丁禁拿为起点，尤宜清绝拿赌流弊；文和宣言赌博严禁律本綦严，但各彩票分销本省，为数过多，资财尽付流水，似宜以严销彩票为要点，大众赞成。议至此，议长宣言为时尚早，应稍憩息，再行决议本局《支给旅费规则》。

江西谘议局议场纪事[②]

己酉十月十六日

赣省谘议局因议案积压甚多，现已呈明（皖）〔赣〕抚延长会期十日，定二

① 《申报》，己酉十月十五日，第二张第二版，第421页，紧要新闻二。

② 《申报》，己酉十月十六日，第二张第二至三版，第437—438页，紧要新闻二。

十一日闭会。兹将初九日会场议事列下：万安议员孙桂芳提出巡丁缉私枉报并私造包票议题，公决呈请督抚严办，附提盐卡考成议题，公决交财政审查。又大庾议员周述请拨纸税归庾办公议题，公决交财政审查。又宣布巡警道议案：一、乡镇警察六项，公决交法律会；二、实行演说，公决归入宣讲类；三、实行常年调查户口，公决交法律审查会；四、辅助禁烟，公决并入抚案交法律部；五、劝化械斗，公决交法律部；六、调和民教，公决如刘景烈君所言请即质问长官；七、治匪，公决交法律会并征意见书；八、普劝埋葬；九、公共卫生清洁之办法；十、陆路交通，均公决俟自治成立再办；十一、推广邮政，公决请巡警道自盯章程；十二、普行义图；十三、筹定州县公费，公决本局各议员均有意见书，自当妥定办法；十四、筹定地方自治费，公决俟提自治筹办处议案时提议；十五、划一银钱纸币制度，公决交法律财政联合会审查；十六、疏浚鄱湖，公决缓议。

附第六次议事日表：十一日开各类审查会；十二日提议刘景烈君广储司法人材议题，提议江云慎重人命议题，提议黄钟君拟禁淫亵书画议题，《船会章程》第一读会，烟害议案第二读会，赌博议案第三读会，宣布法律审查会械斗议案报告，宣布抚台发交自治筹办处提出议案；十三日提议谢联珏君各县宜设公费局议题，提议冷开运君立文饯合益会以筹地方自治议题，提议李隅君通水道以利农商议题，提议高玉松君补救财政困难议题，提议高玉松君补救州县困难议题，提议高玉松君自治经费并要义议题，宣布计议审查会第二次报告书，宣布学务审查会普及教育议案报告书，宣布学务财政联合审查会串捐议案报告书，宣布财政审查会规复地利议案报告书；十四日提议周扬烈君先定办事次序以起民信议题，提议孙振渭君改良南浔铁路议案附提议滕诚君催缴铁路股款议题，提议罗桢君变通铺捐议题，提议新建李隅君振兴渔业议题，宣布财政审查会调查公产议案报告书，宣布财政审查会振兴实业议案报告书，宣布法律审查会胥差议案报告书，决议饶正音君宣讲议案附提巡警道交来演说议案一条；十五日提议饶正音君整顿学务问题，提议吴士材君整顿学务、改良风俗、严禁异端、处置游民议题，提议徐凤钧学务杂说议题，提议赣县蔡世培君中学扩充学额议题，烟害第三读会，械斗议案第二读会，宣布财政审查会盐厅加价并粤引口捐议案报告书，宣布学务审查会女子公学请议案报告书，宣布法律审查会中证立对讼案报告书，议决黄兰芳君改良监狱议题，宣布特别审查会裁并厘卡议案并厘定赣州城门税议案报告书。

江西谘议局十二日会场纪事①

己酉十月十九日

赣省谘议局十月十二日开会，由议长谢远涵宣布提议事件：一、提议赣县议员刘景熙君广储司法人才议题，公决照办；二、提议宜春议员江云君慎重人命议题附提瑞金议员杨世鼎君等禁诬告人命议题，公决交法律审查会并须预定的款；三、提议万年议员黄钟君拟禁淫亵书画议题，公决汇集各改良风俗等案，请抚台饬巡警道严办；四、提议浮梁议员汪龙光君禁烟下抽捐议题，公决照办；五、《船会章程》第一读会，公决交法律审查会；六、烟害议案第二读会，未决；七、赌博议案第三读会，公决照报告书办理；八、宣布法律审查会械斗议案报告书；九、宣布抚台发交自治筹办处提出议案。

赣省谘议局呈请查办税卡积弊②

己酉十月廿一日

赣省谘议局呈报赣抚略称：查《奏定谘议局章程》第二十一条云，谘议局职任权限得收受本省自治会或人民陈请建议事件；又【第】二十八条内开，本省官绅如有纳贿及违法等事，谘议局得指明确据，呈候督抚查办。各等语。兹据泰和县贡生欧阳辅陈请案称，该贡生于十月初三日自泰和县运谷二百四十石来

① 《申报》，己酉十月十九日，第二张第二版，第485页，紧要新闻二。
② 《申报》，己酉十月廿一日，第二张第二版，第517页，紧要新闻二。

省，过沿溪渡卡，遵章完纳统税十分外，并溢完四十石之税。初四日过神岗山局时，又勒补税扣票留难一日，始得还票放行。初五日过三曲滩，又留难至四句钟之久，卒补税五石始得放行。因取执照细看，沿溪渡执照姓名系填写张记，日期为十月十四日，三曲滩姓名又填写客记，日期反填十月初十，始知沿途各卡皆系暗串消息，倒填日期，以为巧辩地步。而又无局不索补水，自樟树以下不便再补，则每船硬索钱数百文。等情。粘连执照四纸陈情到局，经本局议决，该贡生所称溢完补水等项事无实据，应毋庸议。惟执照倒填日期既有确据，与章程相符，自应据情呈请抚部院察核查办。

议决案　江西谘议局呈报议决院司交议丁漕案[①]

己酉十月廿二日

为呈报事。九月十四日接奉抚部院照会，发交丁漕税法议案；十月初五日复奉照会发交布政司提出丁漕钱价议案，本局遵照《奏定章程》第二十一条，应办事件在会议时提议。兹将其议决次第分别开列如左：

计开：

抚部院发交丁漕税法议案变通方法三条：子说、征银解银。

丑说、按现在市价，每银一两易钱二千文，折合丁漕正耗各项。

寅说、折收银圆。

合以上三说互相讨论，本局意见分为三类：一、主变通说。一、主候清查陋规后，稍为变通酌补公费说。一、主不能变通说。本局复就以上三说，在会场提议公同表决，主不能变通者占多数，其理由分为五项：

甲、官并不困之理由：

一、州县进款不仅在丁漕之盈余，除廉俸不计外，兵粮、杂税、驿马费、税

① 《申报》，己酉十月廿二日，第三张第二版，第537页，“各省开办谘议局”。

契费与暗收之各种陋规，名目繁多，进款不少。又如衙署用度，十足进而九几出，则有底钱坐支银两。官价收入，而折扣支出，则有余利。纳粮裁票则有串票钱；逾限未完按时加价则有涨价钱，集腋成裘，亦为不少。

二、前抚宪刘奏定征收价目，系查当时银价，每两易足钱一千八百文（因地丁一两四钱九分折合钱两千六百八十二文，皆系十足，故知是足钱），今每银一两易九五钱二千文，实仅一千九百文，相差并不甚远，报解之外仅有盈余，不过不及曩日之丰耳。值此财政困难、百度待举之时，正宜制节谨度，力效清廉，未便远慕丰盈，迹邻加赋。

三、州县戚友、幕丁，多至百余人，耗官剥民率由于此，而平日学非所用，事事需人，刑钱、书记、帐房不得不重加薪修。今日官习法政诸事，可以自理，果能俭以养廉，自无入不敷出之患。

乙、民困宜恤之理由：

一、近数年水旱频遭，百物腾贯，籴谷所增之价，不足抵他物所涨之价。以致农民日少，田土荒芜，有愿将田转赠于人而不肯受者，故乡有多田多累之谚。若再加以丁漕涨价，民困将愈不堪矣。

二、乡民售物于市，所得铜元皆作十足银元，皆照时价。今日纳粮于官，所收银元任意抑价，如交银元则须补水，此诚情理之不可通者，哀哀小民无所控诉矣。今不责抑价者之非，而转贵乡民以筹补，此诚来自田间者所不敢置喙矣。

三、赣省人民生计日形困难，若必一律征银征洋，银洋之价必愈涨，铜元之价必愈跌，百物必因而昂贵，民不聊生。

四、今日圜法未定，欲变通税法，小民以谷易钱，以钱换银元换纹银，辗转之间，商垄断而官抑勒，其何以堪？总之，官难自存，民亦大非昔比。官尚可减幕僚、省驺从、节筵宴、少馈遗，民则殚其地之出，终岁勤动难得一饱。

丙、谘议局不能专就官提议之理由：

一、谘议局代表舆论，宜为百姓计较。民为邦本，百姓足，君孰与不足？故利官不如利民，妨民即所以妨官。若不便于民而独便于官，虽便犹不便。

二、今舆论所在，责望议员之代表者，惟丁漕一事为最亟。征收丁漕情形虽各不同，而其抑勒折收，则几如一（邱）〔丘〕之貉。此次欣逢旷典，万民庆祝，其所希望于谘议局之拯救者，实有试目以俟、侧耳以听之势。若不议恤民困而先恤官困，议员所万不敢与闻者也。

三、赣省丁漕折钱，乃奏明现行之定章。官铸铜元奏定通行市面，可以完纳钱粮，此又官府之大信。今谘议局开会伊始，遽使津贴官困，而改易旧章，抑或改征银洋，以失民信，此又议员之所不敢出此也。

四、现在国家新政，地方自治需款甚殷，若陋规未革、中饱未提，遽为州县筹补津贴，必致元气尽剥，民不堪命。

丁、恤官困宜恩施自上之理由：

一、处此经济困难之时，皇室经费尚议节省，何论其他。拟除练兵、学堂经费外，可援同治十二年删除藩司公费例，将知府公费及提补捐款一切耗羡酌量核减，匀作州县办公之用。

二、委员因公四出，名曰例差，本从前调剂贫员之意。即收发委员亦甚清闲，现在无余润可分，自应裁革，以示体恤。

三、各州县对于上级官长，凡从前所有一切供给、办差之费，如三节、两寿有馈遗，幕友家丁有馈遗，俱宜一律裁去，则州县自可裕如。

四、若谓州县宜亟筹费以资办公，亦应遵照部章，将丁漕内所收民间一丝一粟，和盘托出，列表详说，由抚部院咨部核定，统筹出入，酌盈剂虚，不患无款匀派，此正本清源之法也。

戊、丁漕善后之理由：

一、兴办义图。高安素有义图，官民两便。近年，庐陵经江观察订定规则，只比照近三年旺收之数以为衡，暂不规复原额。而年来收数益旺。拟请通饬各州县责成地方自治团体一律仿照庐陵成规推广义图，将来各属解款必能有盈无绌，公家享增课之利、小民免追呼之累，法莫善于此者。

二、清查中饱。丁糟亩捐及三十文串捐，照章征钱解钱，而各属率多征银解钱，盈余不少。漕米折价，照章三千四百二十文，而龙泉天字号、安福、泰和各属历来收三千七百二十文，亩捐在外，此浮收之三百文，明系中饱。其余似此类浮收者，各属皆有，俱宜逐一清厘，拨归地方公用。

本局对于以上理由，则征收丁漕，自宜率由旧章未便变通，现值开征之期，仍应呈请抚部院立发通电，严饬各州县征收丁漕概用官票、铜元，不得抑勒银元，以恤民困。如州县实有困难之处，或由提补官款及一切公费之中酌量匀摊。

并通饬民间兴办自治会，准其援照近三年完粮最旺之数，设立义图，则国课永无亏欠之患，民间永免追呼之苦，利国利民，裨益良多。所有本局议决抚部院发交丁漕税法议案变通办法三条暨布政司提出丁漕钱价议案，理合备文呈报。

赣省谘议局之忙迫[①]

己酉十月廿四日

赣省谘议局议长谢远涵因闭会在即而应议事件尚多，特会商副议长黄大埙、郭赓平，将紧要议案提出宣布，限定日期一律议决，以便呈复。兹将限定十八日同时议决事件录下：

宣布法律审查会改良诉讼议案报告书；

宣布法律审查会治匪议案报告书；

议决黄兰芳君改良监狱议案；

提议教育总会请议案三件；

宣布财政、学务、法律审查协会银钱划一制度议案报告书；

宣布法律审查会常年调查户口议案报告书；

宣布法律审查会慎重人命案议案报告书；

宣布盐斤加价议案报告书；

宣布法律审查会乡镇警察报告书。

① 《申报》，己酉十月廿四日，第二张第二版，第565页，紧要新闻二。

赣省谘议局闭会纪事[①]

已酉十月二十九日

赣省谘议局十月二十日闭会，经冯中丞于下午二时督同藩学臬及府道以下各员先后到局，由议长谢远涵，副议长黄大埙、郭赓平迎入憩息所少憩，旋导入议事场，议员起立致敬，行政官致祝辞，议员致答辞毕，行政官退，议员起立致敬，议长、副议长揖送升舆。兹将祝辞答辞录左：

冯中丞祝词

此次各行省谘议局成立，实为将来议院之始基。世界各国议会开设之初，莫不屡经磨折，宪政乃能确定，稽之历史，异地同符。我孝钦显皇后、德宗景皇帝圣谟宏远，特命各省先开谘议局以为预备，取泰西政学家数百年所研究之方法，损益折衷，成兹巨典，岂非千载一时之盛遇乎？惟愿始终弗懈，和衷共济，俾国家行政与人民公益前途同得进行之依据，以光我大清帝国之盛业，丕振声威，本部院有厚望焉。

议员答词

溯自开会以来，越四十日，而请延会又十日，以至于今，始克蒇事。统行政官所交议、本局议员所发表修正、自治团体人民所陈请各案，计三百余起，甄综条贯，研究讨论，而获公同之议决。中间开审议会者数次，开审查会者数十次，组织特别审查会数次，事属创举。又以本省交通不便，会集稍迟，一切关于地方兴革事项或因素无预备，不免议事迟滞之弊，无以副长官之期望，此则本局所深自惭悚者也。乃者宪政成立尚须岁时，而国民程度之进行刻难停滞，议员等敢自

① 《申报》，己酉十月二十九日，第一张后幅第二版，第645页，紧要新闻二。

谓会期已毕、责任斯完？仍当详究庶事利弊、民间疾苦以储他日刍荛之献，诸大公祖必能俯鉴微诚时加采纳也。

赣省选举资政院议员①

己酉十一月初一日

赣省谘议局于十月二十四日选举资政院议员，是日由冯中丞督同行政官先后到局监视投票，议员到者共九十五人，折半计算，应以四十八票为当选。赣省照章选举六名，候补六名。旋经当众开票，当选二人：闵荷生五十票，邹国玮四十八票。其余十名定于二十四日行决选，投票加倍，以得票次多数者开列：喻兆蕃四十五票，汪龙光四十五票，刘景烈四十一票，贺赞元四十票，黄象熙三十五票，孙振渭三十三票，黄大埙三十二票，文龢三十一票，饶正音三十票，秦镜中三十票，巫占春二十九票，萧辉锦二十八票，王明德二十八票，叶先圻二十七票，郭志仁二十七票，黎思位二十四票，聂传曾二十三票，刘景熙二十三票，黄鸿烈二十票，黄兰芳二十票。

江西谘议局闭会后办法②

己酉十一月初四日

一、凡会期内议决诸案，其呈明行政官公文以及行政官批词，宜汇刊一册，

① 《申报》，己酉十一月初一日，第一张后幅第二版，第681页，紧要新闻二。

② 《申报》，己酉十一月初四日，第一张后幅第二版，第735页，紧要新闻二。

以供公览，并可考察行政官之实行与否。

二、宜由书记预备议员名册一本，由各议员亲笔签明住址及寄信处所，并盖图章于名下，以为介绍人民请议时之凭信。

三、闭会后各议员如有议员介绍书、质问书、报告书来局者，其可否结果必请书记员随时答覆。

四、明年议决全省预算、决算之案最为复杂，早日预备，必赖调查，应请抚宪行文各属，凡议员调查财政卷宗，地方官吏必须开诚交阅，毋得拦阻隐匿。

五、明年常会议题必须照章于会期前通知，以便预备议据，提出之议题必须于三十日之前通知谘议局，以便宣布，如临时提出之意见书非合局认为紧要者概从缓议。

江西谘议局呈禁赌博议案文[①]

己酉十一月初六日

江西谘议局为呈报事。九月十四日接奉抚部院照会发交应革事件赌博议案，本局遵照《奏定谘议局章程》第廿一条，应办事件在会议时提议。窃谓赌博之害不轻于鸦片，江西向有骨牌、纸牌、骰子宝、牌九、字标等类纸牌，又有字牌及赣州麻雀名目。近则宁波麻雀牌风日盛，上流社会尤多好之，此种恶俗亟宜禁绝，至其禁止之手续，谨拟办法条列如左：

一、宜先从禁绝赌具入手。由地方官出示晓谕，并派警察或丁差密查严禁。但赌博名类不一，有本地制造者，有贩自他处者，除将已造已贩之具尽数销毁外，仍勒令具结以后不准再造再贩，违者按例治罪。

一、禁窃赌以绝根除株。凡城市镇乡如有以己业或租赁开场摆赌者，照例惩治。其有以船泊等类窃赌者，照此办理。

---

① 《申报》，己酉十一月初六日，第一张后幅第二版，第771页，紧要新闻二。

一、凡开场聚赌者多贿串衙署丁差营兵包庇，自后应责成地方官切实访查，如有包庇情事，除斥革严惩外，仍将所得规费悉数追缴。

一、凡地方自治会、教育会、商会亟宜会同组织拒赌会一所。请地方官出示严禁，以后凡绅商学界如有开场赌博者，一经查获，酌量罚金，以充拒赌会经费。其游民、痞棍成群聚赌者，由该会送官究罚，或罚作苦工；

一、花会赌害较牌九、字标尤烈。

一、查此种恶习广、饶最盛，近已蔓延抚、建，其开会之手续最为简单，会场不求大厦，只以草茅架屋于深山郊野之间。会首总其事，另派多人遍赴四乡引诱，名曰“走风”。胜者每掷一钱而得三十六文之偿，于是男女无不受其惑，则争赌者众。甚有因胜难以预卜，而遂求诸梦。虽男女同宿梦场，亦所不避，伤风败俗，莫此为甚。此关系人心世道之举，应请抚部院通饬地方官查拿会首，照例治罪。如有门丁、差役串同包庇者，同其科罚。一面出示禁绝，复敢犯者从严惩办。

一、禁赌以禁戏场开赌为本。乡间游民每借迎神赛会之名，敛钱演戏，开场聚赌，伤财害农。迎神赛会关于风俗习惯，暂时未能禁绝，惟借戏开赌之风，自应悬为厉禁。

一、严禁花鼓采茶等戏，以清赌源。

一、站赌一日不撤，地方一日不安。应请抚部院通饬各属，设立夫马局，以免有害地方。

所有本局决议拒赌议案各缘由，理合备文呈报抚部院鉴核施行。

江西谘议局呈送预算经费文[①]

己酉十一月初十日

查《奏定谘议局章程》第十章第四十五条内开，前条公费及薪金数目，由

① 《申报》，己酉十一月初十日，第一张后幅第二版，第843页，紧要新闻二。

督抚定之，其旅费、杂费及预备费由谘议局会议预算数目，呈请督抚核定。等语。本局遵将本年九月初一日起，至宣统二年八月底止，除议长、副议长及常驻议员公费、书记长以下薪金业由抚部院核定外，所以议员旅费、杂费、守卫费及预备费经本局于会期内公同预算，理合开具清册，备文呈请抚部院核定施行。计开：

一、经常费

甲、议员旅费

约一万八千两。

乙、议长、副议长及常驻议员公费

议长月支一百五十两。

副议长月支一百二十两。

常驻议员五十两。

共一万七千二百八十两。

丙、书记长以下薪金

子、书记长一人月五十两，书记四人，每人月二十两，共一千五百(八)〔六〕十两。

丑、课员四人，每人八两，共三百八四十两。

寅、速记生四人，每人月十二两，共五百七十六两。

卯、会期内添写生八人，每会期十二两，共九十六两。

丁、杂费

子、刷印纸张工资

天、议事录。

地、议案。

人、分给议员各印刷品，会期内外计共二百两。

物、章程细则等一百两。

丑、办事处用纸张一百二十两。

寅、房租五百七十八两。

卯、膳费议长、副议长、常驻议员、书记长等三十九人，每人日七分，共九百八十两。

辰、工役及火食

天、传事二名，共一百五十三千文。

地、茶房五名，共三百二十四千文。

人、厨房二名，共一百四十六千四百文。

物、杂役八名，共四百二十七千二百文。

开会时加杂役七名，两个月共六十一千六百文。

以上每年一千一百四十二串二百文，合银五百七十二两。

巳、邮传电费四百两。

午、书籍报章一百二十两。

未、灯烛共二百三十两。

申、添置器具二百两。

酉、碎修共二百四十两。

戌、一切零用共五百两。

亥、开会时差茶点二百八十八两。

戊、守卫

子、守卫长一人，月十五两，一百八十两。

丑、守卫四人，每人月四两，共一百九十二两。

寅、守卫长、守卫火食共一百二十六两。

二、预备费

三千两。

三、建筑费

俟估工后再定。

共需银四万六千八百九十两。

赣抚选送资政院议员[1]

己酉十一月十一日

赣省谘议局议员前于十月廿三日在局互选资政院议员十二名，当经行政长官莅局监视投票开票，如额选定，呈由冯中丞派选正额六名、候补六名榜示局门。兹将正额姓名、籍贯、出身调录如下：闵荷生奉新县进士度支部漕仓司郎中，邹国玮安仁县拔贡大理院推事，喻兆蕃萍乡县翰林、前浙江宁绍台道，汪龙光浮梁县举人、内阁中书，刘景烈赣县日本成城学校毕业生，聂传曾清江进士湖北即用知县。

赣省谘议局呈报议决议案[2]

己酉十一月十二日

赣省谘议局呈报议案两件。第一件推广邮政议案：十月初二日接奉抚部院照会发交巡警道提出推广邮政议案，本局业于会期内提议。查议案内称，拟暂由地方官设立专差局，遇有邮便不通之处，交该局转递代办。等语。本局公同决议，设专差局原为交通邮便起见，惟此项章程办法，应请巡警道编订，发交本局研究，以便推行。理合备文呈报抚部院察核施行。第二件陆路交通案：十月初二日接奉抚部院照会发交巡警道提出陆路交通议案，本局业于会期内提议。查议案内

---

① 《申报》，己酉十一月十一日，第一张后幅第二版，第861页，紧要新闻二。
② 《申报》，己酉十一月十二日，第一张后幅第二版，第879页，紧要新闻二。

称，上下游各郡，拟由各乡村董事发起提议，查明境内道里若干，按段按里公同建筑，并规定官道宽广若干，庶几全省一致，交通无阻。又称，宜以省垣先作模范，拟仿天津、上海及日本市区改良会办法，提议先将最有碍交通处房屋移造，或遇有火警，令各业主让出地基若干，则街道日见宽阔，而一切设备亦易筹办。各等语。窃维江西各郡，地方自治尚未成立，既无董事会，即无专责成之人。乡间道路须俟议事会、董事会成立后，研究开导，使多数人知有碍交通之不便，然后可议迁移、可兴建筑，即遇火警空出余地，亦须给价乃可用为官道。省垣街道亦应地方自治成立之后再行举办。惟未经成立之前，除保存古迹未便折毁外，究竟何处房屋有碍警察行政，应如何区划方于交通便利，所有城乡改筑道路、迁拆屋宇，拟请巡警道定一章程，省城内外拟请巡警道绘图贴说，交本局公同研究，方有办法。本局业经决议，理合备文呈请抚部院察核施行。

江西谘议局呈报规复地利议案[①]

己酉十一月十三日

为呈报事。九月十四日接奉抚部院发交归复地利议案，本局业于会期内提议。查议案内，广信之铜塘山、义宁之黄冈山、临川之西坑、泰和之马家洲当有未经开垦官荒地，推此四处以例其余，宜垦之地当必不少，愿切实调查，劝民自垦，以兴实业而厚民生。等语。窃维垦荒之政，不外荒山、荒田、荒地三钟，其办法则应以调查为入手。现在各属委派劝业员，又府厅州县每年皆有统计，此项调查自应由劝业道责成劝业员专心办理，严定考成，并饬地方官陆续列入统计表内，然后随时相度地方情形，再筹集资开垦之策。至封禁诸山，固宜弛禁利民，惟旷废年久，林木多则易藏盗贼，一旦猝图规复，宜先筹集巨资创设公司，以广开道路为入手，未可遽图其利，故非有雄厚之资本，未可轻言举办。至铜塘山等

① 《申报》，己酉十一月十三日，第二张第二版，第901页，“各省开办谘议局”。

四处，惟义宁之黄冈山，虽由前护抚部院柯奏准弛禁，未久即经前抚部院胡奏明停办。该山石多土少，陡峻多寒，虽产药材，为利甚微，并无森林可采，应仍以停办为便。此外，尚有崇义县之朱广山，产蕨甚多，其根多粉，土人常取以作饼，可补田产之不足，惜为禁地，常被营兵驱逐，应请抚部院奏准开禁，招民垦种定年承课，以符定例。当经本局决议，理合备文呈请抚部院察核施行。须至呈折者。

又呈请重申禁令通饬严拿掠卖人口文[①]

己酉十一月十三日

为呈请事。谨案《奏定谘议局章程》第六章第二十五条内开，除第二十一条第二、三款外，谘议局亦得自行草具议。等语。查南赣与广东接壤，往往有刁徒掠卖童男童女，甚至泥工木匠、贫困士子，正值年富力强，亦被其诱以甘言，饵以厚利，渐引渐迷，勾结船户星夜载至沿海一带，售出外洋，实属罪大恶极。窃维掠卖人口，例有明文，其所为法纪何在？应请抚部院重申禁令，严饬南赣各府厅州县官严拿惩办，并令各城镇乡绅董于渡头饭铺、酒肆、茶店密为侦探，随时查察，务使此项弊端剪除净尽，以全民命而绝刁风。业经本局于会期内公同决议，理合备文呈请抚部院察核施行。须至呈者。

① 《申报》，己酉十一月十三日，第二张第二版，第901页，“各省开办谘议局”。

议决案　江西谘议局呈报议决更改《官纸印刷所章程》案[①]

己酉十一月十三日

窃（谁）〔维〕江西官纸规定专卖以来，州县办公书吏邀求加费，而地方官受其病。公所文牍、个人之文件非用官纸不可，则凡公私亦交受其困。商人受垄断之累，盖不待言，要之官商公所之累皆集于人民，所受利者官纸刷印所而已。实则事归官办，耗费必倍于商办，官纸刷印所所得之利一，而人民所受之累乃二三倍。即如僻远州县有为产纸之区，必勒令辗转赴省垣领买官纸，大形不便。应请抚部院更定《官纸刷印所章程》。除诉讼状纸仍照部章每纸定价当十铜元十枚出售外，其各种文件用纸均照商店价值出售，并请明定格式通饬各州县遵照刊板，以收划一整齐之效，不必令赴省领买，以恤州县之困难。裁节官纸刷印所委员，以免縻费，则商民交受其利。本局于会期内公同决议，理合备文呈请抚部院察核施行。

又呈报议决裁并分卡案[②]

己酉十一月十三日

窃维关卡之税，以利国而不病民为宗旨，故各国但设关于边境，重税入口而轻税出口，以保护民业。中国内地设卡抽厘本为接济军需起见，自裁撤厘卡，创

① 《申报》，己酉十一月十三日，第二张第二版，第955页，“各省开办谘议局”。
② 《申报》，己酉十一月十三日，第二张第二版，第955页，“各省开办谘议局”。

行统税，已变旧时权宜之政而为保护商业之图，欲使名实相（孚）〔符〕，则不宜稍涉繁苛以困行旅。伏读光绪二十八年七月二十六日上谕，抽厘助饷，本军兴时不得已之政，近年以来，收数虽多，而委员、司事、巡丁办理未能尽善，或至留难商贾，弊端百出。朝廷轸念民艰，久拟一概廓清，革除弊政。现与各国新订商约，加收洋货进口、土货出口等税，著即将各省局卡一律裁撤，不得抽收厘金。等因。钦此钦遵。仰见先朝体恤商民之至意。乃近来统税分口之多甲于各省，而出产则比较畴昔日就衰微。推原其故，大半因局口讹索留难，不免亏折，而沿途停搁，尤不足以赴市情之变幻，辄相戒以不前，坐是销路日疲，产物因而更少。当此国库空虚，本局何敢以经常之岁入轻议更张？惟再四筹思，局口之多，相离太近，实系上无裨于国课、下有损于民生。譬如甲乙两局，中间不过百里，乃更设丙局于其中，而丙局所征之税，不过出产销售于此百里以内之物，僻在腹地，此种物货能有几何？而一局之设，委员、司事、巡丁、工役用人以数十计，此局所入势必不能即敷局用，必借他局正款以为补助。原设局之初意，本〈非〉求税款之增加，而结果乃与之相反，则裁并局所之无损于国课，理势实属较然。本局业于会期内公同决议，除将本省应行裁并各统税局口另具清册抄呈外，理合备文呈请抚部院察核施行。

又呈报议决争还盐斤加价案[①]

己酉十一月十三日

查本省为准盐引地，每岁额销十余万引，向时引价库平十九两有奇，辗转叠加达至二十五两有奇。去年度支部又奏准加价四文，以二文归部抵补土药税，以一文归产省，一文归销省。嗣后经前两江督部堂端奏准加价二文，借补江南财政困难，而本省销盐省分不准与产盐省平分此价，揆诸情理似有未安。凡物之原价

① 《申报》，己酉十一月十三日，第二张第二版，第955页，“各省开办谘议局”。

核于成本，不敷则售价迭增，皆是供其产处之用。若盐斤加价则不是为产处抵成本，而是为财务行政起口捐，捐自何处，用归何处，必所加之价全归销省乃情理之至公。惟江西同是南洋所帡幪，即湘鄂两岸亦盐政大臣所辖统，督部堂对于所属省分在盐政项下通筹财政，酌剂盈虚，半归于产省，半归于销省，除光绪三十年奏加二文概归江西外，历稽成案，皆是如此办法。今奏加二文全归产省，谓补江南财政困难，窃以本省困难不亚于江南，而各属办公之困难又更有甚于省会，盐销于各属，自应以本项利益还而普及于各属。应请抚部院咨商两江督部堂，照度支部奏加四文之二文例拨还一文归江西销省，并准食盐各州县按照实销引额分配领取，以为各属自治、巡警等项经费。本局业于会期内公同议决，理合备文呈请抚部院察核施行。

江西议员聂传曾辞退资政院议员[①]

己酉十一月十七日

赣抚冯中丞照会谘议局文云：本年十一月初四日案准贵局来呈内开，接奉照会发交资政院当选议员榜示一纸，遵于投票所张贴，照章准由当选议员于三日呈明互选监督辞退。兹据议员聂传曾函称，以家事未能远出，不愿应选，恳即转呈照章核补。等因到本部院。准此。查聂绅既呈明辞退，自应按照定章在本届当选人及候补当选人覆加选定补充。兹查有文绅龢堪以补充资政院议员，名列喻绅兆蕃之次，聂绅既经辞退资政院议员，应仍充谘议局常驻议员，文绅既补充资政院议员，则资政院互选议员后六人中又缺额一人，应以秦绅镜中为当选人，名列黄绅象熙之次，以足后六人之额。缘奏系额满见遗，此次参酌（报）〔酌〕报登宪政编查馆覆闽浙督部堂文电办理，于定章亦确合也。除批答并咨行外，相应照会贵局请烦查照施行。

① 《申报》，己酉十一月十七日，第二张第二版，第973页，“各省开办谘议局”。

江西谘议局对于税法丁漕钱价各议案之疑问[1]

己酉十一月十七日

江西谘议局呈赣抚文云：查《奏定谘议局章程》第六章第二十六条内载，谘议局于本省行政事件及会议所议决事件如有疑问，得呈请督抚批答。等语。本局对于前奉照会发交税法议案并布政司提出丁漕钱价各议案，不无疑义，理合遵章将疑问各条粘单，备文呈请抚部院分别饬司查明，逐条批答施行。须至呈者。

计开疑问六条、清单一纸。

一、地丁一两提补捐款银一钱，漕米一石提补捐款银二钱，自同治元年至今已有四十八年之久，此项捐款近归何项开支，是否逐年报部？

一、漕米折价，定章每石折钱三千四百二十文，安福、泰和、龙泉三县每石折钱三千七百廿文，亩捐在外，此项多收之三百文有无申解在案？

一、乐平、万安二县完纳漕米一石，较各属多征钱二百十六文，向称此系兵米费，其加增之原因，应乞批答。

一、漕米每石折钱三千四百廿文，赣县完漕米一石折钱三千九百四十二文，较定章多收五百廿二文，其多收之故，应乞批答。

一、落地税独吉安行之，苛及细征每年实在申解税银若干，有无比较。其申解数目，应请批答。

一、临川县漕米每石收钱三千八百八十二文，照奏案三千四百廿文之数，即除亩捐三百文不计外，仍多收钱一百五十八文，是否有案可稽，应请批答。

---

[1] 《申报》，己酉十一月十七日，第二张第二版，第973页，“各省开办谘议局”。

《申报》1910年1—2月资料[1]

议决案　江西谘议局呈报划一纸币制度议案[2]

己酉十一月廿一日

十月初二日接奉抚部院照会发交巡警道提出划一银钱纸币制度议案，本局当经提议。据议案内称，立宪国金银纸币使用制度，由中央行政官所订定，划一价格，便商便民，其法良善。赣省向以九五制钱，源流街市，买卖通行。后因奸商巧计营利，欺骗客人，谎言货售十足，遂成惯例，必须通筹划一使用制度。等语。本局查商用制钱，不但有九五、十足之别，且有九六者，有九七者，有九八者。纹银则有平色之殊。银圆则有龙洋、英洋、光洋之别。订定价格，实非易事。正本清源，似宜从中央政府划一币制入手。查光绪三十一年十月二十三日奉上谕，明定国币铸造重库平一两银币，定为本位。是时，户部酌拟章程第三条，铜币与银币兑换，及限制用数，自应俟各省查明铜元现在行用情形，报部核定。等因。光绪三十四年九月十一日复奉上谕，大银币一枚计重库平一两，则将来新币铸成，法价既定，不但奸商无所售欺，即一切税法亦不至上下其手，官困民困实可交苏。惟此系国家行政，非本局所得议决。既承咨议询，应请抚部院奏请速行划一币制，并查明江西铜元现在行用情形，请部核定法价价格，早见施行，以期商民两便。本局既于会期内公同议决，理合备文呈请抚部院察核施行。

① 《申报》第104册，上海书店1984年影印本。

② 《申报》，己酉十一月廿一日，第二张第二至三版，第27—28页，“各省开办谘议局”。

又呈报乡镇警察议案[①]

己酉十一月廿一日

十月初二日接奉抚部院照会发交巡警道提出乡镇警察议案，本局当经提议。据议案内称，拟自宣统二年起，大县须有员警察三百人，中县二百人，小县一百人。兹值预备推广之际，当先醵集经费。等语。并列举筹款方法八条。本局谨按【乡】【镇】【巡】【警】宣统五年乡镇巡警限年内粗具规模，至宣统七年始一律完备。现在提前办理，固以筹集款项为要端，惟筹办之先，必划定区域，将划区域必调查该区户口，且必调查其道里远近、土地面积、物产食用、出入支配以及能协同办事之人若干，而后术有所施。如此进行，则与他项要政连鸡双飞之理甚多，似宜仍以遵照定限为是。本局既经于会期内公同决议，理合备文呈报抚部院察核施行。

吉安议员请发盐斤公股票[②]

己酉十一月廿七日

江西吉安府议员第一次上赣抚冯中丞禀云：窃查光绪三十一年两江督宪江西抚宪会奏拟将引盐加价拨充铁路经费一折内载，以所销引数以加价多少作为各州

① 《申报》，己酉十一月廿一日，第二张第二至三版，第27—28页，“各省开办谘议局”。
② 《申报》，己酉十一月廿七日，第一张后幅第二版，第131页，紧要新闻二。

县公股，每年所获股息即由各州县承领，以充学堂经费及地方善举之用。等因。奉旨允准在案。又商部《奏定江西铁路章程》第二章筹款第二条内称，每年截数时，仍将此款折合库平以百两为一股，是声明按年一结，以所收之款照股章扣算，注明应有股数也。又称即按各州县销引多寡分票若干，存作各州县公股。是声明按照各州县实销引数分给股票，以为该州县公股也。又□一体分给官息红利者，明指此项公股与所招之股一体享有股东权利也。此外并无别项规定。应俟章程颁发后，即于三十一年七月起加价，至三十二年六月止，共收银十四万两有奇。在公司办事诸绅理应于届时截数折合股份，查明各州县实销引数分给股票，存各该州县，以昭大信。乃开办数年，银则到手已罄，股则搁置不理。本年八月，公司开股东会于省城，适值谘议局召集人员之期，佥以盐斤加价公股问题亟宜解决。八月二十六日，公司柬请议员到会，遂与总协理商给股票议决票，由议员代表执行议决权，总协理允之。讵次日有米商万维坤倡议反对，总协理亦翻前议，谓须俟各府将销引实数开明后再行核发。查江西购食淮盐，府分除抚州未加价外，实加价者八府：吉安、九江、饶州各有分局，销数已经督销局按月册报铁路公司；其余南昌、瑞州、袁州、临江、南康五府统归南昌、吴城两局分销，有总数而无分册。于是有议按县分派者，有议按《通志》引额分配者，议论纷歧，莫衷一是。职等吉安人也。吉安本有分局，自应按照吉局实销盐引分配股数，既符奏案，亦昭公允。吉局自光绪三十一年七月起，至次年六月止，共销盐一万四千九百七十引，公司实收加价库平银二万六千五百两。职等忝为议员，有代表之责，不能默而不言，在五府如何分派，公司与该五府议员均有应负之责任，职等不敢妄参末议，亦不敢以吉安牵合于五府之列，致涉混淆而违例禁。除禀邮传部、两江督宪外，理合禀恳大公祖大人俯赐察核，饬令公司按照吉安公股银数发给公股股票，实为公便。

吉安议员续请发盐斤公股[①]

己酉十一月廿九日

江西吉安府议员前禀赣抚请给盐斤加价公股已纪本报。兹悉各议员奉批后，昨又上禀要求，略云：职等奉批之下，详细研究，宪台所以再三审慎者凡有三端：一曰各州县如何分配，究未拟有定章；一曰此外各府如何分派，每府各县又如何分派，方昭平允；一曰此项加价抽自食户，既非个人，又非团体，应否一体给与股票，并可否以议员为代表。此（二）〔三〕端指陈至备，计虑至周，敢不钦佩。惟其中有为定章所载者，有不必过虑者，有不合事实法理者，敢详陈之。查从前商部《奏定江西铁路章程》第二章第二条云，按各州县销引多寡分票若干，存作各州县公股。据此条文，即为各州县分配定章，按籍而稽，绝无争论，似不得谓如何分配未有定章。此亟须陈明者一也。职等吉安人也。其权限只及于一府，此外各府愿照奏案与否，非职等所能干预。每府各县如何分配，此各府分内之事，亦不必他府越俎代谋。如吉安一府前经开会公决，暂作一府公股，以后如再分配，即按各县水程票据匀派，自足以昭公允。此亟须陈明者二也。至于盐斤加价出自食户，分之则为各人，合之则成团体，公股二字见诸奏案，即是用团体名义。物各有主，苟不为个人所有，又不为团体所有，则为无主之物矣。以十四万加价之款而视为无主之物，于理殊觉未洽。宪台谓宜否给予股票，似尚有可以不给股票之理。职等以为商办公司绝无无票之股，如德化宾兴地亩公产也，附于公司作为入股，公司即应给予股票。票与股相附丽，票之性质犹收款之据，人付我款，我宜给以据，各府付公司以加价之款，公司独不付各府以据，可乎？款为公款，股为公股，名义甚当，毫无可疑。前议员与总协理商，总协理即应允之，并于开会之第二日当场宣布。宪台或未调查，故于给票一层仍参以活笔。此

① 《申报》，己酉十一月廿九日，第一张第四版，第164页，紧要新闻一。

亟宜陈明者三也。代表之名非可冒称，必有人举之而后可居其名。谘议局为全省舆论机关，国民举议员为代表，朝廷亦认议员为代表，非议员等敢冒代表之名也。代表者有权利则有义务，为一府争公益，代表之义务也。且现在所要求者发给股票一事，股票既给，将来开股东会时，何人执行议决权，各府自当公举，职等不强为公股执行之代表，而确自认为宜争公股之代表，似不必作为代决问题。此亟宜陈明者四也。至于发给股票，公司自有定章，毋俟股东议决。且公股与商股同一股也，公股发给股票，何必谋之于商股股东？南浔公司股款九十余万元，前次开股东会，到会者不过三十余万元，宪台所谓全体股东者，不识指公司股东全体而言，抑指开会已到之股东全体而言？如指到会股东，则会场表决者已经多数承认，总协理岂能自食其言？所反对者，惟无意识之万维坤数人而已。如指公司全体股东，则稽查姓名及通信处所，公司尚无清册，不识待至何年方有决议之日。此亟须陈明者五也。总之，案经奏定，款已实收，股无公私，概宜给票。职等认定十六字为必争之义。日前阖郡绅、商、学界开会公议，佥谓□请宪台作主批饬遵办。为此缕陈缘由，并恳体察情形，俯赐批示，饬令公司按照吉安销数发给吉安公股股票，否则议员十三人无面目对吉安父老矣。觍缕具呈，毋任惶悚，待命之至。

赣抚批复谘议局案二件[①]

己酉十二月初六日

一件：谘议局呈报地方自治筹办处提出厘正筹办城镇乡地方自治期限议案奉赣抚冯中丞批云：来牍阅悉。决议厘正事件，正与该处现拟各厅州县筹办城镇乡自治期限互相发明，该处所定各属举行城议事、董事会选举及成立，在明年六七月，务须依限办竣，不得延误。其镇乡自治事宜，亦应预备。且附说，本省奋勇

① 《申报》，己酉十二月初六日，第一张后幅第二版，第275页，紧要新闻二。

争先，各从其便。等语。总之，各属以省城自治为模范，各镇乡以城自治为模范，则省城筹办尤应猛进。除行筹办处作为决议通过催趱办理外。此复。

一件：谘议局呈报巡警道陆路交通议案奉冯中丞批云：来牍阅悉。所称，乡间道路须俟议事会、乡董成立后研究开导，然后可议迁移、可兴建筑。等语。自系实情。当此镇乡巡警尚未完备、自治机关方始组织，应行酌量缓议。至火警后各业主让出地基若干，系指街道两傍而言，并非索及业主屋基余地。天津、上海等地从未给价，闻京师亦复如此，盖为官道公益计，巡警得而干涉之。若改筑迁拆，则另一问题，与让出街道不涉。现在省城内外偶有火警，由巡警道委员商同业主，于街道仄狭之处，让出若干，原为保安民屋、利便行人起见，商民无不服从。近月遇有此项事件，未便因省城自治尚未成立，稍阻进行。且行政警察本地方自治，有相辅无相触也。应请查照《谘议局章程》第六章第二十二条覆议，除行巡警道酌拟章程图说外。此复。

赣抚冯中丞批复谘议局议案文[①]

己酉十二月初七日

批呈请设立公估以为银币案

来牍阅悉。设立公估，原为维持市面，淮盐局何致独生异议？鄂亦淮盐口岸，有公估局，不难仿照办理。惟盐局如何持议，希侯札行藩司会同官银钱总号、商务总会查明禀复核夺。此复。

---

① 《申报》，己酉十二月初七日，第二张第二版，第297页，公牍。

批呈请增删膏土牌照捐章程案

来牍阅悉。所议自有所见，惟谓各种办法偏注于筹款之意重，而着意于禁烟之旨稍轻，则未然也。本部院于禁烟一事三令五申，风行雷厉。此次牌照捐责成巡警会同禁烟公所办理，原期实事求是，递减递除，以消灭烟毒为止。每于批札再三声明，意在于察，非在于征，于吃户牌照、营业凭照尤严为限制，不得贪图缴费，以致土店林立，烟民私吸，管秃唇焦，严明禁约。来呈增删诸议，如第二条营业凭照，本都院早经虑及通饬慎重施行；第三、第四两条戒烟办法已具于戒烟会、劝导会章程，吸户牌照因病或体弱云云，为贫病烟民稍参活动一语，章程惩罚綦严，届时自甘沈弱黑籍之人究居少数，可以实行注入烟籍不齿齐民之罚。又第二条所称，查章程总则第五条，已经声明印官专办，委员坐办，并未遍派。即如九江地方洋药、土药各业尚多，该商究系营业性质，则禁烟分所接洽一切，自于商务总会为近。若如来呈，地方官督同绅董办理，如戒烟事务所、公膏局等名目反虑隔膜牵制。至戒烟会章程，本有督饬原派各绅认真经理，未尝不用绅董。除行巡警道会同禁烟公所逐条覆议外，兹先约略批答。末称抚州商会郑权控颜委员一节，已据该员绅等来禀，另案饬查矣。此复。

批呈请删改税契章程案

来牍阅悉。税契为国家维正之供，律不税契者治罪之外，并以原价之半入官。赣省积习不税者多，是以近年节次整顿、首告给赏、短价饬补，皆为力挽积弊起见，设立经征功过实主于课吏，应视税收旺衰再行斟酌改定。典买田宅价值各处情形不同，时价涨落无常，殊难核定规则，垂为通章。惟责派查之人举发，以杜挟嫌攻讦，与删除六成给赏，不准任意苛加契价，希俟札行司局会同核议详覆，再行宣布。地方自治成立之后，助官监察有人，匿契短价之风渐戢，自可毋庸多设防闲。合达理由，以备覆议。此复。

批呈请改良官纸专卖章程案

来牍阅悉。国家向无规定官业、民业界限，瑞前部院官纸刷印所之设主于增益公需，皆属官用之纸。原章虽有民用呈词、款式、婚书等类，而除状式外，余未实行，尚无妨于商业。状纸加价拨充改良监狱，就讼而筹狱费，洗旧习以恤罪囚，亦尚取不为苛。度支部久议建设造纸厂、刷印局，整齐官用之纸，尤为将来官纸必隶于官之明证。各级审判厅成立民事、刑事等类诉讼状纸，自有一律新章。赣省官纸开办至今，渐次就绪，正宜力求发达，惟系营业性质应如何仿照商业经营，力除浮靡而收改良之效。希侯札行藩司会同官纸刷印所悉心止妥议办理。他省正多仿行,赣省未便停,致成本付诸虚掷。用布理由,尚冀复议。此复。

批呈报地方自治筹办处提出厘正筹办城镇乡地方自治期限议案

来牍阅悉。决议厘正事件，正与该处现拟各厅州县筹办城镇乡自治期限互相发明，该处所定各属举行城议事、董事会选举及成立，在明年六七月，务须依限办竣，不得延误。其镇乡自治事宜，亦应预备。且附说，本（有）〔省〕奋勇争先，各从其便。等语。总之，各属以省城自治为模范，各镇乡以城自治为模范，则省城筹办尤应猛进。除行筹办处作为决议通过催赶办理外。此复。

批呈报巡警道陆路交通议案

来牍阅悉。所称，乡间道路须俟议事会乡董成立后研究开导，然后可议迁移、可兴建筑。等语。自系实情。当此镇乡巡警尚未完备、自治机关方始组织，应行酌量缓议。至火警后令各业主让出地基若干，系指街道两旁而言，并非索及业主屋基余地。天津、上海等地从未给价，闻京师亦复如此，盖为官道公益计，巡警得而干涉之。若改筑迁拆，则另一问题，与让出街道不涉。现在省城内外偶有火警，由巡警道委员商同业主、店主，于街道仄狭之处，让出若干，原为保安民屋、利便行人起见，商民无不服从。近月遇有此项事件，未便因省城自治尚未成立，稍阻进行。且行政警查本地方自治，有相辅无相触也。应请查照《谘议局章程》第六章第二十二条覆议，除行巡警道酌拟章程图说外。此复。

批呈报决议布政司提出印花税则议案

来牍阅悉。印花税原以筹补洋土药税，攸关军饷洋款，为国家行政经费，异于地方经费，本在可不交议之列。惟藩司规定办法，系本省尚未通行章程，应否增删修改，自应取决众论，以期尽善。现在印花税票，已早奉部颁到，照章应即施行。查部章止有应贴印花之件，并不照章贴用，遇有讼案牵涉，官不为理，并无准人告讦之文。疏节阔目，力杜纷扰，用意至深。民间习惯无不由渐而成，始疏继密，乃是办事次序。城镇乡地方自治一律成立，照章尚有四年，奏奉谕旨，开办之案，声称展缓多年，定干严诘。希侯咨询苏、浙、皖、鄂何时开办，得复另宣。此复。

赣抚冯汝骙奏赣省谘议局依期成立暨开会闭会各情形折[①]

己酉十二月十五日

奏为赣省谘议局依期成立谨将开会闭会及提议情形恭折具陈仰祈圣鉴事。窃查赣省谘议局选举事宜，前经臣遵章筹备，于宣统元年九月初一日召集全省议员，亲自莅局行开会礼，投票互选举，定前四川监察御史谢远涵为议长，前翰林院编修黄大勋、前湖南侯补道郭庆平为副议长，并举定常驻议员二十一人。当将议长议员衔命及规定《议事细则》、《旁听规则》、《办事细则》等件先后咨报宪政编查馆、资政院、民政部在案。溯自开会以来，由臣遵照定章第二十一条，草具本省应兴应革事宜、本省税法各议案暨据司道及地方自治筹备处提出各议案，分纲列目，端绪繁多，陆续交局公同集议，并据各议员自草议案及议员介绍陈请建议事件，均应于会期内逐一表决。爰照章于常年会期四十日之外，延长会期十日。兹已于十月二十一日蒇事，行闭会礼。所有该局此次会期，均经臣临时亲临躬自监督，并率同司道酌派警察于议场内外守卫巡查慎重将事。凡与会各员俱能遵崇秩序、严肃整齐，于地方一切利病情形亦能切实指陈、详晰规划。并经臣恭录本年八月三十日上谕，悬挂议场，申明权限，力戒嚣张。覆核所议各条，均属恪守范围，尚无纷扰窒碍之弊。容臣悉心体察，择要施行，总期审民心向背之机，定政见从违之准，不敢因循以贻误，亦不敢操切以图功，庶以扩舆论之机

① 《申报》，己酉十二月十五日，第二张后幅第二版，第445页，要折。

关，保宪政之进步，以仰副朝廷通变宜民、实事求是之至意。除将议案咨送宪政编查馆、资政院考核外，所有赣省谘议局会期竣事缘由，谨会同两江督臣张人骏恭折减折具陈，伏乞皇上圣鉴。谨奏。宣统元年十一月二十二日奉朱批：该衙门知道。钦此。

《申报》1910年3—4月资料[①]

赣抚照复谘议局文[②]

庚戌正月廿四日

一、筹办印花税

正月初八日，准护理江苏抚部院陆咨开，准贵部院咨，谘议局会议印花税暂从缓办，俟各属自治会成立后，绅董随时开导，届时举办方利推行。等情。查印花税原以筹补洋土药税，事关军饷洋款，展缓定干严诘。咨询各省何时开办，抑尚暂从缓行，有无奏咨得复之案饬抄见复。等因。准此，查印花税一项，经前升院瑞编入议案交议，经谘议局议复，并请从宽简入手。业由本护院札司饬属会同商会、自治会妥为筹备，以期逐渐普及。此外并无奏咨得复之案。兹奉来咨，除再行司筹议外，相应抄粘瑞升院交议议案及谘议局议决案，先行咨复。等因到本部院。准此，查江苏谘议局案可与本省谘议局案互相发明，与度支部疏节阔目宗旨亦属不背。除札行布政司务从宽简入手妥筹办理外，相应照复贵局，请烦查照，移行地方自治筹办处备案。

一、实行禁售彩票

① 《申报》第105册，上海书店1984年影印本。

② 《申报》，庚戌正月廿四日，第一张后幅第二版，第69页，紧要新闻二。

宣统元年十二月十二日，据布政使、劝业道、巡警道会详，案奉札开，据谘议局呈报，各省兴办彩票及私办之副票销售本省，每岁输出资本金以数十万计。江西既非开彩省分，他省彩票虽系奏办之事，江西非有应行销售之义务。本局是以自行提出此案公同决议，认为应革事件，应请抚部院咨明各开售彩票省分，并严饬各属一律查禁。等情到本院。据此，查阅报登江苏谘议局议案，亦提出请禁彩票公司，陈论最为痛切。今江南公司方拟重招商包，而湖北公司尤为风行，此事惟开售彩票各省先行停办方为根本至计，否则自行饬禁销售，未始非塞流之一法。再本部院风闻有奸商私设公司，名为江南、湖北附彩票，有一角二角价目，中彩有千角之数，其流毒尤在于下等社会，此事巡警、劝业两道有直接禁止之权。所有禁止大彩票办法，希布政司、巡警、劝业两道会议详夺。一面查明省城及九江等处有无小彩票出现，先行严禁。等因。奉此，查私设彩票本干例禁，各省销售各种彩票虽奉奏准开办，实则形同赌博。况奸商射利往往私设副票、小票，随同大票开彩，价值既廉，以致穷苦小民亦妄生希冀，销路最畅，受害最深。现在私设小票早已禁绝，惟市间销售尚有湖北签捐大副票、江南筹捐大小票、安徽铁路小票，又新开博山小票、河口三怡公益小票等项，名目均系官设，各须禁止销售，自应无论大小正副各票一律，如禁小票而不绝大票，仍不足以塞漏卮。本司职道等公同商酌拟请将大小各票全行禁止销售，并情转咨开售彩票各省停止批发，以除隐害。等情到本部院。据此，除批示并分咨外，相应照会贵局，烦为查照施行。

赣省谘议局协议会纪事[①]

庚戌二月十二日

赣省谘议局正议长谢敬虚侍御会商副议长黄棣斋太史督同在会职员于四日午

① 《申报》，庚戌二月十二日，第一张后幅第二版，第341—342页，紧要新闻二。

后一时开协议会，报告宣统元年十一月念三日至本年二月初三日公牍函件：一、提议本局场所；二、提议定期选举副议长（郭赓平辞职选举继任）；三、提议国会请愿代表川资；四、提议南昌县杨承熙等请裁王家渡子口议案；五、提议南昌县燕世经请议案。惟是日常驻议员到者无几，除会场决议踏勘改选永和门口之模范中学堂及呈请裁撤王家渡子口外，余均俟各议员到齐再行决议。

赣省谘议局纪事①

庚戌二月廿二日

赣省谘议局副议长郭观察赓平辞职，经正议长柬请抚台冯中丞督同行政各官于十四日莅局监督常驻议员投票互选，当众开票，以叶先圻（萍乡翰林）当选。

谘议局房屋须照章建造宽大场所，该局以现住刘将军庙地方房屋狭窄，而会议厅又不能容积多人，前开常驻议员协会讨论此项问题，究因公家财政支绌，未便另兴土木。当经议定以澹台门口之官立模范中学堂校内余地堪以建造会议厅，现已呈请冯中丞拨充该局局址，惟该处僻居东北隅，于交通殊不便利云。

赣人请裁厘卡议案②

庚戌三月初九日

赣省举人邱璜等以裁撤厘卡一事具呈谘议局请议略云：王家渡子口向未改办

① 《申报》，庚戌二月廿二日，第一张后幅第二版，第501页，紧要新闻二。

② 《申报》，庚戌三月初九日，第一张后幅第二版，第773页，紧要新闻二。

统捐，遇卡抽厘，原属樵舍之分卡。今既改办统捐，凡吉赣至吴城货船与九江至省城货船，俱由王家渡西河行驶，上有省城石灰窑分口，中有樵舍分口，下有吴城分口，查验并不由王家渡子口经过。此可裁者一。广饶至省城货船，则由王家渡东河行驶，下有滁槎分口，上有省城石灰窑分口，查验并不由王家渡子口经过。至于水大，或由鄱湖分汊绕道行驶，则迤北有芦洲头子口、迤南有楼前子口查验，况楼前与王家渡相距十五里，凡广饶至省货船业经楼前子口查验，何须王家渡子口复查？此可裁者二。他若宁武至省货船则有涂家埠、老鹳嘴、汉河绕出樵舍大河，亦不由王家渡子口经过。此可裁者三。盖王家渡地方，由德胜门直下，就本处情形而论，系居中河，累年所出土产仅米谷一宗。且王家渡之下土名大口湖，其榖运至省卖，则赴楼前子口报完统税五分。王家渡之上土名莘洲、腾蛟洲、羊子洲，其谷运至省卖，则赴德外子口报完三分厘税起销。王家渡子口不过本街店户雇船装运谷担填写三分税票起销而已，且下年水涸重载之船难以行驶。此可裁者四。况裁撤该子口，凡行商运米出九江者，不在王家渡子口起票，即在樵舍分口起票。运米往景镇者，不在王家渡子口起票，即在滁槎分口起票。挹彼注兹，厘税仍不至短少。此可裁者五。为此，备具情形，绘图贴说，敬恳贵局公同决议，转呈抚宪饬司核实查照施行，功便德便。

又陈济忠等亦呈请议书云：厘卡之设，原以裕国课，亦贵恤商情，其有商民甚不便而国课不增多者，则裁之未尝不可。如兴国江口一卡，原为兴国出口货而设，雩都峡山子口一卡原为雩都出口货而设，而江口下流三十里有茅店卡，兴国、雩都之货均由此下驶，无能飞越也。夫雩、兴之货不出口则已，出口必抵赣郡方能消行，自县城而下郡城而上，其中途并无商埠市镇可以发售，又无别港支流可以外运，则有茅店一卡自足总揽其全而国税毫无遗漏，何必多增峡山、江口两卡欤。况多一卡，则国家多一虚糜之费，商民多一留难之区，奸胥蠹役借端挑剔，种种讹索不可枚举。彼为商者，若面禀局中委员，则伊等从中播弄，必难伸雪；若呈明地方长官，恐将来讼案纠缠，益无了期，只得含酸，忍痛付之，无可如何。某等生长是乡，见闻最熟，为此缕述情形，恳请贵局公同决议，转呈抚宪察核，将兴国江口及峡山子口两卡并行裁撤，以恤商情而抒民困，地方幸甚。

赣省续举国会请愿代表[①]

庚戌三月十四日

赣省谘议局前以继续请愿速开国会，已举议员闵荷生、汪龙光赴都。现教育总会职员于三月初一日开会，决定先期通知各会员准初八日到会投票，续举国会请愿代表二人赴京。是日到者四十一人，检视票纸，计：贺赞元得二十二票，文龢得八票，萧辉锦得六票，龙钟洢得六票，文景潞得五票，郭森甲得五票。当由主席宣言，以贺赞元（永新县甲午举人邮传部主事现充议员）、文龢（萍乡县甲午举人邮传部郎中现充议员）二人为当选，大众欢迎，傍晚始摇铃散会。

《申报》1910 年 7—8 月资料[②]

赣谘议局开常会之预备[③]

庚戌七月初九日

江西谘议局呈抚院文云：谨案《奏定谘议局章程》第二十五章内开，第二十一条所开，第一至第七各款议案应由督抚先期起草，于开会时提议，但除第二、三款外，谘议局亦得自行草具议案；又第三十四条内开，凡召集开会，于三

① 《申报》，庚戌三月十四日，第一张后幅第二版，第 853 页，紧要新闻二。
② 《申报》第 107 册，上海书店 1984 年影印本。
③ 《申报》，庚戌七月初九日，第一张后幅第二版，第 713 页，紧要新闻二。

十日以前由议长将本局应议事件预行通知各议员。等语。则是督抚起草、议员起草之案，凡在本届常会提议者，俱应于八月初一日以前到局，以便刷印，如期通知。本届试办宣统三年预算，尤应及早研求，期得正常之协赞。赣省十三府一州相距辽远，不便交通，邮件往还，经月始达，自非先期筹备，则临事安有详实之敷陈？现经本局常驻议员协议议决，以六月底为收集议案截止之期。除通告全体议员公布外，理合备文呈请抚部院查照施行。

当奉赣抚冯中丞批准云：来牍阅悉。应即照办，并候札行司道各就主管事项悉心体察，如有应行兴革者，先期开具说贴呈由本部院核明一并交议。此复。

各省谘议局联合会纪闻[①]

庚戌七月十一日

各省谘议局在北京开联合会，每省推定代表若干人，业已先后到京，以七月初六日为第一次开会之期。兹将到会议员姓名列下：

广西　吴锡龄（资政院议员）、蒙经、朱景辉、古济勋；黑龙江　战殿臣；山东　朱承恩、周树标；江西　汪龙光（资政院议员）；四川　蒲殿俊；湖南　曹作弼、左学谦；河南　王佩箴、杨治清；广东　陈寿崇；安徽　高炳麟；吉林　福裕；奉天　孙百斛；贵州　张光炜；四川　李文熙（资政院议员）、郭策勋；江苏　杨廷栋、孟森；湖北　汤化龙；直隶　孙洪伊。

① 《申报》，庚戌七月十一日，第一张第四版，第742页，紧要新闻一。

谘议局联合会第二次开会详纪[1]

庚戌七月十六日

各省谘议局议员在京组织联合会，业于本月初六日开会一次，已志前报。兹悉初八日午后二时又在前门内西城根石桥别业开第二次正式会。是日到会会员二十七人，公推汤化龙为假定主席，高炳麟、吴赐龄为假定书记，先由主席宣读《联合会章程》暨《议事细则》、《办事细则》，各会员公同讨论，略有增改，通过后即用无名单记法投票。先选主席一人，汤化龙得十九票当选；次选副主席一人，蒲殿俊得十一票当选；次选审查员九人：孙洪伊二十五票，杨廷栋二十二票，刘崇佑二十票，雷奋十七票，周树标十六票，汪龙光十一票，吴赐龄十票，孟森十票，王法勤十票，均当选。选举既毕，由旁听人贵州教育会国会请愿代表蔡君岳力陈，此次联合会不宜注重法律一方面，宜注重政治一方面，务求成为吾国统系的机关而植民党之基础，词气激昂，阖座鼓掌。会员刘君崇佑起立，答述本会宗旨，事毕散会。所有预定初十日第三次开会议事表录下：一、签订议席；二、主席宣言；三、报告到会会员省分及人数；四、报告各省谘议局委任会员函电；五、报告本会应提议案议题；六、定起草员；七、预计地方自治经费厘定地方税界限应请开国会提议案（江苏谘议局提出）；八、变盐法提议案（江苏谘议局提出）；九、改订全国盐法提议案（四川谘议局提出）；十、照约速定裁厘加税提议案（江苏谘议局提出）。

---

① 《申报》，庚戌七月十六日，第一张第三版，第822页，紧要新闻一。

赣抚冯中丞发交谘议局提议案[1]

庚戌七月廿七日

本省谘议局成立以来，行将一载，凡普通行政、地方行政各纲要，官治、自治应兴应革事宜，赖诸君子广集众思、代表舆论，本部院躬逢嘉会，借箸有资□有幸焉。惟是宪政筹备，经纬万端，期限方克日程功而经济已左支右绌，自非官绅士庶并力一心，无以速进行而觇效果。现届第二次召集开会之期，士庶观上国之光，荟萃一时之彦，必有崇论伟议宏济时艰。本部院敬按定章所列范围豫饬司道各就主管事项发抒政见，择其尤要者汇列左方，惟君子研究而商榷之，本部院实嘉赖焉。

一、财政

甲、提议本省岁出、入预算事件

本省试办宣统三年预算，入款共六百六十余万，出款共九百六十余万，就已有之款、已办之事合计不敷银二百七十余万。其宣统三年应行筹办各事，据各署局表册，尚须另筹银二百九十余万两。大部虽饬令出入相权，收支适合，奈本省入款短少，其原因略有数端：本省赋税均系征钱，近年银贵钱贱，各处易银解库，亏耗无形，此入款短少之原因一；州县以征不敷解，行政费更须赔贴，因之亏短交代，此入款短少之原因二；湖北岁拨土药税七十万，自实行禁烟后，前已逐年减拨，今竟全停，此入款短少之原因三；各项捐输岁收数十万，自本年捐项加成，捐生裹足，预计恐岁入不及十万，此入款短少之原因四。至出款如派解陵工经费、海军经费、军咨处经费等项，为新增解款，万不容缓，即筹办各项新政经费，亦年有增加。查奉颁预算册式，于出款分列国家行政经费、地方行政经费两门，综计本省现在地方行政经费之支用库款者共六十七万余金。查《清理财

① 《申报》，庚戌七月廿七日，第二张后幅第二版，第1009页，专件。

政章程》第二十条，各省预算属于地方行政经费者，由部奏交督抚送谘议局决议，并将预算全册送供参考。又查第十五条，谘议局于地方行政经费范围内视为应增新税时，得呈请督抚核定，奏咨办理。等语。本省预算自应遵照定章公同核议，诸君子廑念梓桑，同膺担负，必能兼筹，并愿以裨时艰，闳论谠议，固本部院所乐闻焉。预算册俟大部核覆后补送。

乙、提议本省税法及公债事件

国家守重农主义，九等定赋，三代相沿，有赋无税。自周官开征榷之利，取于地者，山泽有征，取于人者，关市有征，而税法权舆于此，后世赋税遂分为二。即以本省而论，大宗入款丁漕而外首推统税，其他正税杂税名目虽繁，收数有限。改良税法诚为亟图，然国家税、地方税尚未划分。按宪政筹备清单，本年应厘定地方税章，于地方税之增加为必然之理，则地方之对于此事亦应有所筹备。考各国地方有税法不一，英行独立税之制，法行附加税之制，德则参用之，其中有直接有间接，几于无地无税、无人无税。我国虽政尚宽大，不事苛敛，然举行地方新政各就地方筹款，自属正当办法。所有现在税法之利弊及将来税法之扩张，尚赖先事预筹妥议办法。至公债所以助国家经费之不足，日本维新全赖公债票之力。前者直督首先倡办，近闻安徽亦经奏办。本省推行新政需款甚巨，能否募集公债以资补助，幸并议及之。

丙、提议本省担任义务之增加事件

各国人人有自治能力，人人有国家思想，故国民应负之教育义务、当兵义务、纳税义务已为法制国所公认，而纳税义务尤视为应尽之天职。日俄之战，日饷已匮，一经召募，妇孺争输，卒以制胜，其明征也。查宪政筹备期内应行筹办事宜，其大端如军政、民政、司法独立、地方自治以及教育、实业诸要务，未办者须亟谋建设，已办者须逐渐扩充，非款不行，亦即非人不举。国家之求治愈殷，人民之担负愈重，增加事件甚多，要以筹款为先务，何源可开，何利可兴，幸集众思以资采择。

《申报》1910年9—10月资料[①]

赣抚冯中丞发交谘议局提议案（续）[②]

庚戌七月廿八日

一、学务

甲、提议本省教育经费

前准内阁咨称，遵旨通行御史赵炳麟奏请饬议确定行政经费一折，所有本省自宣统二年预备立宪第三年至宣统八年预备立宪第九年，省内省外教育事项应需经费，前经约算，计：省内应行筹备事宜，连同原办各学堂应需经费约共银二百四十七万八千余两；省外各属应行筹备事宜连同原办各学堂应需经费约共一千万两之谱。当经由司分别列表送核在案。查原奏有某年、某事、需款若干、从何筹定，分年列表，俟今年资政院开会即将此表交该院议员核议，视民力能否担任。等语。所有本省教育项下需用之款照原表所列不敷甚巨，应如何筹定的款，以便进行，幸先时规画，以为资政院核议之预备。

一、司法

甲、提议各厅州县设立地方审判厅

查《法院编制法》、《司法区域分划暂行章程》第三条内开，地方审判厅，京师及直省府、直隶州各设一所，但府、直隶州词讼简少者得不设地方审判厅于该府直辖地面或首县及该州初级审判厅内，由临近府、直隶州地方审判厅分设地方审判分厅。等因。嗣经鲁抚、川督先后以款项支绌，各厅州县必设地方审判厅一所，官多费巨，奏请将地方审判厅管辖区域变通并酌增推事员额。由宪政编查馆会同法部奏定，省城暨各府、直隶州之有同城州县者应照章共设一地方审判

① 《申报》第108册，上海书店1984年影印本。

② 《申报》，庚戌七月廿八日，第二张后幅第二版，第13页，专件。

厅，其各厅州县之词讼较少者，得合邻近州县共设一分厅，不必各厅州县定设审判厅一所，自系为节省经费起见。查江省各属命案层见迭出，虽词讼简少之厅州县岁亦不下七八起，向章由各厅州县相验，往返不过数十里，今各厅州县止设初级审判厅，不设地方审判厅，则相验动逾一二百里外，转折需时，势将尸身腐烂无凭相验。即此一端，已极窒碍，即传讯原、被、中证亦虞呼应不灵，人民越境对簿亦滋拖累。似应于厅州县各设地方审判厅一所，民、刑诉讼较为便利。惟际此财政困难，应如何先期筹画以免窒碍之处，当征佥议以俟折衷。（未完）

赣抚冯中丞发交谘议局提议案（二续）①

庚戌七月廿九日

一、民政

甲、提议统筹全省巡警经费

宣统三年即预备立宪之第四年，查照清单应筹办乡镇巡警。惟现在经费支绌，文告督催，终恐无济，第就各属城厢巡警而言，年内尚难一律完备，更何能推及乡镇？然部限綦严，不容延缓。惟是筹备各事，无不以经费为根本，如经费不能筹定，继使暂时搘拄，必难持久，自不能不筹永远之策。今若仿照奉直等省办法，按五十户出一巡警经费，试以巡警每名月需饷银四两，按户分摊，每户仅月出银八分，贫户免缴，由富户共同担任，其议是否可行？抑或按照地丁一两带收串捐八十文，粮米一石带收串捐钱一百二十文，以充各厅州县巡警岁入经常的款，虽办法与前稍异，实则按粮带收与按户认捐亦无二致，以视前说塾为简易？又查各县有户甲长、册书、里书，各费亦出于各粮户捐助，近于陋规，该户甲长所办者乃推收过户兼及飞洒之事，各属虽不尽同，然能以此化为巡警经费，似可不劳而集，且巡警本有调查户口、产业之责，以此易彼，化私为公，兼可除弊。

① 《申报》，庚戌七月廿九日，第二张后幅第二版，第29页，专件。

以上三策何去何从，惟诸君决之。

乙、提议划分巡警区域

巡警为内政要端，自应划分区域，庶几若纲在纲有条不紊。现拟遵照部章每县应设警务分所一处，置警务长一员，大县划分八区、中县六区、小县四区，各置区官一员，属于警务长及本管之厅州县，统辖于巡警道以期划一。第东西各国巡警区域系按户口为标准，现在户口尚未调查确实，应否仍照习惯以地方村落大小划分，抑别有支配之法，幸筹议及之。

丙、提议限制钱店妄出钱钞

江西钱店发行钱钞漫无限制，如资本仅及千金而出票竟逾万数，散用市上，一遇倒闭，商民无不受累，甚至有居心险诈以倒骗获厚利者，既妨营业，复害地方，亟宜妥筹限制之法。如开钱店者除先将抵当金呈验外，再由商会按其资本之数目以定出票之多寡，所用钱票或由商会盖章以杜冒滥，倘有架空倒闭，商会亦须同负责任。似此严加限制，则奸商不得肆其诪张，商界不至受其影响，应征佥议以待施行。

丁、提议调查地方财政办法

地方公共事务视经费为张弛，非确实调查无以为预算、决算之标准。查各属地方财政，或入款向系陋规，不便开列；或出款向不实报，时有增减；或善堂款目，民捐民办不欲上闻，以致统计调查未得确数。自治端绪纷繁，非款何由集事，款非核实，事难责其效果。诸君子力谋公益，同具实事求是之心，应如何督促统计员绅妥订手续、认真调查，以袪积习而裨要需，亦今日之急务也。

一、实业

甲、提议筑堤开塘以兴水利

查江西全省河流皆汇于彭蠡，仅恃湖口为尾闾，每遇江水盛涨，非特内地之水无从宣泄，甚且江流倒注时有冲决漫溢之虞。浚湖之议因费绌难以实行，则设法补救自以修筑墟堤为当务之急。查光绪二十八年前农工商矿局详定振兴农利章程，惟官为提倡尤赖绅为董劝较易信从。赣省民修墟堤向系富民输资、贫民输力，办法诚善，似应于农隙间暇之时为未雨绸缪之计。又各属除沿湖十四州县外大半皆为山田，陂塘无多，不足以备旱干而资灌溉，良由农民狃于近利，未肯舍田凿塘，旬月不雨，池竭泉枯，千里石田良可悯叹。尝见湘鄂山农十亩之间必筑

一塘，虽遇小旱不致为灾，成效昭然，不难取则。事关水利，原属自治范围，规划经营，愿闻闳议。(完)

江西各府议员呈谘议局议案[①]

庚戌七月三十日

南昌府属议员李隅提议案：谘议局议案请照价发售议案

古者读法悬书，使民知趋向，毋敢逾越，泰西各国朝廷立一法令必刊布报纸，以报纸传到之日即为实行之日，可见法令者务在俾众周知，中外如出一辙也。乃者朝廷预备立宪，各直省于去年一律成立谘议局，要在事事公诸舆论为宗旨。如我江西谘议局已经表决之议案统计六十二件，其中奉中丞批搭驳弃者若干件、准行者若干件，皆有理由，班班可考，虽不敢谓朝廷之法令实为江西通行专章，如我江省人民自应周知而遵守耳。去年开局之际，各种报告理由书虽刊布《江西官报》，然残篇断简陆续登载，阙而不全，无从得其完本，且报纸随阅随弃，漠不关心，谁肯检束？是报章之不若书本之完善也。今年春月，本局始将第一次议案排印成书，各议员均分给一部以资研究，京师宪政编查馆及各大部、各省谘议局皆寄呈一部，本省督抚以下之各行政官外，府州厅县官暨各团体绅董皆分送一部，可谓详且备矣。然所呈送者官绅而已，与公诸舆论之旨尚有未洽。若举江西人民各给一部，事体繁重，情有难周，势有不逮，断无此等办法，惟有请将已成议案统计工料费钱若干照价出售，或由本局批发，或请中丞发交官书局照印销行，以广传布。此种最新最要之书价廉物美，购取者必多。现因购取无由，而同志诸公每向议员等借阅，以为出产之场无不如意，不知议员等亦只一部，一

① 《申报》，庚戌七月三十日，第二张后幅第二版，第45页，专件。

经借去诸多未便，竟有转展传看、久假不归之势，若有批发销行者，必不至是也。管见所及，伏候决裁。

吉安府属议员王仁煦提议案：提议人民对于官府称谓宜加改良由

窃谓立宪之国必重视人民，使人民亦得以自重。吾国向来人民对于官府自称小的，实为卑陋，亦非典要。变法以来，满员奏对向称奴才者今改称臣矣；属吏对于上司向称卑府、卑县、卑职者今尽削除矣。不但增属官之声价，亦以挽趋媚之浇风，意至厚、法至良也。惟人民称谓无议及者，实为缺点所在。今立宪逐渐进行，将来司法独立，必有一定称谓，不亢不卑，然此时尚未实行，人民对于官府称谓似宜逐渐改良。向闻我国官员以事对簿者自称职员，情罪较重者自称犯官。今略师其意，凡情罪较重而显然可据者，勒令自称犯人，他如民诉案件，有出身者，如生员、职员、学生等称谓悉仍旧贯，其无出身者，农称农民，民工称工民，商称商民，妇女称民妇、民女，无业者令称小民。向来小的之称永远削除，一以改变人民奴隶之性质，一以隐寓人民实业之激励，似亦过渡时代进行之一端也。一得之愚，敬侯公裁，呈请通饬施行。

提议州县公文应予民与知由：窃以立宪政体必以宣上德、通下情为主要。向来州县衙门公文来往民间不得与知，因此之故，朝廷及大宪惠民便民之政，苟非利于官者往往迟之又久而民始知，虽蠲恤恩诏遍颁，誊黄亦抑置久久不贴，官夺民利，攘为己有，已成通病。近年兴举新政，其期限稍宽者每多搁置甚且，并告示照会亦吝而不发，以图省事。即如省城增设劝业道一官，必有措置劝业方法，乃民间并未见一条告，其留心时务者仅知城中设一劝业员而终年无所事事而已。其他省学堂招考，邑学堂多未闻知，州县虽不尽然，而鄙人地居安福，前数年情形实在如是，度类此者亦不少也。上下隔阂，于立宪前途何堪设想？今州县地方自治将次成立，参事会每月开会一次，鄙人以为州县衙门所有收发公文除密缉要犯暂不宣泄外，无非关于民事，凡上宪之谕饬，州县之禀报，概不守秘密主义，准参事会会员按月入署纪录，随时报告各议会议长，议长随时宣告于地方人民，则朝廷好恶同民之至意与切实进行之良规，皆得共闻共见，民心自易于感化以就自治范围，而州县之所以申覆上宪者，亦未便全凭纸上空谈以为缘饰，似亦实事求是之一端也。一得之愚，敬侯公裁，呈请施行。

南康府属议员蔡允升提议案：请禁止抗阻客业灌荫议案

禾苗之资灌溉，天为之也，田亩之有灌荫，地为之也，以本地之田汲取本地之水，客业坐业理同一律，遇有旱干，戽水灌田久矣，相安于无事之天。近日人心浇薄，乡村青年壮夫结党私约践蹋客户田业，戽水灌苗，群起抗阻，逞其野蛮手段，毁物殴人，滋生事端，控之地方官，因其人众，亦只敷衍了事，而相持如故。我建昌县为尤甚，此风不禁，凡畜客业之家，受害不浅。拟请禀之大宪通饬地方官严定罚则，究明首事之人，科以刑律。一面出示严禁，凡池塘积水，课业与坐业一体汲引，其纳水受水、上流下接之处，遵行旧例，违则重究，庶足以保全客业而安靖地方。是否有当，仍俟公裁。

禁止霸田抗租议案由

田业者，衣食租税之所出也，治生产之家广置田亩，不能身遍操耕，作必承佃于人则有佃户，按亩定租，乡有成约，一遇纳稼登场，送租清缴，恪守范围。近来人心侥险，侵蚀租谷，业主追取，百计抗衡，不得已作退佃之计。其强有力者私厉本处居民不准接佃，无力者亦勾引痞棍把持任其霸占，如同失业，控之印官，胥差以钱谷案件需索无已，致有打蛇被送之谚。业主负亏不浅，遂致田地任其荒芜，粮税受其拖累，此风不禁，相踵成习，大有碍于自治前途，我建昌县为尤甚。拟请禀之大宪通饬地方官力为整顿，遇有抗租事，科以枭骗律，遇有霸田事，科以强占律。现今各国于财产事件最为注意，故有破产法以示防闲，是在查其事之轻重以定罚则之高下，庶足挽积习而杜刁风。是否可行，应俟公决。

赣谘议局呈催完全预算案[1]

庚戌九月廿六日

赣省预算案经谘议局屡次呈催，而冯抚谕饬藩司延至十七日始将出款表册送局，其中又多残缺。当经议长在会场宣布表册不完全情形，本局殊难核议，各议员佥主张照章用正式公文要求冯抚将预算出入完全表册刻日交议。随即备文具呈抚辕，措辞颇为迫切，原文录下：

为呈催事。查本年会期奉抚部院发交议案，有提议本省岁出、入预算一条。业经会议，呈请电部从速奏交，将预算报告册送局议决，以重预算。奉批：来牍阅悉。地方行政经费预算册底已准度支部电饬录送贵局，当经本部院札饬财政局遵照，并饬将本省裁减各款一并抄送在案，候再札催赶办速送。等因。奉此，查本局前呈，声明豫算重要，审查需时，现在开会已经半月，而此项预算报告尚未奉正式交局。本月十七日甫准清理财政局移送地方行政经费豫算表册四本，并电稿一纸。查移来表册内又仅载有岁出经费而无岁入款项，且照《清理财政章程》应送供参考之豫算报告全册亦未送到，是关于册载各项残缺不完，不能认为正式交议之预算报告册无疑。本局谨查《奏定谘议局章程》第二十五条内开，第二十一条所开，第一至第七各款，议案应由督抚先期起草，于开会时提议。等语。则提出议案之权应惟督抚有之，可知预算事件系抚部院提出之议案，其预算报告册自应由抚部院饬造齐全正式交局以符定章，似未便认由他局属间接移交，致有阙漏纷歧之失。本局复于本月十七日会议，佥以会期迫促，来日无多，辗转迟延，恐将来虽有交议之虚文，而不能尽其议决之实职。拟请抚部院鉴察前情，迅于本月二十日以前，将应行交议及照章送供参考之预算报告册饬取齐全正式交局，以免延误，事关全省豫算，本剧全体议员跂踵以待。理合备文呈催抚部院察

① 《申报》，庚戌九月廿六日，第一张后幅第二版，第917页，紧要新闻二。

核施行。

《申报》1910年11—12月资料[①]

赣谘议局要求预算案之决议[②]

庚戌十月初五日

赣省谘议局于九月廿九日开会，提议抚院发交预算总册案，由议长谢侍御远涵宣布，经冯抚饬交来局预算表册残缺不全，无从核议，应如何对付方法，请公决议。当经叶先圻、徐凤钧、修思永、孙振渭等约十余人先后发抒意见，语言复杂，惟副议长叶先圻所言，预算一案为照章试办之事，力不可稍事放弃责限，务必要求抚台发交完全预算核议为目的，否则不能提议开会审查，而议员等不能任责，会期迫促，不容稍缓，言之恳切，多数赞成，当时起立表决，由局呈索者实居多数云。

补录江西谘议局呈请冯抚代奏速开国会文[③]

庚戌十月初六日

为国势极危，人心难失，吁恳从速召集国会以救危亡，谨请代奏事。窃去年

① 《申报》第109册，上海书店1984年影印本。

② 《申报》，庚戌十月初五日，第一张后幅第三版，第86页，分类新闻·政界。

③ 《申报》，庚戌十月初六日，第二张后幅第二版，第109页，专件。

冬季及今年五月各团体一再伏阙上书，未蒙允许，恭读上谕，仍俟九年筹备完全，再行降旨定期召集。钦此。闻命之下，钦悚莫名。乃为日无几，时势瞬变，自《日俄协约》告成，而日本即实行吞并高丽，举数千里之土地、千余万之人民囊括而席卷之，曾无亡矢遗镞之劳，韩臣且弭首帖耳，列强亦（热）〔熟〕视无睹，而自箕子以来之声明文物遂如灰飞烟灭，无复留贻，即黍离麦秀、怆怀故国而抱遗民之痛者亦渺不可得。《书》曰"兼弱攻昧，取乱侮亡"，古今天演之公例。然则亡朝鲜者朝鲜也，非夫人而能亡之也。今磨牙择肉，綦布满洲，拊背扼吭，陪京人民惊惶无措，海外群雄又抱其均势主义，乘机会而抵隙蹈瑕，巨祸何堪设想？当此唇亡齿寒之时，已无曲突徙薪之暇，即欲偷安，旦夕而不得，而可纵容坐论，按照九年期限而冀万不可获之效乎？且即筹备有言之，有国会与为协赞、与为监督，裨益讦谟，亦未可置为后图者。今者筹备已数年矣，而财政日繁，生计日枯，国势日危，人心日涣。今日立一政，而后此之筹画或与相妨，中央欲集权，而外省之交争莫能相下，乖隔分离，不相统一，糜费巨万，效果毫无，此即无外侮纷乘亦当急谋补救之法。若长此不变，恐九年筹备之期未届，而生民之精血已尽矣。伏读上谕，又以匪徒滋事为忧。此正由国是未定，革党得乘机煽惑，而穷黎之处于水深火热无所控诉者，不惜以父母妻子倚赖之身，横发盲从以求一逞也。使一旦奋然改图，好恶同民，机关特立，则民之蜷伏于衡轭之下者，旷然如拨烟霾而睹天日，人人知朝廷之爱我，谁复甘心从乱？彼悖逆妖言不久自熄。是收人心、镇大变，无过于速开国会。若圣虑以各省偏灾、伏莽未靖为宪政前途之阻，议员等愚暗，窃谓可消弭于无形也。夫时机孔迫，百事废弛，如处漏舟之中，四面漩涡，风涛险恶，长年三老束手无策，然与其坐待沦胥，何如发愤自强，为万死一生、冲出重围之计？盖中朝久开文化，衣冠礼乐，雅步优游，而未历试于生存竞争之场，故耳目不习、心志不坚，地以广而不相团结、人虽众而不能合群，甚至人民与国家之关系生命视政治为安危亦不知其所以然，故淡焉。漠焉而不相联属。今虽处于至危险之地而究不知其受病之源。诚使国会一开，下哀痛之，诏，君臣上下戮力同心，材智有练习政事之资，庶民知患难与共之谊，则天下安危，匹夫有责，国本不固，身于何有？将见智者竭其谋，勇者竭其力，富者殚其资，前之彼疆此界者，今则胡越同舟矣，前之趋避推诿者，今则同仇敌忾矣。争先恐后，如赴私仇，竭力致死，以谋公益，非人性之顿殊，实由利害之切与不切使然也。伏读上谕有曰：议院一开，即足致全功而臻郅治，古今中外亦无此理。圣谟宏远，岂能赞辞？然处今日民族竞争时代，舍此一术实无以转危而为安、转弱而为强。稽之泰东、西事，历历不爽，况目今时势阽危，开国会犹可以结群情，不开国会又何策可以却外患而固邦基？且揆诸我国古者聚然众庶询国危之义，亦应开诚博采以维系人心。宋臣苏轼有言："人心之于人主，如木之有根，灯之有膏，如鱼之有水，如农夫之有田，如商贾之有财。"又言："君子未论行事之是非，先观众心之向背。"今薄海内外臣民奔走匍匐，上下求索，人心如此，而其事为先朝所颁布，人无智愚皆晓然有百是而无一非，则又何惮涣汗大号以收人心而徒蹈《管子》所谓言是不能立，言非不能废之弊，则亦謶臣过计矣，抑议员等所言累牒千百而靡罄者皆成常谈。而方今事势抢攘其危，犹置函牛之鼎，挂纤枯之末，苦语噍音，诚不能噤，罣罣鄙怀，惟有吁恳皇上独伸英断，特沛纶音，即以明年召集国会以振人心而新观听，庶众志成城，国权可复，无任屏营待命之至。披沥上陈，伏乞代奏。谨呈。

赣抚筹办公债交谘议局议决文[①]

庚戌十月十九日

案照赣省岁入不敷岁出，上年计借银行、官银号六十万两，本年更须加借始可勉支。而宣统三年军政、新政扩充进行，目前约计所短已一百数十万两，旧债新增，递年累积，计惟有仿办公债之法。此事各省久已通行，查直隶创办公债四百八十万两于先，湖北继办公债二百四十万两于后，皖省、湘省次第仿行，各一百二十万两，分期收集，利率递加，六年还清，成章可按。是中国公债风气渐开，国家已著信用，民间免增负担，指定有着的款应付无虞愆期，法治良规，此居其一。指款之法，拟以所征统税每月提出五六万两以供偿还本息，尽六个月募

① 《申报》，庚戌十月十九日，第一张后幅第二版，第309页，紧要新闻二。

集三百万两，分六年本利一并归清，悉照各省定章办理。论本省财政之困，三百万两犹嫌其少，而虑民人应募之迟回，则酌减亦无不可。特照会贵局交议，公决见复。以凭奏咨请旨遵行。

赣谘议局选举常驻议员[①]

庚戌十月廿一日

赣谘议局于十月十四日选举第二届常驻议员，柬请冯中丞会同司道各官到会监视投票，选举常驻议员二十一名、候补十一名。是日，议员到者九十九人，以得票过半数者为当选。当日开票选定二十名，其余一名及候补常驻议员十一名，定于次日再选。兹将当选二十名姓名录下：叚方祁南昌廪生，冷开运义宁廪生，杨怀芳乐安举人，黄立大崇仁廪生，黄鸿烈南丰举人，黎思位新昌廪生，谢济沂万载举人，曾纪良宜春附生，江云宜春增生，傅学璟广丰举人，黄钟万年廪生，王显谟湖口举人，黄兰芳安义举人，孙桂芳万安廪贡生，孙振渭泰和举人，郭志仁泰和举人，罗铨庐陵附生，董德渊南康廪生，唐阜昌安远廪贡生，曾秀章余干举人。

赣谘议局坚持铁路商办[②]

庚戌十一月初三日

江西谘议局坚持铁路商办不认借款一节屡记前报。兹探得该局与京往来电文

① 《申报》，庚戌十月廿一日，第一张后幅第三版，第342页，分类新闻·政界。

② 《申报》，庚戌十一月初三日，第一张后幅第二版，第533页，紧要新闻二。

录左：

南昌谘议局鉴：支电既已提议，观部致抚歌电，借款须由赣库拨还，万办不到外款必不能借，部意在乘我之危，折扣股本，收回官办，以为各省商路归官榜样。赣为祸首，情何能堪？现惟激励赣团如何支持目前，如何广筹进步？除催派股外，凡各省办法，如湘蜀租捐、皖豫签捐盐捐、秦之米捐、鄂之铺捐及坐厘之类，诸望迅速议定电复。京局叩真。

北京豫章学堂朱艾翁暨同乡诸公鉴：支真电悉。局议决路事办法五条：（一）议员认股；（二）议员招股；（三）清理派股并劝股；（四）全省盐斤加价四文；（五）调查工程帐目。全局已公认维持，另有电恳邮部扶持保全商办。谘议局元印。

北京邮传部钧鉴：赣路南浔一段，工料成绩计已及半，现正由局妥议办法，合力筹集股款，工事一面妥速进行，以期早日完竣。务乞大力扶持，保全商办。江西谘议局元印。

各省谘议局大开临时会[①]

庚戌十一月初四日

各省谘议局因预算案交议太迟，不及议决，纷纷请开临时会详细讨论。兹将各省与宪政馆、资政院往来电文录下：

……

江西谘议局致资政院电

资政院钧鉴：谏日闭会后，奉咸电，已呈准于念日开临时会办理。惟尚有疑问数端：一、咸电所称钧院正议节减冗费以资弥补一语，其节减之范围将统括总

① 《申报》，庚戌十一月初四日，第一张后幅第二版，第549页，紧要新闻二。

岁出、地方岁出在内，恐本局所议移缓就急、酌盈剂虚之结果致有冲突，将使本局为无效之议决，虑请声明；二、赣豫算册有筹备经费豫算册一种，内分军政、司法、教育、民政、实业五类，其后三类豫算似应归入地方豫算正册内交议，应请咨部核覆；三、度支部庚电对于地方岁出有饬令核减若干之款，今抚交豫算案仍系原册之数，本局议决是否应照部电办理，抑有认为核减不当之处得由局变更议定，应请明示。以上三端，乞速覆，以便会议。江西谘议局叩号。

又江西巡抚电

宪政编查馆、资政院、度支部钧鉴：赣省谘议局本年常会于本月十六日闭会，是日午后奉钧院咸电，由局通知各议员暂行留局。现援局草第三十三条，呈请召集临时会，自本月二十日开会，至冬月初十日闭会，以便议决豫算。谨闻。汝骙个。

赣路电请提议募债[①]

庚戌十一月初七日

赣省南浔铁路公司现因路工需款急迫异常，而邮传部借款先允许而复翻悔，且有收回部办之意。事甚急迫，举局慌恐，以故当事者商议，咸谓非合全体股东互谋维持不足以挽救路权。闻驻省路局业已提议召集省内外股东定于冬月初二日开特别大会，公议筹款保全办法。并闻北京路局日昨有电致赣谘议局云：南昌谘议局公鉴：前议铁路筹款五条（已纪本报）甚佩硕画。惟需款太急，昨电星帅代借，尚未得复，现公议请贵局提议募公债以救危急，如诸公认可，即请妥筹办法，一面在省开办，以从速集款为主，并转董事局。京局勘。

① 《申报》，庚戌十一月初七日，第一张后幅第二版，第597页，紧要新闻二。

资政院电告统税改征银圆界说[1]

庚戌十一月初七日

资政院致南昌谘议局电云：统税改征银圆一案，经本院核议，以此案经度支部议驳，本院自可毋庸置议。至该部原折内叙，遵照《币制则例》按照市价改征银元一节，系一律办理，此时仍照向章征收，如有另拟改征办法，应由赣抚照章交谘议局决议公布施行。具奏，奉旨：依□。除录旨抄奏由抚转札外，合先电知，钦遵办理。资政院沁印。

江西谘议局法律审查会审查试办铁路公债案报告书[2]

庚戌十一月十九日

十一月初九日议长发交京官请议书，并《试办江西铁路兴业地方公债章程》各一件；又孙振渭君对于南浔铁路办法之意见书一件。查所拟公债章程均尚完善，孙君所拟办法亦属简明，但系该公司内部之规则，对于此案尚非先决问题。现在铁路公司十分支绌，各股东本业已陷入危险，本局发起募集地方公债三百万促该路之进行，同时即救济该股东之股本出险。谨据谘议局职任权限章程第七条，议决本省权利存废事件之规定，本局确有改变该公司性质之议决权，本会会员佥议先将该公司改为江西公有铁路公司。谨将办法开列于后统俟公决。

① 《申报》，庚戌十一月初七日，第一张后幅第三版，第597页，分类新闻·政界。
② 《申报》，庚戌十一月十九日，第二张后幅第二版，第797页，专件。

一、名称　江西全省铁路公司。

南浔铁路公司向系民有性质，现因股款困难，由本局发起公债，以促进行。该债票发行之日，即为公有铁路成立之时，应即改称江西公有铁路公司，从前原有各商股照旧附入。

二、立案　呈请抚部院奏咨立案。

既改为公有名称，自应将南浔铁路旧章作废，由本局另立新章咨部立案，以为本局对于该公司享有完全监督特权之依据。

三、机关　公举总协理及董事。

从前公司之办法既议废弃，则总协理既董事均为执行机关，自应由全体议员公举。现在公债票尚未发行之时，所举总协理及议员中举出之董事数人，均暂作为假定，俟旧公司开股东会时公同认可，再为确定。

四、权限　监督路工稽核帐目。

本局既负发生公债之重任，自应有监督路事之特权，凡该路进行事项经董事会议决后，尤须经本局全体议决乃可执行。总协理有更易时，须经本局公举。每月收支须送本局查核，再由本局公推查帐员按月调查，不支薪水，逐月易人，以均劳逸。

五、清理　股款材料之核计。

旧有股款若干，现存材料若干，尚有存欠若干，一一盘核。现成路若干里，每里合银若干，以为将来办事优绌之比较。

六、交代接续进行之规画。

原办铁路职员、司事去留之权，概付新定总协理。或一时公债难以募到，暂向何项银行借用，亦归总协理商妥施行。除成路外，尚需路工若干、资本若干、时日若干，亦归总协理估计报告，限定公债募到之日起一年内应将南浔铁路告竣，否则另行选举总协理。

七、界线　债票股票之区分。

债票头息，按公债章程分限偿还，至从前及以后股票，于偿还公债十五年内，所有股东应得之年息一概停给，但按照应得年息数目给予股票。

八、权利　年息、红利之处分。

十五年后公债全行偿还，所有股东各股票即行给息，其红利则应按年酌提数成，仿现在张绥铁路办法接筑他处路线，该路成后，即应作为江西纯然公有铁道，以为本省募集公债促成铁路之酬报。

九、附则　以上所拟各条为改良本省铁路公司入手大纲，至新公司内部办事细则，应俟新总协理及董事举妥，再由本局会同规定。

赣议员呈控议长营私违法[①]

庚戌十一月廿一日

赣谘议局议员贺赞元以议长违法营私呈控宪政馆、资政院及赣抚文云：窃维谘议局为采取舆论之机关，议员有代表国民之责任，故必议员无违法之举动，而后议会有真正之舆论。乃不意江西谘议局议长谢远涵肆意妄行，违法营私，若不据实呈明，江西议会将无复见天日之时。查《谘议局章程》第三十九条，案语，议员在议会内直抒己见，不屈不挠，方为尽职，若加以束缚，致令瞻前顾后、缄默自安，殆非设立议会之道。云云。是立法之意，原欲导之尽言，使无顾虑，而议长谢远涵胆敢于局内邀集议员屡开秘密会议，名为谈话会，以为牢笼钤制地步。本年常会期内因审查谘议局决算，经审查员指出弊混情节，次日即邀集议员开谈话会一次，议员中有提议盐斤加价充铁路款项一案，当时职提出意见书，谢远涵见之，又每府邀集数人开谈话会一次，意在取消职所提之意见书。此次临时会内，有一请议案发生，又邀集议员开谈话会一次，迨至次日会场开议，竟称事经谈话会会议。云云。查《谘议局议事细则》，会期内除公开会议外，仅有审查会、审议会，并无谈话会名目，而谢远涵私意所属，辄于会议之先开谈话会以示联络手段，似此行为不正，大背公会公言之制。其违法营私者一。查《议事细则》第二十七条第三类规定请议事例内称，凡自治团体非由代表者署名盖用该会图记，人民非有议员介绍并载明陈请人之姓名、年岁、籍贯、住址盖用图章

① 《申报》，庚戌十一月廿一日，第一张后幅第二版，第821页，紧要新闻二。

者，其陈请建议之事件概不交于审查会。此次临时会内有旅京同人朱益藩等请愿案一件，由议长谢远涵介绍，并由谢远涵交审查会。乃本月初八日会场经职质问京官请议原案是否盖用个人图章，抑盖用京局团体图记，质问再四，不特图章未盖，并无京官邮寄书信。仅据审查长张履福答称，由议长交到议案草底。嗣据黄大埙声称，京官有翰电达谘议局，内叙募公债事末，署京局，无姓名。据电稿则有团体而无姓名，请议式不具，即令以电稿为请议案，议长亦应以原电交审查会。乃秘翰电不宣布，而另行草具陈议案，又为之署名，无论案内文词京官同意与否，而议长以不应交审查会之件交审查会。其违法营私者二。查谘议局议案由督抚交议者为交议案；由议员提议者为提议案；由人民团体陈请者为请议案。此次临时会初八日议事日表提议京官请议募公债案，而初七日办事处即刷印谘议局议决《试办地方公债章程》分给各议员，以未曾开会会议之事件，而忽然有议决之章程，试问从何发生？盖议长以一人之私意，既代京官撰为请议案，又自行拟定章程，一若经议长议决，即可作为谘议局议决，而先行认为议决，即可强制他人以必从，专擅武断莫甚！于是初八日会场经职质问，议长不能答，其违法营私者三。（未完）

赣省组织拒债会风潮[①]

庚戌十一月廿一日

赣省谘议局提议南浔铁路募集公债三百万两改良办法以救危险一案，在场反对者颇不乏人，故此案虽经通过认为地方公债，而反对派之议员邮传部主事贺赞元，仍复提出议决此案之意见，以为议长谢远涵与赣路有密切之关系，每以笼络手段施之于议员，因特以长篇文词分呈宪政编查馆、资政院及赣抚，呈请咨查议长营私违法之实据。此外，又有一般绅学界人反对公债尤力，日夜在外组织拒债

① 《申报》，庚戌十一月廿一日，第一张后幅第二版，第821页，紧要新闻二。

大会，闻赞成者颇不乏人，不久即可遍布传单，约期开会，似此赣路风潮日益激烈，未悉当道对于此案如何调息也。

赣议员呈控议长营私违法（续）①

庚戌十一月廿二日

查局章第五十五条，谘议局经费由议长、副议长按月清查一次，于常年会开会时造册清报，由议员审查之。乃本年会期内，办事处既未造册清报交由议员审查，仅列决算简表分散。嗣经公举特别审查员审查清册，而流水总账纷乱难稽，一项立为数册，册册均写及半，令人起讫莫辨，且总表与报册不符，报册与流水又不符，审查员均以无从审查，仅发见正月报册内有付买厘封银亏本二百六十七两九钱一项，佥谓本局所领均系库平厘银，何至有加价买入厘封之事？即此一端，弊混可见，谢远涵既不清查于前，复开谈话会商量于后，用心何居？至于决算表开，议长按月支公费一百五十两，而谘议局议决请假在两个月以外应扣公费，谢远涵于六月回籍，八月底返局，应扣未扣。以谘议局议决本省岁出入预算决算事件，而局内之决算竟有弊混。其违法营私者四。伏读宪政编查馆奏覆于大臣折内称，为议员以后，有品行悖谬、营私实迹者，督抚即当懔遵前年九月间谕旨，断不可使品行悖谬、营私武断之人滥厕其间，随时斥退惩办。等因。若如谢远涵之营私确有实迹，不予斥退，恐把持武断，益将肆无忌惮。查谢远涵之为人，品行卑鄙，居心奸险，自充议长以来遇事专制，以程度幼稚之议员而束缚于专擅武断议长之下，舆论摧残，民气压抑，职诚为江西国民痛之。除呈资政院、宪政编查馆外，所有议长谢远涵违法营私各节谨胪列最近实迹，呈请宪台澈查究办，以维宪法，江西幸甚。

① 《申报》，庚戌十一月廿二日，第一张后幅第二版，第837页，紧要新闻二。

赣谘议局临时会缓期原因[①]

庚戌十一月廿六日

赣省谘议局本拟常会后续开临时会提议要案，业于初十日闭会，惟抚交财政监理官整顿丁漕议案关系吏治民生，损害财政问题，急须提议，因无会期，由局函恳抚院电请馆院延长会期，以便续议。前接馆电，以临时会并无延长明文，要案须议，应另行召集临时会。等因。闻冯抚会商议长，就此时接续开议，以免另行召集而节旅行费用。惟议员均因年关在迩，业已纷纷回籍，以致不能开议。闻明年临时会将定二月间召集议员到省举行矣。

《申报》1911 年 1—2 月资料[②]

赣谘议局对于国防问题之冷观[③]

辛亥正月十八日

赣省谘议局近接云南谘议局来电，以英据片马，日俄又侵东省，非人自为兵，无以救亡，拟联合各省，借名缉捕巡警，就地举办团练，请于初九日同电资政院奏请开办，盼速电复。等因。惟赣局议长谢远涵、副议长黄大埙及常驻议员

① 《申报》，庚戌十一月廿六日，第一张后幅第三版，第 902 页，分类新闻・政界。

② 《申报》第 110 册，上海书店 1984 年影印本。

③ 《申报》，辛亥正月十八日，第一张第五版，第 647 页，紧要新闻一。

客腊均已回籍，尚未返省，所有谘议局一应事务暂由副议长叶先圻主持。叶以兹事关系重大，未敢擅自答覆，须俟议长等到齐再行磋议云。

赣谘议局召集临时会①

辛亥正月十八日

赣谘议局去冬开临时会期内曾奉冯抚发交财政监理官整顿丁漕议案，该局因时间局促，未及提议。现冯抚又札行谘议局，拟于二月内再开临时会，提议丁漕议案，所有各属议员准定二月十五日以前齐集省城到局开议。

《申报》1911年3—4月资料②

赣谘议局进行近状③

辛亥二月十九日

赣省谘议局议长谢侍御远涵现因冯抚照会召集各属议员预备二月底开临时会提议省内要政，现已到局销假，预备开会一切应议事件，颇形忙碌。闻谢议长拟于开临时会期内辞职，以便四月间起服赴京供职。至赣省谘议局系就永和门口旧有师范学堂校舍修葺开局，并仿照江苏会议厅形式另估工程筹款建筑。惟该局左

① 《申报》，辛亥正月十八日，第一张后幅第三版，第650页，分类新闻·政界。
② 《申报》第111册，上海书店1984年影印本。
③ 《申报》，辛亥二月十九日，第一张后幅第三版，第294页，分类新闻·政界。

边原有操场仍未拆卸，现经初级师范学堂监督刘太史凤起函请王提学商允谘议局拆借应用，以节公费，闻日内即须拆移云。

赣局两大议案舌战之动机①

辛亥二月廿二日

丁漕议案

江西谘议局议员前经抚院命令召集举行临时会提议丁漕议案，现因议员到者未及半数，不便开议，由局呈恳抚院改期二月二十五日开会。所有南昌等二十九州县完纳丁漕向征官钱票，现监理官整顿丁漕议案，一律改征洋钱、划一价值，在向征洋银县分，较抑勒洋价获益殊多，在南昌等州县，向征钱票，现改征洋银，吃亏尤甚大，为舆论所反对。现经南昌府属议员联合二十九州县议员反对丁漕议案改征洋银一事，闻乐从其事者颇不乏人，将来开议必有一番言论之激战也。

公债议案

江西南浔铁路募集公债三百万两促成路工一案，业经议局去年当会提议发交法律审查会拟具报告，在会通过。现经南浔公司以议局所拟报告办法股东均极赞成，移文到局以博议员之欢心，而赞成公债议案呈院奏办。惟各属议员赞成公债案虽多，而反对者亦复不少。现在两造组织党力，暗潮极盛，一俟开议后，此案胜败方能揭晓。惟议长谢远涵对于南浔路债一案办法，被议员贺赞元砌词控告后颇抱委曲，刻拟提议此项债案之时，决不到局主席，以免反对者有所借口云。

① 《申报》，辛亥二月廿二日，第一张后幅第三版，第342页，分类新闻·政界。

赣省行政官又议募集公债[1]

辛亥三月初一日

赣省上年因行政经费不敷议募公债，由谘议局议驳在案。今届开会，赣藩刘春霖又以募债扩张官号为名，呈院交议。略称，窃募集公债兴办实业，原为开源善策，现在财政支绌，集债举办，首在抱定保存债本之方针，方能保全偿债之信用。实业统系事项极繁，如矿务、轮船等类实业，江省先经开办已多损失，接续办理实无把握。此项债款自未便任意拨用，致益亏累。计惟有就江省已经开办而获利者益资以扩张之，庶债款不至于虚糜，而偿还得全信用，此保存债本之方针，宜预审也。查现时江省办有成效者，惟官号营业一项岁获厚利，每以补行政经费之不足。此次募债，应认定为扩张江省官号营业之本金，债由号募，除存官号营运生息外，不得凭空拨作他项用款。即司库因周转不灵，偶向官号移挪，亦须税款及他项的款作抵方能应付。其地方兴办实业应由地方自行筹集，不得请拨此项国家营业之债本，无庸另设实业银行名目，庶界限分明，偿还自易，兼保全官号之信用也。至债票发行，应仍照发行银钱票旧章，概用司印，交由官号募集以昭信守，如须质押，再行由司与官号酌商办理。债额拟请仍以三百万两为限，息银及分期收款，分年匀还，容俟交局议覆时再行查照公债章程，分别条拟核办。等情。赣抚据此，日前已照会谘议局议员公同议复矣。

① 《申报》，辛亥三月初一日，第一张后幅第三版，第470页，分类新闻·政界。

赣民反对公债之见端[①]

辛亥三月初八日

袁州府属议员江云对于赣抚发交公债一案发布意见书云：处收支不能适合之时际，而以起募公债为代人民之负担，期保收支之均衡，大吏苦衷，于此可见。虽然行公债于今日之江右，则万难望其发达者有三：一、江省深居腹地，人民程度未到，风气未开，骤募巨额之公债，应募必少；二、起债力之大小视信用之厚薄，国家当信用幼稚之时，即政府以兴利之事募集公债，犹不免困难，况此次募债认定为恢张江西官号营业乎？三、公债利率之低昂，恒视市场之利率为标准，市场之利率昂，公债亦不得不昂，市场之利率低，公债亦与之俱低，今江省市场利率在一分以上，而欲以五六厘之息募集公债，谁应之者？若是，则不能发达矣。其行之流弊亦有二端：一、强制公债也。强制公债为近来各国所禁，言公债者，类能知之。然既应募者少，势不能不配赋各州县，强割闾阎财产之一部，伤人民之感情，生经济界之扰乱，种种弊害随之而生。其流弊一。二、借外债也。外债于政治上之影响，经济家言之綦详，而在贫弱国家犹甚。顾内债不能足募巨额之数，不得不借外债以补助，势必因补苴一时之计，致酿后来无穷之祸。其流弊二。至于官号营业确系实业生产性质，视为公债之必要与否，此其故必有能力办之者。

① 《申报》，辛亥三月初八日，第一张后幅第三版，第615页，分类新闻·政界。

赣谘议局会议丁漕案之困难[1]

辛亥三月十三日

赣省谘议局业于上月二十五日起开临时会二十天，提议冯抚发交监理官整顿丁漕议案。各属议员意见复杂，已经特别审查会详细报告，全体审议之后，公决定于三月初七日柬请行政官莅局，并呈阅报告书一节。而征钱之南昌等二十九州县议员以报告书内由匀定公费一层，其四十一属议员虽属反对一律短价征洋，亦必承认公费，以致二十九属将有增加负担之累，是以全体辞职。复经议长谢御侍远涵等出身调停，取消请官莅局之议，改为初七日开审查会，以便设法磋议分别调停办法，于初八日开会议决。此案问题重大，意见复杂，恐一时不能决议，惟会期无日，其余覆议各案，尤难议及也。

赣抚对于核定预算之异议[2]

辛亥三月十四日

赣抚冯中丞照复谘议局文云：案准贵局呈复决议本省岁出入预算事件一案，当经发交审查科公同审查。兹据该科呈称，赣省财政困难已达极点，举办预算入不敷出，为数甚巨，收支势难适合。今谘议局遵章将奉发预算案内地方行政经费分别核减，列册呈送前来。查册内民政经常、临时两门核减银五万五千四百四十

① 《申报》，辛亥三月十三日，第一张后幅第三版，第662页，分类新闻·政界。
② 《申报》，辛亥三月十四日，第一张后幅第三版，第678页，分类新闻·政界。

九两九钱零二厘，教育经常、临时两门核减银八万三千四百九十九两五钱，实业经常门及官业类核减银五万二千三百七十五两零四分二厘。并查册列各数与各署局原册间有未符目各款，按原册核算，有为各署局续经核减修正者，有参酌情事势难议减者。兹按原册及各署局修正各册分别校核，逐款勾稽，如何裁节者照议审定，不能裁减者申叙理由，分款注明。良以宪政筹备急待进行，虽库藏空虚，不能不格外撙节，而应需之款究未便轻议裁减，致误要政。至所请以议减之款匀拨各属，为民政、教育、实业之补助，则与核减以求收支适合之主义尤有未协。在赣省出入不敷既巨，苟可撙节，自应由司扣发，以抵出款不敷之数，何容移作他用？纵各属现办民政、教育、实业集款无多，应由地方另行筹措，此预算裁节之款与匀拨补助之请概难照准之理由也。等语。经本部院会议厅公同议决，应照该科审查理由照复贵局，烦为查照。

赣省丁漕议案之无效[①]

辛亥三月十六日

赣省谘议局原定三月初八日开会议决监理官整顿丁漕议案，是日开议，各处议员仍属意见复杂，两派冲突，当经谢议长居间排解，讨论良久，始得三种办法：（一）二十九属不肯增加负担，仍旧征钱；（二）四十一属照监理官议案，定价改征花洋，以轻抑勒负担；（三）根据法律驳复抚院，另由四十一属绅士名义呈恳冯抚整顿征收办法，以免抑勒洋价。惟多数议员主张变通办法，将一、二两条预备起草呈院。嗣因二十九属议员不肯共一公文，争执良久，致未表决，改定初十日再议。结果惟监理官议案一律定价征收湖北及英光银圆，通盘可获九十二万余元，暗为匀定州县公费，此案不能全体通过，无论如何办法均属无效云。

① 《申报》，辛亥三月十六日，第一张后幅第三版，第710页，分类新闻·政界。

赣局议员恳参违法征收州县[1]

辛亥三月十九日

赣省谘议局四十一属议员以整顿丁漕议案业经表决逐条驳复，惟现在州县征收仍属短价勒收银洋，实为民间大害。现在会议预备呈词公恳冯中丞严行查参违法征收州县，以惩贪官而恤民艰，措词甚为激烈。惟赣省州县征收，以银折钱，习惯已久，咸以征不敷解为词。各议员用此手笔，不知果能办到否也。

赣谘议局临时会之成绩[2]

辛亥三月廿二日

赣抚冯中丞因赣省财政困难，上月二十五日召集议员开谘议局临时会，提议监理官整顿丁漕议案及藩司刘春霖募办公债三百万两扩张官钱银号议案，业经该局付各属议员讨论多时，均极反对，两案皆归无效。复经藩司拟办船捐房捐并规复原减税率议案，拟具条件，呈院交议，当经该局宣布发交审查在案，业于三月十五日齐集各属议员在场讨论，惟允办理船捐，修改条件，以装三百石船岁纳税洋二元，五百石船纳税洋四元，一千石船纳税洋八元。覆议民政、教育、实业各项，并覆议三年出入预算报告，当经决议民政、实业二种照审查报告办理，惟教育股报告书尚须逐条修正。又议覆议审查会报告印花税办法一案，公决照办，惟

① 《申报》，辛亥三月十九日，第一张后幅第三版，第758页，分类新闻·政界。

② 《申报》，辛亥三月廿二日，第一张后幅第三版，第806页，分类新闻·政界。

以报告书尚须加意修正，以昭妥善。特于十六日如期闭会，预备文件，逐案呈院，一切手续极形忙碌，惟公债案未经决议，颇失当道所望云。

《申报》1911年5—6月资料[①]

赣谘议局议员亦将辞职[②]

辛亥四月十八日

赣省谘议局覆议宣统三年预算一案，前经冯抚照复，似归无效，已纪前报。现在该局议长及常驻议员接到宁局因为预算无效全体辞职之电，拟步后尘，以争言论效果。业已由局电致宁局办事处询问详情，一俟复到，即行议办。

赣藩规复税捐之动机[③]

辛亥五月初三日

赣省藩司刘春霖前因预算不敷，拟办船捐房捐并规复原减税率一案，业经呈院照会谘议局，于临时会期内提议，逐条驳复。现经冯中丞发交审查科审查此案，均可照原规复，并有妨碍抄具说帖呈院照复，谘议局于本年常会期内复议，以期规复税捐而裕财政。至谘议局呈复上届常年会期内呈请查办各属对于限制演

① 《申报》第112册，上海书店1984年影印本。

② 《申报》，辛亥四月十八日，第一张后幅第三版，第254页，分类新闻·政界。

③ 《申报》，辛亥五月初三日，第一张后幅第三版，第515页，分类新闻·政界。

戏延宕不行一案，此次临时会期从各议员复行提议，呈院实行。现经冯中丞在会议厅会同司道各官议决，准予照办，并饬巡警道通饬各属一律严禁云。

议局质问土药改征之疑窦[①]

辛亥五月十九日

江西谘议局孙振渭、董随渊、孙桂芳、江云、王显谟、罗铨、黎思位等以本省土药各卡业经于五月初一日一律裁撤，改归统税征收，并由布政公所拟就《征收章程》十条，通饬各统税局口遵照办理，事实确凿，谅非伪造。惟参考去年十二月十一照会实行革除烟害限期禁买一案，及恭读本年四月十一日上谕续订禁烟条约事，不无疑虑。上谕云，洋药之禁，应视土药之禁种惟断，现拟分省办理，土药能早一日禁绝，洋药即早一日禁运，所拟办法尚属妥协。等因。查江西种烟向来无多，迩年官府认真查禁，并闻本年春间曾委员分头查防，应已绝尽根株，乃今复明拟《征收土药税章程》，是仍准贩运土药也。岂既已禁种尚不能禁运耶，抑禁种一层至今尚未办到耶？何竟不能遵谕办理也。应请将委员查访禁种情形答覆，以释疑窦。限期禁烟案第一条云，江西全省烟土店限于宣统三年五月内一律禁绝，已奉照会照准施行矣。既已紧卖，何以尚有指消？赣省之统税可收，然则《改征土税章程》是否声明于五月后取消？应请答覆。至限期禁烟案第四条云，封禁期限已到，须派专员分赴各地密查，以定赏罚，亦奉照会核准施行。今既有《土药改征章程》发生，深恐烟禁又因之而驰，是否仍派专员密查，以严禁令，应请答覆。

---

① 《申报》，辛亥五月十九日，第一张后幅第三版，第782页，分类新闻·政界。

《申报》1911年7—8月资料[1]

赣抚札催赶办谘议局选举[2]

辛亥闰六月初八日

赣抚冯中丞为谘议局第二届选举议员事札藩司文云：照得谘议局第二次选举之期近，据各处禀报，已经筹办宣示日期者五十余州县，余尚未据禀报，殊不可解。此等重要之举，似此延宕，深堪痛恨。为此，仰司严饬各该府州依期举办，先行禀报，如再敢挨延，定干重咎。倘实有为难之处，尽可禀报来辕，抑或仿照安福县成案，即以自治调查员帮同办理，务使慎重其选，不得任意敷衍，是为至要。

《申报》1911年9—10月资料[3]

赣议员争选结果[4]

辛亥八月三十日

赣省谘议局当选资政院议员巫寿春、王明德等以副议长黄大埙不应倒补资政

① 《申报》第113册，上海书店1984年影印本。

② 《申报》，辛亥闰六月初八日，第一张后幅第三版，第532页，分类新闻·政界。

③ 《申报》第114册，上海书店1984年影印本。

④ 《申报》，辛亥八月三十日，第一张后幅第四版，第885页，各埠通信·江西。

院议员，显系营私背章，禀控阁院部督维持选举。现奉抚批：来禀阅悉。《各省谘议局互选资政院议员章程》监督有复加选定之条文，既令有审查资格、慎重选举之意义，即如来禀援引宪政编查馆覆福州制台电文，监督覆选之时加查原列第一名实系不合议员资格者，无庸充选，依次推至第二名，余仿此。等语。此之所谓不合，系指虽合谘议局议员资格，不合资政院议员资格而言，故监督有覆加选定之权也。本抚院对于互选资政院议员，恪遵定章办理。来禀乃谓以长官之命令更改钦定之法律，措词失当，殊属误会。现值时局艰难，人心嚣竞，议员等身为民选代表，当先尽国民之义务，勿徒争个人之权利。既据通禀，仍候阁院部督各衙门批示。此复。

《申报》1911年11—12月资料[①]

赣垣失守前情状[②]

辛亥九月十四日

……

赣省谘议局业于九月初一日开第三次常会，选定副议长陈永懋。次日互选常驻议员，预备照章议事。忽于初四接得浔阳失守警信，即行停议，而一般议员随即搬运出局云。

① 《申报》第115册，上海书店1984年影印本。

② 《申报》，辛亥九月十四日，第二张第三版，第54页，要闻二。

图书在版编目（CIP）数据

江西谘议局／黄志繁编．— 太原：山西人民出版社，2020.6
（清末立宪运动史料丛刊／胡绳武主编）
ISBN 978-7-203-10383-7

Ⅰ．①江…　Ⅱ．①黄…　Ⅲ．①谘议局－史料－江西－清后期　Ⅳ．①D691.2

中国版本图书馆CIP数据核字（2018）第093746号

清末立宪运动史料丛刊·江西谘议局

主　　编：胡绳武
副 主 编：牛贯杰　戴鞍钢
编　　者：黄志繁
责任编辑：冯灵芝
复　　审：武　静
终　　审：蒙莉莉
装帧设计：谢　成

出 版 者：山西出版传媒集团·山西人民出版社
地　　址：太原市建设南路21号
发行营销：0351-4922220　4955996　4956039　4922127（传真）
天猫官网：https：//sxrmcbs.tmall.com　电话：0351-4922159
E - mail：sxskcb@163.com　发行部
sxskcb@126.com　总编室
网　　址：www.sxskcb.com

经 销 者：山西出版传媒集团·山西人民出版社
承 印 厂：山西出版传媒集团·山西人民印刷有限责任公司

开　　本：787mm×1092mm　1/16
印　　张：35.75
字　　数：580千字
版　　次：2020年6月　第1版
印　　次：2020年6月　第1次印刷
书　　号：ISBN 978-7-203-10383-7
定　　价：222.00元